U0556073

《论语》

品

学管理

朱坤福◎著

解读儒家经典　赓续历史文脉
贡献中国智慧

中国商业出版社

图书在版编目（CIP）数据

品《论语》学管理／朱坤福著. —北京：中国商
业出版社，2023.9
ISBN 978-7-5208-2642-6

Ⅰ.①品… Ⅱ.①朱… Ⅲ.①《论语》－应用－企业
管理 Ⅳ.①F272

中国国家版本馆 CIP 数据核字（2023）第 186273 号

责任编辑：管明林

中国商业出版社出版发行

（www.zgsycb.com 100053 北京广安门内报国寺 1 号）
总编室：010-63180647 编辑室：010-83114579
发行部：010-83120835/8286
新华书店经销
三河市三佳印刷装订有限公司印刷
＊
880 毫米×1230 毫米 32 开 16.25 印张 519 千字
2023 年 9 月第 1 版 2023 年 9 月第 1 次印刷
定价：99.00 元
＊ ＊ ＊ ＊
（如有印装质量问题可更换）

前 言

进入 21 世纪，西方企业管理理念纷纷传入中国，彼得·德鲁克、查尔斯·汉迪、迈克尔·波特、彼得·圣吉、汤姆·彼得斯、沃伦·本尼斯、吉姆·科林斯、约翰·科特等这些西方管理学大师在中国企业界声名鹊起。而他们所创造的诸多管理理念，如目标管理、战略、变革、愿景等成了盛久不衰的名词，众多中国企业家对这些理念可谓趋之若鹜。

然而，无论多么狂热的潮流最终都会转为平静，这一股狂热同样如此。今天，这股狂热已经抵达了顶峰，冷静也逐渐到来。当面对西方的管理理念无所适从的时候，企业家们不妨回过头来研究一下中国深厚的传统管理思想。儒学作为中国古代最有影响的思想学派，其中虽有糟粕，但其精华足以用来治理好一个企业。

研究儒学不能不从研究《论语》开始。《论语》是孔子门人对孔子及其弟子言行的记录，大约成书于战国时期，在汉代作为传，从宋以后被列为经。从汉朝至清朝二千年间，《论语》一直是中国学者的必读书，是儒家最主要的经典，对中华民族思想文化和精神风貌的形成有极其深远的影响。

20 世纪 80 年代，一批诺贝尔奖得主在《巴黎宣言》中指出："如果人类要在 21 世纪生存下去，必须回到 2500 年前去吸收孔子的智慧。"这话可看作一家之言，但作为一个中国人，我们怎么能不认识这位循循善诱的师长、语笑晏晏的老者、知权达变的智者、理想的热烈追求者呢？与这位老人失之交臂，怎么说也是一件遗憾的事，也是和中国人的身份不相称的。我们不能身在宝山不识宝！

如今，我们从欧美引入了许多关于企业管理的思想和方法，就像吃西餐一样，偶尔为之，会有新鲜感觉，久而久之，还是不习惯。中国传统文化最适于中国企业。我们是龙的传人、中华民族的子孙，必须大力弘扬中国传统文化。财富永远属于依靠自己土地的人，属于依靠民族传统文化的企业。

多少王侯将相，或者湮没在历史的风尘中，不留一丝痕迹，或者萎弃在历史的故纸堆里，只有腐臭，没有生命。而一个"布衣素王"的雕塑却能穿过历史的隧道，接受风雨的洗礼，鲜亮如初。虽然望之弥高，但决不险峻、决不陡峭、决不兀立，他以亲和、平和、温馨、人性、人情的姿态贴近心灵，照看着人类！

朱坤福
2023 年 5 月 25 日夜于朱氏药业集团总部

目 录

001 学而第一

019 为政第二

043 八佾第三

071 里仁第四

099 公冶长第五

131 雍也第六

163 述而第七

203 泰伯第八

227 子罕第九

259 乡党第十

283 先进第十一

311 颜渊第十二

337 子路第十三

365 宪问第十四

405 卫灵公第十五

443 季氏第十六

457 阳货第十七

479 微子第十八

489 子张第十九

509 尧曰第二十

学而第一

人不知而不愠

原文

子曰："学而时习之，不亦说乎？有朋自远方来，不亦乐乎？人不知而不愠，不亦君子乎？"

译文

孔子说："经常温习学过的知识，难道不是一件很快乐的事吗？有一起研究学问的朋友从远方来，难道不是一件很快乐的事吗？当你的学识不被人知道，也不被他人理解，可心中却不会产生怨恨，难道这不是有修养的君子吗？"

读解心得

在我们的日常生活中，经常会引用到《论语》中的这三句话。它说的是获得快乐的三层境界，第一层境界是通过自身的温故知新而获得快乐，第二层境界是通过他人的到来而获得快乐，第三层境界则是通过内心的修养而获得快乐。

"人不知而不愠，不亦君子乎？"这句话虽然本意说的是做学问，可是对于做企业同样适用。在一个企业里，当决策者的一些举措得不到员工和其他人理解的时候，是选择埋怨或归罪于别人，还是保持"人不知而不愠"的心态呢？

企业越优秀，企业家往往越孤独，这是因为他们思考问题的方式异于常人，就容易产生一种"知音难觅"的感觉，所以也就容易受到人们的误解和诽谤。

第二次世界大战后，美国、英国、法国等战胜国多次磋商，计划在美国纽约成立一个旨在协调处理世界事务的联合国。美国著名财团洛克菲勒家族在得知这一消息后，当机立断决定斥巨资在纽约买下一块地皮，无偿赠予这个刚刚挂牌的国际性组织。与此同时，洛克菲勒家族还把和这块地皮相邻的大面积地皮全都买下。当时许多美国财团对洛克菲勒家族的这一举动嗤之以鼻，纷纷嘲笑说："这简直愚蠢至极！"然而令他们始料未及的是，联合国大楼刚刚落成，该区域地价就立刻飙升，近百倍的巨额财富源源不断地涌向了洛克菲勒家族。真正的企业家就是这样出其不意，做出一些在常人看来不可思议的创举。

在日常工作与生活中，我们经常会遇到一些不公正的批评和责难，一般人在遇到这种情况时可能会暴跳如雷、心生怨恨，然而有修养的人会抱着"有则改之，无则加勉"的心态去看待。其实，有很多误解和人的品德无关，有时候是因为由人们的认知偏差导致的，有时候则是由错误的信息误导产生的，有时候是受到小人的谗言蛊惑，有时候则是由于个人的偏见。我们首先要搞清楚导致误解的原因，冷静地观察思考，找到症结所在，再根据不同的原因，采取相应的化解措施。

对于一家企业的决策者而言，在面对不同的意见时，一定要冷静，不能顾此失彼，更不能冲动行事。孙子说："将不可以愠而致战。"三国时期，关羽大意失荆州，被东吴杀死后，刘备就不顾诸葛亮等的劝告，一意孤行，执意要去攻打东吴，最后被吴军主帅陆逊火烧连营，遭到惨败，刘备本人也因此一病不起，不久后就死在白帝城。

从某个角度来说，"人不知而不愠"是一种风度。面对他人的不理解没有怨恨，仍能做出科学而又严谨的决断，是一种超然物外的智慧，而这种智慧正是让人生快乐的源泉！

君子务本

原文

有子曰："其为人也孝弟，而好犯上者，鲜矣；不好犯上，而好作乱者，未之有也。君子务本，本立而道生。孝弟也者，其为仁之本与！"

译文

有若说："尊重父母，敬爱兄长，但却喜欢顶撞长辈的，很少有这样的人；不喜欢顶撞尊长，但喜欢胡作非为的，从来不会有这样的人。君子能够一心一意致力于基础工作，把基础打好了，道也就由此产生了。尊重父母，敬爱兄长，这大概就是'仁'的基础吧。"

读解心得

有子认为，如果想追求最高境界的"仁爱"，只要从孝敬长辈、敬爱兄长做起就可以了，只要做到了这一点，就不会做出"犯上作乱"的事情。在企业里，员工都应该抱有一种感恩的心态，感谢企业提供就业、发展和与人交往的机会。这种感恩的心态体现在行动上，就是爱岗敬业、对工作负责任、与同事和上级和睦相处。

所谓仁者爱人，最基本的一点就是孝敬长辈，兄弟友爱。因为"君子务本，本立而道生"。什么是"道"呢？所谓的"道"，就是事物的规律、原理、准则和本源。对于一家企业而言，企业的"道"就是通过生产产品或提供服务为社会创造财富，"本"则是企业生产的产品或提供的服务。换言之，经营企业首先必须找准产品，找准产品生产和服务的方式及方法。在对产品有了准确的定位，又有合适的方式和方法之后，还必须"务本"，即遵从一定的规律和原则去经营。企业只有"本立"了，才会"道生"，从而走上一条良性发展的道路。"务本"是前提，高粱种子不可能长出玉米，然后是"本立"，没有付出就不会有收获；"本立"的同时也不能背"道"而驰，幻想拔苗助长，让高粱一夜之间就收获，显然违背事物的发展规律，注定不会成功。

巧言令色，鲜矣仁

原文

子曰："巧言令色，鲜矣仁！"

译文

孔子说："满口的花言巧语，满脸的伪善神色，这样的人是很少有仁德的。"

读解心得

电视剧《铁齿铜牙纪晓岚》里的乾隆皇帝说："纪晓岚可以让朕少做错事，但和珅可以让朕感到快乐！"和珅最擅长的就是溜须拍马，不管是什么东西，只要皇上说好，他就会找出一堆好的理由；但凡皇上说不好的东西，他就立刻跟着大加反对。

同样，在一家企业里，经常有像和珅这种一味讨好管理者的人。不过，如果用"马屁精"来形容这种人，未免有些片面。"马屁精"不过用一些违心的话和行为来博得管理者的欢心，给管理者留个好印象，倒不一定有什么别的坏心眼儿。但是在企业的人际关系处理上，我们还常常会遇见另外一种人，他们当面一套、背后一套，表面上和你称兄道弟、亲密无间，背地里却费尽心机、损人利己。相比而言，这类人更具有危害性，更应该引起重视。一般的同事都会对这类人敬而远之，但是为什么管理者会喜欢这样的人呢？这不仅是由于人爱听好听话的本性，还在于管理者通常都自命不凡，当他提出一些错误的见解和主张，遭到大家反对的时候，他会很自然地想："我的伟大构想，这些人理解不了！"这时候，那些看风使舵的人随声附和、带头支持，管理者自然会认为他们是难得的人才！

这样的人在我们的生活中比比皆是，这就难怪连孔子这样的圣人也毫不客气地说一句："巧言令色，鲜矣仁！"那些专门讨你欢心的人，哪是什么好人啊！作为企业的管理者，应该时刻牢记孔子的这句话，这样才能更好地去伪存真、听取不同的意见，更加重视那些敢于直言的下属，这对企业的发展更有裨益。

吾日三省吾身

原文

曾子曰："吾日三省吾身，为人谋而不忠乎？与朋友交而不信乎？传不习乎？"

译文

曾子说："我每天都要做多次自我检讨：为人出谋献计做到忠心不贰了吗？与朋友交往做到诚信了吗？老师所传授的东西经常温习了吗？"

读解心得

在企业里，不管是高级管理者还是员工都要时时反省：自己是否对企业忠诚？是否对企业的客户和服务对象诚实守信？是否对业务精益求精？

在曾子的心目中，最重要的三点就是忠实、诚信和敬业。曾子也确实做到了，成了一位儒学大家。假如员工也能做到忠实、诚信和敬业，企业也一定会成为优秀的企业。

在《纪念白求恩》一文中，毛主席对加拿大医生白求恩热爱本职工作、高度敬业的精神提出了赞扬："白求恩同志毫不利己专门利人的精神，表现在他对工作的极端的负责任，对同志对人民的极端的热忱。"

或许白求恩没有读过《论语》，但他的确做到了曾子所说的忠实、诚信和敬业这三点。从这个角度来讲，曾子所说的"吾日三省吾身"，重点并不只是"三省"，而在于实践。

敬事而信

原文

子曰："道千乘之国，敬事而信，节用而爱人，使民以时。"

译文

孔子说："治理拥有千辆兵车的国家，应该严肃、恭敬地对待国家大事而又讲究信用，节省财物而又爱护官吏和人民，让百姓服劳役要不误农时。"

读解心得

孔子说，治理一个拥有千辆兵车的大国，只需要做好敬事而信、节用爱人和使民以时这三件事就可以了。同样地，如果能做好这三件事，那么管理好一家企业也绰绰有余。事实上，要做好这三件事并非易事。

一是"敬事而信"，恭敬而谨慎地做事，而且要有公信力。三国时期的诸葛亮一生以处事谨慎而著称，但也难免有"失街亭"的惨痛教训。所谓的谨慎，并不等于谨小慎微、唯唯诺诺、缺乏果断，而在于言行一致、言而有信，有一定的公信力。战国时期秦国的商鞅在变法前"立木为信"就是一个取信于民的例子，但仅凭这点还远远不够，公信力还表现在具备风度、威信、学识随机应变的能力。

二是"节用爱人"，节约物质资源，杜绝浪费。企业管理者应该致力于用最少的资源为企业和社会创造最大的价值。假如企业只看到眼前的利益，肆无忌惮地浪费挥霍资源，这家企业不可能长久持续发展。对于人力资源来说，同样有必要节用。俗话说"无事生非"，"无事"就会"生非"，在一家企业里如果人浮于事，那必然会产生内耗。节用而爱人，节用是手段，爱人是目的。节用物质资源对整个社会有利，是"爱人"的最高境界；而节用人力资源则有利于企业的所有员工，体现了一种仁爱的"爱人"。企业只有真正做到了关心社会、关心员工，才能说做到了真正的"爱人"。

三是"使民以时",这就要求用人要节度、准确,掌握好用人的时机。"使民"不仅包括用,而且包括不用,意味着能够见微知著,建立起一套有利于调动员工积极性的使民政策和体系。

泛爱众而亲仁

原文

子曰:"弟子入则孝,出则弟,谨而信,泛爱众而亲仁。行有余力,则以学文。"

译文

孔子说:"年轻人在父母跟前要孝顺,出外要敬爱师长,说话要谨慎,言而有信,和所有人都友爱相处,亲近那些具有仁爱之心的人。做到这些以后,如果还有剩余的精力,就用来学习文化知识。"

读解心得

这是孔子作为长者对年轻人在为人处世和治学等方面的谆谆教诲,字数不多,但说得十分到位。对于企业管理者来说,孔子的这几句话可以作为员工素养培训的金科玉律。

首先,在孔子看来,"孝悌"依然是一个人修养的首要问题,年轻人在家应该孝敬长辈,出外谋生要尊敬同事。以现代人的观念来看,把"孝悌"放到如此重要的地位似乎难以得到广泛认可。但我们不妨从另外一个角度想一下,一个人对待身边人的态度,正是衡量其品德的标准,同时也是一个人培养爱心的必经之路。

其次,在工作中要少说多干,"谨"有沉默寡言的意思,我们也可以理解为谨慎,办事讲信用。在现代企业中,这是优秀员工的必备素质。

再次,要有一颗善良的心,尽量帮助身边的人,特别是要主动接近有仁德的人,在潜移默化中接受良好的熏陶,同时也能够在实践中不断学习,得到锻炼的机会。

最后,在闲暇时间多学点知识。孔子说在"行有余力"的情况下再开始学习,现在有许多年轻人在办公室摸鱼,利用工作时间看自考书,"带薪学习",这就与孔子所说背道而驰了。因为在公司里,应该先做好本职工作。

孔子所说的是一个充满爱心、埋头苦干、值得信赖、善于交际又不断学习的青年人形象，试问这样的员工，哪一个企业管理者不希望得到呢？

除此之外，孔子在这一章里还告诉年轻人学习应该有的态度和方法。"亲仁"是谦虚主动的态度，"行有余力，则以学文"是积极勤奋的态度；"亲仁"是积极向身边的人学习，在实践中学习，"学文"则是向书本学习。孔子所说的"文"本义是古代的经典著作，我们现在可以将其引申为更广泛的知识。孔子很喜欢称自己为"好学"者，他所说的这些正是他在实践中总结出来的学习原则和方法。

贤贤易色

原文

子夏曰："贤贤易色；事父母，能竭其力；事君，能致其身；与朋友交，言而有信。虽曰未学，吾必谓之学矣。"

译文

子夏说："看重实际的德行，轻视表面的姿态；侍奉父母，能够竭尽全力；服侍君主，能够献出自己的生命；同朋友交往，说话诚实、恪守信用。这样的人，即使他自己说没有学过什么，我也一定要说他已经学习过了。"

读解心得

子夏比孔子小44岁，是孔子后期的弟子，子夏所讲的"贤贤易色"应该是现代企业用人的标准之一。"贤贤"中前一个"贤"是动词，意思是辨别贤能；后一个"贤"是名词，指代贤能的人。"易"带有轻视的意思，"色"是外表的容貌。我们把整句话连起来看，就不难明白其内涵了：任用人才要注重做人态度、实际的才能和德行，而不能以貌取人，只看重外表。这里的"色"，也可以引申理解为孔子所说的"巧言令色"中的"色"，在任用人才的时候，一定不要被那些善于花言巧语的小人迷惑。虽然道理浅显易懂，可是有多少企业管理者能够真正完全做到呢？

子夏在讲完"贤贤易色"后，接下来话锋一转，说无论是一位管理者还是一名普通员工，都应该在家庭、事业和社会交往这三方面对自己有明确的要求。子夏没有直接说孝顺父母，但说对待父母不仅要尽心，还要尽力，其实就是孝顺父母；子夏没有直接说忠君，但说要甘于献身，其实就是忠君；子夏没有直接说对朋友诚实，但说要诚实守信，其实就是"悌"。

因此，子夏的思想和他的老师孔子是一致的，只不过他把老师所说的原则转化为具体的行动。这并不是一件容易做到的事情，因为经营企业需要学习理论知识，更重要的是学习怎样将理论付诸行动，转化为实际生产力，否则只能沦为空谈。

在孔子的弟子中，子夏和曾子齐名，子夏的特点是重视实践，是位实干家。他最后说的那句话很有意思，他说："这样的人，即使他自己说没有学过什么，我也一定要说他已经学习过了。"子夏说这些话的背景可能是当时的人都比较注重书本学习和理论探讨，因此他才特意这样说，表明自己的立场和见解。企业管理者一定要时刻牢记：一家成功的企业绝对不是说出来的，而是干出来的。

过则勿惮改

原文

子曰："君子不重则不威，学则不固。主忠信，无友不如己者。过，则勿惮改。"

译文

孔子说："一个君子如果不庄重，就没有威严，即使读书，所学也不会牢固。行事应当以忠和信这两种道德为主，不要和不同于自己的人交朋友。有了过错，要不怕改正。"

读解心得

在这里，孔子讲了做人的一些标准和原则。在企业中，这不仅对普通员工适用，对于企业管理者而言，也同样值得深思琢磨。

孔子说，不管做什么事情，都要先把自己的威信树立起来。那么，怎样才能树立起威信呢？就是要注意保持外表的庄重，不庄重就没有威信。宋朝文学家欧阳修说："君子的品德修养，内在要端正自己的思想，外在则要端正自己的仪容。"另外一位文学家苏洵也说："脸上有脏东西不要忘记天天洗，衣服上有脏东西也要经常洗，这是做人最起码的原则。"这样才能精神饱满、神采奕奕，让人一见面就对你肃然起敬。

孔子在这里再次提到了学习，强调学习的实际意义，就是可以消除心中的疑惑。我们一旦在思想上产生了困惑，只有通过不同方式的学习才能够解决。

"主忠信"的意思很清楚，还是在说忠诚和信誉。

孔子说在人际交往上，不要跟与自己价值观不同的人走得太近，也就是我们常说的"道不同不相为谋"。对于企业来说，假如我们追求的是做成百年老店，那么在业务合作上就要避免与那些一味追求短期利益的人合作共事。"能走多远，在于与谁同行"这句话说的也是这个道理。

绝大多数企业管理者对待错误时都是打肿脸充胖子，即使已经认识到了错误，就算在行动上改正了，但口头上不会轻易承认。孔子说，犯了错不要怕改正，他还说过"过而不改，是为过"，错了不改正，那才是真的犯了错！假如企业管理者在会议上能够坦然地承认自己所犯的一些小错误，是可以打动下属的，会让下属对你心生敬意。

慎终追远

原文

曾子曰："慎终追远，民德归厚矣。"

译文

曾子说："恭敬地对待故去的人，深切地缅怀久远的祖先，自然会使老百姓日趋忠厚老实。"

读解心得

曾子是继孔子之后儒家最优秀、成就最高的代表人物，他提倡"慎重追远"。这是中华民族传统孝道的延续，至今依然是我们每位中国人都应当保持的优良品质。更难能可贵的是，曾子由此还产生了对社会风气的思考与感悟。他认为，如果每个个体都能够做到这点，那么整个社会风气就会更加淳厚。曾子的高明之处就在于，他能够从日常具体的个人行为规范中，看到其将对整个社会带来的影响，这种思维方式同样能够为企业管理者带来启发。

有一些企业很崇尚对企业文化的塑造，特别是一些文化水平不高的企业管理者，更喜欢时刻把企业文化挂在嘴边，生怕别人嘲笑自己没文化。假如在面试时，人力资源（HR）提问："你为什么选择来我们企业工作？"应聘者回答："是贵公司的企业文化吸引了我，我觉得它很适合我个人的价值取向。"这样的问答肯定会让 HR 很满意。

那么，究竟什么样的企业文化才是企业必须坚持的呢？那就是淳厚的企业风气。不管喊的口号多么响亮，追求的愿景多么高远，如果企业不能维持淳厚的风气，这些都会成为水中泡影。

我们应该如何塑造企业文化呢？曾子这段话给我们的启示就是，一定要从员工的日常小事上抓起，从他们的工作、生活习惯上入手。文化的培养不是简单的一两句口号就能够做到的，也不是写在墙上让大家天天看就可以达成的，而是要通过各种各样的方式，将企业文化的理念具体化，落实到每个员工的日常行为中去。

温、良、恭、俭、让

原文

子禽问于子贡曰："夫子至于是邦也，必闻其政，求之与？抑与之与？"子贡曰："夫子温、良、恭、俭、让以得之。夫子之求之也，其诸异乎人之求之与！"

译文

子禽问子贡："老师来到一个国家，一定要打听人家的政务，是有求于人呢，还是想给予人呢？"子贡回答说："老师是靠温顺、和善、恭敬、节制、谦让的方式方法得知的，即使老师有求于人家，大概也和其他有求于人的人不一样。"

读解心得

《论语》中的这段问答很有意思，很有可能连子贡也不知道他的老师用了什么办法去打听一个国家的政务，只是回答自己的老师用了温、良、恭、俭、让这五种方法，即便老师有求于人，他用的方法也和别人不一样。我们都知道，孔子从 55 岁起就带着一群弟子周游列国，他的目的是什么？通常的说法是宣传自己的学说，靠着"温、良、恭、俭、让"去了解各国的政务。

当今社会是信息社会，对于现代企业而言，最大的竞争就是信息的竞争。《孙子兵法》说："知己知彼，百战不殆"，因此企业不但要掌握本行业的各种信息，也要了解能够对本行业发展产生影响的其他相关行业的信息；不仅要掌握销售市场的信息，也要了解供应市场的信息；不仅要掌握竞争对手产品发展的信息，也要了解替代产品的发展信息……要收集如此大量的信息，仅仅依靠现代化的手段是不够的，还需要培养一批信息情报人员，广泛深入各个渠道进行收集。这些人员必须做到像孔子那样"温、良、恭、俭、让"，才能及时获得有价值的信息情报，从而为企业发展做出贡献。

三年无改于父之道

原文

子曰："父在，观其志；父没，观其行；三年无改于父之道，可谓孝矣。"

译文

孔子说："当父亲健在的时候，看他的志向；在父亲去世后，则看他的行为；如果能够做到很长时间都不改变父亲的做法，那就可以称为孝了。"

读解心得

在这里，孔子将我们平常所说的"孝"具体化了，他详细解释了什么叫作"孝"。尽管用现代人的观点来看，这种思想似乎有些迂腐。可是如果我们将这一思想应用到企业里，就会发现其中的道理所在。

作为一名有志向的基层管理者，在他还未掌握企业大权的时候，就要开始建立自己的管理理论，磨合管理方法，积累才智和技能。一旦将来成为企业最高管理者，那就要看他怎样实现自己的管理思想，怎样实践自己的管理方法。有研究者认为孔子在这方面比较保守，特别是那句"三年无改于父之道"让后人束手束脚。其实，孔子很看重新人的独立能力，只是"观"看他的创新是否符合企业的发展需要，并不需要将原有的政策全盘接收。

"三年无改于父之道"到底是什么意思呢？首先要理解"道"的意思，它并非通常意义上的管理思想和手段，而是指一个企业的战略规划。战略方针的改变会对企业产生深远的影响，可能会为企业带来极大的改观，但毕竟是伤筋动骨的事情，伴随而来的还有极大的风险。对于新上任的管理者来说，到底需要多长时间进行改变，确实是应该慎重考虑的一件事。

"新官上任三把火"，说的是新上任的管理者会以自己独有的方式，去树立自己的权威。但是新举措应当仅局限在战术层面，即使真的需要改变战略规划，最好在已经熟悉了新岗位之后再动不迟。

和为贵

原文

有子曰："礼之用，和为贵。先王之道，斯为美，小大由之。有所不行，知和而和，不以礼节之，亦不可行也。"

译文

有子说："礼的功用，以遇事做得恰当和顺为可贵。以前的圣明君主治理国家，最可贵的地方就在这里。他们做事，无论事大事小，都按这个原则去做。如遇到行不通的，仍一味地追求和顺，不用礼法去节制，也是行不通的。"

读解心得

人们在日常的工作和生活中都在追求和谐，但是这种和谐必须有礼的约束。礼是人与人之间由于互相尊重而表现出来的、带有文化色彩的行为。道德是法律的基础，而礼是道德的基础。人们只有在礼、道德和法律的约束下才能求得和谐。

对于企业而言，"和为贵"包含四个层面，分别是企业内部、企业与用户、企业与对手、企业与社会。

企业内部的和谐气氛可以让大家产生愉悦的心情，为工作带来力量。企业内部的和谐源自同事之间的相互尊重，只要个人的行为无伤大雅，没有对企业的健康发展造成不良影响，不损害企业的利益，就应该选择包容。世上没有两片相同的树叶，差异是普遍存在的，有些人和事即便你不认可、不欣赏，也应该采取宽容的态度，给予足够的尊重。

企业与用户之间的和谐气氛是一种双赢的结果，因为帮助用户的同时就是强大自己。顾客就是上帝，用户就是衣食父母，企业的宗旨就是对用户负责，对用户的服务应该无微不至。我们说的每句话、落实的每个行动、执行的每项策略，都要符合用户的利益。一旦出现了损害用户利益或者不利于与用户双赢的行为，就要及时纠正，这就是对用户负责。

企业与对手的和谐指的是找到跟竞争对手和平共处、协同合作的方法，尽量避免那些无序的恶性竞争。竞争的收益毕竟是有限的，因为它激发的只是单个或少数企业的力量，而合作具有无限的潜力，因为它激发的是集体的智慧和力量。当今的经济社会是相互合作的时代，合作是每家企业赖以生存的重要方式。

企业与社会的和谐指的是企业必须承担起社会责任。虽然企业是以创造财富、获得利润为目的的组织，但营利绝不应该是企业生存的唯一目的，它还应该承担起安置就业、保护环境、慈善救助等社会责任。

不失其亲，亦可宗也

原文

有子曰："信近于义，言可复也。恭近于礼，远耻辱也。因不失其亲，亦可宗也。"

译文

有子说："约言符合道德规范，这种约言才可兑现。态度谦恭符合礼节规矩，才不会遭受羞辱。如果能不失去对于'信、恭'的亲近，也是可以被尊崇的。"

读解心得

"因不失其亲，亦可宗也"中的"亲"笔者认为应解释为"亲近"比较合适，也就是说，假如你无法做到"信近于义""恭近于礼"，那么你就应该无限地接近它们。如果你能够努力地这样做，那不是也很高尚吗？

在小说《钢铁是怎样炼成的》里有这样一段话："人最宝贵的是生

命，生命属于我们只有一次。一个人的生命应当这样度过：当他回首往事时，他不因虚度年华而悔恨，也不因碌碌无为而羞愧。这样，在他临死的时候就能够说：'我已把整个的生命和全部精力都献给最壮丽的事业——为人类的解放而斗争。'"书中的主人翁保尔·柯察金的形象与思想影响了中国几代人，他有着坚定的信念，不虚度年华而接近义、不碌碌无为而远离羞愧，为了全人类的解放事业而斗争一生，这就是一个高尚的人该有的样子。

对于企业来说也是这样。我们或许会有很多目标，比如，我们希望产品能有很高的市场占有率，希望企业有良好的口碑和信誉，还希冀企业的投入能收获较好的利润回报……不管怎样，我们一定都期望自己的企业能够成为一流的企业。可是，假如我们没有立刻行动起来，那么所有的这些期望都是一纸空文，什么成果都不会有。我们必须持续不断地采取行动，直到实现我们的计划，达到目标。可能刚开始的时候进展不会太顺利，或者暂时看不到什么前景，也绝不能轻易放弃。只要我们的心中始终怀着追求成功的梦想，并且保持必胜的信念，持续不懈地努力奋斗，不断地接近目标，这种行为本身已经很崇高了。

一家成功的企业之所以能够登上事业的顶峰，关键在于它能够不断地确定目标，并持续地付诸行动，不断地接近目标。这就是"因不失其亲，亦可宗也"这句话带给我们的启示。

敏于事而慎于言

原文

子曰："君子食无求饱，居无求安，敏于事而慎于言，就有道而正焉，可谓好学也已。"

译文

孔子说："君子饮食不追求饱足；居住不追求安逸；对工作勤奋敏捷，说话却谨慎；接近有道德、有学问的人并向他学习，纠正自己的缺点，就称得上好学了。"

读解心得

在现代企业中，流行"学习型企业""学习型组织"的说法。那么，究竟"学习型"是什么意思呢？通过读书、听讲座、进修等不断地学习专业知识、提高自身能力，这些固然是"学习型"的要求。但"学习型"的内涵还不止于此，它还包括广泛的社会实践，要在实践中提高技能。

在这一章里，孔子继续深入阐述他对"好学"的观点。他先说君子不应该追求奢侈的生活享乐，这并不难理解，更重要的是他说的后面两点，一是"敏于事"，就是说要积极地参加社会实践，在实践中学习、进步；二是"就有道"，意思是应该多与品行和才能都好的人接触，向他们学习，目的是及时纠正自己的错误。从这几句话里，我们不难看出，孔子其实并非只知道埋头书本、满口之乎者也的老学究，而是十分重视在工作中学习、向身边人学习，积极进行社会实践，实际上这才是孔子一直倡导的为学之道。

有很多企业管理者都想学习管理知识，其实答案已经都在孔子说的话里了。我们不管学习什么技能，都要做到以下这几点：一是勤于实践、锻炼；二是少说多做；三是虚心向有学问、有能力的人请教；四是注意随时纠正自己的错误观念和错误做法……这就是孔子所说的会学习的人，真是一语中的。

在如今的企业里，学习已经蔚然成风，有一些大型企业还会专门组建员工培训机构。这些组织或完全独立，或从属于人力资源管理部门，但不管是何种形式，都体现出了企业对于提高员工素质的高度重视。但是，仅有重视肯定远远不够，培训的方法更为重要。培训并不是最终的目的，更不是摆架子、要把戏，重点在于学习习惯的养成和学习方法的传授。培训也不仅局限于一般知识的学习，还应该把企业文化的核心价值观融汇于学习过程，在学习方法和形式上也可以多样化。

如切如磋，如琢如磨

原文

　　子贡曰："贫而无谄，富而无骄，何如？"子曰："可也。未若贫而乐，富而好礼者也。"子贡曰："《诗》云：'如切如磋，如琢如磨'，其斯之谓与？"子曰："赐也，始可与言《诗》已矣，告诸往而知来者。"

译文

子贡说:"贫穷而能不谄媚,富有而能不骄傲自大,怎么样?"孔子说:"这也算可以了。但是还不如虽贫穷却乐于道、虽富裕而又好礼之人。"子贡说:"《诗经》上说:'要像对待骨、角、象牙、玉石一样,切磋它,琢磨它',就是讲的这个意思吧?"孔子说:"赐呀,你能从我已经讲过的话中领会到我还没有说到的意思,举一反三,我可以同你谈论《诗经》了。"

读解心得

本章在思想立意上值得我们深思,不过更值得我们敬佩的是孔子和他的弟子们那种无处不学习、处处皆学问的精神。《诗经》原本是一部古代诗歌选集,现在我们看到的更多是它的文学价值和历史价值,但是孔子和他的学生从这些文学作品里领悟到做人、做事的深刻道理。

假如在你的脑子里,时刻都在考虑企业管理的学问,总是研究市场运行的规律和营销技巧,其实就是在学习。因为在这种状态下,你不论看到什么事情都会从中发现你要寻找的东西。

有一次,笔者和一个同事在街边饮料摊前喝饮料,有位老人过来哭丧着脸朝我们两人伸手要钱。由于我们经常遇到这样的事情,对此一直很反感,所以就没有理会她。她刚走开没多久,又过来了位老人,他对我们两个说:"祝您两位事业有成、家庭幸福、恭喜发财……"我听完微微一笑,就掏出一些零钱递给了他。同事见状不解地问我:"这两人都同样要钱,为什么刚才你不给,现在这个你就给了呢?"我回答说:"这位老人的要法是符合营销学的,因为他送给了你那些吉利话,你是需要付费的!"由此可见,要是我们一直从自己的专业角度出发去考虑问题,那学习就真的无处不在。

既然孔子可以从《诗经》中领悟到为人处世的道理,同样,我们也应该从《论语》中去学习、领悟企业的管理知识,这是一样的道理。

患不知人也

原文

子曰:"不患人之不己知,患不知人也。"

译文

孔子说："不要担心别人不了解自己，应该担心的是自己不了解别人。"

读解心得

孔子是一位具有战略思想、才能卓越的策划专家，得到当时各个"大企业集团"管理者的尊重，孔子也想借着与这些"大型企业"接触的机会寻找合适的"客户"，可是由于种种原因，始终得不到重用。在这种情况下，孔子也感到很落寞。

在这一章，孔子表达的依然是自己在不被重用情况下的想法，同时带有一点自我开解的意味。

怎样才算得上"知人"呢？笔者个人的看法是，应该不仅要了解他人的优点和长处，还要知道他的弱点所在，在此基础上，才可以给他安排合适的工作岗位，这样就叫作真正的"知人"。孔子是一个观察人的高手，而且他还善于因材施教，在《论语》中不乏这样的例子，当不同的人问同一个问题的时候，孔子的回答却是不一样的。作为一名企业管理者，不也需要这种知人善任的能力吗？在《论语》的一些章节里，也多次提到知人善任的具体方法，总结起来不外乎是观其行、察其言。

为政第二

为政以德

原文

子曰:"为政以德,譬如北辰居其所而众星共之。"

译文

孔子说:"用道德的力量去治理国家,自己就会像北极星那样安然处在自己的位置上,别的星辰都环绕着它。"

读解心得

在我们日常的语言文字中,常常提到"道德",而且含义简化合并,实际上"道"和"德"分别代表不同的意思。所谓"道",就是按照事物的发展规律和原理去实践,而所谓"德"指的是内心的真善美。换句话说,有"道"未必有"德",但有"德"必定有"道"。世上有"道"而缺"德"的人比比皆是,如掌握着鲁国大权的叔孙、孟孙、季孙等,孔子十分厌恶他们;而"道"和"德"兼具的人也不少,如我国古代的三皇五帝等。

中华民族自古以来就十分崇尚"德",一直到现代,我们的社会依然需要弘扬社会公德、职业道德和家庭美德。对于企业而言,同样需要有传统美德、行业道德和社会公德。

企业的传统美德主要体现在集体主义精神与企业家庭精神。一家企业如同一个大家庭,所有员工都是家庭成员,应该发扬尊老爱幼、遵守秩序、助人为乐、爱护公物、相互信任、礼貌待人等传统美德。

企业的行业道德主要体现在共同发展、共同提高、共同进步的协作精神,反对一切不利于行业发展的不正当竞争。如今的世界越来越小,经济一体化进程越来越快,国家间、企业间的合作越来越密切,与竞争对手合作已经成为许多现代企业的经营理念。

企业的社会公德主要体现在爱国主义精神和产业报国的奉献精神。爱国主义是催人奋进的强大精神力量,国家的繁荣昌盛是所有个人、企业生存和发展的前提,没有祖国的和平稳定,就没有企业的发展。当企业利益和国家利益发生矛盾时,企业利益应当无条件地服从国家利益。

产业报国就是在不损害国家利益的前提下，为国分忧、为民解难。

假如我们每个员工、每家企业，乃至全体人民都能以德为德，我们的祖国一定会兴旺发达、蒸蒸日上。

思无邪

原文

子曰："诗三百，一言以蔽之，曰：'思无邪。'"

译文

孔子说："《诗经》三百篇，可以用一句话来概括它，就是没有邪念，思想纯正。"

读解心得

"思无邪"出自《诗经·鲁颂·駉》："思无邪，思马斯徂。"原本是一句描写养马、赞美马的诗歌，由于孔子的引用，后来的学者对这句话衍生出了许多解释。在诗歌中，"思"字原本只是个语气词，并没有实际的含义，但孔子在此将它解释为"思想"。孔子用一句话总结《诗经》，就是发自内心的真情流露，反映了一种纯净的思想境界。

对于企业来说，确立战略目标的时候首先要"纯正"，要符合社会的主流价值观，这样才能得到社会和员工的广泛支持，这是企业能够持续、稳定、健康发展的前提；从另外一个角度讲，这也体现了战略规划对于一家企业发展所起到的关键作用。还有人将"思无邪"理解为"心无旁骛、专心致志"，这也说明了企业在执行既定的战略规划时应该正确面对其他利益的诱惑，应该在完成企业主要任务的前提下，再去考虑发展和扩张。在现实中，我们常常看到由于盲目的品牌扩张、产业扩张和资本扩张造成灾难性后果的惨痛教训。

孔子关于《诗经》的这句点评很有启发意义。首先，孔子从《诗经》中提炼出了人生的哲理，并将它作为主要的书面教材；其次，"思无邪"实际上也是孔子道德修养追求的标准。所以，"思无邪"这三个字搭建了《论语》和《诗经》的沟通桥梁，也是两部伟大经典共同的核心思想，一直流传至今。

道之以德，齐之以礼

原文

子曰："道之以政，齐之以刑，民免而无耻。道之以德，齐之以礼，有耻且格。"

译文

孔子说："用政令来治理百姓，用刑罚来制约百姓，百姓可暂时免于罪过，但不会感到不服从统治是可耻的。如果用道德来统治百姓，用礼教来约束百姓，百姓不但有廉耻之心，而且会纠正自己的错误。"

读解心得

假如一个人不知道什么是尊重，那他就不会知道什么叫羞耻；如果一个人没有从根本上建立起正确的价值观，那他就不会为自己犯下的错误感到羞耻。有的人会怕别人"戳脊梁骨"，但也有人认为"走自己的路，让别人说去吧！"因此，羞耻感只是一种感觉，这种感觉必须建立在一定认识的基础上，是一种自觉自发的内心感受，不受外人左右。

治理企业也是一样，关键要树立起这种自觉的意识。假如仅仅依靠制度规定去管理，一味用惩罚的手段去约束员工，那么员工可能只是因为害怕受到惩罚而不得不遵守规定，但内心并不会自觉地将公司的制度作为个人的行为准则，甚至可能表面顺从，内心却抗拒、抵触。

所有企业管理者心目中最理想的管理效果应该是，员工发自内心地深刻认识到只有企业提倡的才是应该去做的，并会由于自己犯下的错而深感愧疚，从而在日常行为中形成一种用企业的价值观主动约束自己的习惯。那么，如何才可以收到这种效果呢？孔子给出的办法概括起来就是八个字："道之以德，齐之以礼。"用现在的话来讲，就是用企业的价值观来统一员工的思想，再辅之以一定的制度约束。

企业管理者应该格外重视员工的思想道德教育。当然，作为社会的一分子，企业的价值观要和社会保持一致，应该是社会公德的提倡者和实践者，绝对不能脱离社会。换个角度来看，与其说企业的价值观和社会主流观念一致，不如说是对员工思想的迎合。因为员工也属于社会群体的一部分，都有着"向善"的本心。因此，社会、企业、个人三者在价值观上最理想的状态是保持高度统一，有着相近的是非判断标准。在这样的状态下，企业和员工都会有一个稳定的发展环境及广阔的发展空间，都会找到自己所追求的目标并为之奋斗。

从心所欲，不逾矩

原文

子曰："吾十有五而志于学，三十而立，四十而不惑，五十而知天命，六十而耳顺，七十而从心所欲，不逾矩。"

译文

孔子说："我十五岁立志学习，三十岁在人生道路上站稳脚跟，四十岁心中不再迷惘，五十岁知道上天给我安排的命运，六十岁听到别人说话就能分辨是非真假，七十岁能随心所欲地说话做事，又不会超越规矩。"

读解心得

这段话是是孔子的自我总结与剖析，其中的"志学""而立""不惑""知天命""耳顺"都成了中国人用来表示年龄的代名词。只有道德标准十分高尚的人，才能做到从心所欲、完全自由地支配自己的行为而不超越规矩。孔子活到了70岁才达到"从心所欲，不逾矩"的境界。他73岁就去世了，也就是说，在孔子的一生中只有三年的时间能够达到此等状态，可见达到这种境界有多难。

对于孔子而言，"矩"意味着道和德，是一切有利于道和德的行为准则。而对于企业来说，"矩"是规则和规律，是一切可以确保企业良性发展的法律法规和规章制度。所谓"从心所欲，不逾矩"，就是无论怎么做都不会逾越这些规矩，这些行为早已固化成了一种自发的行为，但一切又都在"矩"的范围之内，这是一种难能可贵的境界。

无论是一个人、一家企业，还是一个国家，"从心所欲，不逾矩"都是值得我们不懈追求的目标。为了实现这一目标，或者说为了无限接近这一目标，我们仍然需要建立一套规则和制度，甚至法律法规，实施依法治国、依法治企。从表面上看，规章制度可能限制了一部分人的一部分自由，但保证了大部分人的大部分自由。制度化管理是企业管理的必经之路，想要构建一种人性化的管理模式，必须建立在良好制度的基础之上。

有人说，正式的规则就如同构成高楼大厦的钢筋，而非正式规则则像混凝土、水泥这些东西，二者无论缺少哪一种，大楼都没法盖起来。不过，请牢记一点：大楼盖得越高，钢筋就越重要。

俗话说，"富不过三代"，但清朝时期山西祁县的乔家历经七世、长达 200 多年。细究个中原因，他们的经商之道和致富秘诀等固然重要，但其严苛的用人制度和详尽的号章号规肯定起到不容忽视的作用。只有在经营企业中遵守"矩"，才能在某一天真的达到"从心所欲，不逾矩"的境界。

无违

原文

孟懿子问孝。子曰："无违。"樊迟御，子告之曰："孟孙问孝于我，我对曰，无违。"樊迟曰："何谓也。"子曰："生，事之以礼；死，葬之以礼，祭之以礼。"

译文

孟懿子问什么是孝。孔子说："孝就是不要违背礼。"后来樊迟给孔子驾车，孔子告诉他："孟孙问我什么是孝，我回答他说不要违背礼。"樊迟说："不要违背礼是什么意思呢？"孔子说："父母活着的时候，要按礼侍奉他们；父母去世后，要按礼埋葬他们、祭祀他们。"

读解心得

孟懿子是鲁国孟、叔、季三大家族之一的首领，据说曾跟随孔子学礼。在本章里，他向孔子请教什么是孝道。孔子的回答很简单，他说："不违背礼就是孝了。"孔子在回来的路上，可能是对自己的回答很满意，又或许是他独特的教学方法，就把这句话对他的"司机"樊迟说了。樊迟是孔子周游列国回鲁国之后收的弟子，当时他为孔子驾车。樊迟是军人出身，又是新来的学生，对这句话有点难以理解，孔子又进一步阐述。

孔子教学中的一大特点就是因材施教，他从来不会给某个哲学概念下定义，如"仁""礼"，还有本章提到的"孝"等。然而他针对不同的学生，都会有不同的解读。或许孟懿子曾经有过一些违背礼的行为，因此孔子才有了这样的回答，而孟懿子也一点就透，没有继续追问。

孔子在本章中所讲的"孝道"，对于现代企业而言，可以理解为像孝顺父母一样忠诚于自己的事业。这种忠诚不是一句空洞的口号，需要付诸实际行动。这些行动必须遵循一定的规则，在一定的制度下进行，否则，就是蒙蔽上级和自欺欺人。

孔子用实际行动说话的做法，是一种务实精神的体现。遗憾的是，现在有很多人将孔子看成一位只会高谈阔论的"腐儒"，这是对孔子的一种偏见。孔子对事物的评判都是从实际出发的，他的所有思想都是在教导和启发对方应该怎么做，始终将理论与具体行动和实际效果相联系，绝非只会夸夸其谈的空想家。这也是企业管理者在日常学习和管理实践中应该向孔子学习的地方。

父母唯其疾之忧

原文

孟武伯问孝。子曰："父母唯其疾之忧。"

译文

孟武伯问什么是孝道。孔子说："父母只为自己的疾病担忧（而不担忧别的）。"

读解心得

孟武伯是上一章中提到的孟懿子的儿子，父子二人都很关心孝道的问题，可见孟氏家族内部出现了一些问题。关于孔子的这一回答，自古以来有三种说法：首先，让父母只需要担忧子女的健康，而不需要再在其他方面费心，这样就算子女尽孝了；其次，子女应该把父母的健康作为首要关心的大事；最后，父母时刻关心子女的身体健康，做子女的一定要体会父母的爱子之情，应该特别谨慎对待。

以上三种说法都有各自的道理，而且在主旨精神上也大同小异，但仍然不是十分准确。关键在于对"其"字的理解，这里的"其"字，指代的究竟是子女还是父母呢？笔者倾向于后者。以笔者的个人体会，假如我们能够将自己的家庭、事业都处理好，把父母的生活也安排得很好，那么父母心里就只剩下生命健康这一件事情可担忧了，这样我们就算尽到了孝道。子女对父母不够关心，那是不孝；对父母照顾不周，也是不孝。可是父母之爱的伟大之处在于他们并不图儿女的回报，只是单纯地期盼儿女身体健康和生活舒适。如果我们能够通过自己的努力，让父母不用为我们的生计和生活担忧，就已经是很大的孝道了。这或许才是孔子说这番话的本意。

本书的目的并不是研究《论语》这部书本身，而是要领会其精神实质，并将其中蕴含的哲理运用到企业管理中。从企业管理的角度来看，"孝"的精神可以理解为对企业和对事业的忠诚，所以我们就应该将企业管理涉及的每个细节问题都处理好，让企业在一种安全、稳定的状态下运行，而不必整天担忧现状和前景。如果我们可以坚定地围绕着既定的发展目标，扎实地开展各项工作，我们的企业就可以朝着目标稳步发展。由此可见，孔子看似简单的一句话，其实已经是对企业管理者提出的相当高的标准。

不敬，何以别

原文

子游问孝。子曰："今之孝者，是谓能养。至于犬马，皆能有养。不敬，何以别乎？"

译文

子游问什么是孝。孔子说："如今所谓的孝，只是说能够赡养父母便足够了。然而，就是犬马都能够得到饲养。如果不存心孝敬父母，那么赡养父母与饲养犬马又有什么区别呢？"

读解心得

子游是孔子后期的学生，他向孔子请教什么是孝道。孔子在回答他的时候，将话题引申到社会的一些不良现象和观念上。他说："现在，大家所谓的孝就是能养。"用现在的话来讲就是，子女认为给父母买房、买车，偶尔还能让父母去旅游，给父母足够的金钱，让他们吃穿不愁，这就是尽到孝道了。

　　孔子对这种现象与做法提出了反对意见。他认为，"至于犬马，皆能有养"。也就是说，我们就算是养一匹马、养一条狗，这些事也能做到。"不敬，何以别乎"，意思是子女在赡养父母的时候，假如对父母不能心存敬意，这跟养马和养狗有什么区别？

　　在企业里，如果能够将各项工作都圆满地完成，是不是就可以说对企业忠诚了呢？如果按照孔子的标准，那还远远不够。因为圆满地完成各项工作只是忠诚的必要条件，并不是充分条件。一个才干超群、处事圆滑的人同样能够做好工作并处理好人际关系，假如他对企业没有那种发自内心的忠诚，那就永远是一个不安定因素，能力越大，潜在的危险越大。

有事，弟子服其劳

原文

　　子夏问孝。子曰："色难。有事，弟子服其劳；有酒食，先生馔，曾是以为孝乎？"

译文

　　子夏问什么是孝。孔子说："（当子女的要尽到孝）最不容易的就是对父母和颜悦色。仅仅是遇到事情，由年轻人去做；有好吃好喝的，让老年人享受，难道这样就算是孝了吗？"

读解心得

　　在这一章，子夏问孔子什么是"孝"，孔子说"孝"就是态度很难达到的那一点。把孝看作态度问题，恐怕是孔子的首创。接着孔子就举一个例子来讲，突出"色难"。替长辈做了事，请长辈吃了好吃的，不一定就是孝，为什么呢？因为用饮食、劳务来供养父母，不算是难事，但是能够和颜悦色地侍奉父母，这就难得了。从孔子这句话予以引申，小到孝敬父母，大到报效国家，只要你的态度端正都是孝。

　　对每位员工而言，都应该对企业怀有一种感恩的心态。我们不妨扪心自问：是谁为我们提供了就业机会？是谁每个月准时给我们发工资？是谁为我们创造了与人沟通的环境？又是谁为我们提供了展示才能的平台和机会？是我们的企业。哪怕我们的企业还不够完美，还有这样或那样的不足，但我们应该学会从内心感谢它为我们提供的一切。有这样一则寓言故事：有一位小男孩爬到山顶，面向广阔的山谷纵声大喊："我恨你！我恨你！我恨你！"山谷传来回应："我恨你！我恨你！我恨你！"小男孩听到后惊诧不已。这时他猛一回头，看到身后站着一位老人，小男孩就把刚才听到的告诉了他。老人家和蔼地对他说："孩子，你为什么不换个态度呢？走过去再喊几句话，看看会怎么样？"小男孩按照老人说的，对着山谷喊道："我爱你！我爱你！"这时山谷立刻传来回应："我爱你！我爱你！"其实，我们的生活、工作也和山谷的回声一样，你有什么样的付出，就会得到什么样的回报。企业的事情就是每位员工的事情，每位员工都应该以"企业兴亡，我有责任"的主人翁态度去做好本职工作。记住：企兴我荣，企衰我耻。

对于企业而言，对社会也应该有一种感恩的心态。国家和政府为企业提供场所和原料，社会力量将企业生产所需的各种原料从遥远的地方送来，然后又把产品发送到遥远的地方。整个社会的协作才让企业能够生存下来并得到发展，企业回报社会、回报国家岂非理所应当？企业应该把国家和社会的利益放在第一位，以产业报国、振兴祖国为己任。

退而省其私

原文

子曰："吾与回言终日，不违，如愚。退而省其私，亦足以发，回也不愚。"

译文

孔子说："我整天给颜回讲学，他从来不提反对意见和疑问，像个蠢人。等他退下之后，我考察他私下的言论，发现他对我所讲授的内容有所发挥，可见颜回其实并不蠢。"

读解心得

颜回比孔子小 31 岁，是孔子早期的弟子，他在孔子的学生当中最好学，同时也是最优秀的一个，思想成就也最高。孔子对待教学的确认真负责，他可以费尽心思地去了解一个学生，所以才能做到因材施教。从这段话里我们不难看出，孔子是通过对方的言行、态度进行观察的。

这是一种十分科学的方法。对于企业来说，人力资源部门在招聘人员、考核员工的时候应该采取这种方法。事实上，孔子的学说都是实用型学说，给出的方法也是结合实际的方法。他十分看重一个人的思想境界，在衡量思想境界和道德标准的时候不会凭借第一感觉，也不会人云亦云地盲目附和跟风，而是通过观察对方的言行去考察人才。对人才来说，这无疑是十分幸运的。假如我们的企业做不到这一点，那么很可能是由于没有形成一套科学的考察流程，或者说承担考察职责的人员缺乏足够的"忠诚"和责任感。

视其所以，观其所由，察其所安

原文

子曰："视其所以，观其所由，察其所安。人焉廋哉？人焉廋哉？"

译文

孔子说："（要了解一个人）应看他的言行的动机，观察他所走的道路，考察他做事时的心情。这样，这个人还能如何隐藏呢？这个人还能如何隐藏呢？"

读解心得

一家企业、一个组织乃至一个国家的为政之要就是用人，用人的关键是遴选人，遴选人的关键是识别人。如何识别人呢？孔子为我们提供了良方。

"视其所以"就是通过一个人的所作所为来识别人。对于初识的人，通过其一举手、一投足，或一个眼神、一个微笑，来观察其品德；对于我们早已熟识的人，不仅要看其工作中的言行举止，更要观察其业余时间在干什么，与什么样的人来往。

"观其所由"就是进一步了解一个人的背景。只知其然，不知其所以然，是不能全面了解一个人的。一个人的背景非常复杂，不能仅仅从简历中获知，因为许多影响其一生的经历并非全部记录在简历当中。比如，一个人小的时候是不是体弱多病？如果是，对其有什么影响？是优柔寡断还是学会了与命运抗争？是胆小怕事还是积极进取？是抱怨上天的不公还是认为那是老天为他提供了磨炼的机会？性格内向还是性格开朗？一个人的出身不同、经历不同、教育程度不同，对待同一件事情的态度会截然不同。因此，"观其所由"就是了解一个人成长过程的全部经历。

"察其所安"是在视其所以、观其所由的基础上了解一个人现在或将来的所思所想。大家都想获得一份称心的工作，想获得更多的知识，想得到大家的认同和赞誉，想出人头地。知干者不如好干者，好干者不如乐干者。如果企业能为员工提供一个他喜好的岗位，是再理想不过的了，但一般来说，大家都喜欢的岗位有限，大多数人要从事自己不喜欢的岗位。如何解决这种矛盾呢？不让奉献者吃亏，不让得过且过的平庸之辈安于现状，不让见异思迁之人获得便宜，提供平等竞争的环境和建立绩效考核的体系是最好的方法。

对员工能做到视其所以、观其所由、察其所安是企业识别人、使用人的法宝。人力资源是企业唯一可以无限扩充的资源，它既是企业管理的起点，也是企业管理的终点。

温故而知新

原文

子曰："温故而知新，可以为师矣。"

译文

孔子说："在温习旧知识时，能有新体会、新发现，凭此就可以当老师了。"

读解心得

很多民营企业管理者人情练达，在人际关系上是很成功的，但在管理企业上，尤其是具体到产品、质量、战略、渠道等组织管理方面，则显得缺少章法。一旦企业发展到一定规模就力不从心，甚至无所适从。再加上一些民营企业传统的家族式管理，朝令夕改成为很普遍的现象。下属也就因此失去主心骨和工作方向，无论什么事情都不表态，因为一切全在于管理者临时的动议。

这是对企业资源的巨大浪费，因为你所抛弃的必然是企业曾经努力的结果，而新动议的事情又必须付出新的代价，企业自己内耗不止，还有必要让竞争对手对你发力吗？自己就把自己折腾惨了。

知识是在不断的积累中形成的，企业的发展实际上也是一个积累的过程。这一点如果得不到充分的认可，就不会对过去的努力有所珍惜。所谓"温故"，不仅仅是对过去所学所得的温习，也是对其的尊重和延续。否则，只能是狗熊掰棒子，得到的时候不计较、不理会或意识不到失去的东西。这样的"知新"永远是站在新的起点上，总在起跑线上出发。孔子把"温故"作为"知新"的基础，体现的是对过去积累和对新事物接受的双重重视。就像田径中的接力赛，一棒接一棒传下去，最终达到目标。如果你总是在起跑线上走马换将，再强的个人能力也是不可能取胜的。

做到"温故而知新"，会保持企业战略的一贯性和策略的延续性，使企业在一定的框架和轨迹上自由发展。这个过程也是对过去思路的检验和修正，发扬好的，修正错的，既传承经验，又吸取教训。在这样的情况下，研究企业的得失，就已经可以找到自身的发展方向和成长方式，还有必要求教别人吗？所以叫"可以为师矣"，正是"前事不忘，后事之师"。

君子不器

原文

子曰："君子不器。"

译文

孔子说："君子不像器具那样，只有某一方面的用途。"

读解心得

君子是孔子心目中具有理想人格的人，非凡夫俗子，他应该担负起治国安邦之重任，对内可以妥善处理各种政务，对外能够应对四方，不辱君命。所以孔子说，君子应当博学多识，具有多方面才干，不只局限于某个方面，这样才可以通观全局、领导全局，成为合格的领导者。这种思想在今天仍有可取之处。

在当今竞争激烈、瞬息万变的社会，一个人不可能在同一个位置静止不动。当某种"动荡"把人从一个熟悉的环境中抛到另一个完全陌生的地方时，许多人就不知所措了。所以在复杂的现实中，单凭一只脚走路是不牢靠的，人必须学会多种生存本领，做一个能文能武的通才，不仅对本专业要精通，对其他领域也要能懂能做。只有具备这样的业务素质和知识结构，才能在生活中处变不惊、游刃有余。这既是企业管理者的必要素质，也是任何一个现代人都不可缺少的本领。

先行其言

原文

子贡问君子。子曰："先行其言而后从之。"

译文

子贡问怎样才能做一个君子。孔子说："对于你要说的话，先实行了，然后说出来。"

读解心得

人们对于言行的处理大概有七种：不说不做，只说不做，说了再做，边说边做，也做也说，做了再说，只做不说。不说不做的人是一种不可理喻的人；只说不做的人就像"天桥的把式"，没有真才实学；说了再做的人违背了"讷于言而敏于行"的道理，也许会出现言过其实的情况；边说边做的人和也做也说的人，应该说既有表现欲又有能力，他们的言语和行动都想让人知晓，生怕别人把他们忘记；做了再说的人要强于以上五种人，是善于总结自己行为的人，但有时也会对自己的行为进行辩解；只做不说的人则是最有涵养的人。"先行其言而后从之"的君子，一是指做了再说的人，二是指只做不说的人。

"先行其言而后从之"的意义在于身教胜于言传。《世说新语》中记载了这样一个故事，说谢安的夫人常常教育子女，有一天夫人教育完子女，对谢安说："怎么从来没有见你教育孩子?"谢安说："我天天都在教导孩子啊!"然后他对夫人说："言教不如身教，我的一言一行就是子女的榜样啊!"家庭尚且如此，企业管理者不是更应如此吗?

有人说，从一般工作人员的办事效率中可看到企业管理者的素质，从一般人员的言谈举止中可看到企业管理者的处事风格。这就是企业管理者对员工潜移默化的影响力，如果管理者"先行其言"，那么这个企业的员工就会非常在意自己的言行，就不会做言过其实的事情。

君子周而不比

原文

子曰："君子周而不比，小人比而不周。"

译文

孔子说："君子以忠信团结众人而不以共同的利害结党营私，小人以共同的利害结党营私而不以忠信团结众人。"

读解心得

一个企业有许多小团体，是在企业正常组织之外的非正式组织。这些组织并没有一定的章程，形式也表现得异常松散，大多数以共同的爱好为联结纽带，比如足球爱好者协会、中国象棋棋友会等。一般来说，这些组织的目的仅仅限于对喜好的交流或提高，不会对企业产生任何威胁和破坏。如果得到正确引导，这些小团体不仅能活跃员工的业余生活，对缓解员工在工作中产生的紧张情绪也大有助益。这些小团体虽谈不上"君子周而不比"，但绝对不是"小人比而不周"。

另外一种团体存在于朋友之间。一般来讲，性情相投、水平相近的人易成为朋友，然而，真正成为朋友的又是其中的极少数。在真正的朋友之间保持友谊的宗旨是"彼有善长于我，则我效之；我有善长于彼，则我教之"。时时留心朋友的长处，以朋友的高明启迪自己的蒙昧，以朋友的宽厚转化自己的褊狭，从而不断完善自我、超越自我。尽管朋友无话不谈，处于同一家企业的朋友甚至会谈到企业的优点和弊端，但终究人少势弱，对企业不会有影响。若是真正朋友之交，也算不上"比而不周"。

对于企业危害最大的是企业管理者之间的不团结，这种不团结必然会产生"比而不周"的现象。可能他们本意并没有拉帮结派，但下属自然会把自己划到"是谁的人"。若是他们默许或赞同，员工不服管制的情况必然形成。所以，要达到"君子周而不比"，企业管理者之间的精诚团结是首要的，而这又往往取决于企业领导人的修养和德行。

学而不思则罔，思而不学则殆

原文

子曰："学而不思则罔，思而不学则殆。"

译文

孔子说："只读书学习而不思考问题，就会惘然无知而没有收获；只空想而不读书学习，就会疑惑而不能肯定。"

读解心得

有很多超级自信的企业，把采用别人的成功经验看作无能，总要弄出点创举来。我们不反对创新，并且还鼓励创新，但创新有基础和前提，如果不必创新而硬要创新，是不是也算一种迂腐的表现呢？"思而不学则殆"，总是自己闭门琢磨，不接受外界思路和成功经验，自然会生活在疑惑中。

还有另一种企业，今天见到一个模式就拿来套用，明天看到一个机制也搬来尝试。看起来很乐于学习借鉴，但并不能把新的管理思路与企业实际相结合，同样也是要承担很大风险。实际上，世界上没有哪一种模式可以直接套用，也没有任何策划方案可以照搬，要是那样的话，企业倒是好做多了。不加以研究分析，不和企业实际相结合，不做相应的改变，拿来就用，不只是惘然无所得，更可能造成企业资源的浪费，其损失是难以预料的。

当然，"学而不思"和"思而不学"都是企业的两种极端表现。企业不仅要乐于学习，还要善于学习，就是要把"学"和"思"很好地结合起来。单纯的"学"就是照搬，单纯的"思"就是一味自创，都是极端迂腐的。"学"和"思"的结合就是善于根据企业的实际情况，把新的管理思路加以消化，化为己有。

攻乎异端，斯害也已

原文

子曰："攻乎异端，斯害也已。"

译文

孔子说："攻击与自己观点不一致的言论，这样很危险。"

读解心得

孔子所说的"异端"是一个中性词，即"事物的另一端"并不是现代汉语理解的贬义词，在思想领域指的就是不同的派别，在产品领域指的就是不同的工艺。孔子告诫我们，攻击别人会产生很大的危害，那怎么对待不同思想？从孔子其他言行可以看出，他并不是攻击，而是宽容和反省，用来检讨自己的理论，完善自己的思想。经营企业又何尝不应该这样呢？遗憾的是，我们看到太多的互相揭短，甚至一些专家也参与其中，结果只能是两败俱伤。

企业给自己做广告，只选好的说，一般不说产品缺点；要是给别人做广告，例如一些企业攻击同行产品的宣传，可就专说缺点了。当然，有来无往非礼也，对方企业的反攻也不会客气。这样，双方的缺陷可都在观者面前暴露无遗。

企业互相攻击的目的其实是想表明自己产品的好处，却恰恰给面对选择的受众提供了发现缺陷的机会，反而对双方都不太信任了。虽然说消费者有知情权，虽然说真理越辩越明，但结果受害的还是企业自己，更甚者是整个行业。

知之为知之，不知为不知

原文

子曰："由！诲汝知之乎！知之为知之，不知为不知，是知也。"

译文

孔子说："由，我教给你怎样做才是聪慧！知道就是知道，不知道就是不知道，这就是智慧啊！"

读解心得

"知之为知之，不知为不知，是知也。"日常生活中，我们对那些承认自己不足的人总是多有尊敬，但真正能够做到这些不是一件太容易的事情。因为说自己不知道，多少有点难为情，很多时候会因为顾忌面子或其他原因，装一下明白，也常常能够找到宽容自己的理由。我们也常常为照顾别人的面子，不指出对方的错误。比如有的医生常常对患者说："这样下去容易长成畸形！"把"畸"读成"奇"的音，患者不好意思纠正，大概是出于礼节的考虑。这些偶一为之，倒无伤大雅。如果是做学问，那恐怕是自己欺骗自己，吃亏的最后还是自己；要是做企业管理、经营，还弄这些自作聪明的事情，再加上大家照顾管理者的面子不好意思纠正，恐怕对企业不会有什么好影响。

其实，现代社会分工明细、专业繁多、知识爆炸，谁能够什么都懂呢？所以，企业管理者要有实事求是的心态，善于向下属求教咨询，也是尊重知识、善于用人的表现。刘备也是一方枭雄，但凡事都向诸葛亮求教。每次听说鲁肃来访，都要装糊涂问道："先生，子敬这次来访又是何意啊？"直搞得诸葛亮成天美滋滋、乐呵呵，工作特别卖命。

"君子不器"，高层管理者的特长是管理，而不是擅长所有事务。下属往往是某一领域的专家，大器向小器咨询，反而显得正常，也能显示管理者的气度。如果在专家面前卖弄你的半瓶子知识，只能闹出笑话而不自知，真的是不够明智啊。

慎行其余

原文

子张学干禄。子曰："多闻阙疑，慎言其余，则寡尤；多见阙殆，慎行其余，则寡悔。言寡尤，行寡悔，禄在其中矣。"

译文

子张要学谋取官职的办法。孔子说："要多听，有怀疑的地方先放在一旁不说，其余有把握的也要谨慎地说出来，这样就可以少犯错误；要多看，有怀疑的地方先放在一旁不做，其余有把握的也要谨慎地去做，就能减少后悔。说话少过失，做事少后悔，官职俸禄就在这里了。"

读解心得

孔子教学一向主张多听多看，因为听与看乃知识的重要来源。由于各人程度不同，听来的资料中总有自己有所怀疑的部分。孔子告诉子张，与人谈话时，要把自己怀疑的部分收起来，只谈自己能肯定的部分。这就是："多闻阙疑，慎言其余，则寡尤。"同理，看到有些事情因某种行为而导致不良的后果，自己做事时应以之为戒，以免重蹈覆辙。这就是："多见阙殆，慎行其余，则寡悔。"

对于企业管理者来说，要有多听、多看、勤思考的习惯，这样才能在面对突如其来的变化时处变不惊，减少错误与悔恨。企业要生存就必须承担一定的风险，但要把风险降到最低，尤其是对于来自竞争对手的无情冲击，企业管理者更要保持理智进行全面分析，尽可能使用回避风险的战略回应对手。

举直错诸枉

原文

哀公问曰："何为则民服？"孔子对曰："举直错诸枉，则民服；举枉错诸直，则民不服。"

译文

鲁哀公问道："怎样做才能使民众服从呢？"孔子说："将正直的人置于邪恶的人之上，民众就服从；反之，如果将邪恶的人置于正直的人之上，民众就不服从。"

读解心得

此处孔子讲的是执政者选用人才的标准问题。执政者要想得到老百姓的信任，就要选用正直的官吏，因为所有法令都是靠各级官吏实施推行的。孔子深明此理，故而把官吏分为两种：正直的君子和奸邪的小人。统治者任用正直的君子，疏远奸邪的小人，就会形成清明的政治氛围，反之，就会造成黑暗的政治局面。国家政治清明了，老百姓才能安居乐业，才能对统治者的法令信服；反之，就会导致民怨四起、国家动乱。

孔子主张用正直的人代替邪恶的人，这种正确的用人方法在任何时候都是不会错的，运用到我们现实生活中也是如此。因此，企业在选拔人才时不妨遵循这一原则，必能使其更好地为企业服务。

举善而教不能

原文

季康子问："使民敬、忠以劝，如之何？"子曰："临之以庄，则敬；孝慈，则忠；举善而教不能，则劝。"

译文

季康子问道："怎么做才能使民众恭敬、忠诚和努力呢？"孔子说："面对他们的时候保持庄重，民众就会尊敬你；时刻都表现出孝敬长者、慈爱幼小，民众就会忠于你；举用善良的人并教化无能的人，民众就会努力了。"

读解心得

就企业而言，"举善而教不能"是企业管理者在人力资源管理上的必修课。"举善"就是举用善良的人，"教不能"就是教化没有能力的人。有人说，员工并不是企业的财富，对企业有用的员工才是企业的财富。一位企业管理者曾说："有德有才破格录用，有德无才培养使用，有才无德限制录用，无德无才坚决不用。""举善"是使用人才的标准，"教不能"就是通过对员工的培养和培训达到这一标准。

"举善"要求企业管理者要知人善任，发挥人的长处。如果不能发掘人的长处，那么此人的弱点、短处势必对业绩产生负面影响。用人所短，纵然不是虐待人，也是误用人。世界上其实并没有真正能干的人，关键是在哪一方面能干。美国"钢铁之父"卡耐基的碑文说得极为精辟："一位知道选用比他本人能力更强的人来为他工作的人，安息于此。"所以"举善"包括两种意义：一是使用人的长处，二是使用比自己强的人。

"教不能"应包括两方面内容。一是教知识。当今是一个知识飞速更新的时代，知识匮乏使原来非常优秀的员工在面对新观念、新理念、新技术、新方法时显得无所适从，这是正常的。企业管理者必须关注这一现象，加强对员工的培训教育，提高员工的知识和技能。培训教育要因人施教，有的员工认为学历提升是学习的最好机会，有的认为技术充电才是最好的学习，有的可能认为调换岗位会迫使自己学习，有的可能认为进修才能获得系统的提高。二是教能力。能力是多方面的，有些能力与生俱来，有些需要循序渐进地培养，有些属于自悟。对企业来说，教能力主要是通过管理者潜移默化的影响，让员工拥有虚怀若谷的空杯心态，还要让员工充满信心。

子奚不为政

原文

或谓孔子曰："子奚不为政？"子曰："《书》云：'孝乎惟孝，友于兄弟，施于有政。'是亦为政，奚其为为政？"

译文

有人对孔子说："您为什么不当官参与政治呢？"孔子说："《尚书》说：'孝就是孝敬父母，友爱兄弟，并把这种道理推广到政治上去。'这也是参与了政治，为什么非要做官才算参与政治呢？"

读解心得

很多人都向往创业当老板。但人人都做企业、当老板，显然是对社会资源的巨大浪费，也是不可能出现的情况，所以很多人注定要打工。企业所有部门都是相对独立的，但并不意味着可以独立开展业务。企业的发展是各个部门共同作用的结果，严格地说，企业里的所有人都在以不同的方式管理着企业。认识到这一点，不仅是对自己的安慰，更重要的是能够更加明确个人责任，更加认可社会化大分工。

孔子一生都在不断追寻从政的机会，希望能够亲自落实自己的思想，但却没有实现。不过有意思的是，孔子在追求仕途过程中的思考和实践，竟然成就了一位大思想家、大教育家，这是孔子始料不及的吧！现在看来，孔子之所以能够在思想和教育领域取得如此之高的成就，实际上和他远大的政治目标是紧密相连的。如果孔子仅仅为了思想而思想，为了教学而教学，那他也不会有后来的成就而被世人推崇。孔子的思想是研究政治的体会心得，孔子的教育也是为政治培养人才。他没有实现却努力毕生的目标，引导着他走向思想家、教育家的宝座。

人而无信，不知其可也

子曰："人而无信，不知其可也。大车无輗，小车无軏，其何以行之哉？"

孔子说："人要是失去了信用或不讲信用，不知道他还可以做什么。（就像）大车没有车辕与轭相连接的木销子，小车没有车辕与轭相连接的木销子，它靠什么行走呢？"

古代，固定车辕和车轭的木销子，大车的叫"輗"，小车的叫"軏"。无论大车小车，没有这个木销子是不能行走的。所以孔子用它来比喻"信"，就好像车子没有木销子不能行走一样，如果人不讲"信"，也寸步难行。

从古至今，人们都把遵守信用作为美德，没有谁会无缘无故毁弃前言、有意失信。但凡失信于人的时候，往往是在自己的承诺和个人利益发生冲突时的一种短期行为选择。至于企业的信用，一方面是对企业外部的信用，诸如对客户的承诺、与银行的信贷、对消费者的责任等；另一方面是对企业内部的信用，这一点很容易被忽略，却同样重要。

对内失信，在很多不太成熟的民营企业内还相当普遍，主要表现在几个方面。一是对用工合同的轻视。用工合同好像只是在入职时走个形式，其他时候一概没用。至于合同里约定的工作时间、薪酬标准等，老板什么时候想改变，下发个文件就办到了。二是会议承诺，开会做的决议，会后老板又有新想法，马上可以反悔推翻。三是各类规章制度，今天通过，明天修正，有的企业干脆把制度当废纸，所谓的制度不过是显示规范管理的摆设而已。四是企业战略、策略的随意性。管理需要灵活，但也要适应市场变化，否则今天一个政策，明天一个说法，弄得大家无所适从……这些都会造成忠诚度、积极性等方面的伤害，对企业造成极大的资源浪费。

虽百世，可知也

原文

子张问："十世可知也？"子曰："殷因于夏礼，所损益，可知也；周因于殷礼，所损益，可知也。其或继周者，虽百世，可知也。"

译文

子张问孔子："今后十世（的礼仪制度）可以预先知道吗？"孔子回答说："商朝继承了夏朝的礼仪制度，所减少和所增加的内容，是可以知道的；周朝又继承商朝的礼仪制度，所废除的和所增加的内容，也是可以知道的。将来或者有继承周朝的新帝王，礼仪制度也自当有所修补、增减、完善，就是一百世以后的情况，也是可以预先知道的。"

读解心得

面对市场的变幻莫测，企业管理者一定要及时做出反应和调整。并且，关系企业成败的因素往往正是企业对市场的敏感程度，这一点尤其表现在销售策略和销售技巧上。企业相对稳定的是发展战略这是企业长期遵循的一种法则，是站在一定高度、以发展的眼光进行充分论证而最终确立下来的，是企业发展的方向、步骤和采取方法的基本原则。所以战略的变更往往影响深远，企业要相当慎重。企业的灵魂即战略，企业之所以具有恒定的形象，也和企业发展战略的稳定性关系密切。可以说，企业战略如果从根本上有所变化，就相当于改变了整个企业。比如，一家以儿童市场为战略目标的企业开始进军老年市场，我们就有理由认为一家新的企业诞生了。

发展战略不仅是企业发展方向的保障，也是员工按部就班安排工作、企业稳步发展的前提。所以企业战略不会轻易改动。这种情况下，我们观察一家企业的今天，就可以看到它的明天。孔子是一个战略家，对战略的重视是他思想的显著特点。所以当他的学生子张问他"十个朝代之后的社会形态"，他显得很自信。他认为，社会形态的发展有规律可循，尽管变化是明显的，但是所有变化都是基于原来社会形态有所增、有所减，总体上在发展中保持一定的稳定性和规律性，所以即便一百世也是可以预见的。孔子这一历史观尽管有很大局限性，只强调社会制度的改革而没有看到社会制度的革命，但对于我们用来正确理解和对待企业战略已经足够了。

非其鬼而祭之，谄也

原文

子曰："非其鬼而祭之，谄也。见义不为，无勇也。"

译文

孔子说："不是自家的祖先，却去祭祀他，这是谄媚。义之所在，却不挺身而出，这是怯懦。"

读解心得

鬼，一说是祖先，另一说是泛指鬼神。不是自己的祖先而去祭祀，大概是地位比较低下的人去祭祀地位比较高的人的祖先，有意攀亲，自然是谄谀之举；而一般鬼神，却不好分辨怎么才算是"自己的鬼神"，都祭拜一下也不为过，谈不上什么谄谀。所以，笔者采信第一种说法。我们可以把"非其鬼而祭之，谄也"理解为"不该做的事情做了，就让人觉得别有用心"；而"见义不为，无勇也"可以理解为"该做的事情却不去做，就是没有魄力"。

企业常常遇到这种事情，往往把不应该做的事情弄得大张旗鼓，而对该做的事情却犹疑不定。有的企业总喜欢各级领导"光临指导"，甚至全员停工、打扫卫生、筹备接待，以示隆重。其实未必是欢迎什么"指导"，多是官本位思想的效应，其目的多种多样。

常常听一些企业员工议论："咱们老板真是的，做这事情有什么意义啊，弄得鸡犬不宁的！""这时候了还不赶紧抓销售，我看今年销量又完啦！"这些抱怨，恰恰是本章的最好注脚。

八佾第三

是可忍，孰不可忍

原文

孔子谓季氏，"八佾舞于庭，是可忍也，孰不可忍也？"

译文

孔子谈到季氏，说："他竟敢使用八八行列的舞队在自己的厅堂上表演乐舞，真是太不像话了，如果这种事情可以忍受，那么还有什么事情不可忍受呢？"

读解心得

所谓"八佾"，就是一排八人、共有八排的舞蹈方阵；"六佾"就是六排，每排六人；"四佾"就是四排，每排四人。在周朝，只有周天子才能欣赏八佾舞蹈，像鲁哀公这样的诸侯只能欣赏六佾，诸侯以下的大夫——像季孙氏等只能欣赏四佾。而季孙氏这样的大夫竟敢冒天下之大不韪，在自己的家里欣赏八佾，简直无法无天。孔子听说后，非常气愤地说这简直乱了礼数，"是可忍也，孰不可忍也？"

《红楼梦》中贾府吃一次螃蟹够庄稼人过一年，前几年又有人在西安吃一顿"天龙御宴"，花费36.6万元。古人有云："奢俭之节，必视世之丰约。"这种挥霍炫耀、愚昧堕落的消费风气，对社会破坏性极大，"是可忍也，孰不可忍也"。

近年来，随着我国经济的快速发展，在中华大地上全面建成了小康社会。然而，现在我国还不富裕。这些炫耀挥霍的消费者，往往是那些掺杂着浓重冒险味道的暴发户，有了一点钱就穷奢极欲。洛克菲勒是人类历史上的第一个亿万富翁，但其一生极为俭朴，将大量的钱投入了慈善和教育事业。他的后代恪守这一家训，继续大量捐献，成了著名的慈善家。

真心希望那些不富裕的企业和企业管理者，能够及早富裕起来；而那些富裕的企业和企业管理者，能够"富而思进"，不断取得事业上的新进展。

三家者以《雍》彻

原文

三家者以《雍》彻。子曰："'相维辟公，天子穆穆'，奚取于三家之堂？"

译文

孟孙、叔孙和季孙三家祭祖时，唱着《雍》这首诗歌来撤除祭品。孔子说："《雍》诗说的是'诸侯都来助祭，天子恭敬地主祭'，怎么能用在三家大夫的庙堂上呢？"

读解心得

人都是看重虚荣的"怪物"，尤其是地位越高，越容易产生强烈的自我意识，在工作和生活中都要追求特殊化。我认识一位企业老板，他无论喝什么白酒，无论什么季节，都要往酒杯里加一小块冰。所以办公室主任陪同吃饭的时候总是让服务员上碟冰块，当然他一个人是用不完的，马屁精们可以效仿来一块，但别忘了念念有词："老板真有个性，我也试试！"试试可以，因为老板会对你的学习报以微笑。但你要把事情做过了头，居然也养成了这样的习惯，那老板嘴里不说，心里也会对你有些许看法。

本章里的孔圣人也这样讽刺起来了。当时，"三家"在祭祀他们共同的先人鲁桓公时用了天子才可以使用的《雍》这个曲子，孔子对此很反感。

对待客户也要像对待老板一样，你只能满足客户的特殊喜好，尊重他的个性，但不要和他扯平。不管对方吹嘘什么事情，只可以边听边表示惊讶，心里再觉得那件事情稀松平常，也不要表现出来，更不能妄想超过他。有位客户在酒桌上对接待人员感慨说："哎，我生活真没规律，早饭从来不吃，因为起床都十点啦！"你只能说："看你多自由啊，我早上不吃饭，老妈绝对不让出门！"这样客户当然会觉得很舒坦。而有个在企业做网站的毛头小子却说："那有什么啊，老板照顾我们，我都是下午和晚上工作，上午睡到十二点！"从此，那小伙子再也混不上这样的饭局了。

人而不仁

原文

子曰:"人而不仁,如礼何?人而不仁,如乐何?"

译文

孔子说:"做人如果没有仁德,怎么对待礼仪制度呢?做人如果没有仁德,怎么对待音乐呢?"

读解心得

孔子始终认为,礼和乐是用来教育大家的,礼乐教育是一种辅助的方法,而仁心才是本质。

为什么"人而不仁"的时候,礼乐都不奏效了?笔者个人认为,"仁"的状态应该是一种柔软、活泼的状态,就是当你看到一张婴儿的脸时,内心会泛起一种仁爱的感觉,想关心他,希望他变得很好;当你看到别人有难时,内心会升起一种怜爱的感觉,愿意去帮助别人。这种柔软的、充满爱和同理心的感受,就是仁。

仁的反面是麻木。如果一个人没有仁爱之心,就会变得僵硬麻木。他对于礼乐完全没有感觉,只是觉得这些代表着地位和身份,至于礼乐背后蕴藏着什么情感和奥义,他都置之不理。在生活中,他相信只要有钱就什么都买得到,什么都能够享受到,想怎么做就可以怎么做。

电影《门徒》中有一个没有什么文化的大毒枭,在餐厅吃饭时点了鱼子酱。鱼子酱一般是按克收费的,一般的客人都只是尝一点点就够了,而大毒枭的做法是要求给一人一罐,用勺挖着吃,就跟吃豆腐乳似的。

若一个人的内心是僵硬麻木的,那他根本体会不到品尝美味的感觉,也体会不到欣赏音乐的感觉。对他而言,音乐和礼仪不过是用来装点门面、彰显身份的工具。

我们只有让自己的内心柔软丰富,才能感受到仁爱之心。有了仁爱之心,你才知道礼乐到底是用来做什么的。否则,不管开多好的车、穿多贵的衣服、听多么高尚的音乐,都没有太大的意义。

礼，与其奢也，宁俭

原文

林放问礼之本。子曰："大哉问！礼，与其奢也，宁俭。丧，与其易也，宁戚。"

译文

林放问什么是礼的根本。孔子回答说："你问的问题意义重大！就礼节仪式而言，与其奢侈，不如节俭。就丧事而言，与其在仪式上面面俱到，不如内心真正哀伤。"

读解心得

发自内心的感情和外在礼仪相比，当然前者更为重要。孔子认为这才是"礼"的根本，他说："就礼节仪式而言，与其奢侈，不如节俭；就丧事而言，与其在仪式上面面俱到，不如内心真正哀伤。"孔子这么说，是在当时"礼崩乐坏"的时代里，对诸侯虚伪礼仪活动的讽刺。在实际生活中，有些问题还是相当微妙，不能够完全按照一切从俭的原则。

比如，接待工作也好，平时的礼节也好，实际上都有个大家比较认可的礼数，是不好违背的。有时候，即便关系再密切，如果礼数不周，同样也会被人挑剔而产生不愉快。该老总出面的事情，派了副总或者办公室主任代替了，对方即便口头说不在意，内心却要犯嘀咕：是不是对方对我们的企业兴趣不大？是不是我们有什么失礼的地方？出差回来要给自己老总汇报的第一件事恐怕就是它了。

同样，企业接待工作的礼数也不可过头。本来销售部经理接待就可以的事情，老总亲自上了，对方会马上闪出两个念头，一是觉得很受礼遇，该高兴；二是"他们的企业待我这么热情，会不会有什么问题啊"，尤其双方都不太熟悉，第一次洽谈业务，最容易让人产生这样的怀疑，甚至要把你当骗子公司背地里好好考察一番。

夷狄之有君，不如诸夏之亡也

原文

子曰："夷狄之有君，不如诸夏之亡也。"

译文

孔子说："那些边远地区的小邦小国（文化落后），虽然有君主，还不如中原诸国没有君主呢。"

读解心得

企业礼仪是企业综合素养的体现，是在长期经营过程中积累起来的，和价值观念、管理风格、文化修养等企业文化内涵息息相关。企业礼仪不仅体现在企业接待、员工交际等方面，还是员工素养的一个重要表现。我们常常夸赞客户："一看就是大企业出来的！"这话很得人心，一方面夸赞了他所在的企业，另一方面还间接地表达对对方素质的认可。我们一般认为，一家管理不规范的企业或者一家小企业，很难具备周到、适当的企业礼仪，即便刻意表现得知书达理、温文尔雅，也赶不上自然表现。

本章中孔子就是这样的观点，在他看来，"诸夏"有非常好的礼乐文明传统，即使"诸夏"没有君主，也比虽有君主但没有礼乐的"夷狄"要好。

不过，关于孔子的这句话还有另外一种解释。当时周室衰微、礼崩乐坏，诸侯僭礼犯上很普遍，面对这种礼数混乱的情况，孔子万分感慨："现在夷狄之人尚且懂得尊君之道，而我们号称最讲礼仪的华夏之人反而这么乱礼。"

无论怎么解释，实际上都可以反映出孔子的"夷夏"观，是看不上边远民族文化的，毕竟这些地区和当时的中原文化有着显著的差距。这种差距是由于社会的开化时间、文化积累、道德教化的不同产生的，和我们现在说管理不规范的小企业礼仪文化不完备的道理是一样的。从这个意义上看，企业文化和企业文明确实需要养成和积累，这一点不能不引起管理者的重视。

女弗能救与

季氏旅于泰山。子谓冉有曰："女弗能救与？"对曰："不能。"子曰："呜呼！曾谓泰山不如林放乎？"

季孙氏去祭祀泰山。孔子对冉有说："你难道不能劝阻他吗？"冉有说："不能。"孔子说："唉！难道说泰山神还不如林放知礼吗？"

本章讲述的可不是季康子去泰山旅游。这个"旅"是祭祀的意思。按照周礼，天子才可以去祭祀泰山，而诸侯只可以祭祀封地内的山川。不过这泰山偏偏也在鲁国的封地，鲁国国君也就可以去祭祀了。现在这位季康子只是大夫，却要大摇大摆去祭泰山，显然是做了不该做的事。冉有即冉求，字子有，是孔子的前期学生，当时是季氏的家宰，相当于总管。所以孔子就问他能不能劝阻，冉求说不能。孔子也没辙，只好发顿感慨。

不过有个问题出来了，孔子怎么会让自己的学生去为一个僭礼者服务呢？另外，作为孔子的学生既然不能够劝阻，冉求为什么还心安理得地做下去而不辞职呢？讨论这个问题，比讨论僭礼要更有现实意义。

孔子是一位政治上的理想主义者，遇到这种事情，他肯定会愤然辞职。而他的很多学生并没有继承老师这一点，都在不同国家当官，原因何在？就是他的学生们能够有所变通，看不惯归看不惯，倒不至于因为这些事主动失业。

其实，在企业里也会遇见这样的问题。当企业作出某项决策，和你的思路大不相同，甚至带有明显的缺陷，而你难以劝阻的时候，你会选择怎么办？要是个性耿直、棱角分明的人，很可能拍完桌子后拍屁股走人，这样的情况不是太多见。对大多数普通员工而言，除非遇到薪酬待遇上的重大不满才会选择辞职离开。

那么，是不是说为了保住几斗米就丧失原则、委曲求全呢？当然不是。孔子政治理念是以执政者个人行为为基础的，所以就和当时多数国君的思想有区别。在企业里很少会遇到什么大是大非的问题，所以不存在"丧失原则"之说。只有当企业行为违反社会道德、国家法律的时候，才存在原则问题，这时候的去留选择就显得异常重要了。

当然，无论什么情况，员工有所不满，都不是企业的幸事。企业管理者力求决策正确是应该遵循的原则，尤其面对员工的建议和意见，更要保持正确心态，凡事要三思。

君子无所争，其争也君子

原文

子曰："君子无所争。必也射乎！揖让而升，下而饮。其争也君子。"

译文

孔子说："君子没有什么可与别人争的事情。如果有的话，那就是射箭比赛了。比赛时，先相互作揖谦让，然后上场。射完后，又相互作揖再退下来，然后登堂喝酒。这就是君子之争。"

读解心得

一家国有商场的老总和副总由于"政见"不合，两个人的关系闹得很僵，后来先后离开这家商场，在同城各自创立自己的超市。其中一位开了分店，另一人马上也组织人马跟上，就这样没两年，都陷于困顿，不得不双双收缩战线。其实，他们已经不是在经营企业了，而是在赌气。

孔子所说的"君子无所争"，不是不竞争，大概反对的正是这种无谓的争斗吧。企业本身就是追求利润的组织，必然要和同行竞争，哪怕是打着"合作"的幌子。所以，我相信孔子说的是"不一味和别人一争高下"，即便争一争，也是在竞技比赛中，如射箭、下棋、打高尔夫之类。即便是这种竞技比赛，也要做"君子之争"，把礼节作为标准。这就好像你请客户去玩保龄球，陪客户去打麻将，目的是想沟通感情，而不是抢夺冠军，在必要的时候，还要故意输几把。

在企业经营中，企业家也是不应和同行在小事情上计较，更不应给同行故意制造事端。努力把自己的事情做好，是不争之争，是君子之争。所以，记住"君子无所争，其争也君子"这两句话，才是有风度的企业家做派。

绘事后素

子夏问曰："'巧笑倩兮，美目盼兮，素以为绚兮。'何谓也？"子曰："绘事后素。"

曰："礼后乎？"子曰："起予者商也！始可与言《诗》已矣。"

子夏问道："《诗经》中'巧笑倩丽迷人，美目流盼诱人，在白绢上着上绚丽的颜色'，这是什么意思？"孔子说："先以白色打底，再画上颜色，方显得素色的可贵。"子夏说："是不是说行礼后才能做事呢？"孔子说："能够启发我并且进一步发挥的就是你子夏！现在我可以和你谈《诗经》了。"

"风雨送春归，飞雪迎春到，已是悬崖百丈冰，犹有花枝俏……"试想在茫茫的雪野上，一朵红梅怒放，那将是怎样的一幅画面？如果没有白雪皑皑，便衬托不出红梅的高贵；如果没有红梅鲜艳的色彩，便显露不了白雪的纯洁无华。这就是孔子所说的"绘事后素"。对企业来说，企业本身可能就是白绢，是皑皑白雪，企业独有的新产品就是白绢上的色彩或雪地中的红梅。那些普通的、大众化的产品就像往雪地上撒下的石灰，既不会突出石灰的清白，也不会显露白雪的无华，相反，它可能加速雪的融化，使企业消亡。

有人说企业竞争来自技术，有人说企业竞争来自知识，有人说企业竞争来自文化，也有人说企业竞争来自战略、人才、观念，其实归根结底还是取决于产品，产品才是企业赖以生存的保证。如果没有维系企业生存和发展的产品，技术、知识、战略、文化全都是空中楼阁、水中明月。但企业拥有的必须是像雪中梅一样的新产品或独有的产品。因此，加大新产品的研发就显得非常重要，找到企业独有的产品尤为关键，"绘事后素"，这些产品不仅是企业能生产的，而且是顾客需要的。

夏礼吾能言之

原文

子曰："夏礼，吾能言之，杞不足征也；殷礼，吾能言之，宋不足征也。文献不足故也。足，则吾能征之矣。"

译文

孔子说："夏代的礼仪制度，我能说一说，但它的后代杞国不足以作证明；殷代的礼仪制度，我能说一说，但它的后代宋国不足以作证明。这是杞、宋两国的历史资料和知礼人才不足的缘故。如果有足够的历史资料和懂礼的人才，我就可以验证这两代的礼了。"

读解心得

孔子说："夏朝和商朝的礼制我都可以讲述出来，可惜的是，它们的后代杞国和宋国现在的制度都不能够证明我的说法。"孔子分析说，这是因为"文"（文字材料）和"献"（熟悉典籍的贤人）不足的缘故。但到底是什么原因造成"文献"不足呢？主要还是周室衰微，诸侯都不再尊崇周礼了。

但可能还有一个原因，也不容忽视。我们知道，在春秋时期，杞国和宋国尽管具有夏和商后裔之贵，但实在都是小国，自存尚且不暇，哪里还顾得上实行完美的礼制呢？所以杞国和宋国并非不想施行完善的管理制度，实在是没有这个精力。同时他们也相信，不施行完善的管理制度，自己的国家就不可能强大。他们内心的这种矛盾，其实也困扰着很多企业。

我们知道，现代企业管理最理想的状态应该是，所有员工的思想统一到企业价值观上来，全面发挥员工的能动性，按照企业自身发展规律开展工作，并最终使企业像机器一样，实现稳定、高效、自动的发展。要实现这一切，管理核心就落在企业文化的养成和建设上。一旦企业形成良好的文化，不仅自身可以产生发展动力，同时也就具备了无可比肩的市场竞争力。这就是有识之士所说的，企业文化的竞争是未来企业最核心和最终的竞争。

然而，企业文化的规划和建设，实在需要一个心平气和的环境。可实际情况是，一个挣扎在生存边缘的企业天天为销路发愁，时时为生计闹心，不太可能坐下来讨论企业管理的深层次问题。出现这种忙乱的现象，也并不全是企业管理水平所致，有的是企业发展阶段的必然现象，有的是特定市场时期的必然现象。还有一种情况，就是初创时期的企业面临生存的压力，以及人才、资金上的局限，工作重点自然放在销售开拓上，希望先把销售搞上去，收回资金以图发展。可有意思的是，企业文化的建设，或者说培养企业文化竞争力的目的又恰恰是用来解决这些问题的。那么是现在做，还是以后做，就产生了矛盾。这个矛盾的实质是追求当前急需的利润，还是追加投资抓管理以求更大的预期利润呢？

有时候我们不得不感慨，完善的企业管理既是企业的必需品，也是企业的奢侈品！

禘自既灌而往者，吾不欲观之

原文

子曰："禘自既灌而往者，吾不欲观之矣。"

译文

孔子说："举行禘祭的仪式，从完成第一次献酒以后，我就不想看下去了。"

读解心得

没有哪种策划方案或者管理模式可以放之四海皆准，那种不切实际大肆推广的做法与欺骗没有区别。别的企业的东西，无论成功还是失败，都足可借鉴，但要照搬则是机会主义的偷懒行为，基本没有成功的可能。

从理论角度来看，企业管理和经营的规律值得重视。尽管现在并没有很合适的管理学、经营学系统法则可供我们像流水线一样来操作，但一般规则已经得到市场的认可。比如，一般而言，企业营销的步骤可以粗略地列出一些：第一，根据市场调查的结论开发适合的产品；第二，根据目标消费群体来设定产品品牌；第三，根据市场情况确立销售区域和销售渠道；第四，根据以上情况建立销售团队；第五，根据产品和市场特点制定品牌推广和产品促销的方法……这些环节无论哪里出现偏差，都可以预见销售的不利，严重的甚至能把这个产品做砸。

有个面向城市家庭开发的高档垃圾桶，单价在百元以上。这一产品从有创意开始就注定不可能成功，我们还有必要观察它以后的市场效果吗？

管理观念或知识的欠缺带来的失误一般不是在短期内可以纠正的，所以一旦发生就可以预见企业或产品的命运。本章中孔子的观礼和我们观察企业的感慨是一样的。从文义上看，禘，应该是一种祭祀活动，由好多步骤组成。灌，是这个祭祀活动中的一个步骤。孔子看到连"灌"这个步骤都做得不合章法，以后的步骤就更不必看，也知道正确不了。

或问禘之说

原文

或问禘之说。子曰："不知也。知其说者之于天下也，其如示诸斯乎！"指其掌。

译文

有人问孔子关于举行禘祭的内容，孔子说："不知道。知道的人治理天下，可能像把东西放在这里一样容易吧！"说的时候，指着自己的手掌。

读解心得

接上章，有人看到孔子观礼时直摇头，就跑来问他"禘礼"到底应该怎么做。孔子很有情绪地说："不知道啊。"然后举着手掌说："知道的人治理天下，可能像把东西放在这里一样容易吧！"孔子之所以有情绪，是因为他认为国君想知道具体要求是什么，实在不是太难的事情。

孔子是当时对周礼最有研究的学者，又定居在鲁国。但孔子到处奔走也找不到合适的工作，连鲁国国君也不重用他，心里正不高兴呢。见鲁国当权者笨手笨脚，把祭祀礼仪搞得乱七八糟，而自己这个专家却被晾在一边不受重用，就更不痛快了。所以说，要是他们真的想知道该怎么做，问我不就得了吗？可人家偏偏没问。其实孔子应该知道，当权者即便问他，即便形式上做得很好，但内心早已经没有诚意了，或许更进一步可以判断，他们也未必不知道该怎么做。

如果管理者缺乏先进的管理知识，而作出了错误决策，如果你劝阻了，他没听，你也会容易产生这样的情绪，大有怀才不遇的感慨。而管理者明明熟悉《中华人民共和国劳动法》的规定，却故意把劳动合同、用人制度定得一边倒，那任谁也是劝说不了的。如果这时候有人问你："咱老板真的不知道《中华人民共和国劳动法》的规定吗?"你估计也会像孔子这样举着手掌说："他要想知道，就像把东西放在这里一样容易!"

祭神如神在

原文

祭如在，祭神如神在。子曰："吾不与祭，如不祭。"

译文

祭祖如同先祖在世，祭神如同神存在。孔子说："我没有参与祭祀，就如同我没有祭祀。"

读解心得

"祭神如神在"与西方哲学家笛卡儿的"我思故我在"有异曲同工之妙。笛卡儿认为，我有思想则有我，我如果没有思想就没有我了。而"祭神如神在"则是想祭神，神就出现;不想祭神，神就不会出现——都强调了人的思想的作用。

"祭神如神在"用于企业，就是不断追求理想的目标，而理想的目标可能像挂在天空的一颗星星，你永远无法得到，但可以让它为你指路。当一个期待被设定了，人就会按照这个期待去做事。就像许多人认为神会惩罚人，所以相信神，努力实践神的指示。在制订企业的奋斗目标时，一定要慎重，绝不可草率，要学会从杂乱无章的信息中看出门道，在紊乱中找出秩序，在混沌中理出观念。不管大环境怎么变，自己要有恒定不变的价值追求和法则。也就是说，找到企业要祭的"真神"，使全体员工不仅从心中而且以实际行动进行"拜祭"，从而努力实现目标。

获罪于天，无所祷也

原文

王孙贾问曰："与其媚于奥，宁媚于灶，何谓也?"子曰："不然。获罪于天，无所祷也。"

译文

王孙贾问道："与其巴结奥神，不如巴结灶神，这是什么意思?"孔子说："不是这样的。如果得罪了上天，到什么地方去祷告求情也是无用的。"

读解心得

企业所有工作都必须在企业战略的指导下进行，否则将是一盘散沙，像天鹅、螃蟹和虾一起拉车一样，尽管都很卖力气，可方向不同，只能是大家都别扭。所以，人才固然重要，但缺乏战略规划的企业不可能知道自己到底需要什么样的人才。由此得出结论，企业最重要的永远是发展战略。

我们知道，如果用人失误，可以调整；促销技术错误，可以修正；产品出现质量问题，可以销毁。而企业战略的失误，不仅不容易调整，而且影响巨大，甚至是致命的。实际上，战略错误的问题倒不是太多见，更让人担心的是很多民营企业管理者并没有认识到企业战略的重要性，当销售出现问题的时候，往往采取头疼医头、脚疼医脚的思路。其实顺着管理经营的链条往上检讨，很可能到了产品性能这个环节就发现问题了。对于产品怎么改进，或者新产品怎么开发，必须检讨企业战略规划问题。战略就是企业发展的"天理"，是最高法则。一旦战略有问题或者干脆缺失，而管理者察觉不到或不肯调整，就实在没有办法了。正是孔子所谓的"获罪于天，无所祷也"。

当然孔子说的"天"用的是双关语，还有一层意思就是"天"的本义，是指最高的神。这是什么意思呢？话说孔子周游列国第一站到了卫国，当时执政的是卫灵公，不过实权在卫灵公的夫人南子和宠臣弥子瑕手中。王孙贾是卫国当时的大夫，他想得到卫灵公的重用，但拿不准走南子还是弥子瑕的门路，就向孔子咨询，但又不愿意明说。奥神居于室内，指南子；灶神居于室外，指弥子瑕。孔子明白他的意思，说："我不同意这种说法。如果得罪了上天，向哪个神灵祷告都是没有用的。"用我们的话说就是：如果企业战略这个根本出了问题，那么在别的方面的任何努力都是无济于事的。

周监于二代，郁郁乎文哉

原文

子曰："周监于二代，郁郁乎文哉！吾从周。"

译文

孔子说："周朝的礼仪制度借鉴于夏、商二代，是多么丰富多彩啊。我遵从周朝的制度。"

读解心得

志向远大的企业家往往在企业筹备期间就开始制订企业的发展战略，这当然值得肯定，也是必要的做法。但这个时期的企业很难制订出完善的发展战略，如果沉迷于自己制订的战略，而不去及时调整，反而会为战略所害。

企业经营的魅力在于其不变中的变化，在于其应对市场变化的灵活性，而在这个过程中，最稳固的就是企业发展战略。但是即便再稳固的战略也应该是变化的，只是变化的幅度比较小罢了。这个变化所依据的就是市场形势和企业实态的变化，如果内外环境都发生变化了，战略不及时调整，就是迂腐的表现。企业创立初期，不仅企业的状况没有定型，恐怕对市场也缺乏感性的认知和切实的理解，所以这个时期主要是确定战略方向，至于战略步骤和实施策略则应该在企业运行中逐步完善。

如果企业战略发生了根本性变化，那就可以说产生了一个新的企业。不到万不得已，不得到充分论证，这样的调整是要极力避免的。要知道，一个相对完善的战略规划是长期积累而成的。在企业发展过程中，不断对战略进行微调，使其能够最大限度地适应当前的市场环境。只有相对完善的战略，没有绝对完善的战略。

即便改朝换代，即便发生社会性质的革命，还是要保留过去的优秀东西。孔子把这个过程称为"损益"，有增有减的意思，就是现代哲学概念"扬弃"的意思。孔子推崇周朝的制度，就是因为周朝的制度借鉴了夏商两代的经验，达到了"郁郁乎文"。企业战略就是在长期过程中，以"损益"的方式趋于完善的。

入太庙，每事问

原文

子入太庙，每事问。或曰："孰谓鄹人之子知礼乎？入太庙，每事问。"子闻之，曰："是礼也。"

译文

孔子进了太庙，每件事情都要问。有人说："谁说叔梁纥的儿子知书达礼呢？进了太庙，什么都问。"孔子听说后说："这就是礼。"

读解心得

孔子告诉我们，诚恳向人求教既是礼的精神，也是做人的道理。人们常讲，要把企业修炼成学习型企业，要把社会变为学习型社会。只要学习，就会遇到疑问，就要像孔子那样不耻下问。学习不仅是人类的天性，也是使生命趣味盎然的源泉。无论是个人、企业还是国家，当停止学习时，就停止了成长。如今的学习比以往任何时候都显得更为重要。过去，如果一个人忠诚、肯努力，甚至有一副好身板，就可以得到一份工作。现在，你的技能也许还能保证你拥有一份工作，但这份工作不会永久，除非你通过不断学习提高技能。为了适应不断变化的环境，唯一的出路就是学习。

一名有能力的企业管理者除了具备诚实、责任心和敏锐的市场判断力之外，还必须具备对不熟悉的业务刨根问底的智慧。涉及企业成长和发展方面的情况是不断地变化的，要使自己的思想适应新的情况，就得学习。即使你是一名成功的管理者，对于企业的运营和管理知之甚多，也还是要学习，接受新事物，研究新问题。而面对狂轰滥炸的西方管理理念和方法，要仔细地研究，不仅看它使用的效果，更重要的是看它使用的环境。

"读书是学习，使用也是学习，而且是更重要的学习。"要善于总结经验和教训，在使用中学习，从管理中学习管理——这是我们主要的学习方法。采取孔子"每事问"的态度，凡事都要问个为什么，我们还有什么东西学不会呢？

为力不同科

原文

子曰："射不主皮，为力不同科，古之道也。"

译文

孔子说："比赛射箭，不在于穿透靶子，因为每个人的力气大小不同。自古以来就是这样。"

读解心得

周朝的战争主要采用车战的方式，最主要的武器就是弓箭。对于射箭来说，最高标准就是射中目标，而不是射出的箭有多大的力量。因为力量是一种体能的体现，而能否射中目标是技能的体现。体能是与生俱来的，而技能则需要悟道，是一种心境的修炼。所以孔子认为，尽管一个人的能力有大小，但只要有道的精神，就是一个高超的人。

对于企业来说，员工要按照"为力不同科"的原则来分配，准确地安排位置；企业的产品也要按照该原则细分，面向不同的用户。

采用员工"为力不同科"的分配原则，是充分尊重人性的。该原则一是承认任何人都有优点和缺点，与其徒劳地矫正员工的缺点，不如重视发掘与善用他们的优点；二是承认人有能力之分，一个人要想把所有的事情都做好是不可能的，只有放在能充分体现其才能的岗位，才是最合理的，这就是人力资源管理的能级原则。按能级使用员工，关键是不同的员工能级要有不同的职权、荣誉和利益。

产品"为力不同科"的划分就是根据顾客需求的差异，把需求相同或相近的顾客划为一个群体，从而把整个市场分成若干个分市场，然后针对不同的细分市场，组织生产和经营不同的商品，以满足不同用户的需要。人力资源的能级管理和产品的差异性营销策略，都必须体现准确性原则。

尔爱其羊，我爱其礼

原文

子贡欲去告朔之饩羊。子曰："赐也！尔爱其羊，我爱其礼。"

译文

子贡提出去掉每月初一告祭祖庙用的活羊。孔子说："赐，你爱惜那只羊，我却爱惜那种礼。"

读解心得

根据周礼，每年岁末，周天子都要召集诸侯亲自到场，颁布下一年的历法。诸侯回去后，藏诸祖庙，每个月的朔日（第一天），用活羊告庙，请行新的一个月的历法，谓之"告朔"。告朔所用的羊叫"饩羊"。但自东周以来，诸侯哪里还有心思每年去朝见天子请历法啊，所以"告朔"之礼自然也就偏废了。而鲁国当时还养着没用场的"饩羊"。子贡作为负责的官员，大概出于务实的态度和节俭的考虑，想把"饩羊"去掉得了。孔子听说后很无奈，说："子贡啊，你爱惜的是那些羊，我爱惜的是它们代表的礼啊！"意思是尽管不遵守礼了，但是保留点象征意义的形式，也算作安慰罢了。

可不要嫌弃孔子迂腐，很多时候，我们还是很看重象征意义的东西的，尽管没有实际用途，但要去掉就有人出来说三道四了。我曾经去一家大型企业考察，见在大楼角落挂着个"意见箱"。我把这个箱子看了又看，陪同人员说："朱老师怎么对这个有兴趣？"我说："职工民主在国有企业很盛行，你们也弄个意见箱，我看着亲切。不过好像好久没用了吧？"那个小伙子说："不瞒朱老师，这东西儿压根就没用过，钥匙都不知道在哪里呢！"我说："那还不撤掉？"他说："谁敢啊？领导也不好意思说撤掉！"企业本应以务实为本，却也来点虚的。确实不好说撤掉，谁敢说自己不把员工的意见当回事啊？都不愿意落下独裁的名声啊。

事君尽礼

原文

子曰："事君尽礼，人以为谄也。"

译文

孔子说："我完完全全按照周礼的规定去侍奉君主，别人却以为这是谄媚呢。"

读解心得

苏秦，出身农民家庭，少有大志，曾周游列国，惨遭冷遇，破衣烂衫地回家了。结果老婆不理他，嫂子奚落他，没人给他好脸。苏秦受了刺激，自此"头悬梁、锥刺股"，发愤读书，最后执掌六国相印，好不威风。再次回家，大家超级热情，嫂嫂甚至跪下拜见他。苏秦感慨地问："为何前倨而后恭（以前傲慢，后来恭敬）啊！"嫂嫂回答："你现在地位尊贵多了呀！"这就是成语"前倨后恭"的来历。

苏秦的嫂子前倨后恭，很多企业也是"前恭后倨"。虽然厂家、商家都把售后服务当成大事来抓，制度、规定、培训好不热闹。但很多企业心里更操心销售之前的工作，而轻视售后服务，甚至有的只是把售后服务当成招揽生意的幌子。记得第一次听说国外汽车公司召回自己有缺陷的汽车，吃惊不小，天下居然有这么自觉的服务！后来查资料发现，原来召回制度在国外早已有之，并且还不局限于汽车这样的大件商品。而有的厂家听说有顾客在使用产品时出现问题，恨不得自己马上在人间蒸发掉，回避投诉，推卸责任。

孔子呼唤当时的社会恢复礼仪，并且自己身体力行，但那些僭越之辈听说后反而讥笑他谄媚。当时大家都不怎么看重周朝的礼仪，孔子的作为反而有点标新立异，显得很特殊。在全社会呼吁诚信的时候，我们对一些厂家的完美做法也表现出特别的关注和惊讶，当然不是讥笑它献媚于消费者，而是对它的思想境界和经营理念产生钦佩。当所有企业都能够以实行自主召回制度的企业那样的负责态度对待消费者时，我们就会很习惯当"上帝"的感觉了。

君使臣以礼

原文

定公问："君使臣，臣事君，如之何？"孔子对曰："君使臣以礼，臣事君以忠。"

译文

鲁定公问道："君主差使臣子，臣子侍奉君主，该怎么办呢？"孔子回答说："君主要以礼差使臣子，臣子要以忠侍奉君主。"

读解心得

鲁定公在向孔子请教领导艺术，孔子说领导艺术很简单，就是礼敬和忠诚，领导对下属采取礼敬的态度，下属就会对领导非常忠诚。其实这也体现了一个换位思考的问题，如果你是下属，你希望上司怎么做，你就那么做好了。

所谓礼敬就是礼贤下士，能够平心静气地倾听下属的声音。人人都能提出建议，说明人人都在关心公司，公司才有发展前途。人称"经营之神"的松下幸之助有句口头禅："让员工把不满讲出来。"他的这一做法使管理工作多了快乐，少了烦恼；人际关系多了和谐，少了矛盾；上下级之间多了沟通，少了隔阂；公司与员工之间多了理解，少了对抗。

所谓礼敬就是平易近人。俗话说："做官先做人。"平易近人的领导总是把他人尤其是下属当成与自己平等的对象来看待，绝不居高临下、傲视他人。平易近人的领导不但懂得自尊，而且更懂得尊重他人，尽量照顾和满足他人正常的需求。平易近人绝不是一种姿态，不是刻意地作秀，而是一种自然而然的流露，一种自觉的行为方式。

所谓礼敬就是帮助下属克服成长性危机。成长性危机是指人从某一发展阶段转入下一阶段时，原有的资源和技能往往不足以应对新的工作，或不能很好地胜任新的工作，由此而产生的暂时行为混乱和情绪困扰。管理者的职责是引领下属尽快走出困境，使笼罩在下属头上的混沌情绪明朗起来，尽快消除危机。下属遭遇危机的主要原因可能是人际沟通技巧、业务领导能力、综合判断能力一时无法适应新的工作，为此管理者必须采取补齐"短板"、传授为人处世之道、组织下属学习业务等方式，全面提升他们的综合素质。除了在工作上要多与下属接触，生活上也要多方面了解他们，耐心探寻他们生活中的问题并帮助解决。

乐而不淫，哀而不伤

原文

子曰："《关雎》乐而不淫，哀而不伤。"

译文

孔子说："《关雎》这篇诗，快乐而不放荡，忧愁而不哀伤。"

读解心得

现在有个词叫"情商"，是研究人的情绪的学问，既讲究了解自己的情绪，也要揣摩别人的情绪，知己知彼；然后要善于调控自己的情绪，进行自我激励，以最终实现人生价值。

当年项羽就是没有处理好自己的情商，在失败的时候精神崩溃了。其实要是脸皮稍微厚那么一点点，就会回到江东，重整旗鼓，历史还不知道怎样改写呢。难怪李清照发感慨："至今思项羽，不肯过江东。"听三国故事，曹操赤壁兵败，并没有气馁，反而在败退途中指点敌人用兵不当之处，真是情绪控制的高手，难怪能成就大业。诸葛亮就更高明，不仅把自己管理得总是不温不火，还善于控制别人的情绪，利用周瑜的情商弱点，活活把他气死。难怪情商理论推崇者说"20%智商+80%情商＝100%成功"。

那么把自己的情绪管理到什么标准为好呢？第一，做到"不以物喜，不以己悲"，凡事看得开一点，才能随意豁达。第二，人是感情动物，真到了动情时，要善于控制，做到"乐而不淫，哀而不伤"，别过分激动。第三，实在控制不了感情冲动，也要学习先贤们的"喜怒不形于色"，高兴生气只有自己知道就够了。

既往不咎

原文

哀公问社于宰我。宰我对曰："夏后氏以松，殷人以柏，周人以栗，曰使民战栗。"子闻之，曰："成事不说，遂事不谏，既往不咎。"

译文

鲁哀公问宰我，做土地神的神位应该用什么木料。宰我回答说："夏代人用松木，殷代人用柏木，周代人用栗木，目的是使百姓战战栗栗。"孔子听到这些话，告诫宰我说："已经做了的事不用再解释了，已经完成的事不要再劝谏了，已过去的事也不要再追究了。"

读解心得

社稷神也叫社神，其实就是土地神。我国是一个农业大国，素有以农为本的思想，历来的当权者都认为只要风调雨顺、五谷丰登，那么就可以国泰民安。所以连国家都称为社稷，并且很重视对社稷神的祭祀活动。

在这里，孔子的态度很明朗：凡是符合礼的，就不要追究什么形式、材料了；凡是不符合礼的，就是不能容忍的，不但要追究而且要受到责备。对于企业来说，凡是有利于企业成长发展的行为，无论"不及"还是"过之"，都应该采取既往不咎的态度；凡是有损于企业成长发展的行为，无论多么微不足道，都应该受到谴责和批评并要彻底改正。

对于任何企业、任何个人而言，错误总是难免的。人不是神仙，只要干就可能出错，干得越多出错的概率就越多，干得越少错误概率就越少，不干就不会出错。所以对于敬业实干的员工，万万不可因为一两次的错误而妄下结论或者揪住不放，要允许员工改正。如果员工对自己的错误尚未发觉、认清，要及时给予提醒和纠正。务实能干的人往往也是忠实率直的人，他们缺少委婉性，提出的问题尖锐而刺激。对于他们及其言辞，管理者要采取既往不咎的态度。

同时，既往不咎还体现在要允许员工存在缺点。没有缺点的人是不存在的，而且优点越突出的人往往缺点越明显。美国南北战争时，林肯总统任命格兰特将军为总司令。当时有人告诉他格兰特嗜酒贪杯，难当大任。林肯却说："如果我知道他喜欢什么酒，我倒应该送他几桶，让大家共享。"林肯总统并不是不知道酗酒可能误事，但他更知道在北军诸将领中，只有格兰特能够运筹帷幄，决胜千里。

管仲之器小哉

原文

子曰:"管仲之器小哉!"

或曰:"管仲俭乎?"曰:"管氏有三归,官事不摄,焉得俭?"

"然则管仲知礼乎?"曰:"邦君树塞门,管氏亦树塞门。邦君为两君之好,有反坫,管氏亦有反坫。管氏而知礼,孰不知礼?"

译文

孔子说:"管仲这个人的器量真是狭小呀!"有人说:"管仲节俭吗?"孔子说:"他有三处豪华的藏金府库,他家里的管事也是一人一职而不兼任,怎么谈得上节俭呢?"那人又问:"那么管仲知礼吗?"孔子说:"国君在宫门前立了一道影壁,管仲也在自家门口立了影壁;国君设宴招待别国君主、举行友好会见时,在堂上设有放置空酒杯的土台,管仲宴客也就有这样的土台。如果说管仲知礼,那还有谁不知礼呢?"

读解心得

管仲,春秋时齐国人,曾任齐桓公的宰相,在政治、经济方面推行了一套改革措施,使齐国富强起来,辅助齐桓公成为诸侯霸主。孔子对管仲是非常尊重和佩服的,在《论语》中凡涉及管仲的内容,除了这一章,几乎全是赞扬和恭敬。孔子为什么要责备贤者?这就是孔子受人尊敬之处,不畏权威,不惧权势。三桓有权有势,但不知礼节,孔子说:"是可忍也,孰不可忍也?"管仲有心有德,但也有失礼之处,孔子也会说:"管仲之器小哉!"

孔子责备管仲一是不俭约,二是缺乏礼。管子不俭约表现在两个方面:拥有豪华的府第和用人不节俭。企业也需要勤俭,勤俭不仅可使员工养成节约的好习惯,也可使企业的成本降低,从而提高企业效益。"成由勤俭败由奢"不仅适用于一个国家、一个民族,同样适用于一个家庭、一家企业。

孔子不畏权势、不惧权威的精神同样值得企业效法。当西方的经营理念、管理理论铺天盖地涌入我国,有精华也有糟粕,企业的管理者需要慧眼识别、权衡利弊,排除一切对企业成长或发展不利的外力干扰。

乐其可知也

原文

子语鲁大师乐，曰："乐其可知也：始作，翕如也；从之，纯如也，皦如也，绎如也，以成。"

译文

孔子给鲁国乐官讲奏乐过程："奏乐过程是可以了解的：开始演奏时，各种乐器合奏，声音洪亮而优美，听众随着乐声响起而为之振奋；乐曲展开后美好而和谐，节奏分明，连续不断，如流水绵绵流淌，直至演奏结束。"

读解心得

本章是记录孔子和鲁国宫廷音乐大师的一次谈话，很多企业家未必有孔子那么高的音乐造诣，但也很喜欢用音乐来比喻企业管理。比如，有的说："管理企业就像弹钢琴，要注意两只手的配合、协调，不能够像一盘散沙。"确实很形象。

孔子和他们的说法不一样，关注的也不是企业管理方法这类具体的事情，他讲述的是一个企业总体的发展轨迹，尤其对于新建企业的战略规划、发展步骤、工作重点具有重要借鉴意义。

第一阶段，新建企业的亮相，要讲究声势，把各个方面的优势都集合起来，一起充分地向社会展示。就像乐曲的开始，"翕如也"，"翕"就是"合"的意思，做到声势宏大、音乐优美，一举展示企业的雄厚实力，在公众中树立良好的形象。

第二阶段，由于是新企业，各部门的工作和配合都没有经验，所以要狠抓内部管理，逐一指导，用各个击破的方法提高各部门的素质，即"纯如也"，使各部门发展都能得以完善，使企业具备坚实的发展基础。

第三阶段，企业管理井然有序后，产品销售成了工作重点。这时候的宣传推广工作不能像开始那样眉毛胡子一把抓，要分出重点，展示亮点，把消费者最关心的优势目的明确、有条不紊地推广出去。"皦"，就是节奏分明。只有这样才能够利用最少的资源，得到最有价值的展现。

第四阶段，当企业管理、经营进入正轨的时候，要像乐曲结束部分一样"绎如也"，连续不断。只有这样，才能够保证企业实现长期发展，这大概是孔子没有说出来的"可持续发展"的意思。注意，这时的乐曲又是合奏！企业各个方面都要追求可持续发展，以长期发展为目标。不仅是企业新产品开发、功能改进，也不仅是人才培养、促销方法，还包括企业管理创新等更深层次的方面。

高调亮相、强化管理、把握发展节奏、追求长期发展，不正是一个企业最完美的发展轨迹吗？

天将以夫子为木铎

原文

仪封人请见，曰："君子之至于斯也，吾未尝不得见也。"从者见之。出曰："二三子何患于丧乎？天下之无道也久矣，天将以夫子为木铎。"

译文

仪地的一个小官请求与孔子见面，说："凡是到这个地方的君子，我没有不求见的。"孔子的学生们领他去见孔子。出来以后，他说："你们几位为什么担心失去官位呢？天下无道已经很久了，因此上天将以孔夫子为圣人来教化天下。"

读解心得

所谓"木铎"，是一种木舌铜铃，古代政府发布政令时摇木铎来召集听众。在这里说孔子是木铎，说明孔子的学说是当时能引领世人的理论基石。企业管理者的作用就是要在黑暗中用自己发出的微光带领员工和整个企业前进。他的职责是使快速变化的环境变得明朗，把员工从现在的位置带到应该在的位置。企业也有生命周期，不可能总处于巅峰期，也有滑落低谷的可能。如何避免企业滑入低谷？如何延长企业成长期或成熟期？最主要的是找到企业的指导思想。企业的指导思想或许是企业的发展战略，或许是企业的经营理念，或许是企业的文化建设等等。一副药方不可能包治百病，能够治愈疾病的药不一定非常昂贵，对症下药才是关键，也就是要及时找到制约企业发展的"短板"。

一个企业要想找到指导思想，必须认真地回答以下六个问题：

①你处在什么位置上？

②你想拥有什么样的位置？

③谁是你必须超过的？

④你有足够的资金吗？

⑤你能坚持下去吗？

⑥你与自己的地位相称吗？

当你在回答每个问题的时候，请把影响这个问题的因素逐一记下来，并找到最主要的因素，然后对主要因素进行排序，按照轻重缓急的原则，确定指导思想并马上付诸行动。

在付诸行动上，企业要把精力放在能够做到最好的方面，不要只盯着熟识的东西，尽管这些"木桶长板"得心应手，但它们也可能贻误企业的发展，必须找到能够解决"短板"问题的方法和用于指导这些方法的思想。政策和策略也是企业的生命，企业的各级管理者务必充分注意，万万不可粗心大意。

尽美矣，又尽善也

原文

子谓《韶》，"尽美矣，又尽善也"。谓《武》，"尽美矣，未尽善也"。

译文

孔子对舜时的乐舞《韶》的评价是："乐舞的艺术形式及音律都非常美，乐舞的内容也非常好。"孔子对周武王时的乐舞《武》的评价是："乐舞的艺术形式及音律非常美，但乐舞的内容不是很好。"

读解心得

《韶》的艺术形式及音律与内容搭配得好，孔子说是尽善尽美；《武》的艺术形式及音律与内容搭配得不好，孔子说是尽美不尽善。企业内部也有许多东西是需要合理配置的，像人力资源、生产资料、产品品种等。日本西武集团的掌舵人堤义明是典型的儒商，他对中国的先贤思想了解透彻。在晚年，堤义明总结了一整套影响自己一生的经验和教训，其中有一条是"1+1=0"法则，这源于他 20 世纪 70 年代经营管理中一次失败的教训。

当时，西武集团在加拿大多伦多投资建设了一家大型的五星级酒店。堤义明非常在意这家酒店，经过长时间的考虑，决定派他最器重的三位部长担任会长、社长和常务董事。行前，堤义明设宴为他们钱行。席间，西武集团的高层管理者对三位即将远去的下属频频举杯，认为他们必将大展宏图，让西武集团的事业在异国他乡发扬光大。堤义明发现西武化学社社长森田重光有些不以为然，他悄悄地对森田重光说："宴会后请稍留步，到我办公室坐坐。"宴会后，森田重光在堤义明的办公室直言不讳地说："我认为您将那三个人派到多伦多去是不合适的。"堤义明问为什么？难道他们不是西武集团中最优秀的人才吗？森田重光说："是的，正因为他们三个都是杰出的人才，我才觉得不合适。社长先生，您没有注意到如何搭配他们，他们不但不会同心协力、共同发挥作用，反而会互相拆台，最终不可收拾。因为他们一向在自己的业务范围内做主，优点是有很强的创造性，缺点则是比较自负，拙于合作和协调。把这三匹骏马绑在一起去拉车，肯定还不如三头老实笨牛管用。"堤义明觉得森田重光说得有理，但也觉得有些危言耸听，他没有采纳森田重光的建议。

两个月后，多伦多酒店亏损严重的情况不断传到西武集团总部，一切都被森田重光言中。在会议上，堤义明通报了酒店的情况，并对未采纳森田重光的建议而造成的人事安排失误作了自我批评。会议对酒店的人事重新进行了安排，又过了两个月，酒店生意空前兴隆。

企业用人不仅要考虑他们的才智和能力，更要注意人事上的编组和搭配，其他生产资料、产品品种也是这样。

居上不宽

原文

子曰："居上不宽，为礼不敬，临丧不哀，吾何以观之哉？"

译文

孔子说："居于统治地位的人不能宽宏大量，行礼的时候不恭敬，遇丧事时不悲伤哀痛，这个样子，我怎么看得下去呢？"

读解心得

"君子生非异也，善假于物也。"可以这样说，企业最高管理者应该是企业里综合能力最强的人。但一个人的能力再强，也不可能具备企业经营的所有能力，退一万步讲，即便有，你一个人能够管理一家企业吗？况且，企业管理者的责任不是操作某项具体工种，因为在某个岗位，管理者并不如一名普通员工。所以管理者的能力是把这些专业人才有效地聚合起来，借用他们的能力和知识来完成企业的良好运行。

这就是我们常说的善于管理，其中一个重要因素就是能够宽容地对待你的下属。宽容，就是允许下属犯错误，而不是纵容下属犯错误。吴辰十几岁就跟随父亲做销售工作，销售能力是他的强项。当他组建自己的企业后，个人角色总是转换不到管理者位置上，整天把销售经理骂得抬不起头来。销售经理换了又换，结果还是由吴辰亲自来抓，但企业其他更为重要的管理工作由谁来做呢？市场上不是缺乏销售专才，而是吴辰在这方面能力过强，没有哪个能够达到他的水平，或者说符合他的要求。稍有工作不力，吴辰就觉得这么简单的事情都做不好，还做什么啊！

管理者不能宽厚待人，只能自己受累。这还好一点，毕竟是工作上的事情，可有一些管理者对手下年轻人的个性、爱好不够尊重，甚至连服装也在他的批判之列。有的管理者甚至在管理制度上做文章，力求多加班、少付钱。加班不给加班费的现象在民营企业很是常见，管理者还振振有词："这么点小事情还要求加班费，什么素质！"这么不厚道，还让人说什么呢？

所以孔子列举了他看不惯的三件事情，即管理者不宽厚、行礼时不虔诚、遇到丧事不哀伤，把"居上不宽"放在了第一位。

里仁第四

里仁为美

子曰："里仁为美。择不处仁，焉得知？"

孔子说："居住在有仁风的地方才好。选择住处，不居住在有仁风的地方，怎能说是明智呢？"

"里仁"这两个字大有学问，怎样才叫里仁？《现代汉语词典》对"里"有几种解释：①里儿。衣服、被褥等东西不露在外面的那一层；纺织品的反面。②跟"外"相对的里边。③街巷。④家乡。⑤古代五家为邻，五邻为里。⑥长度单位。⑦附在"这、那、哪"等字后边表示地点。⑧姓。

看上面这些解释，最接近的应该是第三种，"里仁"就是所居住的环境是和谐友爱的。现在许多城镇仍然将居民小区称为"里"，尤其是上海的"里弄"非常有地方特色。

但笔者倒倾向于"与'外'相对"这一解释，"里仁"就是心里有仁德，也就是我们现在说的心灵美。心灵美才能行为美，心灵美才能使人产生智慧；如果心灵不美，就算表现得很明智，也只能算是虚伪。

企业也需要心灵美。尔虞我诈、采取不正当竞争方式、不顾诚信而欺骗顾客等都不是企业的心灵美，以这种方式生存的企业迟早会被淘汰出局。某酒楼是广州的一家老字号企业，一次客人在这里就餐时，赫然发现汤中竟然有一只蟑螂。酒楼碰到这种情况，一般的补救措施是撤下这碗汤，再换别的东西，或者是把这一桌酒席打个折扣。但遗憾的是这几位顾客不同意这些处理方式，他们要求赔偿交通费、精神损失费、医疗费。在争执中，客服经理口不择言，说出了蟑螂是中药，蟑螂汤也就没有什么危害；同时汤都是高温煲出来的，也就不会有细菌。勃然大怒的顾客迅速端起这碗蟑螂汤来到报社……

由于酒楼的管理者没有高度重视，办公室主任对采访的记者态度粗暴，终于使"蟑螂汤事件"一发不可收拾。这本来不是一个难处理的问题，在整个过程中，顾客与报社都为酒楼提供了机会，但遗憾的是他们选择了放弃，终于使这只"蟑螂"越长越大，在报社的头版就"趴"了一个礼拜，而酒楼最终停业整顿。

仁者安仁，知者利仁

原文

子曰："不仁者不可以久处约，不可以长处乐。仁者安仁，知者利仁。"

译文

孔子说："没有仁德的人不能长久地处在贫困中，也不能长久地处在安乐中。有仁德的人是安于仁道的，聪明的人则是知道仁对自己有利才去行仁的。"

读解心得

"仁者安仁"是说仁者是以仁为标准和目的，而"知者利仁"是说智者只选择对他有利的"仁"去执行，如果以"仁"的标准去做得不到利益，智者是不做的。可见，智者尽管表现出相当的灵活性，但在情操和修养上和仁者还是相差一大截儿。不过，在现实生活中，仁者固然值得推崇，但智者更具有现实意义。

本章还提出"久处约"和"长处乐"的做人标准，认为修养不足的人不可能长久地处在贫困或安乐之中，否则，他们就会为非作乱或者骄奢淫逸。原因何在呢？主要是缺乏恒久的目标、高远的志向，从而失去为人的原则。在企业里，这样的事例是不可胜举的。有家钢铁企业前几年效益特差，工资都发不全了。很多职工偷点钢铁出去换钱。保卫科向厂长反映，厂长苦笑说："伙计，怎么也得让大家吃饭啊！睁只眼闭只眼算了。"这种做法自然不可取，但从理解员工角度来说还是很感人的。这是企业和员工的无奈之举，如果企业效益好而不能够给员工相应的待遇，出了问题就不仅是单方面的原因了。

高明的企业在效益允许的情况下，不会让员工只领生活费，逼得员工自谋生路。在企业效益好的时候，也会开辟新的市场、推出新的项目，在发展中继续给员工以压力，避免产生骄奢淫逸的情绪。既然我们身边不可能都是"仁者"，那么与其要求大家"久处约、长处乐"，倒不如把握好火候，永远不给他"约"和"乐"的环境来得实际。

惟仁者能好人，能恶人

原文

子曰："惟仁者能好人，能恶人。"

译文

孔子说："只有道德修养高尚的人才有能力、有资格对好人和坏人进行评论。"

读解心得

某地方电视台模仿河南卫视的《梨园春》，也搞了个戏曲爱好者打擂的娱乐节目，同样邀请当地戏曲专家、演员来做评委。可有一次评委里多了两个人，一个是当地的县委书记，另一个是当地的企业家。再看屏幕画面上不断出现的广告，一下子明白了：这两个人有可能是专家级别的戏迷，但更可能的是一般戏迷，甚至不爱好戏，能够贵为评委，是身份和赞助的原因。

孔子说："只有道德修养高尚的人才有能力、有资格对好人和坏人进行评论。"不用圣人说，我们也知道只有水平高的人才能够做评委，并且这个水平必须是专业水平，官做得再大、企业经营得再好，不懂戏也是白搭。

外行做评委，不过只是苦了选手；官员讲企业经营，企业也没真当回事来听，其影响也不过如此罢了。而企业用人如果不懂得"惟仁者能好人，能恶人"的道理，让外行来管理人力资源，那你的队伍建设成什么样子可就说不准了。可能有朋友会说，企业管理者在用人上都是很用心思的，怎么会让外行管理专业部门呢？这只是理论上的说法，在实际操作中，一些家族式管理的民营企业，老婆管财务、小舅子管人事的事情还少吗？我就不相信他们家族能出那么多的专业人才。

苟志于仁矣，无恶也

原文

子曰："苟志于仁矣，无恶也。"

译文

孔子说："如果立志追求仁德，就不会去做坏事。"

读解心得

某著名儿童品牌企业，不知道为什么有一年突然推出一种保健酒。当时正是企业探索多元化经营的热闹时期，很多论者把这作为一个成功探索的案例来宣讲。但话音未落，那个酒就已经转让出去了，才避免了企业更大的损失，于是宣讲者又把这作为多元化策略的一个反面教材。企业的战略失误带来的是实实在在的损失，但无论成败，对研究者都是旱涝保收，有点不公平吧？

然而，从儿童品牌跨越到老年保健酒的思路本身就隐含着极大的风险。可以说，这个新产品完全不符合企业的战略规划，估计是哪个重要人物一时头脑发热的项目。企业经营怎样才能避免失误这是管理者很关心和苦恼的事情。但多数经营失误，都可以从战略目标和行为标准上找到原因：或者没有明确的战略目标和行为标准，或者偏离了既定的战略目标和行为标准。

还是孔子说得好："如果立志追求仁德，就不会去做坏事。"对企业来说，如果立志执行正确的企业目标，就不可能出现大的失误。即便因为能力等问题出现些许失误，也不会出现方向性错误，不仅损失不会大，也容易根据战略目标及时进行调整。

君子无终食之间违仁

原文

子曰："富与贵，是人之所欲也；不以其道得之，不处也。贫与贱，是人之所恶也；不以其道得之，不去也。君子去仁，恶乎成名？君子无终食之间违仁，造次必于是，颠沛必于是。"

译文

孔子说："金钱和地位是每个人都向往的，但是，以不正当的手段得到它们，君子是不会享受的。贫困和卑贱是人们所厌恶的，但是，不通过正当的途径摆脱它们，君子是不会摆脱的。君子背离了仁的准则，怎么能够成名呢？君子不会有吃一顿饭的时间离开仁德，即使在匆忙紧迫的情况下也一定要遵守仁的准则，在颠沛流离的时候也和仁同在。"

读解心得

树立远大的发展目标，制定正确的行为规范，是企业稳定发展的根本保障。这个道理没有哪个企业家不懂得，也没有哪个企业不曾为之付出努力。若说哪个企业一开始就没打算好好干，一开始就怀着坑人的心，即便有，也大概只有那些造假制假的地下工厂吧。"人之初，性本善"，大多数企业管理者是本着一颗善良的心来做企业。

然而，明明很简单的道理为什么往往被人忽视呢？笔者注意到，几乎所有矿难报道的画面，墙壁上都有大大的"安全生产""安全第一"等标语。不是不懂安全生产的重要性，而是在利益面前，这条行为规则被抛弃了。和我们通常的认识不同，孔子其实并不反对"利欲"，而且强调富贵是人们的自然欲求，贫贱是人们天生讨厌的。他只是反对以不正当手段得到利益，反对以不正当手段摆脱贫贱。实际上，无数事实证明，只有符合法理和道义得到的利益才是真正的利益，违背最初良好的理念，侥幸获得的利益只是暂时的。那些大书"安全第一"的煤矿在发生矿难的那一刹那，大概能体会到"不以其道得之"的利益是多么脆弱。

还是记住孔子这句话吧："君子无终食之间违仁。"连一顿饭的工夫都不能违背企业的战略目标和行为规范啊，因为那才是企业真正的精神支柱。

"造次必于是，颠沛必于是"的忠告，更值得大多数企业经营者深思。何谓也？就是在企业经营的困难时期，更应该把握住企业的方向、坚持企业的行为准则。电视剧《大宅门》里，白景琦在药铺最缺钱的时候销毁了一批不合格的成药，这种做法确实值得钦佩。

有能一日用其力于仁矣乎

原文

子曰："我未见好仁者，恶不仁者。好仁者，无以尚之；恶不仁者，其为仁矣，不使不仁者加乎其身。有能一日用其力于仁矣乎？我未见力不足者。盖有之矣，我未之见也。"

译文

孔子说："我未曾见到喜好仁的人和厌恶不仁的人。喜好仁的人，认为没有任何事物能高于仁；厌恶不仁的人，他实行仁，是不使任何不仁的事情出现在自己身上。有谁能在一天里用全力去实施仁呢？我没见过力量有不够的。或许还是有这样的人吧，只是我没有见到。"

读解心得

战略目标是企业这棵大树的根本，指导思想和实施步骤则可以看作树干。企业其他的日常事务都蕴含着企业战略，所以企业战略必然是企业的最高原则，而这个最高原则的灵魂是战略目标。孔子所谓的"仁"，犹如我们所谓的目标。

制定企业的战略目标，并严格有效地去执行，是最好的状态。如果一个企业反对那些缺乏战略目标管理的机会主义者，说明这个企业懂得战略规划的重要意义，这样，那些影响企业发展的不良现象就不会在这个企业出现，就不会产生不明不白的损失。

然而并不是所有企业都具有完善的企业战略规划，尤其是一些民营企业。这些企业有个很好的借口："我们企业刚刚起步，生存还成问题，哪里有精力考虑长远的问题呢？"其实我们又回到了曾经讨论的一个企业悖论里，就是一个挣扎在生存边缘的企业，如何对待完善的企业管理？有些人认为企业战略、企业文化、完善的管理等都是虚的，远没有做广告、搞促销来得实际。而无数实践证明，这样的选择往往是杀鸡取卵，若做得好，暂时销售繁荣，但随后企业内部管理缺乏、企业发展后劲不足的矛盾就会凸显出来。

在这种状态下，比较好的做法是主抓销售，兼顾管理，最好的做法却是首先制定战略规划，在此基础上主抓销售。但大多数企业惶惶不可终日，一心一意抓销售。孔子不耐烦地告诫说："有能一日用其力于仁矣乎？"哪怕有一点点时间用在战略思考上，做到了吗？企业管理者擦擦汗水说："忙啊忙！哪有这个精力呀？"孔子说："我没有见过在这方面真的没有一点精力的。"又无奈地说，"或许有吧，我反正没见过。"

观过，斯知仁矣

原文

子曰："人之过也，各于其党。观过，斯知仁矣。"

译文

孔子说："人们所犯的错误，类型不一。所以观察一个人所犯错误的性质，就可以知道他的为人。"

读解心得

企业在发展过程中出现一些失误是难免的，管理者要时刻考虑的是每步的收益和风险的比较，这无疑是一种技术，甚至是一门艺术。出现问题并不可怕，可怕的是找不到原因，或者找错了原因，导致错误无法及时得以纠正。

那么发现了错误，找到了错误的原因，并且及时纠正了，是不是就万事大吉了呢？很多企业在处理错误的时候，往往也是仅限于此。比如销售市场选择错误了，发现后及时纠正，马上撤出这个不属于自己的市场，以待他图。这自然是必需的，但深一步考虑，为什么会出现这种错误，是市场分析能力的问题，还是决策机制的问题呢？并不是所有企业都有这样的意识，往往忙于赶路不看路，尤其在企业销售形势一片大好的时候。

孔子说："人所犯的过错，都有不同的类型。"如果仅仅针对具体错误采取纠偏的措施，那只是解决了一个错误，未必能够清除错误的根源，避免类似的错误再次发生。所以孔子是在提醒我们，不要单纯关注具体错误，而要考虑到发生类似错误的可能。河北市场冒进了，那么广东市场是不是也可能出现冒进呢？陕西市场是不是也会有类似的失误呢？这样，我们就不会单纯责备负责河北市场的员工，而是要研究这一类错误发生的根本原因。

孔子的观点还不仅限于此，他更进一步地说："分析这个人的过错，就可以知道他是个什么样的人。"什么意思呢？通过错误不仅能够看到他犯错误的原因，还可以看出来他的人品如何。这样就把检讨的目光引申到整个企业最根本的领域了。还以上面的例子来说，员工的错误原因往上追溯可以发现销售决策机制的问题，再往上，销售决策机制的不健全可能因为整个企业机制都有问题，最终甚至可以追溯到企业管理经营理念上来。当然，我们这么考虑，并不是要为错误当事人开脱责任，而是希望通过一件小事情解决更多、更深刻的企业问题。

朝闻道，夕死可矣

原文

子曰："朝闻道，夕死可矣。"

译文

孔子说："早晨能够得知真理，即使当晚死去，也没有遗憾。"

读解心得

道是天下一切事物都要遵循的法则。老子说："人法地，地法天，天法道，道法自然。"人、地、天皆遵循道。在现代管理艺术中，这个道就是管理者的人心所向。在企业活动中必须强调"以人为本"的理念。人法地、地法天之后得道，再以道来征服企业成长和发展过程中的一切不利因素。"道生之，德畜之"，以仁德来对待员工、顾客和社会。应当承认，现今企业之间的竞争实际是企业文化的竞争。我国企业的经营者大多缺乏一种理念支撑，偏重人际关系协调而忽视德文化，体现为企业内部沟通不畅、对员工缺乏信赖、员工对企业的认同感不强、普遍缺乏精益求精的追求精神。

以道与仁德的思想治理企业，理想的目标是在企业内部形成"重文化、重纪律、重群体、重诚信、重功利"的企业精神。

某集团的阿胶已有2500多年生产历史，曾因为进贡朝廷获封为"贡胶"，2002年集团却几乎遭受灭顶之灾。有媒体报道其产品由马皮熬制而成，一时间"挂羊头卖狗肉"的指责铺天盖地。在企业生死攸关之时，慌了手脚的管理层却纷纷放"假"：对记者的电话问询统统回答无可奉告，老总的去向则是"去国外考察了"。这种态度更加引起了媒体的兴趣，采取"鸵鸟政策"的管理层实施了"三防"政策：防火、防盗、防记者。事态一直延续到当地政府、卫生局等部门来调查并出具证明之后，该企业才如梦初醒——原来，信息世界不能有信息真空。越防，危机只能越大。面对企业和个人价值的瓦解，真应该有这种"朝闻道，夕死可矣"的精神。

未足与议也

原文

子曰："士志于道，而耻恶衣恶食者，未足与议也。"

译文

孔子说："读书人立志于追求真理，但又以穿破衣、吃粗糙的饭食为耻，这种人就不值得和他谈论真理。"

读解心得

和很多成就相比，把外表装扮得好一点是最容易实现的。当一个人在事业上、人格上的追求达不到标准的时候，最容易转向外表的修饰，用以掩饰内心的不安。人是有社会属性的动物，生活中的很多事情都要受社会、受别人的影响。顾及别人的感受，希望受人尊重是人之常情，无可非议，但若被虚荣所累就很不值得。抛却虚荣的最好的办法是树立明确的人生目标，然后付出努力而终有成就。

据说比尔·盖茨穿着朴素，上衣才十美元，但他不会因此觉得尴尬，因为他知道自己的成就足以自豪。和物质财富相比，精神财富更能够树立人的自信，所以孔子很讨厌那些以自己的衣食朴素而耻的人，即便是说自己有着高尚的追求也是假的，所以"未足与议也"。

做企业最主要的目标就是创造和积累物质财富，并且这也是考量企业成败最为重要的指标。人生在世，也希望过上富足的生活。孔子并不推崇苦行，曾明确指出"富与贵，是人之所欲也"，而关键要"以道得之"，即"取之有道"。如果一个人有机会达到富贵，但要以道德沦丧为代价，不仅是孔子所反对的，也是社会所谴责的。事实上，与本分创业相比，想轻易发财的机会实在太多了。小者缺斤少两可以增加利润，大者造假贩假可以快速致富，而这些不合乎商业道德的成长方式是不会被有社会公德的人士采纳的，也不是真正的企业家所为。

如果企业经营不善，为自己的能力感到耻辱是正常的，而为了原则放弃一次赚钱的机会是值得尊敬的。通过不正常手段得到的财富而炫耀，就是货真价实的品行问题了。有人大大咧咧地说："别迂腐了！把钱弄到手怎么也比穷酸要好得多！"那么，这样的人也是"未足与议也"。

无适也，无莫也

原文

子曰："君子之于天下也，无适也，无莫也，义之与比。"

译文

孔子说："君子对于天下的事情，没有规定一定这么做，也没有规定一定不要这么做，只要合乎义，想怎么做就怎么做。"

读解心得

道、德、仁是精神，义是行为，凡符合道、德、仁的举止就是义。道、德、仁是不能变通的，而义可以变通，"条条大路通罗马"，你想怎么走就怎么走。

企业的宗旨、理念、方针、制度、团队构建等基础性、方向性、原则性的东西需要明确，至少在短时间内是不能随意改变的。经营策略、生产工艺、管理方法等则是因时、因地、因人不断地调整和改进的。比如在处理企业危机方面，不同的企业有不同的处理方法，只要合乎企业的原则，都会收到预想的好结果。

美国某药业公司生产的泰莱诺尔片，以其独特的疗效迅速占领了同类药品40%的市场份额。就在其经营火爆的时候，芝加哥州竟有人服用该产品死亡。在警方和医疗部调查之后发现，死者服用的泰莱诺尔片中含有剧毒氰化钾成分。一时舆论哗然，泰莱诺尔片和其公司成了死亡的化身。面对突如其来的危机，该公司首先配合警方全力封锁了生产线及库存产品，并在全国铺天盖地地播放广告，告诉人们不要购买和服用泰莱诺尔片。公司"人的利益高于一切"的做法，不仅遏制了事态蔓延，也取得了解决问题的主动权。后来警方发现被收缴来的泰莱诺尔片包装上有针孔，显然是有人在恶意陷害。泰莱诺尔片公司又发起新一轮的广告攻势，告诉消费者，"责任不在本公司，我们都是受害者"，同时还展示了他们新一代泰莱诺尔片，只要有异物接触，就不会保持原样，以此来感谢人们对泰莱诺尔片的厚爱和支持。

君子怀德

原文

子曰："君子怀德，小人怀土；君子怀刑，小人怀惠。"

译文

孔子说："君子心怀的是仁德，小人则怀恋乡土。君子关心的是刑罚和法度，小人则关心私利。"

读解心得

孔子提到的"君子"，有三种不同的定位。一是道德高尚的人；二是执政者；三是道德高尚的执政者。对于本章的理解，历来说法不一，却各有千秋。

一种说法是把"君子"理解为有德者，本章是专讲君子与小人在人格上的区别的。"土"是什么？故土、乡土，在这里理解为家庭比较合适。恋家就是"小人"啊？所以这里的"小人"我觉得应该是和"有德者"相对应的普通人。在企业里，能够称为"有德者"的员工考虑的是企业的发展、个人的修为，所言所行主动遵守企业制度，这部分人应该是企业的骨干，受到重用。一般员工多考虑老婆孩子热炕头，在个人和企业利益发生冲突的时候，更加维护个人利益。当然，考虑家庭和个人乃是人之常情，也无可非议。并且，普通人是企业的大多数，即便"有德者"也需要基本的物质消耗和享受。企业管理者不把员工个人利益放在合适的位置，也不会是一个好的管理者。更何况，谁能够要求所有人都甘心为企业无私奉献呢？尤其处于现在的大环境里，所谓"主人翁精神"多是一种领导的理想，要求员工无私奉献基本是实现不了的。作为一个企业家，更应该明白什么是交易。员工本质上也是商品，是需要你付出代价来获得的。

另一种说法是把君子作为"执政者"，"小人"就相对应老百姓。

本章从语义上是因果关系，就是说："如果管理者很有德行修为，那么老百姓就会各归乡土、安居乐业；如果管理者看重刑罚，那么老百姓就会为了谋利而去他乡。"这里的"土"还是故乡、乡土。为什么对有德行的执政者的回报仅仅是留在家乡呢？这要回到孔子时代来分析了。那时候，尽管都是周王朝的天下，但有很多的诸侯国。老百姓在一个国家生活艰难，可以举家搬迁到好的国家去。国家治理得好，就可以达到"近者悦、远者来"的境界。其实现代企业也是这样，员工队伍是否稳定原因很多，但企业管理者缺乏应有的德行，缺少良好的企业文化，对员工苛刻寡恩，都会直接影响员工的情绪和去留。

放于利而行，多怨

原文

子曰："放于利而行，多怨。"

译文

孔子说："如果依据个人的利益去做事，会招致很多怨恨。"

读解心得

企业追求利润是天经地义的事情，哪里利润丰厚，资金就投向哪里，这是市场经济规律。关键是通过什么原则、采取什么手段去追求利润。如果靠假账骗人，靠假货骗钱，损害消费者利益，甚至不惜损害国家利益去牟取暴利，不仅不会长久，而且终究会受到社会的唾弃。有位经济学家曾经说过："如果一家企业仅仅为了利润而生存，那么这家企业注定是二流、三流甚至不入流的企业。"还有比赚钱更高贵的东西，那就是人的道德，因为它使我们的生活充满意义。有些人虽然赚了钱却仍是失败者，他们牺牲了自己的名誉、健康和一切。

可以说财产的拥有权是人类"唯利"的根本。然而，并不是所有的"唯利"都遭到怨恨，遭到怨恨的只是那些唯利是图、急功近利的行为。唯利是图的人或企业往往是一些幻想主义分子，对于钱财他们不择手段。1984年，哈尔滨人王洪成到处表演水变油的把戏，把一滴神奇的药液滴到水中后，水就像油一样燃烧起来，于是在一个浮躁的商业时代里诞生了"中国的第五大发明"。王洪成个人获得非法收入近6000万元，而全国十几个省市的 300 多家企业和单位的梦想都化为了几万元一吨买来的"膨化剂"——真实的肥皂沫。于是，伪科学、假技术、大骗子……对王洪成的咒骂不绝于耳，他也被司法部门依法判处有期徒刑10 年。

让我们看一个相反的例子。有一个人告诉马库斯："你的家得宝超市注定要关门大吉。"马库斯说："愿恭听下文。"那人说："这个星期，我家水龙头坏了，所以我打算花 200 美元买一副全新的来换上。结果你们的店员居然告诉我，把旧的修一修就可以了，然后还教我自己如何动手做。到最后，我只花了 2 美元买了些零件。老兄，你本来可以创造200 美元的营业收入，只是你的员工让你损失了 198 美元。"马库斯听后说："你能把这位店员的胸牌号码告诉我吗？""你要干什么？"马库斯连忙解释说："你别误会，我不会开除他，相反，我准备给他加薪。"那人说："给他加薪？看来你也像那个店员一样愚蠢。""不，因为这位员工所做的，正是我希望的。我问你，如果下回你的水管之类的东西坏了，你会找谁呢？"那人脱口而出："当然是那位店员了。""所以你看，你的选择足以证明我们很荣幸地拥有如此优秀的员工。在我们眼里，重要的不是做成该笔交易，而是在顾客的心里留下肯定。"

能以礼让为国乎

原文

子曰："能以礼让为国乎？何有？不能以礼让为国，如礼何？"

译文

孔子说："能用礼让的原则来治理国家吗？难道这有什么困难吗？如果不能用礼让的原则来治理国家，又怎么能实行礼制呢？"

读解心得

《吕氏春秋·去私》记载："尧有子十人，不与其子而授舜；舜有子九人，不与其子而授禹；至公也。"为什么说尧、舜做到了至公呢？原因在于他们为了天下人能忍其所私。礼让本身并不是一定要把位置给外人，而是给有德行的人。同样在《去私》篇记述了祁黄羊"外举不避仇，内举不避子"的故事。

　　财富的拥有权带来了"家天下"的社会制度，同样企业的财产所有权也带来了"家天下"的企业制度。美国布鲁克林学院的研究表明，约有70%的家族企业未能传到下一代，88%未能传到第三代，只有3%的家族企业在第4代及以后还在经营。美国麦肯锡咨询公司的研究结果也差不多，所有家族企业中只有15%能延续三代以上。尽管如此，许多家族企业仍具有悠久的成功经营记录。成立于1903年的福特公司已有百年历史，至今仍是世界上最好的汽车公司之一。综观百年家族企业成功的奥秘，除借助一定的制度来约束家族成员的行为外，最主要的是所有权与经营权的分离，家族成员成立的家族议事会只确定进入公司董事会的董事人选。为避免董事会决策出现失误，聘请一定数量的外部董事。经营者一般从社会招聘，具有一定"礼让"的成分。

　　礼让并不是所有权的出让，而是以德行治理企业。首先要有切实可行的制度。制度化管理是企业管理的必经阶段，要想建立一种人性化的管理模式，必须以良好的制度为基础。其次是要注重企业未来接班人的培养。古人曰："马不伏历不可以趋道，士不素养不可以重国。"企业仅使用人才的青春期或成熟期，而不注重成长期的培养和过熟期的充电，必然导致人才的断档和枯竭，长期不懈地坚持用养并重才是有益之举。对企业举足轻重的领袖人才或权威人才的德才培养，是关乎企业生存和发展的大事。

不患无位，患所以立

原文

　　子曰："不患无位，患所以立。不患莫己知，求为可知也。"

译文

　　孔子说："不担心没有地位，只担心有什么本事保证能立足。不担心没有人了解自己，追求的是用什么本事可以让其他人能够了解自己。"

读解心得

　　中国人一直很看重地位。地位不仅标志着一个人的能力水平，而且标志着一个人的生活水平和其他与能力无关的虚荣。与自己能力相适应的地位也许会给社会带来利益，而与自己能力不符的地位只会给自己带来负担和苦恼，甚至会给社会带来负面影响。所以孔子说，不要担心没有地位，要担心自己有没有能力，或自己的能力能否对地位起到巩固作用。

其实人们对地位的追求就是对名与利的追求。追求利，孔子说多怨。那么追求名呢？追求名是为了更好地追求利，所以追求名不仅多怨而且多累。对于企业来说，追求地位就是"造名"与"造势"。诚然，企业和企业的产品要成为知名企业和驰名品牌，"造名"就是加速这一目标的实现，"造势"就是让企业具有一定的社会影响力。如果这些都是在"造实"的基础上开展，自然不会引起非议。怕就怕"造名"与"造势"不仅先于"造实"，而且不能实现"造实"，这样必然引起众怒。

中国企业普遍存在的一个通病就是"活不长"和"长不大"，或者在低规模上苦苦挣扎，或者大起大落。殊不知只有生存下去，才会有长大的机会，活下去是硬道理。企业活下去靠的是核心竞争力，即竞争对手难以模仿的实力。它不是技能，不像技术、生产、管理或者营销，可以通过模仿、学习来提高、改善，核心竞争力是企业战略以及宗旨价值的一种具体体现。

素来以张扬自我为旗帜的美国人发现，30年来最有价值的卓越者，并不是所谓的明星企业家，而是那些低调而务实的"第五级经理人"和"沉静领导"。而这背后，不正蕴含着我们东方管理思想的因子吗？

吾道一以贯之

原文

子曰："参乎！吾道一以贯之。"

曾子曰："唯。"子出，门人问曰："何谓也？"曾子曰："夫子之道，忠恕而已矣。"

译文

孔子说："曾参呀！我的学说可以用一个根本的原则贯通起来。"曾参答道："是的。"

孔子走出去以后，其他学生问道："这是什么意思？"曾参说："夫子的学说只不过是忠和恕罢了。"

读解心得

"吾道一以贯之"是《论语》中的名言，但好像越是名言越容易产生不同的理解。很多学说都是门类繁多、含义丰富，但必然都有一个基本理念。中国古代哲学的各个派别都习惯把自己的学说的基本思想称为"道"，所以说起"道"字来就特别难以理解，对各家学说的基本思想也就难以概括。平心而论，曾子对孔学"忠恕"的概括已经非常难得了。

对于企业管理来说，问题就变得简单得多。企业管理的日常事务很多，涉及的方面也很复杂，但也有个"一以贯之"的"道"，那就是企业的基本理念，是企业文化的核心内容。具体到企业管理实际上来，就是企业的发展战略，其核心的发展目标、实施步骤和行为准则。这个"道"是企业任何行为都不可偏离的。

君子喻于义

原文

子曰："君子喻于义，小人喻于利。"

译文

孔子说："君子懂得大义，小人只懂得小利。"

读解心得

《三国演义》有"刘玄德携民渡江"一折，幼时读来，颇为不解。当时，刘备领着军民十余万，后有追兵，却只得缓缓而行。我当时觉得，带这么多百姓，没有一点战斗力不说，连逃跑力也差些，即便逃脱了又到哪里去安置，刘备图个什么啊？后来才悟出刘备的心思，原来这和我们当代流行的"行为艺术"如出一辙，大有活广告的作用。如此有悖常理的行军，首先吸引眼球、利于传播，大家在议论中自然得出结论，其一刘备深得民心，其二刘备舍命爱民。并且这个宣传队伍真是走到哪里宣传到哪里，意义非凡，怪不得刘备没干出什么事业就已经信义著于四海了。如果当时刘备舍弃这些百姓，倒是可以快速逃跑，不必冒这么大风险，但只是获得了些眼前的小利；刘备对这些百姓没有选择舍弃，而是不顾性命地同患难，这样就得到"义"，得到的是"大利"。这就是刘备精明的过人之处，因为他明白"义"，所以才符合孔子说的"君子"标准。本章中孔子再次对比"君子"与"小人"的特点，说："君子通晓的是义，而小人物通晓的只是利。"其实，大义本身就意味着"大利"，和眼前小利相比，自然是前者聪明。

对于企业而言，把"义"理解为"长远利益"更为贴切，那么这里的"利"就特指"眼前利益"。孔子说小人物只看到眼前利益，而看不到长远利益；而大人物目光长远，心胸宽广，能够暂时放弃眼前的小利，为获得日后的大利做准备。当然，对于企业而言，眼前利益和长远利益并不总是冲突的。只有当两者冲突的时候，才能够看出大人物与小人物的区别。

见贤思齐

原文

子曰："见贤思齐焉，见不贤而内自省也。"

译文

孔子说："见到有德行的人要想到向他看齐，见到没有德行的人就要自我反省。"

读解心得

人生最值得投资的就是磨炼自己，"思齐"和"自省"是磨炼自己的捷径。对于企业来说，顺境时眼睛要往窗外看，把一切业绩归功于企业以外的因素，如社会环境、顾客需求、同行礼让等；逆境时，则要从镜子中看自己，反省企业的责任，如战略偏差、质量较差、品种老化等。

"见贤思齐"是指企业的产品、经营方法甚至发展战略，都可以通过学习来赶上"贤者"，甚至超过对方，但永远学不到的是企业文化。

任何一个企业在创办或运行中都会蕴藏某种有价值的独特文化因素。比如有的员工非常爱护自己的机器，有的上下班非常守时，有的特别节俭，有的喜欢着装朴实整洁，有的非常喜欢学习新知识，有的喜欢钻研，总想改进产品性状或功能等等，这些都是比较好的文化现象，是企业文化形成的基础。好的企业文化就是在一些琐碎的积极要素的基础上形成的，是企业数年积累的产物，是一种无形的东西。它在暗中鼓励企业向上，又约束着企业的行为，是企业中唯一不会被其他企业学走的东西。

企业文化既然学不来，我们就不能采取"思齐"的方法，只能采取"自省"的方式，而"自省"本身就是一种"思齐"。

事父母几谏

原文

子曰："事父母几谏，见志不从，又敬不违，劳而不怨。"

译文

孔子说："侍奉父母，（如果父母有不对的地方）要委婉地劝说他们。（自己的意见表达了）见父母心里不愿听从，还是要对他们恭恭敬敬，并不违抗，替他们操劳而不怨恨。"

读解心得

当父母有了不当之处，要适度地劝谏。父母不听怎么办？还要继续保持尊敬，并且不违背父母的意愿。即便你认为不恰当的事情，父母吩咐了，还是要尽心尽力去办，别发牢骚。注意，"几"，在这里读阴平，是"隐微"的意思，要是理解成"多次"可就大不一样了！

普遍的观点认为这是孔子在提倡对父母无原则地绝对服从，甚至成为家长专制主义的罪魁祸首，其实这是有失公道的。家庭事务并不涉及大是大非的原则性问题，对父母不当之举的顺从也不会造成天大的事。随着年龄的增长，做子女的会对让父母心情愉快越来越有深切的体会。尤其在父母年事已高的时候，大家普遍的说法是："老人怎么高兴就怎么办吧！"这里面只有亲情，而没有愚孝。并且，即便有所冲突，也难以分出是非，因为实在不涉及"是非"问题，所以对父母的迁就成为最好的处理方法。对于年轻人来讲，父母的阅历也是值得尊重甚至敬畏的，这一点随着年龄的增长也会越来越有体会。当然，我们更愿意从孔子倡导的孝的精神来理解孔子的良苦用心。

"敬畏"这种情感有多种表现形式，表现于长辈，就是孝；表现于爱人，就是贞；表现于国家，就是忠；表现于下属，就是礼……侧重点不同，但精神实质是一致的。作为企业，当然希望员工对企业和企业所提供的职业表现出敬畏之情。有的企业很幸运地拥有忠诚而有才干的员工，但要维护这种难得的忠诚，就要付出充分的"礼遇"，尤其在受到下属劝谏的时候，无论对错，都应该首先自省，表现出重视，而不能够怠慢，甚至反唇相讥。

员工有不同意见，毫不保留地提出来是对企业负责，但要掌握分寸和技巧。要知道，管理者也是人，也需要别人的尊重，尤其下属的尊重。所以也要采用"几谏"的方式，不要劈头盖脸地来一通；管理者不听从，就不要过于劝谏。如果事情不涉及大的是非，未必对企业造成大的影响，听从上级安排也是下属的本分。企业管理的问题，有时候仅仅是看法和理解不同，不在管理者的位置不能够完全理解企业决策，也是常有的事。如果企业决策确实存在大的隐患，甚至违反原则底线，劝谏不从的时候，宁可找借口辞职，也没必要把关系闹僵。

游必有方

原文

子曰："父母在，不远游，游必有方。"

译文

孔子说："父母在世时，子女不宜出游远方。如果非去不可，那也要遵守一定的规矩。"

读解心得

游，可不是去观光旅游，而是游学、游官、游商等外出做正事。孔子说："父母在世时，子女不宜出游远方。"但他又话锋一转，说："如果非去不可，那也要遵守一定的规矩。"什么规矩呢？可能是告诉父母自己要去哪里、什么时候回来并征得父母同意等。方，有人说是"方位"的"方"，只告诉父母去哪里就行了吗？我觉得不够贴切，所以觉得是"方法"的"方"，引申到"规矩"，更能够说明出游的严谨态度。

但是，孔子是否主张父母在时的远游呢？先说是不远游，可后面开出可以远游的条件又太低了。别说古代交通、通信都不发达，就是现在，子女要出远门也要和父母打个招呼吧？这是人之常理，实在不用说的，那"不主张"的说法岂不是一句大大的空话了？

其实不然。《论语》这部书文字简单，道理浅显，但含义深刻，这一特点在本章的体现尤其明显。"远游"，一方面，由于不在父母身边，父母就会少人关照；另一方面，父母必然为子女担心，所以提倡"不远游"体现的是孝道的精神。而"可远游"的条件是向父母交代清楚，也是出于孝道。孔子看重的是孝道本身，而不拘泥于远游与否。

另外，从他"不远游"的信誓旦旦，到"游必有方"的轻松随意，完全可以看出孔子对待事物的灵活性。"不远游"是原则，"游必有方"是中和，尊重原则同时采取灵活的处事态度是孔子学说的一大特点。这种灵活性常常被看作"中庸"，而所谓"中庸"其实就是合适、恰到好处，这正是企业管理实践所必需的态度。

父母之年，不可不知也

原文

子曰："父母之年，不可不知也。一则以喜，一则以惧。"

译文

孔子说："父母的年纪不能不知道，一方面因其长寿而高兴，另一方面又因其年迈而有所担忧。"

读解心得

盼望长辈长寿是人之常情，但寿数越增加，就越接近衰老，这确实让人的心情非常复杂。在为亲人的寿数增加而高兴的同时，越发会意识到尽孝机会的减少，便会越来越珍惜。

和人的寿命一样，企业和产品在历经创建期、成长期、成熟期之后，也必然走向衰败。企业都有庆祝创建或开业周年的活动，并且往往当作一次宣传或促销的机会，特意把活动搞得轰轰烈烈、热闹非凡。企业又顺利地发展了一年，当然是值得庆祝的，但在庆祝的同时，也应该考虑一下企业发展规律的问题。常言道，"物极必反"，企业每发展一步，实在应该有"喜""惧"交织之感。企业周年庆典不仅是总结过去、表彰先进的机会，也应该成为检讨企业、防微杜渐的契机。

和人类的生命周期相比，企业的寿命从理论上来讲是可以无限延长的，在实践上也是可以操作的。企业的倒闭无非这么几个原因：一是企业管理失误；二是市场竞争失利；三是产品过时而退出市场。如果这三个方面的问题能够及时妥善解决，做个长寿企业则成为可能。

前两个问题是企业理念和执行能力的范畴，是企业的精气神；而产品相当于企业的肌体，是一切问题的基础。我们知道产品有明显的生命周期，尤其某一具体的产品，这一点甚至在开发之初就已经被注定了。如果产品消亡了，那这个企业就成了空架子，"精气神"则无从谈起。所以保证产品之树常青，则成为企业长寿的基础和关键。

无论什么产品都免不了最终的消亡，那么从产品这个角度看，企业不死怎么实现呢？简单地说，第一，企业产品已经完成其生命周期，失去了市场价值，那么当然就只有任其消亡，但要及早开发其他产品，以保证企业肌体的存在。第二，企业产品的部分功能不适合市场的要求，那么应进行攻关，改进产品以适应市场。第三，企业产品单一，生存风险大，解决办法是在一定范围内加大产品线。也就是说，保证产品的活力，或者保证企业有可以及时替代的产品储备，这个企业就具备了长寿的主要因素。

古者言之不出

原文

子曰："古者言之不出，耻躬之不逮也。"

译文

孔子说："古代的君子从不轻易发言表态，他们以说了而做不到为可耻。"

读解心得

有位老板客户第一次见面给笔者接风，正好还有他的两个业务客户。三杯酒过后，这位老板端起酒杯环视大家，半开玩笑说："从现在开始我说话就不算数了啊。"他的秘书低声告诉我，这是他们领导的习惯，是怕酒后说话欠考虑，到时候难以兑现。我很欣赏这位颇有个性的老板，与其说了做不到，不如干脆不说。但喝了酒难免失言，所以事先打个招呼，确实是很明智的做法。偶尔有答应的事情做不到，似乎也在所难免，只要出于真诚，事后有所解释，大家也不会在意。所以不能兑现诺言当然是应该极力避免的事情，但更重要的是在事情发生后的态度。如果觉得无所谓，那肯定不会引以为戒，容许自己多次犯这种错误，就成为缺少信誉的人；如果为此感到羞愧，就会吸取教训，说话谨慎了，而像这位老板这样有言在先也不失为一种方法。

但后来的事情很富有戏剧性。在我们对这家企业进行调查的时候发现，多数员工没有稳定感，其中一个主要原因是有制度不执行、制度条款更新频率高。其实这样的民营企业现在并不少见，但发生在这家企业似乎有点意外，因为管理者看起来是个慎言重诺的人。其实，企业制度一方面是对员工行为的约束，另外也是企业对员工的承诺。并且这个形成管理文件的承诺，比平时言谈要更严肃、更郑重，涉及的问题更为重大，说是"大承诺"并不为过。这位管理者只是注重口头的"小承诺"，却忽视企业制度的"大承诺"，唯一的解释是没有认识到企业制度的落实更是践言践行的表现。

孔子说，古代的贤者怕自己说了完不成、做不到，所以宁可"言不出"。企业制度也是这样，如果不能够落实执行，就不要轻易制定。"不能以礼让为国，如礼何？"不能执行制度，制度还有什么用呢！

以约失之者鲜矣

原文

子曰："以约失之者鲜矣。"

译文

孔子说："因为约束自己而犯错误，这样的事比较少。"

读解心得

话说出去而没有兑现当然也属于犯错的一种，而能够有意地约束自己，做到"言不轻出"，这样的错误自然就会减少，甚至杜绝。

当然，有所约束不仅仅是个人言行方面的约束，还表现在企业管理经营行为上。如果能够按照企业规律、商业道德或者企业制度的规范行事，失误就会减少。为什么要违反企业规律呢？这里面的原因很复杂，那种管理知识和能力的欠缺还可以原谅，而那些为了部门利益、个人利益而无视企业自身的运行规则，造成企业损失的行为就难以原谅。不管是出于好心还是歹意，不接受企业规律的制约，为所欲为，势必带来不可挽回的后果。

　　企业制度在很大程度上是规范企业行为的文件，起着约束的作用。如果不按照制度规范办事，事事讲究灵活，处处随意而为，企业不乱才怪。车间的操作规范也是一种约束，规定操作员必须这样做或那样做。一旦不按这个操作规范来，出次品就很正常了，甚至还会危及操作员的人身安全。

　　值得注意的是，所谓约束有两种情况：一是自我强制约束，即有意识地约束自己；二是自觉约束，这种主动的意识已经成为生活和工作的习惯，所以反而感觉不到有什么约束感。后者当然需要修养、修炼，但前者那种克制精神也值得提倡，并且更加适合我们普通人。

讷于言而敏于行

原文

子曰："君子欲讷于言而敏于行。"

译文

孔子说："君子说话要谨慎，行动要敏捷。"

读解心得

　　讷于言而敏于行主要是指言与行的关系。人们常说：心口如一、言行一致。孔子还告诫我们要慎言缄口，敏捷行动。口在人的五官中处于最下方，这就告诉我们，在开口讲话前，要用眼睛去看，要用耳朵去听，要用鼻子去嗅，这些都做过之后，再用脑子去想，然后当说即说。

　　凭嘴生存的大概只有三种人——教师、演讲者和歌唱家。除此之外，最好还是少说为佳，有些场合还要做到守口如瓶。然而，有些人却妄自尊大，口无遮拦，三国时的杨修就是一个典型的例子。杨修聪明过人，又极能猜度领导的意图，照理说是个难得的人才。曹操率大军迎战刘备攻打汉中，在汉水一带对峙很久，陷于进退两难的境地。曹操正为战事犹豫时，厨子送来鸡汤，碗中鸡肋使他颇有感触。此时，恰好有人进来请示晚间号令，曹操便随口说道："鸡肋、鸡肋。"杨修见传"鸡肋"二字，心中已猜知曹操无意恋战，便传令随行军士收拾行装，准备归程。旁人不知何意，杨修自以为很聪明地说："将军所传鸡肋，弃之可惜，食之无味。丞相本无恋战之心，撤兵又恐世人耻笑。尽管丞相决心未下，但此地于我军不利，不可久留，明日一定班师回朝。"军中上下确信无疑，手忙脚乱地收拾行李，准备撤退。曹操见状，大吃一惊，急问怎么回事，有人向他禀报了实情。曹操恨杨修既扰乱军心又泄露军机，一气之下，就命人将他杀了。

优秀的企业不仅说到做到，而且都是少说多做，甚至不说只做。某商厦的账面利润连续三年是零，到了第四年，却像发酵的面团一路看涨，进入第五年利润更是成倍往上翻。商厦成功的秘密是什么呢？一位顾客想买一件真丝睡衣，已经准备付款了，售货员告诉她，这种衣服明天降价销售。顾客惊呆了："世上还有这样为顾客着想的商家吗？"还有一位顾客订做了一双加大码的鞋子，第二天他的亲友给他捎来一双。这位顾客几经犹豫，抱着试试看的心理来到商厦："我知道定做的鞋子不能退，可是我……"售货员二话没说就给退了。这样的商厦用得着天天做广告吗？用得着为了促销而枉费心机吗？三年的沉默与缄口，三年的实际行动，换来的是良好的口碑和效益！

德不孤，必有邻

原文

子曰："德不孤，必有邻。"

译文

孔子说："有德行的人不会孤单，必定会有接近的人。"

读解心得

对于企业来说，留住员工和用户、获得他人甚至竞争对手的帮助是成功的关键。我们常说，以事业留人、以待遇留人、以感情留人，为什么那些在企业中地位显赫、待遇优厚的人会"另谋高就"呢？或许他们感到缺少的是一种心理认同感，一种良好的氛围，一种仁德的情怀。所以，企业留住人才、吸引人才的条件只有一个，那就是以德留人，其他方法只能作为它的补充和附加条件。留住顾客和用户靠什么？靠质量。保证产品质量及服务质量，可以说是企业的天职。企业要时刻为顾客和用户着想，把顾客和用户的利益放在第一位。

同行之间的关系不是冤家，是相辅相成的合作伙伴。若你视同行为劲敌，那么首先受到伤害的只会是你自己。如果没有同行的存在，也许这个行业就不会存在，你也成了无本之木，无源之水。善待同行，是企业成长和发展的根本。

一个夏天，金小姐作为一名公司职员去芝加哥参加一个家用产品展览会。午餐时人很多，金小姐刚坐下，就有人用日语问："我可以坐在这里吗？"抬头一看，一位白发老者正端着碗站在她面前。她忙指着对面的座位说："请坐。"接着起身去拿刀、叉、纸巾等东西，她担心老人家找不到，便帮老人拿了一份。一顿快餐很快就吃完了，老人家临走的时候递给她一张名片，说："如果以后有需要，请与我联系。"金小姐一看，原来老人是日本一家著名公司的社长。一年以后，金小姐独立创立了一家小公司，生意做得还可以。突然有一天，她最大的客户提出终止合作，情急之下，她想起了那位老人，抱着试试看的心理给老人寄去了封信，没想到一周之后居然收到了老人的回信。信中告诉她，两天之后到。两天后，老人亲自率领着七八个人来到公司。他们根据她的设备情况，带来了样品，试做验收后，当即签了一年的订单。金小姐感激之余问社长为什么帮她。老人说："因为我相信你，在芝加哥你对我的帮助是无私的，不图回报的。记住，孩子，人心就像一个存折，只有打开才知道它有多少收益。"

"德不孤，必有邻。"只要我们能时刻往心里的存折存储善良与仁德，我们终会得到好的回报。

事君数，斯辱矣

原文

子游曰："事君数，斯辱矣。朋友数，斯疏矣。"

译文

子游说："服侍君主过于烦琐，反而会招来羞辱；与朋友相交过于烦琐，反而会被疏远。"

读解心得

人和人之间的血缘关系，如父子、兄弟、亲戚，相处无论多么亲近也没人敢说二话，反而会很羡慕。而另外一种关系，是在社会交往中形成的，如上下级、同事、朋友等，尽管也可以很亲密，却应该掌握一个度。你要是对上司过于亲密，不仅同事会觉得你有拍马屁之嫌，连你的上司也未必觉得自在。

企业内部关系是这样，客户间关系更是如此。客户之间存在以利益为纽带的关系，不要相信"咱们是纯粹的朋友关系，这次合作只是给我们建立友谊提供了一次机会，缘分啊"之类的场面话。无利不起早，利尽而人疏。当然，客户之间也需要情感的交流，但这种情感必须有个原则，那就是"各为其主"，别忘了各自的企业利益。并且，合作就是为了利益，这没有半点可以非议的，为什么藏着掖着，顾左右而言他，显得那么不真诚呢？

有人把"数"解释为"数落"，直接说出对方的缺点错误。虽然很多人都知道"闻过则喜"是种美德，但指出上级、朋友的错误还是要照顾一下面子，掌握时机，讲究技巧，才能够不仅容易被对方接受，也不至于给自己带来不愉快。尤其有的人死要面子，不愿意当面承认错误，所以你的话说到即可，不要喋喋不休。

公治长第五

虽在缧绁之中，非其罪也

原文

子谓公冶长："可妻也。虽在缧绁之中，非其罪也。"以其子妻之。

译文

孔子评论公冶长说："可以把女儿嫁给他。他虽然被关在牢狱里，但这并不是他的罪过呀。"于是，孔子就把自己的女儿嫁给了他。

读解心得

孔子评价公冶长品行可靠，可以把女儿放心嫁给他，后来还真的把女儿嫁给他了。并且难得的是，当时的公冶长正在监狱服刑。"缧绁"，指拘押犯人的绳索，借代为牢狱。"非其罪也"，看来孔子认为是个冤案。"缧绁"经历并不能够影响孔子对公冶长个人品质的判断。

我们在《论语》和其他典籍里找不到公冶长何以得到孔子如此之高的评价，但这并不重要，倒是孔子在"识人"上的态度值得企业管理者深思借鉴。从这件事情上，我们可以看出孔子的过人之处：不受外界因素的影响，对人才坚定不移的信任，哪怕他现在处于最不利的境遇。

企业招聘也是这样，不仅要看学历，还要看经验。学历倒还罢了，多上几年学就有了，可这经验二字确实难坏了怀揣高学历证书的应届毕业生。虽然有时候真正的才学未必和经验有关，想那诸葛亮出山之前有什么治国安邦的经验，韩信归汉时也没有什么战无不胜的案例，但是单纯有学历和既有学历又有经验的人才放在一起，没有哪个企业不倾向后者的。

能够像刘备和萧何那样毅然决然大胆起用毫无经验的人才，实在是在识人方面有着过人之处。现在的企业不可能在考察人才上这么下功夫，而刚毕业的学生，其优秀程度也没有达到值得社会去宣扬、值得企业去考察的程度。

可能古人的经验并不适用于现代，企业老板不受较大挫折也很少突发灵感下去"访贤"，但大才未必就在庸碌的应聘大军里。如果一个企业家看到一个赋闲在家的人、一个埋没于岗位的人、一个困顿在生计中的人，首先想的恐怕不是"这个人非池中物"，而更可能是"此人庸庸碌碌罢了"。

既有人才的源头，也有人才的需求，但千军容易得，一将最难求，真正的大才岂是寻常办法可以找到的？人才，从来就不是一般眼光之士的福气可以消受的。

邦有道，不废

原文

子谓南容："邦有道，不废；邦无道，免于刑戮。"以其兄之子妻之。

译文

孔子评论南容说："国家有道时，他有官做；国家无道时，他也可以免去刑戮。"于是把自己的侄女嫁给了他。

读解心得

南容，名南宫适，字子容，是一位强调自律精神的德者。《论语》所说的"德"，一般有德性、德行、德政之别，而这位南容就有一段平稳的从政经历，这三个方面都可圈点，所以得到孔子的赏识，孔子出面把兄长的女儿嫁给了他。

本章则是孔子直接对南容的评价。孔子很羡慕、尊重隐居者，但并不主张隐居生活，他骨子里还是个积极入世者。所以，南容在邦国政治有道时做到了"不废"，即不错过从政的机会，得到孔子的夸赞；邦国无道时，使自己免于受到刑戮。这种善于在复杂政治环境下保全自己的政治智慧也得到了孔子的赞赏。

总体来看，南容确实具备值得当代经理人学习的诸多优点。第一是高尚的品行，无论任何时代，心术不正的人迟早会被淘汰，得势只是一时的。第二是出言谨慎，夸夸其谈只能给人华而不实的感觉，而轻易张扬自己的优点或高远的理想，有时候也会引来误解或非议。第三是积极入世的态度，从不放弃有所作为的机会。第四显得尤其重要，就是善于处理复杂的人际关系，能够根据形势的发展来确定自己的行为和态度。

孔子对执政者的要求是更看重德行，并主张"任人不任力"，一般不强调执政者的个人能力。当然，作为经理人自身的能力和知识是很重要的一方面。有能力、有品德、有积极的态度，又有一定为人处世的艺术，这简直是完美的经理人形象了。

君子哉若人

原文

子谓子贱："君子哉若人！鲁无君子者，斯焉取斯？"

译文

孔子评论子贱说："这个人真是个君子呀。如果鲁国没有君子的话，他是从哪里学到这种品德的呢？"

读解心得

小企业能不能采取大企业的管理方法？有人说不可以，因为大企业的管理成本很高，小企业承担不起。有人说当然可以，因为企业管理是相通的，麻雀虽小，五脏俱全，必须有完善、健全的管理制度。

听起来都有道理，但都不全面。这里面有个管理理念和管理方法的问题，如果两者混淆，这个问题就会越想越乱。从管理理念上讲，大小企业都应该追求战略管理、规范管理。有的小企业由于自身的灵活性而忽略战略规划，讲究车到山前必有路，怎么赚钱怎么来。这样当然可以维持企业的发展，在一定时期还可能活得不错，但这一点很可能成为其长远发展的局限。从具体操作上看，大企业的有些方法确实不适合小企业。比如，大企业运作依靠庞大的管理机构，无疑是小企业望尘莫及的。以人力资源部来说，在大企业可能是个大机构，还可能有好几个相关专业部门。而对于小企业来说，总共才百八十个人，怎么可能需要这么大的人力资源部门呢？但是，从管理原则上看，人力资源管理的职责无论企业的大小都是不可或缺的，而小企业把这个职能合并到某个其他部门就足够了。

不过，有些方法是谈不上可不可以的，要根据企业的具体情况而定。比如，在小企业中，由于人员少、部门简单、业务单纯，再加上管理者业务能力比较强，完全可以采用侧重"人治"的方法，很多事情，甚至管理者一竿子插到底都可以。而与之相反的是"任人不任力"的管理方法，即只管理人，而不是去操劳具体事务。这本是大企业必须采用的一种管理原则，但也可以作为小企业的一个选项。那些善于处理人际关系的管理者，往往就采取这样的方式，干脆放手，发挥下属的积极性，也能够形成更好的管理氛围，创造更广阔的管理空间。

但采取这种管理方式的前提不仅仅是管理者善于处理人际关系就可以的，对小企业而言，更重要的是需要管理者有较好的"人缘"，大家或者佩服你的人品，或者仰慕你的慷慨，或者钦佩你的能力。对大企业而言，单靠个人魅力就远远不够了，还需要企业战略、企业前景、企业制度等的一系列支持。

据《韩非子》记载，春秋时期有个人，姓宓名不齐，字子贱，采用治理邦国的理念来治理一个叫"单父"的小城邑，不亲自操劳每件事务，而是任用贤能，并且很爱惜百姓，也深受百姓爱戴，有德政的色彩。他就是本章孔子大加赞扬的这位。

能够领会大企业的管理精髓，适当选取大企业部分管理方法，是有志向的中小企业的必由之路。那些一味突出小企业特殊性，而排斥大企业管理理念尤其战略管理的做法都是不可取的。

瑚琏之器

原文

子贡问曰："赐也何如？"子曰："女，器也。"曰："何器也？"曰："瑚琏也。"

译文

子贡问孔子："我这个人怎么样？"孔子说："你好比是一个器具。"子贡又问："是什么器具呢？"孔子说："宗庙里盛黍稷的瑚琏。"

读解心得

孔子说过"君子不器"，在这里又直接评价子贡为"器"，可见在孔子眼里子贡算不上君子，不过是具备某方面的才能罢了。一般认为，这是孔子对子贡看不起的言语，但实际上却是很客观的评价。老师对学生能够这么开诚布公、实事求是地评价，本身就不是件容易的事情。这些姑且不论，从现代的眼光来看，能够有某一方面的才能实在也可以称得上人才，甚至大才了。

现代社会，社会化分工明细，门类繁多。就企业运作来看，需要的各类专才难以计数。一个人要想成为全才几乎是不可能的，所以"器"也不再是"小器"的代名词了。一个销售人才、一个技术人才，在企业都大有用武之地，甚至企业礼仪、行政管理都离不开专业人才的打理。严格地说，孔子所说的"君子之器"其实也是众多人才中的一种罢了，只是说高层管理者没必要是某一专业方面的专家而已。

焉用佞

原文

或曰："雍也仁而不佞。"子曰："焉用佞？御人以口给，屡憎于人。不知其仁，焉用佞？"

译文

有人说："冉雍这个人有仁德但不善辩。"孔子说："何必要能言善辩呢？靠伶牙利齿和人辩论，常常招致别人的讨厌。这样的人我不知道他是不是做到仁，但何必要能言善辩呢？"

读解心得

佞，现在有奸佞的意思，可在古语中是"能言善辩，有口才"的意思。"口给"是伶牙俐齿的意思。我们知道孔子主张"讷于言而敏于行"，反对"巧言令色"。再加上本章对"佞"的直接批判，很多人认为孔子对于辩才是不太欣赏的。其实，我觉得孔子未必反对辩才，我们从《论语》记载来看，孔子不仅言简意赅，而且言谈幽默。他周游列国，游说国君，推广自己的政治主张，没有口才也是不可能的。另外，孔子的学生如子贡、子张等，也都是辩才出众。孔子之所以没有明确表示对辩才的赞扬，我想主要还是他认为辩才不过是一种"小才"，属于"器"的范畴，和身体力行相比，和个人的德性修养相比，实在不值得夸耀。本章对辩才的批判也是由于当时的语境，毕竟有人在批评他的高徒，而冉雍又是他认为有"南面"之德的难得人才。多少带点情绪，在逻辑上还偷换概念，把"辩才"和"口给"相提并论了。

现代企业是由众多具有专业人才的"器"组成的，各方面的人才都是需要的。如果要求一个人既有高尚的品德，又有实战的能力，还要具备出众的口才，显然有点求全责备了。这也提醒我们，在用人上一定要看到人才的长处，不要把本不必有的才能作为短处，而埋没了人才。另外，对于那些单纯的辩才也要用得其所，但要和伶牙俐齿的巧舌之辈严格区别，这确实需要管理者或人力资源部门具有一定的眼光。

吾斯之未能信

原文

子使漆雕开仕。对曰："吾斯之未能信。"子说。

译文

孔子让漆雕开去做官。漆雕开回答说："我对做官这件事还没有信心。"孔子听了很高兴。

读解心得

孔子即便是在不从政的时候，在政界也是颇具影响力的，拥有一批专门为从政培养的学生，许多人来向他咨询人才的品行，甚至直接要人。这次，孔子推荐他的学生漆雕开出仕。漆雕开却说："我在能力上还没有从政的自信。"有的说法是："我对现在的政治环境没有信心。"这两种说法都很有见地。

现在有很多人，尤其在新企业里的年轻人，总觉得企业处于用人之际，自己升迁机会很多，于是眼望高位，心猿意马。别说甘于推辞了，极力创造条件也要上。有位朋友被企业任命为部长，主抓企业策划工作。但我很了解他，本是销售能手，对企业策划并没有宏观的认识。跳槽到这家企业本是奔销售经理而去的，由于现任的销售经理很强势，所以没有及时安排，一直闷闷不乐。这次有了机会，觉得很满意，就向我报喜，并说些以后多多指教的话。指教是没问题，不过我也直言相告，这个位子并不适合他，对他未必是件好事情。可能话不中听，这位朋友好久不来"请教"。后来有一天他突然打来电话，大诉其苦，原来是工作不利，顺理成章地被贬到销售经理手下做销售主管了。如果是这个企业的老板有意这么安排以杀杀他的威风，那算是成功了。但我朋友不自量力担任难以胜任的职务实在不算明智。所以，当漆雕开说对自己的能力不够自信的时候，孔子很高兴，这才是孔门里的智者。

另外，对于自己没有把握的企业也是要慎重选择的。现在企业招聘可谓卡卡考试、层层把关，牛气得不得了。但毕竟是双向选择的时代，作为求职者，对企业多多了解是非常必要的。有的年轻人急于找到工作，认为有人要就先留下，这也无可厚非。但要想到，一个人和一个产品的道理是一样的，都要有强烈的品牌意识。从你参加工作那天起，你就开始塑造个人职业品牌了。在一个你不能够充分信任的企业任职，当你的理念和企业不相吻合时，麻烦就来了。很多朋友跳来跳去，人们未必就全相信是企业的责任，其结果只能造成个人品牌的流失，所谓"事君数，斯辱矣"，实在不可不慎重。

道不行，乘桴浮于海

原文

子曰："道不行，乘桴浮于海。从我者，其由与？"子路闻之喜。子曰："由也好勇过我，无所取材。"

译文

孔子说："如果道在这里施行不了，我就乘着木桴漂洋过海。跟随我而行的大概是仲由吧！"子路听了很高兴。孔子又说："仲由很勇敢，比我强，可惜咱们找不到做木桴的材料。"

读解心得

本章说到子路，这段对话充满幽默。尽管是幽默的对话，但也能体会到孔子的一丝无奈。

"道不行，乘桴浮于海"给我们企业什么启示呢？大概有三：一是经营转向；二是投资转地；三是战略转移。

企业经营转向与否，完全取决于对市场的判断能力和驾驭能力。一般来讲，经营策略改变与否，与经营的产品大小无关，比如，麦道飞机和吉列刀片、福特汽车与小肠陈卤煮，都是世界名牌，都是几十年甚至上百年的企业。百年老店、超大企业不宜改变经营策略，可以适当增加经营范围；而新兴企业、中小企业应该随时捕捉新的商机，及时转变经营策略。

所谓投资转地就是将资金投放到接近市场的地方去。社会有许许多多原矿之外的可用资源，这些资源具有很大的隐蔽性，没有一双敏锐的眼睛是很难发现的。这种隐蔽的资源其实就是我们所讲的投资环境，不仅影响投资的回报，而且会影响整个企业的生死存亡。世界著名企业几乎没有一家不是跨国经营的，几乎没有一家不在异地投资的。异地投资就是让企业找到新的生长土壤，企业不一定非要在一地发展，"道不行，乘桴浮于海"。

一个企业没有发展战略，就等于一个人没有灵魂。企业不仅要有战略，而且要时刻研究战略。战略不仅具有价值性、延展性和稀缺性，而且具有专有性和无法模仿性。因此，研究战略就是研究自己，找到自己能够赖以生存的优势。要学会寻找对手的软肋，利用自己的优势向它出击。随着大环境的变化，单刀直入的战略已经成为过去，要学会与对手"连横"结为战略联盟，学会与上下游企业"合纵"结为战略伙伴，寻求共同发展，及时地调整和修正战略，"道不行，乘桴浮于海"。

子路仁乎

原文

孟武伯问："子路仁乎？"子曰："不知也。"又问。子曰："由也，千乘之国，可使治其赋也，不知其仁也。""求也何如？"子曰："求也，千室之邑，百乘之家，可使为之宰也，不知其仁也。""赤也何如？"子曰："赤也，束带立于朝，可使与宾客言也，不知其仁也。"

译文

孟武伯问孔子："子路做到了仁吧？"孔子说："我不知道。"孟武伯又问。孔子说："仲由嘛，在拥有一千辆兵车的国家里，可以让他管理军事，但我不知道他是不是做到了仁。"孟武伯又问："冉求这个人怎么样？"孔子说："冉求这个人，可以让他在一个有千户人家的公邑或有一百辆兵车的采邑里当总管，但我也不知道他是不是做到了仁。"孟武伯又问："公西赤又怎么样呢？"孔子说："公西赤嘛，可以让他穿着礼服，站在朝廷上，接待贵宾，我也不知道他是不是做到了仁。"

读解心得

作为企业管理者，批评和评价下属一定要掌握说话的艺术，当面批评要开诚布公，当着外人要给下属留面子，这样既能够显示管理者对下属的关爱，也可以显示真诚。孔子当面评价子贡的时候，很不讲情面，是很客观直接地说："你不过是种器皿罢了。"而在对答孟武伯询问自己学生的时候，则说话委婉又不失公允，可谓给足了面子。

本章的事情可能是发生在孔子晚年归鲁之后，当时本章提及的三位学生看样子都在从政，并且颇有成就。孟武伯据此推断这几个人大概达到了"仁者"的标准，所以才有此一问。然而尽管自己的学生各有专长，但离"仁者"的要求还有一定距离，在外人面前直言否认，恐怕也不利于学生们的仕途，所以孔子含蓄地说不知道。这孟武伯又追问究竟，所以孔子才一一评价。

企业用人在于各用其长，这样才能各得其所。但用人所长的前提是必须对员工有准确的了解，否则也就无从谈起。如果我们能够像孔子了解自己的学生那样了解企业员工的特长，那么误用人才和埋没人才的事情怎么能够发生呢？企业人事管理会多么顺畅和谐。孔子知道，子路军人出身，勇力过人，治理军赋自然是很称职的；赤，姓公西名赤，字子华，和冉求一样有各自的特点，一个适合做卿大夫的大管家，一个适合做接待礼仪。但孔子也知道子路虽然有勇，但不善深思，学力不佳；公西华和冉求也不是好学的人，所以他们几个都未必能够完全懂得自己的德政思想，更不要说施行了，所以并不认为他们能够达到"仁者"的标准。大概和子贡一样，都属于"小器"罢了。

吾与女弗如也

原文

子谓子贡曰："女与回也孰愈？"对曰："赐也何敢望回？回也闻一以知十，赐也闻一以知二。"子曰："弗如也，吾与女弗如也。"

译文

孔子对子贡说："你和颜回相比，哪个强一些？"子贡回答说："我怎么敢和颜回相比呢？颜回他听到一件事就可以推知十件事；我呢，听到一件事，只能推知两件事。"孔子说："赶不上他，我和你都赶不上他。"

读解心得

如何批评下属，对于很多管理者来说是件很头疼的事情。批评得重了，打击情绪，甚至招致怨言，影响工作；批评得轻了，起不到什么作用，还显得管理者畏手畏脚，没有魄力。当然，也有的管理者不头疼，因为他根本不考虑下属的面子，谁错了训谁，什么错都骂。当然这样的管理者越来越少，尤其在新兴企业里。

本章记载的这段对话，可以给我们提供批评员工的成功样板。

第一步，要批评员工，首先要了解他错误的性质。子贡这个人才气是有，口才也不错，当然脾气也大，总觉得自己了不得，孔子要想办法批评他这个毛病了。

第二步，掌握员工错误材料后要仔细研究，掌握策略，尽量不要当面指责，要给下属足够的面子。孔子的策略是先找了个大家公认的高人，让子贡比较，先杀杀他的气焰。

第三步，通过摆事实讲道理，让员工自己有所悔悟，自觉进行检讨。孔子搬出颜回，果然奏效，子贡面对这位已经故去的大学问家，不得不承认自己的不足，孔子要的就是这种效果。

第四步，当员工有所认识，开始检讨的时候，要毫不客气地认同他的检讨，指出他的错误，他就什么话也没有了，因为那是他自己承认了的。所以孔子对子贡的检讨说："对啊，你是赶不上啊！"

第五步，批评结束，目的达到，还要给员工一个台阶下，这样他反而会觉得老板很大度。孔子给子贡的台阶是："咱们俩都赶不上颜回啊！"让子贡既认识到错误，又不失面子：你看，老师都说赶不上人家，就别说我了。再者，孔子的一个"吾与女"，就是"我和你"，一下子让子贡觉得自己和老师是一伙儿的，挨了批评心里还美呢。试想，此后，子贡再有夸夸其谈的时候，想到今天的这番对话，估计会马上闭嘴无言了。

朽木不可雕也

原文

宰予昼寝。子曰："朽木不可雕也，粪土之墙不可杇也。于予与何诛?"子曰:"始吾于人也,听其言而信其行;今吾于人也,听其言而观其行。于予与改是。"

译文

宰予大白天睡觉,孔子说:"腐朽的木头不能雕琢,污秽的土墙不能粉刷。对于宰予还能责备什么呢?"孔子又说:"起初我对于他人,是听了他的言语而相信他的行为;如今我对于他人,是听了他的言语而观察他的行为。这都是因为宰予的所作所为使我改变了态度。"

读解心得

这一章是不是孔子在骂人很值得商榷,照理说孔子的德行是不会如此粗俗的。那么"朽木不可雕也,粪土之墙不可杇也"又是指什么呢?我愿意接受南怀瑾先生的观点。宰予是一个体弱多病的人,做事总是心有余而力不足。其实在我们的生活中这样的人为数不少,他们的身体就像朽了的木头、欲塌的墙壁,无法再像一个常人那样生活和工作,对于这样的人,除了照顾,我们还能要求什么呢?

孔子说这段话完全是出于对弟子宰予的爱护,根本谈不上骂人。尽管如此,孔子还是说,我本来听了别人的话,就相信他会去做,而宰予使我改变了这一想法,现在我听了别人的话后要看看他的行动。在我们的生活和工作中不要轻信于人,因为这个世界上有些人虚伪得不可救药,真可谓"朽木不可雕也"。

《中外管理》中一篇文章里讲的就是这种人:初识他的人都会被他非凡的意志和必胜的信念所感动。他通常有一个令人羡慕的身份,可以方便去游说众多人才。他把自己的事业描绘得激动人心,让许多希望有一个美好发展空间的人得到心理满足。对于认为可用的员工,他一开始总是不吝赞美之词,十二分的热情与诚恳让员工心花怒放,深感能为这样慧眼识人的管理者工作再苦再累也心甘。然而,不出几个月,员工发现他并不像想象中那么光明正大。比如,下级甲跟他有不同意见,他就在各种公开场合讲甲的坏话,诋毁甲的名誉。在诋毁甲的同时,极力拉拢甲的下级乙并不断满足乙的要求,以破坏甲与乙的关系。有时为了达到操纵全局的目的,居然捏造一些谣言在甲、乙之间传播。他对声称是广泛征求了群众意见的决定朝令夕改,然后再把责任推脱得一干二净。对顾客、同行他也玩弄技巧:随意不负责任地推翻承诺;在公开场合抨击同行;拿着顾客和同行算不上失误的过错开玩笑;在贬低一部分顾客和同行的同时取悦另一部分顾客和同行。任何人都是有弱点的，但缺乏诚信是个致命的弱点。对于这种人，我们除了怜悯，可能也就只是怜悯了。

枨也欲，焉得刚

原文

子曰："吾未见刚者。"或对曰："申枨。"子曰："枨也欲，焉得刚？"

译文

孔子说："我没有见过刚毅不屈的人。"有人回答说："申枨是这样的人。"孔子说："申枨啊，他的欲望太多，怎么能刚毅不屈？"

读解心得

从本段可以看出孔子认为刚毅的人是不应该有欲望的，有欲望的人不可能做到刚毅，也就是我们常说的"无欲则刚"。可是我们做企业，主要目的就是追求利润，并且评价一家企业的成败，效益也是最主要的指标。经济效益之外的社会效益不过是企业经营的副产品，或者说是追求更大经济利益的一种高明手段。对于企业这个以营利为目的的社会组织来说，讲"无欲则刚"是不是不应景呢？

其实，孔子本人也是有很多欲望的，他希望自己的政治主张得到推行——本身就是一种欲望，并且还非常强烈。在鲁国得不到推行时，不惜在外流浪十几年寻求被任用的机会。并且，孔子也希望富贵，只不过富贵要合乎道义。孔子的一生追求的是让整个社会都得到符合道义的富裕生活。可以说，正是各种"欲望"的存在才使社会发展具有不尽的活力和动力。可见，孔子不是泛泛地反对欲望，而是反对社会上那些负面的利欲诱惑而已。这里的"欲"，是指不合乎道义的那些追求。而"刚"则是无论面对什么诱惑，总能够一贯坚持原则。所以，具有高尚的人格，能够抵御各种诱惑的人，才称得上刚毅之人。

对于企业来讲，面对的诱惑比普通个人要更复杂，也更直接。能够抵御短期利益的诱惑，能够主动承担局部利润的损失，就应该说做到了"刚毅"二字。做一个具有刚毅品格的企业，不是为了沽名钓誉，而是为了更加长远的利益，这种利益既满足社会的需要，也符合企业发展的追求。比如，汽车公司发现已经销售出去的汽车存在某种瑕疵，而消费者并不一定知情。这种情况下，企业就面临两种选择，一是封锁消息，改进技术，保证新车的完善，这当然是一种可以理解的选择。但有的汽车公司采用瑕疵产品的召回制度，即便消费者不知情，也发布公告、联系用户，把已经销售的车召回进行处理。这样做，势必额外增加企业的成本，而能够主动承担这一成本，一个高度负责的企业形象就树立在公众心目中，其效益不言而喻。

非尔所及也

原文

子贡曰："我不欲人之加诸我也，吾亦欲无加诸人。"子曰："赐也，非尔所及也。"

译文

子贡说："我不愿别人把不合理的事加在我身上，我也不想把不合理的事加在别人身上。"孔子说："赐呀，这不是你可以做得到的。"

读解心得

这一章是子贡发表意见的时候，被老师听到了，孔子并不以为然，还借机勉励他。

"我不欲人之加诸我也，吾亦欲无加诸人"，这句话就是"己所不欲，勿施于人"的另一种表达。意思是，我不希望别人把一些东西加在我身上，也不希望把我的东西加到别人身上。虽然有时你觉得是在帮人家忙，可是人家可能会因为不喜欢而拒绝你的善意，你怎么能强迫他接受呢？多年的媳妇熬成婆，最怕的就是熬成婆之后，又去迫害自己的儿媳妇。孔子告诫人们要有这种同理心："己所不欲，勿施于人。"因为人性相近，自己不愿意做的事情，不能强加给别人，不管你是什么身份，这是最起码的做人原则，这一点做到了，天下就很容易太平。还有很多人是属于"己之所欲，必施于人"，他认为好的东西，不管别人愿不愿意，硬是要向别人推广，强迫人家接受，这也是造成很多祸患的根源。

"赐也，非尔所及也"，孔子是说，你说得很对，但是你的修为还没有达到这个境界，不要乱讲，等能做到了再说，这也是《大学》里面讲的"絜矩之道"。

性与天道，不可得而闻也

原文

子贡曰："夫子之文章，可得而闻也。夫子之言性与天道，不可得而闻也。"

译文

子贡说："老师关于《诗》《书》《礼》《乐》等文献的讲述，我们能够听得到；老师关于人性和天命方面的言论，我们从来没听到过。"

读解心得

现在，企业管理已经成为一门系统的学问。大体上说，企业管理学有两大领域：一是研究企业发展运行规律的，研究企业的深层次问题，理论性质比较突出，用来给各种管理理念和管理技巧提供理论依据；二是单纯的管理策略和技巧，强调实战，内容涉及企业战略规划、管理模式构建、销售技巧设计等。比较而言，后者论述众多，也是众多管理类杂志的重点内容。简言之，就是企业管理的"道"和企业管理的"术"。

关于企业管理"道"的论述，只是能够明白企业运作的规律和道理，并不具备直接实用价值；而关于"术"的介绍，则多是结合企业案例，在企业管理实践中有很大的参考价值，甚至有人直接套用。前者在于内涵，不好把握；后者只是表层，抬眼可及。这样，也就很自然地形成了不同的读者群。做基层管理工作的喜欢"术"，高层管理者则愿意了解"道"。单从学以致用的角度看，这种归类也是各得其所。

当然，对于志向远大的企业家来说，仅仅掌握"术"和仅仅掌握"道"都是不够的，要既知其然，又知其所以然。"术"是可以直接学得到的，比较容易一些，"道"则需要一定的悟性，并且在实践中才可以有较深刻的理解。这和本章子贡对孔子学说的理解是一致的。"文章"原意是指事物外在的修饰花纹，这里指孔学中比较表层的学问。有人把"文章"理解为"礼、乐、诗、书的知识"也有一定道理。子贡说，孔子的这些学问是容易学得到的；而孔子讲到天性和天道的时候，道理深奥，就不太容易理解了。

子贡并不是个"好学"的人，也不善于仔细参悟，自然有这种体会了。要是颜回，恐怕就没有这个感觉了。颜回是典型的参悟型的学生，天资没有子贡聪颖，但善于思考，终有所悟，比子贡思想成就要大得多。不过，颜回的缺点是不注重和实际的结合，流于理论研究。要是在企业里，颜回合适的岗位是企业战略研究室主任，而子贡呢，则很适合做行政部主任，各有所长吧。

子路有闻

原文

子路有闻，未之能行，唯恐有闻。

译文

子路听到了什么道理，如果还没有来得及去实行，便唯恐又听到新的道理。

读解心得

赵括是公认的"纸上谈兵"类的代表人物，后来的马谡也被塑造成这样的形象。这两个人都熟读兵法，却不能够很好地运用，大概只是写论文很得手。所谓兵法，其实也多侧重"术"的范畴，但为什么学了办法却仍然没有办法，或者用不好办法呢？关键就在于学的时候没有联系实际，更不要说在实践中学习了。

现在企业管理类的书籍多如牛毛，读书要有所选择。选择的标准是什么？我觉得最主要的是参照你所在企业的实际，先读最有直接参考价值的书。"行有余力"，再广泛阅读不迟。所以一个人才，不在于你读了多少商学院的教材，也不在于你学了多少 MBA 的课程，如果不能够结合实际去学，所学的东西及厚厚的学历证明只够用来吓唬小领导。诸葛亮舌战群儒时有人问他"所治何典"，诸葛亮列举伊尹、子牙、张良、陈平等人，都"未审其平生治何经典"，并说"寻章摘句，世之腐儒也，何能兴邦立事？"他不是轻视学习，而是说那种不切合实际的学习实在属于"世之腐儒"之学。

子路和"世之腐儒"恰恰相反，他所学的东西一定要强调应用。如果学到的知识还没有来得及应用，那么就害怕再学到新的知识。客观地说，子路的学习方法走了极端，从知识储备、提高修养角度看，还很不可取。不过，和那些不学习或不结合实践学习的空谈之辈比较，子路不知道要胜过几倍了。子路严格地说不是个学问家，他秉性耿直、心地坦荡，还有不深入钻研和出言草率的缺点，但他更看重实用，所以不钻研知识的做法也是可以理解的。

敏而好学，不耻下问

原文

子贡问曰："孔文子何以谓之'文'也？"子曰："敏而好学，不耻下问，是以谓之'文'也。"

译文

子贡问道："孔文子为什么谥他'文'的称号呢？"孔子说："他做事动作快捷，喜爱学习，不以向比自己地位低下的人请教为耻，所以谥他'文'的称号。"

读解心得

孔文子，卫国大夫孔圉，"文"是谥号，根据古代谥法，"文"是勤学好问之意。孔子周游列国最后一年经过卫国时，正值孔文子当政。作为一位权臣，大概不应该得到这样的评价，所以子贡对这个谥号有所疑问。孔子解释了三个根据，一是"敏"，二是"好学"，三是"不耻下问"。其实，孔文子在政治行为上并不检点，孔子能够不因此而否认他"文"的优点，也是很开明、公允的评价。

其实，孔子关于"文"的这三条标准，也是现代企业高层管理者应该具备的品行。

"敏"，孔子有君子"讷于言而敏于行"之说，这里单独拿出"敏"字，也是指在行动上敏捷、果敢的风格和积极的态度。作为管理者，当然必须具备这种敢于任事又能够果断处理事情的能力。有种普遍的解释说"敏"为"聪敏"，我看未必妥当。从《论语》记载来看，孔子对人的表扬、赞美，基本都是由后天修为的成就而发，他并不看重天资的聪敏，因为这毕竟不是通过个人努力可以改变的。

"好学"，既有学习的热情，又有学习的方法，还能够学以致用，这样才叫"好学"，否则就难免不学、学不好或干脆成为学究之学。很多管理者甚至把办公室当作书房，但未必真的喜欢看书学习，即便学习了也未必能够应用，这都称不上"好学"。并且，孔子倡导的"好学"还和实践紧密关联，不仅主张向实践学习，还主张必须面向应用，这就更加难得了。

"不耻下问"，这已经是妇孺皆知的成语了。古代掌握知识的阶层主要是贵族阶层，平民往往不具备受教育的条件。社会高层人士不太可能向低层的人请教。所以，能够向比自己地位低的人请教，并不把这当成耻辱，就显得非常可贵。现代社会分工复杂细致，企业越来越是各种专才组成的组织，即便是高层管理者也不可能完全精通所有专业的知识，向比自己地位低的专业人士请教已经不是件为难的事情了。尽管如此，还是有许多管理者愿意让人觉得自己万能，常常说些外行话而不自知。可见"不耻下问"的精神即便在现代社会也不过时。

君子之道

原文

子谓子产："有君子之道四焉：其行己也恭，其事上也敬，其养民也惠，其使民也义。"

译文

孔子评论子产，说："他有君子的四种道德：他自己行为庄重，他侍奉君主恭敬，他养护百姓有恩惠，他役使百姓有法度。"

读解心得

子产为春秋时郑国的贤相。他执政期间，正值晋楚两国争强、战乱不息，郑周旋于两个大国之间，子产却能不低声下气，也不妄自尊大，使国家得到尊敬和安全，的确是中国古代一位杰出的政治家和外交家。子产去世时孔子三十岁，孔子得到消息为之出涕，称赞他为"古之遗爱"，可见对其评价之高。但即便如此，子产也没有达到孔子要求的"君子"标准，不过是具备了君子应该具备的众多条件中的四点。结合子产的政治成就，这"恭、敬、惠、义"历来被视作治国安邦必备的四种品德。现在看来，这也是对职业经理人的基本要求。

第一点讲的是对个人修养的要求，自己行为要庄重有度。庄重既不是冷面高傲，也不是反对和蔼平易，而是以树立威信为最终目的。子产本人在施政上的特点就是"宽猛相济"。第二点讲的是对待上级，要恭敬、尊重。有的经理人或者一般员工，总有背后骂骂管理者的爱好，也有把管理者的缺点当作谈资的。这不是成熟的表现，如果觉得此处不留人，这个管理者不值得追随，自然可以走人了事。如果在这里做事，那就是认可这家企业，就应该对管理者保持起码的尊重，这也是你个人修养的表现。第三点讲的是对待员工生活态度，要关心员工的物质生活。企业追求利益，员工也需要利益，只让马儿跑，不让马吃草，总认为工资是恩惠的想法是非常狭隘的。第四点讲的是对待员工的工作态度，要合乎企业用工的基本法则，尊重起码的游戏规则。而现在很多企业工作时间可以随意延长，加班加点要求员工奉献，看似企业占了便宜，其负面效应往往被忽视，明智的管理者会发现这是看到小利而失去大利的愚蠢做法。

久而敬之

原文

子曰："晏平仲善与人交，久而敬之。"

译文

孔子说："晏平仲善于与人交往，相识时间久了，别人更加尊敬他。"

读解心得

晏平仲，齐国的贤大夫，也就是那个发表"橘生淮北则为枳"的晏婴，"平"是他的谥号。当年，孔子逃难到齐国，受到齐景公的赏识和厚待，甚至曾准备把尼溪一带的田地封给孔子，但被晏婴阻止了。尽管如此，也没有影响孔子对他的高度评价。

"久而敬之"有三种说法，一是说和晏婴交往时间越久，就越发敬重他。一般来说，交往时间长了，随着了解的加深，缺点自然会暴露出来，并且"熟而无礼"，也就不太注意庄重的态度了，所以很容易失去原来的神秘感，而那种尊重也就难以维持了。但晏婴却能够始终保持庄重的态度，加上自身的修养，能够做到长时间交往后仍让人对他保持敬意。第二种说法是和晏婴交往久了，人们就会很敬重他。我想这也有可能接近本意，因为我们知道晏婴"身不满五尺"，其貌不扬，初次交往一般难以引起重视，但时间久了就会发现晏婴的才能和魅力，对他开始尊敬有加。还有一个说法是晏婴和别人交往越久，越会对人恭敬，这也不是一般修养能达到的。

无论哪种说法都有可取之处，也都值得当代经理人思考，因为晏婴得到社会的尊重，不仅仅靠他个人的才能和品行，也不完全是靠处世技巧可以做到的。

何如其知也

原文

子曰："臧文仲居蔡，山节藻棁，何如其知也！"

译文

孔子说："臧文仲为产自蔡地的大乌龟盖了一间房子，中有雕刻成山形的斗拱和画着藻草的梁柱，他这样做算是一种什么样的聪明呢？"

读解心得

本章记载的事情，就是孔子对迷信活动的批判。臧文仲，姓臧孙名辰，谥"文"，本是位很有政治见地的世袭大夫，可家里收藏着"蔡"。"蔡"是一种用于占卜的大龟，因产地为蔡国而得名。"节"，柱上的斗拱；棁，房梁上的短柱。把斗拱雕成山形，在棁上绘以水草花纹，泛指藏龟之所的装饰。作为一位大夫，却看重卜筮的迷信作用，所以孔子称此为不明智的做法。看来两千多年前的孔子就不怎么信这个，现代企业居然趋之若鹜，真是匪夷所思。

有个白酒企业的定价很奇特，都是带"四"字的，比如74元、94元、114元等。这种定价方式在市场上的确少见，我们看到的多是以6、8等所谓"吉利数字"做尾数的。数字本身本谈不上吉利与否，但社会既然形成了这样的普遍认识，作为企业当然要研究和适应消费者心理，采取点小技巧也无可厚非了。但这家企业莫非如此，竟然不顾及"四"与"死"的谐音忌讳？后来才知道，这也是企业管理者请"大师"指点过的。原来这位本乡本土的"大师"知道这位管理者一连三代都是弟兄姊妹四人，就干脆投其所好，把"四"定为他家的吉利数字了。管理者也不想一下，如果大家都相信吉利数字之说的话，这样的定价会给酒桌上的顾客带来什么心理感受。

其实，如果说算命是门学问，也应该是心理学。这些"大师"在发表高见之前，必然跟企业管理者畅谈一番，掌握管理者的一些基本思路，然后投其所好，管理者自然高兴。比如，"大师"听出来你要开拓黑龙江市场，他会经过一番掐算后指出你的财运近几年在东北方向。因为他们也知道，如果说得太拧，就会失去信任，管理者肯定另请高明，直到有人说得八九不离十，才算可信的高人。

未知，焉得仁

原文

子张问曰："令尹子文三仕为令尹，无喜色；三已之，无愠色。旧令尹之政，必以告新令尹。何如？"子曰："忠矣。"曰："仁矣乎？"曰："未知，焉得仁？""崔子弑齐君，陈文子有马十乘，弃而违之。至于他邦，则曰：'犹吾大夫崔子也。'违之。之一邦，则又曰：'犹吾大夫崔子也。'违之。何如？"子曰："清矣。"曰："仁矣乎？"曰："未知，焉得仁？"

译文

子张问孔子说："令尹子文几次做楚国宰相，没有显出高兴的样子，几次被免职，也没有显出怨恨的样子了。（他每次被免职）一定把自己的一切政事全部告诉给来接任的新宰相。你看这个人怎么样？"孔子说："可算得是忠了。"子张问："算得上仁了吗？"孔子说："不知道。这怎么能算得仁呢？"（子张又问：）"崔杼杀了他的君主齐庄公，陈文子家有四十四马，都舍弃不要了，离开了齐国，到了另一个国家，他说，这里的执政者也和我们齐国的大夫崔子差不多，就离开了。到了另一个国家，又说，这里的执政者也和我们的大夫崔子差不多，又离开了。这个人你看怎么样？"孔子说："可算得上清高了。"子张说："可说是仁了吗？"孔子说："不知道。这怎么能算得上仁呢？"

读解心得

现代企业制度里有一个很重要的门类是人力资源管理，其中有个重要的原则就是追求企业人员的能上能下，这从另外一个角度也说明现在"能上不能下"确实是个问题。升迁和降职是容易的，不容易的是当事人能否保持平和的心态。升迁时，感到自己责任更加重大，不因为职位、待遇的提高而沾沾自喜。降职后，应该想到别人更适合这个岗位，对企业有利，不因为自己的得失而懊丧，并且在工作交接中能够明白地把工作向接任者交代清楚。怎么才能做到呢？必须完全从工作出发，完全为事业考虑，出于对企业的绝对忠诚，这种心态恐怕很少有人能做到。但春秋时期有个叫斗谷于菟的人，就是本章中的令尹子文，在令尹职位上几上几下，毫不为意。孔子评价说够忠诚的了，但缺乏"智"，更谈不上"仁"了。

还有一种情况，比如一位经理人，发现高层管理者有严重违反商业道德的行为，放弃高薪愤然离去。但到其他企业应聘，发现这个企业也有类似情况，不为高薪所动依然离去。其实，能够做到这些，这个人应该算是德行高尚，称得上"仁者"了吧？但孔子并不这么认为。

子张提到的第二个故事，是说大夫陈文子看到自己所在的齐国权臣崔杼弑杀了齐庄公，就舍弃家财远离齐国。到了别的国家求职，发现也是权臣专政，又走了。孔子说，这样的人只不过是品格高洁罢了，缺乏"智"，也谈不上是"仁者"。

那么，孔子说的"智"又是什么呢？大概是说令尹子文和陈文子都没有洞察各自国君不能够实行大道的本质，缺乏这方面的辨别能力。也就是说，他们所遇见的管理者实在不值得他们辅佐，这"忠"和"清"实在是浪费，只能保持自己有限的名声罢了。读到这里，我很替现代企业管理者担心，如果你的企业不能够树立完美的企业文化，不能够确立符合社会道义的企业理念，那么连这样的忠良、高洁之士都难以保全下来，实在可怕。

三思而后行

原文

季文子三思而后行。子闻之，曰："再，斯可矣。"

译文

鲁国大夫季孙行父反复思虑后才行动。孔子听到后说："思虑两次，就行了。"

读解心得

一个小女孩不慎掉入河中，一个小伙子正好经过，看到后毫不犹豫地跳入河中，救起了小女孩。人们为他的义举而感动，有人问他："再遇到这种情况，你还会这样做吗？"他说："不，我当时没有想到河水如此湍急，要是知道这条河如此危险，我是不会跳下去的。"小伙子说的肯定是实话，我们不能责备他。而他当时确实什么也没想就跳进河里，如果他有片刻犹豫，小女孩也许就会淹死。

"马上行动"应该成为我们办企业的主旋律。你的企业的战略需要调整吗？如果需要，马上行动。你的企业需要改变经营策略吗？如果需要，马上行动。你的企业需要营造快乐和互相尊重的气氛吗？如果需要，马上行动。你的企业需要改进工作流程吗？如果需要，马上行动。你的企业需要组织再造吗？如果需要，马上行动。你的企业需要从客户那里得到答案吗？如果需要，马上行动。你的企业需要……马上行动！

现在社会瞬息万变，不会容你多想。中国有句古话叫作"机不可失，失不再来"，而"三思"的结果只能是多虑，给自己设置障碍，最终可能是"不行"。

马上行动并不等于专断。专断是一种失德的行为，专断者缺乏的不仅是知识、技能，还有仁德和修养。专断者往往感情用事，而这种感情只是一种私情。专断者在行动前确实应该三思，一思是否符合情理，二思是否符合情义，三思是否会获得人民的支持。

"三思而后行"不能一概而论。有德之人，遇事切忌三思，马上行动是根本；缺德之人，遇事必须三思，三思而后行；无德之人，遇事三思再三思，三思之后，可行即行。

其知可及也，其愚不可及也

原文

子曰："宁武子，邦有道，则知；邦无道，则愚。其知可及也，其愚不可及也。"

译文

孔子说："宁武子这个人，当国家有道时，他就显得聪明；当国家无道时，他就装傻。他的那种聪明别人可以做得到，他的那种装傻别人就做不到了。"

读解心得

笔者一直认为本章乃是"难得糊涂"的滥觞。现在"难得糊涂"这四个字大行其道，但什么是"难得糊涂"呢？笔者儿子问过笔者这个问题，笔者想了半天才找到比较合适的例子来说明。笔者问他："假如你见到公交车上有小偷在掏钱包，你怎么办？"他想也没想就说："我不管。"笔者说："为什么？"他说："我管不了啊！"笔者说："不错啊小子，别害羞，你已经做到'难得糊涂'了！"

当然，还得进一步给他解释。其实糊涂有三种境界，第一境界是真糊涂。看到有扒手正在掏包，你不辨是非，不知道怎么做，这是真"糊涂"。第二境界是"不糊涂"，这还了得！喊声"住手"冲上去，或者小偷被抓，或者你被揍。第三境界就是你看到了也知道这不合乎道德，但考虑到双方的实力，你没有能力制止的时候，就不采取任何行动，装没看见，这叫"难得糊涂"。

从"真糊涂"到"不糊涂"，再到"装糊涂"，实在是思想成熟的过程，这糊涂来得果然不易，还不叫"难得糊涂"吗？宁武子从幼时的愚笨，到饱学之士的"聪明"，再到保存实力不做无谓牺牲的"愚笨"，也是政治成熟和政治智慧的体现。

屈原本是很有政治见地和政治才能的，但是在和当局意见不合的时候，就大发牢骚之词，引起当政者严重不满，结果使自己两次流放，第一次四年，第二次竟然长达二十年，人生有几个二十四年啊！不仅于事无补，还搭上自己的政治前途，永远失去了改正当局错误的机会。如果说屈原是个伟大的诗人，笔者没任何意见，但如果说他是位政治家，笔者宁愿说他是"不成熟的政治家"。

企业里，无论如何也没有这么险恶的环境，但遇见不利于自己的境遇时，也需要"三思而后行"，掌握点策略。

吾党之小子狂简

原文

子在陈，曰："归与！归与！吾党之小子狂简，斐然成章，不知所以裁之。"

译文

孔子在陈国，说："回去吧！回去吧！我家乡的那帮学生志向远大而行为粗疏，文采虽然很可观，我不知道怎么去造就他们。"

读解心得

有很多大学生朋友托我帮他们介绍工作，无不要求大公司、高薪酬。我问一个小伙子："如果给你操作华北市场你觉得可以胜任吗？"他说："朱老师您放心！我是市场营销的高才生，还进修过 MBA，绝对不给您丢面子！"在我没有透露任何企业信息、产品信息、市场基础的前提下，如此大包大揽，你有胆子干，企业可没胆子用。

这种状态就是"狂简"，说起来志向很高远，做起来能力太一般。孔子周游列国期间，大部分学生是留在鲁国没有跟从的。这些在家学习的学生，觉得自己才学已经够了，胸怀安邦定国之志，又是孔子的名牌大学的在校生，一个个就"狂简"起来了。孔子从来往传递信息的学生那里了解到这些情况，很担忧。孔子的这一评价，今天听来还是发人深省。我们的大学教育，学工商管理的接触不了几次企业，学师范的没几天实习教学，满腹才学，"斐然成章"，但真正需要的工作能力却只能在就业后学习，用人单位还需要充当后续学堂的角色，所不同的是学费尽免，还发工资。

孔子的教学目的很单纯，也很实际。严格地说，他的教育是典型的职业教育，培养的是政治人才。他的学生从政后依然继续学习，也就是说一边在政府机构实习，一边接受孔子的教育，并且活到老学到老。所以，孔子对在家的这批学生很不放心，说："回去吧，回去吧！"自己找不到工作没事儿，别耽误了这些学生，也是一种很负责的为师态度。

怨是用希

原文

子曰："伯夷、叔齐不念旧恶，怨是用希。"

译文

孔子说："伯夷、叔齐不念旧恶，怨恨就稀少了。"

读解心得

伯夷、叔齐是殷朝末年孤竹国国君的两个儿子。孤竹国历殷、周两朝，长达近千年。后来周武王起兵讨伐商纣，他们曾出面阻拦。武王灭殷后，他们"不食周粟"，饿死在首阳山。伯夷、叔齐这种不念旧恶、礼让的做法，让孔子非常佩服。

在现实生活中，抱怨的人越来越多，他们并非有什么旧恶，只是不能适应飞速变化的社会。大凡抱怨者，都是缺乏礼让之怀的人，他们往往以自我为中心看待一切。其实，抱怨就像烟头烫破气球一样，让自己和别人泄气；抱怨像是往自己的鞋里倒水，使自己以后的行路更难。

克服抱怨的最佳途径就是善待一切。不仅要善待员工、善待顾客、善待同行和社会，更应该善待企业。企业的作风和时代相符时，事业就会兴盛，如果时代和环境变了，而企业却步入低迷，说明经营战略已经不适应这样的变化了。企业如果不能适应时代和环境的变化，那就应该淡出市场，休养生息。主动退让的意义在于保存实力。

企业家受知识和能力的局限，不可能所有的决策都是正确的。当一个企业家不能使企业有所成长，也不能改变自己的时候，就应该选择对企业与个人都有利的做法——让贤。

当不需要礼让时，善待一切的方法就是容忍。企业必须具有对形势和环境的高度容忍能力。不仅要容忍员工、顾客、同行的过失，容忍社会上的不利因素，更应该容忍企业本身。对企业容忍就是敢于面对企业成长中的一切困难，坦然面对企业成长缓慢、停滞成长甚至负成长的状况。大海之所以能容百川，是因为大海不会因百川之水而改变本质。企业的容忍，是为了保存企业的实力。不要怨恨，要学会包容，学会礼让，学会"不念旧恶，怨是用希"。

乞诸其邻而与之

原文

子曰："孰谓微生高直？或乞醯焉，乞诸其邻而与之。"

译文

孔子说："谁说微生高这个人直爽？有人向他求点醋，他却向自己邻居那里讨点来给人家。"

读解心得

醯者，醋也。有人向你借点醋，你（不直说没有，却暗地）到邻居家里借了点当成自己的给人家。其实，以我们的生活常识，醋这种东西应是家庭常备，但偶尔没有也不足为怪，自己没有了却这么小题大做显然有曲意图名之嫌，为人缺乏直率、耿直的态度。未必真有这样的事情，孔子是为了讽刺一个叫微生高的人。微生高，姓微生名高，鲁国人，当时人认为他为人直率，孔子却提出了不同的看法。但我们既找不到微生高直率的事迹，也未必有借醋这样不直率的事实，所以不好做什么评价。不过，我们可以看出，孔子是不主张曲意示恩这类做法的，而倾向于为人耿直、直率。子路就从不隐瞒自己的观点，言谈直率、行事果断。尽管学问一般，但孔子待他既是学生又是朋友，可能和这也有关系吧。

巧言、令色、足恭

原文

子曰："巧言、令色、足恭，左丘明耻之，丘亦耻之。匿怨而友其人，左丘明耻之，丘亦耻之。"

译文

孔子说："花言巧语，装出好看的脸色，摆出逢迎的姿势，低三下四地过分恭敬，左丘明认为这种人可耻，我也认为可耻。把怨恨装在心里，表面上却装出友好的样子，左丘明认为这种人可耻，我也认为可耻。"

读解心得

文中的左丘明，传说是《左传》的编著者，也有说是孔子的前贤，是鲁国人。听孔子的语气，应该是孔子相当认可的人，也可能是孔子的偶像之一。

"巧言、令色、足恭""匿怨而友其人"这种虚伪的现象，在今天其实很多。听了孔子的话，我们可能会认为他是"站着说话不腰疼"，因为孔子是个知识分子，又当过官，地位那么高，有那么多学生围着他，他不需要讨好任何人。可普通人，比如一个销售人员，需要把产品卖给客户，不搞好关系还怎么做生意？

我也听过很多人说，不喝酒就拿不下单子，在这种情况下，只能"匿怨而友其人"，即便内心对客户恨得牙痒痒，也只能虚与委蛇，毕竟还得与对方做生意呢。

其实，高段位的销售人员和低段位的销售人员是不一样的。低段位的销售人员往往是"巧言""令色""足恭"，但是一个真正高段位的销售人员，可以跟客户平等地对话，让客户感受到他的分寸和教养，从而愿意与他结交，成为心灵上的朋友。生活中，很多人都和卖给自己东西的人成了朋友，这样的销售人员有着更高境界的修为。

哪怕我们暂时做不到，也不应该否定孔子，我们可以朝着更高的段位去努力，慢慢地学会站着把钱挣了。

各言尔志

原文

颜渊、季路侍。子曰："盍各言尔志？"子路曰："愿车马衣轻裘与朋友共敝之而无憾。"颜渊曰："愿无伐善，无施劳。"子路曰："愿闻子之志。"子曰："老者安之，朋友信之，少者怀之。"

译文

颜渊、子路两人侍立在孔子身边。孔子说："你们何不各自说说自己的志向？"子路说："愿意拿出自己的车马、衣服、皮袍，同我的朋友共同使用，用坏了也不抱怨。"颜渊说："我愿意不夸耀自己的长处，不表白自己的功劳。"子路向孔子说："愿意听听您的志向。"孔子说："（我的志向是）让年老的安心，让朋友们信任我，让年轻的子弟们得到关怀。"

读解心得

子路、颜回和孔子都言明了自己的志向，从他们的追求层次来看，可以相对应三种不同理想的企业。我们知道，企业理想其实就是企业的核心，也是在同类企业中具有独特性的主要因素。同时，企业理想也将是企业发展的主要影响因素。有什么样的理想，才可能成就什么样的企业。有些企业其他方面都很有竞争力，但唯一的发展局限就是企业的理想。因为企业理想是企业的远景目标，直接影响企业行为规范的制定和企业战略的决策。

相比之下，子路的理想是最浅层次的，在物质上不过是对美好生活的追求，在精神上不过是朋友之间的义气。很多作坊式的小企业养家糊口的目的很明确，自不必说了，即便一些成规模的企业，创业之初的理想也只是追求出人头地的富裕生活。很多管理者在骨子里只有一个目标，就是"发财、发财、发大财"。这样的企业理想带有鲜明的个人意味，自己"发财"后才会福及乡邻。

颜回的理想则特别注重个人的道德修养，不夸耀和张扬自己的善举和功劳，做一个有德行、有涵养又有自律精神的"仁者"。当然，这样的"仁者"的基础是已经有了善举和功劳，对于社会的贡献已经很可圈可点了。大多数有志向的企业其实已经超出了单纯追求一时利益的阶段，将目光更多地关注到企业自身的建设上来。有的管理者在创业初始就声称"建立百年企业、塑造百年品牌"，未必真有切实的措施，但这一模糊的认识已经具备了注重企业自身建设的思想。由于企业已经认识到要想把企业建设成具有良好企业文化和恒久生命力的组织，则必然会超出个人乃至本企业的利益追求，而把目光放得更远。在企业经营过程中，会有意识地用社会道德标准来衡量企业行为而有所取舍，甚至明确地把追求社会效益作为企业的主要目标。

孔子所追求的是整个社会的和谐。子路追求实际，颜回追求修养，与之相比只是这个目标实现的过程，不过是孔子的理想实现过程中的阶段性目标而已。当代社会不乏这样的企业，它的存在已经成为社会的需求，成为这个社会的重要组成部分。而这些企业也把自己当成社会的公民，在企业成长中尽到一个社会成员的责任，而不再单纯的是一个以营利为目的组织。同时，社会也希望它们担负特殊的使命，比如"民族产业的代表""某产业的支柱"等。企业能够得到这样的殊荣，自然需要多方面的条件促成，不是一般企业可以望其项背的。

企业理想并不存在高低之分，因为这和人的志向一样要受到各自的资质、性格、才能等多方面的制约，只要不违背社会公德，凡是适合自己的就是最好的。企业也不能贪大图强，硬性拔高，追求不切实际的标准，而应该面对现实制定最适合的目标，逐步积累实力，以求质的飞跃。

见其过而内自讼

原文

子曰："已矣乎！吾未见能见其过而内自讼者也。"

译文

孔子很感慨地说："算了算了！那种能够看到自己的过错并在内心自我责备的人，我是没有见过啊。"

读解心得

孔子这番感慨是不是有感于某一具体事件不好考证，不过，孔子这句话未必真的是气头儿上的话，因为能够做到这一点的人确实不多见。其实这句话里包含着三层意思。

第一点是"能见其过"。一般来说企业的管理者最善于发现别人的错误，对自己总是信心百倍，自视甚高。同样的事情别人做了是错，自己做了就认为是对的，即便有所牵强也会给自己找到充足的理由。更有的时候，本来是自己的错误，也往往推到下属头上，不主动寻找自己的责任，再加上身边人的逢迎，要发现自己的错误就更难了。另外，能够辨别错误与正确本身也是需要能力和涵养的，这一点管理者们是否具备也是个问题。

第二点就是能够正确对待错误。发现自己的错误，但大事化小、小事化了，不认真考虑错误的后果，认为这点错误无所谓甚至根本不想改正的也大有人在。更有些无聊之辈文过饰非，替老板解忧，正合老板解脱的心理，愈加不把错误当回事了。

第三点是"内自讼"。这一点当然要以前两点为前提，并且肯于自我责备、追究自己的责任也需要勇气和开明的心态。

并且，《论语》中其实提供了"能见其过"的方法，就是曾子说的"吾日三省吾身"；也说到了对待错误的基本态度，即"过则勿惮改"；并且对于过错还表示出异常的宽容，认为有错就改就不算错误了，"过而不改，是谓过矣。"

大多管理者未必不知道这些简单的道理，但能够做到的很少见。可见，与其说"见过、认错、自省"是处事的技巧，倒不如说是自身修养的体现。

不如丘之好学也

原文

子曰："十室之邑，必有忠信如丘者焉，不如丘之好学也。"

译文

孔子说："即使只有十户人家的小村子，也一定有像我这样讲忠信的人，只是不如我那样好学罢了。"

读解心得

在孔子这句充满自信的自我评价里，他提出"忠信易求、好学难得"的观点。我们可以分析一下，所谓"忠信"，其实是对外的态度，是把已经具备的修养作用于外界，并能够带来直接的益处，容易被人接纳；而"好学"则是对自身的修炼，用以提高自身的修养。好学的过程是艰辛的，并且很难产生立竿见影的效果，一般人则没有这方面的动力了。

企业也像人一样具有社会角色，形象的塑造、业务的拓展实际上也相当于企业和公众的全方位"人际交流"，可以给企业直接带来效益，如产品促销、广告宣传等；而诸如企业文化、战略规划则不能直接产生效益，但可以为企业增加核心竞争力，属于企业自身修炼的范畴。而后者很明显是长期效益，短期内不仅不会看到效果，甚至还需要投入，往往被企业忽略，当业务顺利的时候甚至还会被放弃。其实，企业对外的开拓、对内的修炼都是不可偏废的，甚至增强企业核心竞争力的内部修炼更加重要，因为事关企业发展动力和发展后劲，往往也是企业最终较量的方面。

一个注重企业自身建设的企业家可以很自信地说："在我们这个行业，找到和我们销售能力一样的企业很容易，但他们未必在发展后劲儿上赶得上我们企业啊！"

雍也第六

雍也可使南面

原文

子曰:"雍也可使南面。"

译文

孔子说:"冉雍这个人啊,可以让他担任一国君王之任。"

读解心得

关于孔子这句话比较传统的理解是"冉雍这个人,可以让他去做官"。然而,"南面"至少是做国君,可不是一般的做官可以解释通的。说一个平民可以做国君,可谓大逆不道,很多人便出于此而力主此义;另一种说法,比较照顾"南面"的原意,甚至说孔子的用意是不排除发动一场革命。其实,孔子连周武王伐纣都认为"尽美矣,未尽善也",说他具备了这样的革命性,确实难以让人信服。

笔者认为,"南面"仍然是"国君之位""南面位君"的意思,但孔子并非主张冉雍去造反当国君,而是单就其个人修养和管理水平而言达到孔子认为的国君应该达到的水平。就像我们常常夸赞一个人,说:"这小伙子有韬略,当领导也没问题!"我们并非要拥戴他去把领导拉下马。

按照孔子的理念,一个企业最理想的管理模式应该是,管理者具有超乎寻常的情操修养、个人魅力,企业具有完善的发展战略以及高远而合乎社会道义的战略目标,采用以企业文化建设为主导的管理思想,企业组织结构职责分明,各个部门和员工各司其职。管理者在管理方法上的重要体现是"任人而不任力",充分信任和发挥下属的积极性去处理日常事务,而管理者的职责只是"务本",抓根本性问题而已,这就是"垂手而治"。

所以,孔子的管理哲学是以核心人物的高要求为基础的,管理者的素质和修养被放到重中之重的位置。孔子是间接承认冉雍为"仁"的,所以说冉雍达到了做国君的要求也就顺理成章了。如果说孔子此言有何用意,最多也是给当时的国君提供一个效法的典范而已。

居敬而行简

原文

仲弓问子桑伯子。子曰："可也，简。"仲弓曰："居敬而行简，以临其民，不亦可乎？居简而行简，无乃大简乎？"子曰："雍之言然。"

译文

冉雍询问子桑伯子这个人怎么样。孔子说："他为人还可以，就是处事太简要。"冉雍说："如果立身庄重而处事简要，以此来治理国家，不是也可以吗？如果立身简要而处事也简要，那不是太简要了吗？"孔子听了说："你说得对。"

读解心得

子桑伯子何许人，无所考证，但肯定是一位卿大夫以上的人物，孔子和冉雍师徒两个在讨论他的为政之道。孔子说子桑伯子还可以，就是对事情有点满不在乎，处理事情太简约。冉雍考虑得比孔子更全面，说如果处事待人很庄重，对事对人很尊敬，遇事决策简约些是可以的；如果处事待人比较随意，对事对人比较随便，遇事决策再简约就未免太简单了。孔子听后很谦虚地说，你说得对，是我错了。

能做到庄重、敬事、敬人，则一切可简。首先企业的管理者必须庄重。所谓庄重，就是对事要善于应变而不失严肃认真，对人要平易近人而不失威严。其次企业的管理者必须敬事、敬人，也就是要敬业爱民、尊重顾客。最后企业的管理者要简约得当，如果以上两条都做到了，就应该简约果断，不要使事情变得极其烦琐而失去机会。如果说内心没有敬重之德，只有所谓豁达、不在乎，一概以简约来标榜，那么简约就会变成一种可怕的权力或一种玩世的手段，对于企业将是一种悲哀。

不迁怒，不贰过

原文

哀公问："弟子孰为好学？"孔子对曰："有颜回者好学，不迁怒，不贰过。不幸短命死矣。今也则亡，未闻好学者也。"

译文

鲁哀公问孔子："你的弟子中谁最好学呢？"孔子回答说："有个叫颜回的最好学，他能做到不迁怒于别人，不重复犯同样的错误。可惜他很短命死了。今天则没有了，从来没有听到好学的人。"

读解心得

颜回是孔子最得意的门生，《论语》中凡提到颜回的，都是在说颜回的好处。在孔子心目中，颜回的贤能除了好学外，还有"不迁怒、不贰过"。这六个字说得很简单，但要做到就太难了，是每个人尤其是企业管理者必须修炼的。

企业的管理者每天都要处理许许多多的事情，接触许许多多的人，没有一点不顺和烦心是不现实的。俗话说："做天难做四月天，蚕要温暖麦要寒，行人望晴农望雨，采桑娘子望阴天。"天都如此难做，做企业不是更难吗？在没有人的时候，发发牢骚、释放一下是可取的。如果能平心静气地反省自己，那是再好不过了。总之，千万不要迁怒于人，因为这样不仅不能解脱你的怒气，相反可能造成更多的伤害，使自己陷入新的怒气之中。

所谓"不贰过"就是不能犯同样的错误。"人非圣贤，孰能无过"，任何人都会犯错误。不怕犯错误，就怕总犯同一种错误，"不贰过"比"不迁怒"更难做到。要想"不贰过"，必须对错误做到"三不放过"，即没有找到错误的原因不放过，没有找到防范再次出现类似错误的办法不放过，没有对周边的人起到警示作用不放过。企业管理者不仅需要勇气，更需要能时刻把握住自己的情绪。

周急不继富

原文

子华使于齐，冉子为其母请粟。子曰："与之釜。"请益。曰："与之庾。"冉子与之粟五秉。子曰："赤之适齐也，乘肥马，衣轻裘。吾闻之也：君子周急不继富。"

译文

公西赤出使齐国，冉有为公西赤的母亲向孔子请求周济些粮食。孔子说："给她一釜吧。"冉有请求多给些。孔子又说："再给一庾吧。"冉有却给了五秉。孔子说："公西赤出使齐国时，骑的是高头大马，穿的是锦衣裘袍。我听说过：君子周济急难而不襄助富有。"

读解心得

本章出现了一些古代计量单位，所谓"一釜"，就是六斗四升；"一庾"，是二斗四升；"一秉"，是十六斛，一斛十斗，一秉合一百六十斗。孔子答应给八斗八升，而冉有自作主张给了八百斗。其实孔子不是小气，下一章就是证明。

凡成功的企业家，大都对自己很小气。比如沃尔玛的创始人山姆·沃尔顿，当他成为亿万富翁后，仍然到他们家街角的理发店理发，出门坐低等舱，住下等宾馆，到家庭餐厅用餐，没有一张像样的"标准照"，开着创业时的旧式小货车，俨然一个不会享受的抠门富翁。美国石油大王洛克菲勒是人类历史的第一个亿万富翁，但其一生极为俭朴却将大量的钱投入了慈善和教育事业，先后建立了芝加哥大学、洛克菲勒大学和洛克菲勒健康和教育基金会等。我们的企业家也应像孔子、洛克菲勒那样，把钱用在该用的地方，对于不该花的钱一分也不要花，在企业困难时如此，在企业富有时更应如此，绝不可挥霍无度、拿员工辛苦挣来的钱来满足个人私欲。史书上有一个"灭官烛"的故事：一天晚上，差役从京城送来一封公函，州官急忙让差役点燃官家发的蜡烛，披灯阅读。刚读一半，他急忙把官家蜡烛吹掉，点上了自己买的蜡烛，读完了下一半。差役不解，问："难道公家的蜡烛不如自己买的蜡烛亮吗？"州官说："当然一样，只是信的后半部分在说臣的家事。私事怎能用公烛呢？"这则公私分明的故事很发人深省。

与尔邻里乡党

原文

原思为之宰，与之粟九百，辞。子曰："毋，以与尔邻里乡党乎！"

原思给孔子家当总管,孔子给他俸米九百,原思推辞不要。孔子说:"不要推辞。(如果有多的,)给你的乡亲们吧。"

读解心得

走门串户,带点礼物总是应该的,也是基本的社交礼节。但给半生不熟的人送礼,则要很讲究,价格过于昂贵,对方会觉得你心术不正;过于简单,又拿不出手。尤其注意的是要"师出有名",找个恰当的理由,否则对方会很尴尬。常用的办法,有强调礼物的特殊意义,比如"这月饼是我同学从广州厂家直接带回来的,正宗广式的月饼",意思是好东西大家分享;还有强调节日气氛,比如"中秋节嘛,也没什么好带的"等。

孔子用的是"转移礼物用途"法。原思是孔子的学生,叫原宪,字子思,孔子做司寇时的总管家。原思家境贫寒,孔子有意周济,就在俸禄之外送给他"九百粟"。原思认为非分内所得,不要。孔子就说:"别推辞,就算给你的乡亲邻里吧!"原思是不是收了就不得而知了,不过这一送礼的方法,确实可以略微解除一下原思的顾虑,可以名正言顺地收下了。看来,孔子并不是迂腐古板之人,关键时刻很懂得变通。

其实,孔子的策略无非是"换个说法"。企业送礼从来都不会承认自己是送礼,最不济也要说个"您一直这么照顾,这点东西实在是略表心意啊"之类的。不单纯人际交往,"换个说法"甚至可以看作一种经营策略,很流行的"概念营销"实际上就是以不同的"说法"来表明同质化产品的一种营销方法。比如服装里的"男人的世界""法国时尚",白酒里的"商务酒""喜庆酒",等等,我们从原料里实际上是找不出支持这些"说法"的确切根据的,却很相信这些说法,这部分由厂家直接强加给产品的概念,甚至成为影响购买的主要因素。而一旦市场需要,把这些说法稍加改变,他们就会变成另外一种"新"产品了。

犁牛之子骍且角

原文

子谓仲弓,曰:"犁牛之子骍且角,虽欲勿用,山川其舍诸?"

译文

孔子在评论仲弓的时候说："耕牛产下的牛犊长着红色的毛，角也长得整齐端正，人们虽想不用它做祭品，但山川之神难道会舍弃它吗？"

读解心得

"有教无类"是孔子教学的基本思想，他的学生里，像颜回、原思、子路，还有本章的冉雍，实际上都是出身卑微。孔子所处的时代，正是以家族为主体的邦国时代，不仅如此，连士大夫阶层也是世袭制。孔子看到这一制度对平民人才的限制，主张不拘出身降人才，对一般从政人员打破身份壁垒进行选拔。本章有鼓励冉雍（仲弓）的意思。

前文讲过一种用来"告朔"的"饩羊"，为了表示祭祀的庄重，这种羊必须是特意饲养的"祭祀专用羊"。而用于祭祀的牛也是单独饲养，必须是红色牛，角还要长得周正，绝不能够用耕牛来代替。这就好像古代的世袭制，祭祀的牛羊天生就具有贵族身份，耕牛长得再漂亮，也是没有资格做祭祀之用的。孔子这番话就是对这一礼法制度的质疑。

现代企业管理者也意识到自己家里的人才不够用，也知道家里人实在难以管理，只要企业有一两个家族人员居于要职，就会给所有员工带来某种压力。一些"聪明"的员工自然群聚到这样的特权人物身边，形成一个不像是裙带关系的新型裙带关系，这比真正的裙带关系更具隐蔽性，所以有的老板不得不采用干脆不用自己人的极端做法，也算是个无奈的办法吧。

而这仅仅是讲究出身的表现之一，还有诸如学历、经验、从业职务的身份方面的限制，虽有可理解之处，但如果过分强调这些，难免会形成一些人才壁垒。企业应该以实际能力为主要考察标准，英雄不问出处，要知道得到大才往往非一般套路所能够做到。

其心三月不违仁

原文

子曰："回也，其心三月不违仁，其余则日月至焉而已矣。"

译文

孔子说："颜回呀，他的心中长久地不离开仁德，其余的学生，只不过短时间能做到这点罢了。"

读解心得

"三月",好几个月,指比较长的时间;"日月",一天一月的,指比较短的时间。颜回是孔子的得意门生,他对孔子以"仁"为核心的思想有深入的理解,而且将"仁"贯穿于自己的行动与言论当中。所以,孔子赞扬他能长时间保持仁德,这是他品德高尚的反映。因为他能自爱,自爱则严,严于律己,其德必高。因此,我们要想做到像颜回那样长时间保持仁德,必须多磨炼,正心诚意,少私寡欲。

于从政乎何有

原文

季康子问:"仲由可使从政也与?"子曰:"由也果,于从政乎何有?"曰:"赐也可使从政也与?"曰:"赐也达,于从政乎何有?"曰:"求也可使从政也与?"曰:"求也艺,于从政乎何有?"

译文

季康子问孔子:"仲由这个人,可以让他管理国家政事吗?"孔子说:"仲由做事果断,对于管理国家政事有什么困难呢?"季康子又问:"端木赐这个人,可以让他管理国家政事吗?"孔子说:"端木赐通达事理,对于管理政事有什么困难呢?"又问:"冉求这个人,可以让他管理国家政事吗?"孔子说:"冉求多才多艺,对于管理国家政事有什么困难呢?"

读解心得

季康子向孔子询问子路、子贡和冉求三个学生有没有从政的才能,孔子说:"这三个人各有专长,对于从政来说有什么难度呢?"当时季康子并没有执政,但早已认识到孔子培养的政治人才的社会价值,提前来全面了解,也是为自己执政后招聘班底打基础。

现在小报大报上招聘广告很多,但企业发布这些广告的目的不大相同,有的是单纯亮个相,有宣传企业的意思;有的是做人才信息的了解,为企业内部人力资源管理提供市场依据;有的是为了储备人才库,以备急用。这些都不算真正意义上的招聘,很多年轻人报名后,经过一些走过场式的选拔程序，最终落选，大有上当之感就不足为怪了。

企业的人力资源部门有项重要的工作，就是建立企业人才库，但像季康子这样真诚、认真的确实不多见。而孔子也够开明，知徒莫如师，把自己学生的特点随口道来，没有切实的研究也是做不到的。单从这点上看，季康子的人才战略思想和孔子的知人善任之明都值得现代企业学习。

孔子通过对三个学生的评价，给我们展示了三种不同风格的人才。

营销实战型人才：子路，有很强的执行力，性格上勇武率直，不谙诡计，公而忘私。当企业战略和策略确定后，需要的就是能够高效执行的人才，毕竟策略必须通过具体的方法和手段才能够转化为销售力，否则再漂亮、再完善的策略都没有任何意义。

通达谋略型人才：子贡，洞察管理要旨，为人豁达开明，并且善于言辞，善于做思想工作。与子路相比，子贡似乎更适合做企业中高层内部管理。

全面型管理人才：冉求，是典型的管家型人才，适合做总经理助理。后来冉求果然给季康子做家宰，在理财和军事上都有出色表现，成绩卓越。

善为我辞焉

原文

季氏使闵子骞为费宰。闵子骞曰："善为我辞焉！如有复我者，则吾必在汶上矣。"

译文

季氏派人通知闵子骞，让他当季氏采邑费城的长官。闵子骞告诉来人说："好好地为我推辞掉吧！如果再有人为这事来找我，那我一定逃到汶水那边去了。"

读解心得

闵子骞，姓闵名损，字子骞，孔子的学生。他是个很有个性的人物，就政治才能而言，孔子曾评价他："这个人啊要么就不说话，可一说就说到点子上了。"这是必须具有特殊的政治洞察力才能够达到的水平，应该是季氏首先看中他的一个原因。

而闵子骞更加广为人知的故事却是关于他从小就深明大义和孝道。他小时候受到继母虐待，冬天给他穿用芦花做的"棉衣"，继母所生的两个儿子穿着用棉花做的棉衣，父亲发现后要休逐后妻。闵子骞跪求父亲饶恕继母，说："母在一子单，母去三子寒。"父亲十分感动，继母听说后悔恨不已。当时的权臣都建造着坚固的封邑，以备后患，但坚固的封邑又常常成为叛乱据点，所以季氏希望找个品行靠得住的人来为他执掌季氏的封邑，像闵子骞这样具有孝道的人再合适不过了，然而闵子骞坚决拒绝。

一有实际才能，二有高尚的德行，既用得着，又靠得住，没有哪个企业不喜欢像闵子骞这样难得的人才。但是，并不是所有企业都有录用像闵子骞这样人才的福分。《论语》没有明确记载闵子骞为什么不出仕，但可以猜想，除了他不慕名利的个性使然外，更有可能像漆雕开那样对当时的政治环境不满意。在乱世，这种避不出仕的做法确实可以明哲保身。作为当代人，面对企业的一些原则性的不合理，当然也有这种选择权利。然而，如果为了生计，还是南容那"邦有道，不废；邦无道，免于刑戮"的做法更为实际。

斯人也而有斯疾

原文

伯牛有疾，子问之，自牖执其手，曰："亡之，命矣夫！斯人也而有斯疾也！斯人也而有斯疾也！"

译文

冉伯牛病了，孔子去探望他，从窗户里握着他的手，说道："没有办法，真是命呀！这样的人竟得这样的病呀！这样的人竟得这样的病呀！"

读解心得

伯牛，姓冉名耕，字伯牛，孔子的学生。伯牛病重之际，孔子前去探望。这是孔子一个生活片段的记录，在这里他提到了"命"，也是显得很无奈，颇引人深思。

有个很有趣的问题，就是为什么孔子要"自牖执其手"而不进屋里说话呢？我看到一种解释很有道理。在古代，如果国君或者别的重要人物要来看望病人时，这个病人的病无论多么重，他必须移到南窗去，这是对来看你的人的一个礼节。所以，冉伯牛得了病以后，觉得孔子来看他，这个规格够高的了，冉伯牛就让他的家人把他由北面移到南面。孔子认为你以这种礼节来对待我，我不敢当，为了表示谦恭，所以"自牖执其手"，从窗户握着他的手说了几句话。

贤哉，回也

原文

子曰："贤哉，回也！一箪食，一瓢饮，在陋巷，人不堪其忧，回也不改其乐。贤哉，回也！"

译文

孔子说："颜回的品质是多么高尚啊！一碗饭，一瓢水，住在简陋的小屋里，别人都忍受不了这种穷困清苦，颜回却没有改变他好学的乐趣。颜回的品质是多么高尚啊！"

读解心得

有人问我，大企业和小企业在管理上的区别是什么？我觉得倒不在于管理职能上的区别（因为大小企业都会面临同样的基本问题，所谓"麻雀虽小，五脏俱全"），而在于管理重点和管理力度上的区别。比如，在企业战略管理上，小企业只要管理班底研究确定正确的战略，平时还由管理班底予以监督实施，并注意修正就足够了，而大企业则需要有专门的战略管理部门，甚至战略研究部门。

从这个意义上说，不同规模的企业对于人才类型的需求就有了较明显的区别。有人认为新建的中小企业最需要的是销售人才，企业初期的主要任务是把销售搞上去，掘得第一桶金，然后再四平八稳、心平气和地抓管理、定战略。单纯从赚钱的角度看，这种经营思路也未尝不可。但立志长远发展的企业，首要的任务必然是确定企业战略问题。有人说，规模这么小的企业，哪里玩儿得起战略啊！不如把时间和精力用在市场开拓上。我常常拿刘备创业的经历来说明这个问题，刘备的事业真正步入正轨是在诸葛亮的《隆中对》之后，而《隆中对》实际上就是一份战略规划书。当时刘备的规模不可谓不小、势力不可谓不弱，但如果没有战略规划，恐怕连继续弱下去的资格都要消耗没了。当然，诸葛亮并非一个单纯的战略家，也同时是一个执行力很强的具体操盘手，这正是刘备的幸运之处。

然而，还有个问题困扰着中小型企业，即便企业有能力在战略规划上投资，但是未必能够找到像诸葛亮这样愿意屈就的战略大才。其实，企业经营就像平衡木，总是在寻找一个平衡点，重心有所偏移就要想办法扭转过来。在人才和企业现状、前景方面的平衡上也需要技巧、时间和经验，甚至还有几分运气在里面。

颜回是个什么样的人呢？他是品行高尚、博闻强识、学以致用的大学问家。虽然家境贫寒，但就业条件很高，不是一般企业可以消受的。遗憾的是，他的早逝使其失去了从政的机会，也让后世多了个思想家，而少了个政治家。如果颜回有机会到企业工作，他绝对适合做大企业的战略研究。不过，严格地说，如果笔者是管理者，也未必真的任用他，更愿意像对孔子的态度那样，充分尊重，只是聘为企业顾问为好。

今女画

原文

冉求曰："非不说子之道，力不足也。"子曰："力不足者，中道而废。今女画。"

译文

冉求说："不是我们不喜欢老师的学说，是我们能力不足、悟性不够。"孔子说："能力不足、悟性不够的人只能在中途停歇，现今你是自己画地为牢、不肯进取。"

读解心得

一个人或一个企业无论是逃避责任还是推脱过错，总能找到借口。正如俗话所说："不想做一件事，可以找到不做它的一万个理由；而想做一件事，只有一个理由，那个理由就是，马上去做。"

寻找借口有许多方法，其中最常见的就是"今女画"——画地为牢，自己给自己设置障碍。

缺乏自信是自设障碍的第一理由。自信是一种心理状态，并非天生的特质。自信的起点是有明确的目标，如果不是坚定地相信人类一定能到太空旅行，科学家就不会有那么大的勇气、兴趣和热忱，继续研究下去；如果不是相信能治愈癌症，就不会有那么多的医疗工作者为之奋斗。自信，强烈的自信，可使人受到激励而想出各种可行的方法和技巧。

懒惰是自设障碍的第二理由。懒惰是人类共同的弱点，会造成畏缩，进而导致进取心的丧失。坐在家里等成功的机会，是永远也等不到的。同样，企业只等用户光临，是永远也不会兴盛的。克服懒惰的办法就是勤奋，多用一分力，距离成功的目标也就越近一步。凭借懒惰预想成功，那真是痴人说梦。

埋怨运气是自设障碍的第三理由。俗话说："弱者依靠运气，强者会给自己创造运气。"所谓坏运气无非就是经常遇到挫折。其实挫折在任何时候对任何人来说都是存在的，只是不同的人对待它的态度不一样罢了。成功的人视挫折为经验、教训，而平庸者视挫折为困难、不幸。企业犹如一艘在风雨中行驶的船只，企业管理者则相当于船上的舵手，带领全体船员迎接暴风雨的挑战。船只时刻会陷入危机之中，管理者必须具有预测潜伏危机的能力，并具有克服危机的胆识，绝不能被困难吓倒，更不要埋怨运气不好。只要你相信任何逆境都可以转变为对你有利的环境，那么你就获得了一份极大的心智宝藏。

为君子儒

原文

子谓子夏曰："女为君子儒，无为小人儒！"

译文

孔子对子夏说："你要做个君子式的儒者，不要做小人式的儒者！"

读解心得

孔子一生求仕，他的学说有着很实际的用途。他倡导的"学以致用"，就是要把学问用来经国济世，即便他培养学生，也是目标很明确地面向从政。而他的学生子夏是在典籍文物方面很下功夫并且颇有成就的人,孔子提醒他不要做书呆子,把平生所学用于社会实际才有价值。

这里所说的"君子儒"和"小人儒"不涉及个人品行,孔子的本意更应该是用来区别知识分子对待知识的两种态度:一种是纯文化,一种是用之于政事,而孔子无疑是主张后者的。但我们也要看到"小人儒"其实是"君子儒"的基础,不具备一定的文化基础是谈不上应用的。诸葛亮舌战群儒中的一段精彩演讲,很有力地说明了"君子儒"和"小人儒",我们不妨抄录:"儒有君子小人之别。君子之儒,忠君爱国,守正恶邪,务使泽及当时,名留后世。若夫小人之儒,惟务雕虫,专工翰墨,青春作赋,皓首穷经;笔下虽有千言,胸中实无一策。且如杨雄以文章名世,而屈身事莽,不免投阁而死,此所谓小人之儒也;虽日赋万言,亦何取哉!"

诸葛亮在当时的情形下说话偏激是可以理解的,但孔子未必像他那样鄙视"小人儒"。用我们今天的眼光来看,"专工翰墨,青春作赋,皓首穷经"本来是让人崇敬的画家、作家和学者,对个人修养和丰富社会文化都有积极意义,同样是"泽及当时,名留后世"的美事。但作为积极得近乎狂热的求仕者孔子来说,当然是以从政的方式来推行大道为己任的,要求学生向这方面努力也符合他的教学方向。

对于企业来讲,首要任务当然还是为物质文明建设做贡献,创造社会财富首先需要的是具有企业管理大才的"君子儒",这一点不必赘述。不过,要注意爱护企业里那些有文学艺术特长和爱好的员工,他们的作用发挥好可以收到意想不到的效果。

女得人焉尔乎

原文

子游为武城宰。子曰:"女得人焉尔乎?"曰:"有澹台灭明者,行不由径,非公事,未尝至于偃之室也。"

译文

子游担任武城地方的长官。孔子说:"你在那里得到什么优秀人才了吗?"子游回答说:"有一个叫澹台灭明的人,从来不走邪路,没有公事从不到我屋子里来。"

读解心得

有位企业管理者可谓能力超群、精力旺盛，企业每个工作现场都时时出现他忙碌的身影。销售经理的工作就是陪管理者去开拓市场，采购经理的工作就是陪管理者去采购，甚至人力资源部经理也不过是管理者招聘时的跟班。

有很多个体企业管理者在积累了一定资本后扩大了企业规模，但还用这种夫妻店式的管理方式，马上就会感到不适应，却不知道问题出在哪里。其实这样的管理状态，有能力的人得不到真正的发挥，即便来了也要离开，留下的只是些乐得混天磨日子的无能之辈。

孔子一贯主张"任人不任力"，是另外一种管理原则和管理方法。其基本理念是作为主要管理者，不要被日常事务性工作缠身，更不要干涉具体部门的工作，而是要理顺管理体制，选拔使用好人才，完全发挥部下的工作能力和积极性。即便是小企业，这个方法依然适用。武城不过是鲁国的一个小城镇，孔子的学生子游就实践了这种管理理念。

孔子很关心子游是不是采用了自己主张的管理方法，却不直接督促或询问，而是从侧面指点，问道："你在那里得到什么人才了吗？"幸亏子游完全赞同并采用"任人不任力"的管理原则，确实把发现和提拔人才作为管理的主要内容，就举例子说："有个叫澹台灭明。"澹台灭明，姓澹台，名灭明，字子羽，后来也成了孔子的学生。

可怜孔子生不逢时啊，尽管子游任用贤才，但只不过能够把一个小城镇管理好而已，对于鲁国来说却是于事无补，更不要说整个天下了！不过，这也从实践的角度证明了孔子的主张是非常有效的，尤其值得我们当代的企业借鉴。

孟之反不伐

原文

子曰："孟之反不伐。奔而殿，将入门，策其马，曰：'非敢后也，马不进也。'"

译文

孔子说:"孟之反不喜欢自夸。打仗败了,他走在最后(掩护撤退)。快进城门时,他用鞭子抽打着马说:'不是我敢殿后呀,是我的马不肯快跑呀!'"

读解心得

三国故事里,大将许褚怒杀平定北方的大功臣谋士许攸,曹操却只不过批评了几句,没有治许褚的罪,为什么?因为许攸的作为实在令人讨厌。初入冀州城时,许攸便指着城门对曹操说:"阿瞒,汝不得我,安得入此门?"那份居功自傲已经让人看着不顺眼了。后来又把许褚叫住问:"汝等无我,安能出入此门乎?"其实,许攸的功劳有目共睹,何须自己频频张扬呢?最终因此丧命,再大的功劳还有什么用处呢?

许攸的毛病就叫"伐",夸耀,也就是总觉得自己功劳大,到处张扬,别人的辛苦、努力都在其次。和许攸相比,孟之反就显得聪明多了。公元前484年,鲁国与齐国打仗,鲁国右翼军败退的时候,鲁大夫孟之反在最后掩护败退的鲁军。断后是很危险的,孟之反也算忠心一片,但他非但不张扬,反而怕别人知道,就装着打马不止,还说:"不是我胆子大敢于断后,是我的马跑不动啊!"

古来多少功臣良将在功成之后被找碴儿处死,所以孔子那时候就已经把"功成身退"看作聪明之举了。在企业工作,基本没有任何必要说道自己的作用、功劳,除非是要和管理者决裂摊牌的时候。功劳这东西,你不说,它就存在并且升值,一旦自己夸耀,那就变成泡沫了。不光管理者不愿意听,连一般同事也看不惯。而有的人总憋不住地要说某某事是我做的、某某市场是我开拓的、某某事要是没有我简直就办不成云云,其结果只能自取其辱甚至自取其祸。因为没有哪个管理者会真心认为你的作用比他还大!

如果管理者夸你忠诚,你可以接受;夸你勤奋,你也可以接受;唯独当他夸你在某件事情上的特殊贡献,甚至是决定性作用时,你千万要小心:或者是在试探你,或者是有人告你恶状了。作为下属,一定要记得活儿是你干的,功劳是上司的。这不是拍马屁,也不是圆滑世故,如果你肯抽点时间好好想想,你就会明白,你所有的成绩都不可能是你自己取得的。

难乎免于今之世

原文

子曰："不有祝鮀之佞，而有宋朝之美，难乎免于今之世矣。"

译文

孔子说："如果没有祝鮀那样的口才，也没有宋国公子朝那样的美貌，在当今的社会里就难以避免祸害了。"

读解心得

春秋时的晏婴、三国时的庞统都属于其貌不扬的大才，幸得名主且不以貌取人方得以重用。但现在的企业裁员成风，招聘岗位或许只是需要一个人，如果两个人才学相当，当然相貌堂堂的要占优势。

有个做整形的外科医生，说现在很多大学生找他做美容，为的是工作好找。对于一些特殊行业来说，相貌是个重要条件，如空姐、酒店服务员等，但大多不必有相貌要求的岗位，这样的要求就显得无理。可有什么办法呢？现在找工作的比卖菜的都多，买土豆还要拣样子好的呢。其实美色对于企业管理的作用甚微，企业真正需要的还是才能之士。

喜欢才貌双全是人的本性，传说澹台灭明状貌奇丑，孔子曾以为他才薄，而后澹台灭明受业修行，闻名于世。孔子叹道："我以貌取人，失之子羽。"看来，孔子在这点上也没什么特殊的。

祝鮀，卫国大夫，擅长外交辞令，能言善辩；宋朝，宋国公子名朝，貌美，得宠于卫灵公夫人南子。关于本章字面上的解释，还有一个说法，就是把"而"理解为"但是"，说"如果没有祝鮀的舌辩，但是只有宋朝的美貌"，那才不好混。这个说法也有道理。

何莫由斯道

原文

子曰："谁能出不由户？何莫由斯道也？"

译文

孔子说："谁能够走出屋子而不经过房门呢？为什么没有人走这条

必经的仁义之路呢?"

读解心得

一些小作坊偷偷生产一些东西,质量差点就算了,有的还害人,像有毒食品基本都是这样出笼的。为了个人利益,不讲究卫生条件,甚至还添加国家禁止的添加剂,让人义愤填膺。小打小闹的企业这么做也就罢了,可每年都有些大企业被揭出质量黑幕,有的还是广受信赖的著名品牌企业。而那些偷工减料、缺斤短两的小伎俩就更加普遍了,商业道德的沦丧实在令人触目惊心。

而在营销领域中的贿赂营销,虽不至于闹出人命来,但也是因此抬高了价格,吃亏的还是老百姓。

难道企业不知道"质量为本、诚信第一"的道理吗?在接受电视节目采访时的信誓旦旦和振振有词,说明他们比谁都清楚。其实,对于企业来说,只有大家都共同认可的一条"正道"可走,可为什么偏偏要偏离这个道路呢?面对利益,尤其高额的短期利益,宁可放弃写进企业章程、灌输给企业员工的经营原则而不顾。

我们常常说,建立百年企业必须"质量为本、诚信第一",可现实中怎么有那么多违背这一原则的企业发展了起来,甚至还很牛呢?孔子有句话说:"人在世上能够生存应靠正直,不正直的人能在世上生存那是因为他幸免于难。"侥幸什么呢?一是偷偷地做,不被人轻易发现;二是查出后,继续生产;三是活动无效,那点罚款还不如几个月的利润,有什么好怕的?

然而,侥幸仅仅是侥幸而已,最终市场会说话的。这样的企业被曝光后,很快就失去消费者的信任,市场滑坡的报道随之而来,当然这个企业也就销声匿迹了!敬畏市场威力的企业,还是走"正道"吧,不要存在什么侥幸心理了。

文质彬彬

原文

子曰:"质胜文则野,文胜质则史。文质彬彬,然后君子。"

译文

孔子说:"质朴多于文采就难免显得粗野,文采超过了质朴又难免流于虚浮。文采和质朴完美地结合在一起，这才能成为君子。"

读解心得

有类企业，本来各方面做得都很不错，可就是推广方法不得当，名气不行。还有一类企业，本来做得很平常稀松，偏偏很会炒作，而且树立的形象还不错，产品销路也就很好，比那些质量好很多的老实企业卖得都好。

哪种企业好呢？不好说啊，前者是个好产品、好企业，心里踏实，但效益实在一般；后者呢，虽然产品不过硬，但当前的效益好，日子过得舒服。好像都有好处，也都有隐患。有人会说了，前一类企业有后劲儿，一旦改变推广策略，势不可当；而后一类企业呢，一旦真相大白，从前透支的形象效应都要还回来，并且很可能就此一蹶不振。但是，真的到了这个时候，企业可以重新包装产品，甚至重新注册，并不影响赚大钱，也是一种成长方式。

那么，理想的状态是什么呢？当然是企业做得扎实，宣传推广到位，表里如一，相得益彰。这就是孔子说的"文质彬彬"，才算比较完美的企业。"文质彬彬"现在多用来形容一个人仪态优雅、风度翩翩，孔子的本意可跟这没关系。什么是质啊，质就是本性的东西，饿了要吃、渴了要喝、高兴要笑、不高兴要哭，这叫质；文呢，文化在人身上的沉淀，并表现在外表的，叫文。一个人只讲究本性使然，不讲究外在修饰，就显得粗野；而只讲究外在的形式，极力克制本性，就会让人觉得此人华而不实。

最理想的境界就是两方面完美结合，就像企业既抓生产管理，又抓形象塑造一样。尤其当市场越来越成熟的时候，一个产品已经不仅仅是产品的实体了，还要包括它的款式、包装，甚至销售方式。这些完美地组合起来才是一个完整的产品，否则就是有欠缺的。

人之生也直

原文

子曰："人之生也直，罔之生也幸而免。"

译文

孔子说:"人凭着正直生存在世上,不正直的人也能生存,那是靠侥幸避免了祸害啊。"

读解心得

从短暂的时间来看,孔子的这句话似乎并没有多少道理,因为在现实社会中,确实有一些玩弄阴谋、依靠欺诈的人,不仅没有遭到惩罚,反而获得了好处。但是从长远来看,那些凭借不道德手段做事的人,大都没有好下场。

夏朝的桀、商朝的纣、隋朝的杨广等末代国君,董卓、魏忠贤、和珅等奸臣,得势之时,无不是道德败坏,无不是弄权高手,无不是翻手为云、覆手为雨,无不是心狠手辣。忽然一天,风云突变,他们自以为得意的权谋手段再也无法施展其魔力,他们的财富转眼之间化为乌有,他们的生命悬于一线,有些还连累自己父母妻儿一起走向断头台,更有的还把祖宗几百年的江山拱手让与他人。

在如今的社会中,不可否认,有的时候坚守道德原则,会让你失去一些东西,看似吃了亏。但是你不要因此耿耿于怀,你要明白,那些因越过道德底线而占到便宜的人,他们的欲望是永远无法满足的。占了一次便宜之后,他们还会一而再、再而三地去这样做。早晚有一天,他们会遭到惩罚,自己苦苦经营、积累的一切转眼成过眼云烟,还要附带众叛亲离,身陷囹圄,甚至命丧黄泉。

和这些人的最终遭遇相比,当初你吃的那点亏,又算得了什么呢?

好之者不如乐之者

原文

子曰:"知之者不如好之者,好之者不如乐之者。"

译文

孔子说:"对于学问和学业懂得它的人不如喜好它的人,喜好它的人不如以为感到快乐的人。"

读解心得

孔子把做学问的人分成三种：知之者、好知者和乐知者。三种人对学问的态度有程度上的不同，知之者只是满足于懂得了、明白了，是在被动、消极地做学问；好知者是乐意地、主动地接受学问，为了一定的目的，甘愿忍受求学的艰辛；乐知者则是能从做学问中获得快乐，求学已不是负担，而是一种乐趣。三者对学问的态度分别是被动的、主动的和快乐的，三种态度自然会得到三种不同的效果。

根据员工对岗位的态度，企业中也存在着三种人：应付者、爱岗者和乐岗者。应付者对工作和岗位的态度是当一天和尚撞一天钟，得过且过，敷衍了事；爱岗者办事认真负责，有一定的计划和目标，对工作环境有所要求，比较看重待遇和薪酬；乐岗者具有感恩的优秀品格，并具有改进工作的能动性，他不会考虑薪酬和待遇，不会轻易跳槽，具有与企业同甘苦、共命运的忘我精神。

中人以下，不可以语上

原文

子曰："中人以上，可以语上也；中人以下，不可以语上也。"

译文

孔子说："中等以上资质的人，可以给他讲授高深的学问；而中等以下资质的人，不可以给他讲授高深的学问。"

读解心得

有一次应某财富论坛的邀请去做讲座，主办方说听课的都是本省大企业的最高管理者和中高层管理者。根据这个情况，我就讲得比较简练，知识点也比较多。可时间不长，我就发现台下有些人精力不集中，甚至还有溜号的。中间休息的时候，经过询问才知道这批听众中管理者不多，大部分是销售经理。下半场我改变了策略，演讲中加了很多小故事、小案例，会场气氛才活跃起来。

这件事情给了我很好的教训，不同层次的人不仅对于知识的接受能力不一样，关注的焦点也有很大区别。正所谓"中人以上，可以语上也；中人以下，不可以语上也"。

　　一般认为，孔子划分上、中、下的标准是依据先天资质，我觉得还不够全面。即便是先天资质普通的人，经过努力，在知识积累方面甚至会超过资质很好而不太努力的人，所以，划分标准更主要的应该是综合水平。我在学校做演讲，台下都是大学生，你能够说人家资质不高吗？但是，对学生们讲企业家才能够理解的管理知识，并不合适。

　　其实，孔子的这个说法也是泛泛而谈，他绝对不会把人这么机械地划分为三等。孔子因材施教的标准很具体，根据每个人的性格、学识及当时的社会、政治环境，来对学生进行不同的讲解。所以，我理解这句话还是孔子在提示我们，无论做什么事情都要看对象的具体情况，否则不是对牛弹琴，就是老生常谈，起不到任何作用。

　　现在社会上流行着很多的管理工具，尤其在人力资源管理方面可谓五花八门。有家企业看中了效绩考核的积分卡制度，觉得简直太奇妙了，尤其得知很多大公司都采用后，更是心驰神往，想马上施行。岂不知，小小一个积分卡的背后是一个渔网一般的管理、考核、考评体系，和一个强有力的专门机构支持。显然，如此规模的管理模式，"中人以上"的企业可以，"中人以下"的企业不适合。

仁者先难而后获

原文

　　樊迟问知。子曰："务民之义，敬鬼神而远之，可谓知矣。"问仁。曰："仁者先难而后获，可谓仁矣。"

译文

　　樊迟询问什么是智慧。孔子说："致力于使人们都遵守道德，敬奉鬼神而要远离它们，这就可以称为智慧了。"又问什么是仁。孔子说："先经过艰难的努力，而后再去收获，这就可以称为仁了。"

读解心得

　　企业的管理者如何得到智慧呢？按孔子的说法就是做好两件事：一是致力于使员工都遵守道德。企业道德是建立在制度建设基础之上的、具有约束力的行为规范，遵守企业道德必须从遵守企业的制度开始。企业制度通过理性化的制约力，使企业方方面面都能做到秩序化，包括惩罚与奖励。企业制度制定与执行必须遵循"热炉规则"，热炉有以下特征：即时性，当你触摸到热炉时，它会带来疼痛，这种疼痛是即刻的而不是过后的，不会给你补救的机会；透明性，人人都知道只要触摸到热炉就会挨烫，这种事先预警的信息会告知任何人在任何时候都不要去触摸它；一致性，企业中上至最高管理者下到员工，都一视同仁，没有谁享有特权，不是因为你是管理者，你在触摸热炉的时候就比别人疼痛轻。二是敬奉鬼神而远离他们。孔子不是无神论者，他相信鬼神的存在，认为鬼神与人不在同一个世界当中。我们也应该相信"鬼神"的存在，我们的"鬼神"就是其他企业的文化。因为企业文化具有看不见、摸不着、学不来的特征，所以必须建设自己的企业文化，对于其他企业的文化应采取敬奉而远离的态度。

企业管理者如何获得仁德呢？孔子告诉我们："只问耕耘，不问收获"。如果你问香港首富李嘉诚拥有多少财产，我敢说他的回答是："我不知道。"如果一个企业家远离利益而注重事业，那么他成功的概率会比只注重钱财的企业管理者高得多。俗话说：天上不会掉馅饼。没有付出就不要想回报，没有努力就不要想收获。成功只钟情于具有强烈事业心的耕耘者。

知者乐水，仁者乐山

原文

子曰："知者乐水，仁者乐山。知者动，仁者静。知者乐，仁者寿。"

译文

孔子说："聪明的人喜爱水，仁德的人喜爱山。聪明的人爱好活动，仁德的人爱好沉静。聪明的人活得快乐，仁德的人长寿。"

读解心得

"智者乐水，仁者乐山"是一句脍炙人口的名言，也是孔子对智慧和仁德深刻的体验和感悟，以及对智和仁两种形象的解读。通过孔子形象化的解读，我们可以更加准确地理解什么是"智"，什么是"仁"，然后在自己所理解的基础上去培养自己的美德。

仁者的品格如同山那样稳定和可信赖；智者的品格如同水那样千变万化，可以随时改变自己的样子，并不总是柔弱和平静的，他们会在暗中蓄积能量。所以孔子才会用"智者乐水，仁者乐山"这句话来形容智者和仁者的品德。

纵观华夏历史，论豁达程度当以苏轼为好，职位升迁、境遇变动都不能左右他的超然乐怀。宋神宗熙宁七年秋天，苏东坡由杭州通判调任密州知州。杭州在北宋时期是个繁华富足、交通便利的大都市，而密州属古鲁地，山地颇多，交通极为不便，环境也极其恶劣，天灾人祸经常发生。加上那时正赶上大旱，连年收成不好，到处都是盗贼，吃的东西十分欠缺，苏东坡刚到密州的时候，他和家人还时常以枸杞、菊花等野菜做口粮。如此艰苦恶劣的条件，人们都认为苏东坡过得肯定不快活。

但苏东坡说："我很喜欢这里淳厚的民风，大家也愿意接受我的管理，于是我有闲情自己整理花园、清扫庭院、修整房屋。而且经常到后院的亭台，向四周远眺，想想历史上都有哪些贤人来过此地，做过什么辉煌业绩……在这个院子里，自己种瓜果蔬菜，自己酿酒煮饭，真是乐在其中啊！"

或许正是这样的豁达，使苏东坡在这里过了一年后，长胖了，白头发有的也变黑了。

古人言"钱财乃身外之物"，真正有修养、高品位的人，他们活得快乐，乐在一种不受物役的"知天""乐天"的精神境界。一个人倘若只以理想为高，就能够放宽心境，不为物累，随时随地去享受人生，也就苦亦乐、穷亦乐、困亦乐、危亦乐了！

齐一变，至于鲁；鲁一变，至于道

原文

子曰："齐一变，至于鲁；鲁一变，至于道。"

译文

孔子说："齐国的政治一有改革，便可以达到鲁国的这个样子；鲁国一有改革，就可以达到合符大道的境界了。"

读解心得

中国古代有很多忠臣良相在被贬职赋闲的时候思想最为活跃，也有很多将军在养伤的时候思考更多战略性的问题。据说比尔·盖茨每年都要闭关休养一周，而这一周往往备受关注，因为之后必有大动作。在连续的紧张工作中，人们的思维也会形成惯性，顺路走下去，不去过多思考了。而暂时的停顿，反而使自己具有了旁观者的眼光，往往有所体悟。

孔子就是这样一个政治观察家，所以能够发现身边的国家需要某种变革，以期借此得到大的提升。他说，齐国如果肯于变革，就可以达到鲁国的政治境界；而鲁国肯于变革，则能够达到国家治理的最高境界。何出此言？我们略做分析就可以知道。周朝初年分封诸侯，姜太公封于齐，实行务实的经济政策，国家强盛，终成霸业；周公之子伯禽封于鲁，实行务虚的德政，虽然政治文化优越，但国力不强。这两种政治体制和国家治理理念，孔子无疑更加倾向于鲁国的德政，所以在评论中难免有所偏向。其实，齐国如果能够改革一下加强德政也是完全达到"道"的标准的，并且，鲁国想加强务实作风而达到"道"，相比较而言反不如齐国那么容易，因为齐国具备了相当的物质文明，精神文明建设就有基础了。

就企业而言，更应该注意这两者的结合。既不能像齐国那样一味抓销售，轻视企业自身建设，也不能像鲁国那样企业文化做得很完善，而缺乏销售力。或许企业创业初期，更需要以齐国为样板，先把物质财富积累到一定程度，再进行第二阶段的企业全面修炼。也就是说，在企业不同时期，战略重点是不一样的，但为了长远发展，最终还是要把企业销售力和企业自身都做强，成为一个具有发展力的完善企业。齐国在历史上并没有像孔子所说的有那么"一变"，所以霸主地位只是暂时的，最终统一天下的不是它。秦国的经验值得企业研究，秦国一开始是依靠强大的军事力量著称于世的，销售力可谓强矣；但后来的商鞅变法，耗费十年之功兴修水利，都是在加强"企业自身"的建设。诸葛亮在《隆中对》里也特意强调"内修政理"四个字，热衷于销售型企业的管理者不得不深察。

孔子一贯强调保持战略的稳定性和延续性，这里是从另一方面强调"变"的重要意义。

觚不觚

原文

子曰:"觚不觚,觚哉!觚哉!"

译文

孔子说:"觚不像个觚了,这也算是觚吗?这也算是觚吗?"

读解心得

觚,是古代祭祀用的专用酒具,这里代表的是周礼。孔子眼中,从井田到刑罚,从音乐到酒具,周礼规定的一切都是尽善尽美的,甚至是神圣不可侵犯的。而在他所处的时代,这一切都向坏的方面变化,国君不但不去执行,反而把这些当成虚伪的政治工具,表面上做出崇敬的样子,骨子里根本没把这当回事儿。所以孔子说:"觚不像个觚了,这也算是觚吗?这也算是觚吗?"这是哲人对礼崩乐坏的痛心疾首。

现在,大多企业都聘有专职律师或法律顾问,有的还成立法制科一类的部门。但有的企业却不是为了规范企业行为,而是为了规避非法经营的风险,为违法行为寻找庇护,甚至专门研究如何钻法律的空子。这样的律师,则可以套用孔子的话说:"律师不像律师了,这也算是律师吗?这也算是律师吗?"两千多年过去了,这个毛病依然存在,又岂止是"律师"这一类人呢?

君子可逝也,不可陷也

原文

宰我问曰:"仁者,虽告之曰'井有仁焉',其从之也?"子曰:"何为其然也?君子可逝也,不可陷也;可欺也,不可罔也。"

译文

宰我问道:"一个有仁德的人,如果别人告诉他'井里掉下一位仁人',他是不是会跟着跳下去呢?"孔子说:"为什么要这样做呢?君子可以到井边设法救人,但不可让自己也陷入井中;可以受骗前往,但不可以被迷惑而跳入井中。"

读解心得

不要把孔子的这段话理解为"明哲保身",孔子告诉宰予,不要只是为了仁德而追求仁德,这样你不但不能达到仁德,相反把自己也搭了进去,连原有的仁德都失去了。

对于企业来说,就是不要做那些"以卵击石"的事情。从经济学的角度讲,成熟的市场总是被几个大公司控制。虽然制定了"反市场垄断"的法规,但是经济市场中那只无形的手总是让一些赢家更壮大,而把"弱势"企业抛弃出去,如果强行进入,无疑是"以卵击石"。相反,企业要想生存下去,就必须规避已有的成熟市场,寻找那些低竞争的领域。

当一个企业想进入某个行业的时候,它所看到的全是那个行业中闪光的亮点,没有看到或根本就不想看到同样充斥着的陷阱。这在我国可以找到许多例子,多元化的诱惑使不少企业陷入困境甚至消亡。企业追求发展永远都不会错,错的是追求的方法和忽略了自身的能力。无论企业制造卫星还是刮脸刀片,只要定位准确,都可以成为举世闻名的大公司。

任何人的能力和精力都是有限的,随着企业的扩张,这种能力的有限性更容易暴露出来。真正优秀的企业家既不轻易压制自己的能力,同时也不会轻易夸大自己的能力,做能力之内的事情会避免使自己陷入尴尬的境地。"君子可逝也,不可陷也;可欺也,不可罔也。"企业家要做一个明白人,既明白自己和自己的企业,也要明白其他企业。

博学于文,约之以礼

原文

子曰:"君子博学于文,约之以礼,亦可以弗畔矣夫。"

译文

孔子说:"君子广泛地学习古代的文化典籍,又以礼来约束自己,也就可以不离经叛道了。"

读解心得

关于知与行,孔子的观点很明确:"博学于文,约之以礼",就是多知而慎行，这同样也是企业家必须遵循的法则之一。现在是一个学习型的社会，如果不加强学习，企业的技术、知识、文化都会落伍过时。学习已经成了一个企业能否生存的标志，企业家的知识能否指导自己做出正确的判断，关乎企业成长的速度。企业家的学习内容必须符合企业文化和企业制度的要求，在此基础上慎重地做出决策，才不会离经叛道。

企业家首要的工作就是管理，通过一系列的决策达到管理的目的。企业家要通过学习不断吸收新的管理理念，增强管理意识，并针对企业的成长不断地变换角色。企业在创业初期，宗旨、理念、方针、政策、制度、团队的构建这些基因性、方向性、原则性的东西需要设定，企业家充当工兵角色。企业在人员基本到位、基本框架搭建起来之后，经营业务进入正常的运转轨道，企业家的主要工作就是监管员工是否按规章办事，经营中是否有新的问题出现，一旦出现问题立即组织人员研究解决，企业家充当警察角色。企业运转发展到一定程度，不但将经营工作纳入正常轨道，就连管理工作也日渐常规化、程序化，企业家充当教练角色。当企业发展到一定规模，成了公众性企业，此时企业的文化底蕴已经比较深厚，员工的自豪感和满足感油然而生，企业的经营活动不仅是企业的常规活动，而且是行业甚至社会中一项重要的行为，大有牵一发而动全身的影响力，这时企业家充当股东角色。

一致性是任何企业运行的基础，它能最大限度地减少企业内不必要的摩擦。保证企业一致性的根本要求是制定共同遵守的制度和程序。资料表明，企业中80%的抱怨是因为管理混乱造成的，由于员工个人失职而产生的抱怨只占20%。规范工作流程、明确岗位职责、完善规章制度是减少员工抱怨的重要措施，维持企业制度的一致性和秩序性是解决问题的唯一途径。企业家能够做到"博学于文，约之以礼"，企业就会兴盛起来。

子见南子

原文

子见南子，子路不说。夫子矢之曰："予所否者，天厌之！天厌之！"

孔子去见南子，子路不高兴。孔子发誓说："如果我做什么不正当的事，让上天谴责我吧！让上天谴责我吧！"

读解心得

孔子周游列国的第一站就是卫国。当时，卫灵公年老体衰，娶了年轻貌美的南子并把朝政交给她。传说南子风流成性，名声不大好。南子知道孔子到了卫国，要见见他。孔子要想在卫国任职，是不能不过南子这一关的。于是就出现了满脑子仁义道德的圣人和一个僭礼专权、作风风流的女子会面的滑稽场面。子路为人耿直，为此很生气，大概说话很难听了，孔子才对天发誓。

卫国的政治环境的确不是孔子理想中的样子，在这样的国家做官不符合他的从政标准和原则。然而，在那个时代，孔子心目中的政治环境是不存在的，即便他的大量弟子所侍奉的也多是专权的大夫，这体现了他的弟子们务实的态度和权变之策。孔子不能够为了从政而放弃基本的原则，所以比学生们表现出更多的彷徨。周游列国，其实是带有很大被动成分的流亡，在这个过程中或许孔子也想有所权变，所以才去见了南子，也是寻求推行大道的机会。但很明显，别说在卫国推行"君君、臣臣"之类的理念，就连这样的环境都是没有的。孔子这一有失慎重的举动，从侧面更加看出孔子急于求仕的心态。

中国历史上第一个专权的女性，大概就是这位南子了，是开吕后、武则天、慈禧太后等女性执政先河的人物。如果企业管理者有南子这样有计谋、有胆识的夫人，那未必不是企业的幸事。而更多的民营企业里，一开始就是夫妻店，管理者夫人多是没有南子之才而有南子之位、没有南子之能而有南子之权。重要事情请示了管理者，办好后要挨管理者夫人的训斥；请示了管理者夫人，管理者要骂。很多下属为此大伤脑筋。而那些与女秘书关系暧昧、耳朵根子又软的管理者，更是让对企业忠心的人很是扫兴。

中庸之为德也，其至矣乎

原文

子曰："中庸之为德也，其至矣乎！民鲜久矣。"

孔子说:"中庸作为一种道德,该是最高的了吧!人们缺少这种道德已经为时很久了。"

当两个人发生矛盾,如果你去解决应该抱着什么态度呢?当然,最理想的调解结果是双方都很满意,这个状态就是"中庸"。如果两种利益发生冲突,并且鱼和熊掌不可兼得,那么最理想的解决之道是什么?当然是选择对自己利益最大、损失最小的那种,这种选择也是"中庸"的原则。那么"中庸"是什么?就是最合适的状态、方法或原则。

"中庸"绝对不是折中主义,因为折中的做法,其结果很可能是双方都得不到满意的结果。

企业最健康的状态就是各方面、各环节都达到和谐,和谐是企业管理的方向和标准。企业存在的所有矛盾和对立,都是管理者应该马上解决的事情,使矛盾双方斗争得以转化,最终达到和谐。也就是说,那种认为"中庸"是回避和转化矛盾斗争的观点是非常错误的。

"和为贵"就是讲"中庸"的重要意义。我们常常遇见这样的情况,在农村,今年土豆紧缺,种土豆的自然发了财;于是大家来年全部都种土豆,结果,非积压不可。这就是缺乏计划的做法,违反了"中庸"的市场规律。在企业里,现在都把"以产定销"作为缺乏市场观念的做法来批判,其实很多产品,尤其一些有特色的产品必须以生产能力来确定市场规模,以生产标准来选择销售渠道。也就是说,是"以销定产"还是"以产定销",这本身并没有什么优劣之分,只要其适合你的产品特点就是对的,这才是"中庸"的原则。当然这仅仅是个小例子,其实企业的事情都是说不上对错的,而只有合适与不合适之分。

所以孔子说:"中庸这种道理,是至上的道理了!"可当时的社会已经偏离了中庸之道,走向这个极端,或者那个极端,他感慨地说:"人们缺乏中庸之道已经太久了。"

能近取譬

子贡曰:"如有博施于民而能济众,何如?可谓仁乎?"子曰:"何事于仁！必也圣乎！尧、舜其犹病诸！夫仁者，己欲立而立人，己欲达而达人。能近取譬，可谓仁之方也已。"

译文

子贡说："假若有一个人，他能给老百姓很多好处又能周济大众，怎么样？可以算是仁人了吗？"孔子说："岂止是仁人，简直是圣人了！就连尧、舜尚且难以做到呢。至于仁人，就是要想自己站得住，也要帮助人家一同站得住；要想自己过得好，也要帮助人家一同过得好。凡事能就近以自己作比，而推己及人，可以说就是实行仁的方法了。"

读解心得

孔子告诉我们施行仁道或仁德并非高尚得没有一丝瑕疵，而应该按自己的能力去做。所以孔子说，子贡的理想太高了。他的理想像柏拉图的理想国一样，有点不现实。真正仁德的人是要自己站立起来，同时还要顾及别人的利益，使别人也站立起来。正如一位社会学家所说，在当今的社会，"毫不利己，专门利人"的社会道德标准定得太高了，就是"既利己又利人"的社会道德标准还是有点偏高，都能做到"利己不损人"就可以了，这一标准有许多人还做不到，他们干着"损人利己"甚至"损人不利己"的勾当。孔子说："一个人博施济众，为整个人类服务，这简直太伟大了，岂止是对仁德者来说做不到，就是古代圣明的帝王尧、舜也是很难做到的。"

企业财富与价值的创造其实也是一种道德行为，因为在市场上获得认同的任何产品或服务，同时也必须在道德上获得认同。人们之所以憎恨毒品交易和走私活动，就是因为它们是不道德的。一家企业为什么会有市场竞争力，归根结底就是因为它的产品或服务是有用的。而向社会提供有用的产品和服务并不是件容易的事，这需要企业，尤其是企业家具备非常高的道德品质。如果在市场经济中，相互竞争的行为主体都能将自己的行为约束在道德的范围内，企业的经营成本就可以大幅度地降低。如果企业想再降低经营成本，那么就必须按孔子所说的那样"能近取譬"，即是以自己的道德标准去影响其他企业从而实现"双赢"或"多赢"。

述而第七

信而好古

原文

子曰："述而不作，信而好古，窃比于我老彭。"

译文

孔子说："阐述而不创作，相信并喜爱古代文化，我私下里把自己比作老彭。"

读解心得

老子和彭祖都是史官，任务就是记录历史事件，整理历史文件。述，是承上；作，是启下。孔子其实是中国文化的开创者，他说自己"不作"是谦虚，或者是没有意识到这一点。

值得我们注意的是"信而好古"，拿今天的眼光来看，古代的东西未必都是好的，尤其社会制度。但我们要知道孔子所处的年代，可供他研究的社会形式实在太少而且太单一了，他完全有理由认为周朝的制度是最好的，所以说好古并且坚信这一点是可以理解的。当然，即便要与时俱进，过去优秀的东西还是值得我们传承和发扬的。

企业也是这样，总是在继承中前进，如果完全抛弃过去的东西，会带来很大的损失。有些"空降兵"为了显示自己的管理个性和管理力度，对企业原本存在的东西大加斥责，看似大刀阔斧，其实是不够明智的做法。我们知道，企业文化的形成是一个积累的过程，这个过程可以由人为的力量来加速，但即便在无意识状态，文化也会按其自身的规律形成和发展。如果看不到这一点，或者忽视固有文化的力量，新官的工作也是不好开展的。

有家民营化妆品企业，销售经理因为待遇问题辞职而去，管理者请来一个高人，这位高人一到任，马上开会说："咱们的化妆品销售怎么能够这样做呢？应该把小城市市场全面收缩，主要精力用来进攻大都市。"并且讲了许多个理由。管理者深受鼓舞，把刚刚起步的小城市市场放弃了。但三个月不到，这位高人的策略因为产品的知名度等原因受挫，一蹶不振，他也辞职而去了。与这样的求新冒进相比，"信而好古"显得那么可贵。保持企业管理和经营的连续性，是民营企业尤其应该重视的大问题。

默而识之

原文

子曰："默而识之，学而不厌，诲人不倦，何有于我哉?"

译文

孔子说："把所见所闻默默地记在心上，努力学习而从不满足，教导别人而不知疲倦，这些事对于我有什么困难的呢?"

读解心得

孔子晚年自知从政无望，把希望寄托在学生身上也是可以理解的。对知识的积累、消化、传播就成了孔子晚年的生活内容和轨迹，也算是学以致用吧。

现在看来，博闻强识既是知识积累的主要方法，也是学习的基础。很多大学生在学校忙着谈恋爱，没工夫正经学习。参加工作了，面对实践，才知道知识的重要性，但工作太忙了又顾不上学习了。但这只是基础，把听到、看到的知识结合工作实际进行转化才是真正的学习，这个学习过程永远需要，不能够有满足的心态。对于企业管理者来说，光自己学习是远远不够的，还要帮助下属学习，不要有厌烦心理。当然，诲人不倦的前提是自己肚子里有料，否则听众都开始厌倦了，你还能够不厌倦吗?

这是从学习角度来理解，其实一个企业的管理经营过程也是这样一个模式。先是搜集大量市场信息，然后对这些信息进行分析研究，得出对自己最为有用的那一部分用以指导企业经营，最后是生产出适销对路的产品，向社会传播信息，和消费者打交道。同样，搜集信息和情报，最好是默默的，别张扬，免得还没做就被对手看出了苗头；产品开发是长期的过程，随着市场的变化要不断调整企业的思路、产品的性能和功能，这是千万满足不得的，否则必然被市场所淘汰；而在产品推广上更不能够有丝毫懈怠，这是企业都明白的道理。

笔者到一些大学去演讲，经常有同学问怎么规划自己的职业。职业规划是有必要的，但笔者不太赞成刚毕业就规划自己。因为在你对自己和社会都缺乏足够认识的时候，是很难准确找到自己在社会的定位的。如果过早地定下目标，则会犯孔子所反对的"画"的毛病，即画地为牢了。初入社会应该做什么呢？"默而识之，学而不厌"，一股劲儿地学吧，不要怕这没用那没用。有个一年半载，甚至更长的时间，你会发现以前学的某些东西其实是为你的现在做准备。实际上，也只有在社会实践中才能够找到自己真正的人生坐标。

闻义能徙，不善能改

原文

子曰："德之不修，学之不讲，闻义不能徙，不善不能改，是吾忧也。"

译文

孔子说："见到道德而不去修行，学过的东西不去讲解应用，知晓的义理不能转化，不善良的行为不能改变，这些是我最担忧的。"

读解心得

孔子是一个非常谦虚的人，时时刻刻都在约束自己的言行。正因为孔子这种谦下品德，才使他具备了自谦谦人、自修修人的高尚情操。他面对自己的弟子、世人、整个社会说出了他最忧虑的东西，从而希望能够自勉勉人。

就企业而言，孔子所担忧的"德之不修，学之不讲，闻义不能徙，不善不能改"这四点，是每个员工尤其是企业家需要警惕的。企业家的品德决定着企业的道德水准，因为企业家自身品德的高下会潜移默化地渗透到每个员工的言行之中。企业家道德修养的匮乏，即"德之不修"，只能使管理陷入盲目。即使企业获得了极大的成就，也没有任何值得骄傲自大的理由，虚心、谦下的自我修养，有益于自己，更有益于企业。

"学之不讲"对企业而言就是学而不用。造成学而不用的原因：一是所学无用，即所学的东西与企业毫不相干，不符合企业的实际情况，好比渔夫学打猎、农人学划船。二是学不会用，由于应变能力低下，不能灵活地应用所学的东西，好比傻子学话、鹦鹉学舌。三是一知半解，学习当中很明白，一到应用就不知其所以然，如果强行应用，就成了邯郸学步。四是投己所好，对自己已经明白的东西不厌其烦地深化，并在企业中大行其道，就算与企业目标、方针南辕北辙。学习的目的是使用，我们提倡学以致用，活学活用。

"闻义能徙"就是企业能够随着社会经济环境的变化及时转变思想观念。现在我们常说与时俱进，就是指企业在战略规划、营销策略、人力资源管理、生产物流优化等方面适应社会潮流，比如，紧随市场的变化重新定义核心业务等。行业的变化由很多情况引起，如技术的创新、低成本商业模式的出现、政府政策的改变及客户喜好的变化等。应变能力如何是决定赢家与输家的一个强有力的因素，所以随着市场的变化重新定义核心业务是每个企业必须遵守的法则。

对不善能改最直接的理解和应用，就是不断改革企业中不合理的规章制度。在现代企业中，任何人都必须受制度约束，必须遵守企业的制度。现代的企业制度强调管理与人本主义结合，强调通过协商、共同认可的方式来制定和完善企业的管理制度，也就是说企业制度必须在公认性、契约规则性的原则下制定和遵守。

子之燕居

原文

子之燕居，申申如也，夭夭如也。

译文

孔子在家闲居的时候，是那样的舒畅，那样的快乐。

读解心得

孔子不像我们理解的那样总是道貌岸然、一脸严肃。在家闲居的时候他会"申申如也，夭夭如也"。睡衣和休闲装自然比制服穿着舒服，主要是因为宽松，这就是"申申如也"；表情自然、精神愉悦，就是"夭夭如也"。本章用诗意的语言再现了孔子在家闲居时的悠然情态。

看似简单，其实这并不容易做到，只有不忧不惧的人才能做到"申申如也，夭夭如也"。每天愁啊闷啊，担惊受怕，盘算这个、算计那个，怎么可能做到呢？忘记在哪里看到的一句话了，说要看一个人是不是真的愉快，要看他早起醒来的第一个表情。看别人的机会不多，感觉自己倒是每天都有，你早起醒来心里在想什么呢？今天还有很多急事要做，昨天那件事情做得对不起朋友，还有一笔外债不知道什么时候能够还清啊……如果每天醒来都是这些烦心事，是不可能达到这样的境界的。

为什么孔子能够达到这样的境界？我们怎么样才能够达到这样的境界？答案就在《论语》中，之前有很多地方都讲到这个问题，之后还有一些章节说到。不在乎别人怎么说，孔子的道理也很浅显易懂，关键是你肯不肯去做、能不能够做到。

吾不复梦见周公

原文

子曰："甚矣吾衰也！久矣吾不复梦见周公！"

译文

孔子说："我衰老得很厉害呀！我已经好久没有再梦见周公了。"

读解心得

孔子讲，我已经很老了，有很长时间梦不到周公了。传说周朝所有的礼节和礼仪是周公创设的。孔子讲的"克己复礼"，所要恢复的就是周公的制度。孔子把恢复周礼作为自己的最高理想，并且也一直想做周公那样的人，因而他对周公非常崇敬。

孔子过去未必常常梦见周公，所谓"梦"，大概是以做周公那样的匡世经国之才为理想。而晚年的孔子深知自己从政机会的完结，所以这个面临破灭的理想只能够作为一种安慰了。"吾不复梦见周公"，是在叹息自己亲手恢复完善的社会制度已经没什么希望了，所以连梦想也快没有了。

孔子胸怀大志，才略过人，然而一生求仕未果，晚年这番近乎绝望的慨叹，读来让人感慨万千！

志于道，据于德

原文

子曰："志于道，据于德，依于仁，游于艺。"

孔子说:"以道为志向,以德为根据,以仁为依靠,而游憩于礼、乐、射、御、书、数六艺之中。"

本章孔子这些话是带有自述性质的,是说自己的行为是努力符合这四方面的要求的:"立志于道,据守于德,依从于仁,游逸于艺。"可以说这四方面都是个人德行修养必备的,包括孔子的游逸也是在休闲娱乐中陶冶情操。

站在企业管理的角度来看,孔子描述的也是一个完美的企业形象。这个企业具有完善的企业发展战略,有着明确的发展方向和发展步骤,并且这个目标既符合社会道义,又符合企业实际,简直太完美了。这个企业有着明确的行为准则,无论企业行为,还是员工个人行为,都自觉地遵循商业道德的规范。这个企业实施行以人为本的管理理念和管理方法,企业的发展要依靠各类人才来推动和完成,不仅管理层能够自觉地用高标准要求自己,更为整个企业做出了表率。这个企业还有着很好的文化活动,活跃职工文化生活,大家在这样的企业工作感到心情无比愉悦。

"志于道"无疑是讲企业的战略和目标,而企业的目标也应该成为每个员工的个人目标,所以还是暗含着人的因素。而"据于德,依于仁,游于艺"则直接是对人行为准则、标准和活动内容的阐述,可见,人的因素在孔子心目中的至上地位。

我们还注意到,孔子谈到人,很少对个人技能提出什么要求,这就像谈企业时很少谈企业的具体促销一样,都是着眼于根本性的东西。说人,就强调人的修养;说企业,就强调企业的战略目标。而实际上,哪个企业如果在这两方面有所作为,其他的问题都会迎刃而解,就不会出现太多的问题。一批行为规范、素养高尚的人组成的团队,走在一条光明大道上,还会有什么问题呢?反过来,企业出现的形形色色的问题、难题,我们都可以从这两个方面找出明确的根源。

自行束脩以上

子曰:"自行束脩以上,吾未尝无诲焉。"

译文

孔子说："这个人只要到了十五岁，到我这儿来学习，我从没有不给予教诲的。"

读解心得

什么叫"束脩"呢？在过去，中国有一个成人的礼节，就是把头发扎起来，这叫"束脩"之礼，年龄在十五岁。"自行束脩以上"，就是行了"束脩"之礼之后。所以，本章就是说这个人只要到了十五岁，到我这儿来学习，我没有不教的。另外，有个说法更为普遍，就是说"束脩"是一束干肉，十条为一束。作为送给老师的比较微薄的见面礼，也可以称为学费。

但是无论哪个说法，实际上都可以看出孔子收学生是不计较出身的，并且特别照顾家境贫寒的学生。这个意义非凡，纵观古代王朝的更替，大多是处于社会底层的贫苦人民的革命。社会变革就像炒着一锅豆子，底层的豆子热了，必须翻一下，而原来在上面的豆子就到了底层。过一会儿，底层的又热了，再翻一次。如是往返循环不止，逐渐走向成熟。所以孔子能够特别关注社会底层的教育，就显得意义非凡。

企业也是这样，那些处在基层的员工，通过他们自身的努力，早晚会像炒热的豆子，你不翻他上来，他自己就会主动跳起来，跳到锅外面，就像跳槽一样，成了别人的人才了。在你这里学业有成，并且不仅免费学，而且还拿了你的工资，却让别的企业得到现成的，亏不亏？所以还是早点把他们翻上来为好。

不愤不启，不悱不发

原文

子曰："不愤不启，不悱不发。举一隅不以三隅反，则不复也。"

译文

孔子说："教导学生，不到他冥思苦想仍不得其解的时候，不去开导他；不到他想说却说不出来的时候，不去启发他。给他指出一个方面，如果他不能由此推知其他三个方面，就不再教他了。"

读解心得

古希腊的哲学家柏拉图曾有一个著名的"催生婆"理论：孩子是产妇肚里有的，而不是催生婆的，催生婆的职责是把产妇肚子中已有的孩子催生出来。知识是早就藏在人心中的，老师的职责就是把它唤发出来。柏拉图说到了，孔子做到了。愤，苦思冥想，好像知道了可还是得不到真意；悱，想说出来，可因为理解不透，一时找不到合适的词来表达。在这种情况下，孔子才去启、去发，"启发"这个词就是从这里来的。告诉你方形的一个角，你就可以推断出另外三个角的情况，这就是"举一反三"。如果做不到举一反三，孔子就不会再给你讲新的东西。

这是启发式教学，我们也可以做"启发式销售"。其实很多企业在开拓新市场、推出新产品的时候就是运用的"启发式销售"。比如，我们会看到有的企业大做产品广告，可就是在市场上找不到这种产品。等市场关注达到一定程度的时候，产品一夜之间全面上市，往往能够产生很好的效果。这种策略叫什么？有人叫"饥饿销售法"，有人叫"市场培育法"，从今天起，我们可以叫它"启发式销售"了。说本质一点，其实就是产品上市前的"炒作"，先把这个产品的话题炒热再说。现在几乎所有的电影都采用这一招，电影还没有出来，就开始炒，炒演员、炒导演、炒剧情，引起大家的关注。

"举一反三"的销售策略就更厉害了，一旦某个销售模式取得好的效果，就可以复制到其他市场，方法成熟，操作熟练，效果自然也会好。这样由试点发展到一定的市场面，就积累了推向更大市场的经验。如果不能够举一反三，那未必是这个方法不行，其主要原因可能是方法太有特殊性，不适合其他市场而已，所以就不要到处用了。

子食于有丧者之侧

原文

子食于有丧者之侧，未尝饱也。

译文

孔子在有丧事的人旁边吃饭，从来没有吃饱过。

读解心得

孔子在参加丧礼时怎么会吃不饱呢？因为服丧者有悲哀恻隐之心，而并非饭菜不够吃。这一礼仪对我们今天在参加葬礼时仍有借鉴作用。本来失去亲人就是一件极度悲伤的事情，如果我们去参加丧礼而不顾及周围的环境气氛，不顾及别人的感情，只顾自己的口腹之欲，是非常失礼的行为，也是对死者的不尊重。

办丧事，在于感谢亲朋好友对故人及家庭的关心，以及对丧事料理的操劳。但是现在某些"孝子贤孙"却一味追求所谓的风光体面，大操大办，只为显示自己的能力，昭示他人"我是一个孝子"。

丧葬本是一件令人悲哀的事，但如果大操大办，只为"酒足饭饱"，举办丧事还有何意义？

是日哭，则不歌

原文

子于是日哭，则不歌。

译文

孔子如果在这一天哭泣过，就不再唱歌。

读解心得

孔子如果某天参加了葬礼，哭了，就不会再唱歌了，一整天安安静静度过。这是因为孔子感到难过，也体现着他对生命的珍视。

从反面来揣测孔子，在他的生活中，只要不参加葬礼，每天可能都唱歌奏乐，内心很快活。如果不从这个角度来分析孔子，便会觉得孔子距离我们太遥远，肯定是个老古板，而且他说的很多话都没法执行。实际上孔子活得乐观积极，不是像贾政那样的假正经，不是一个假道学，不是一个燕居在家也道貌岸然的人。

如果没参加葬礼，孔子可能每天都很怡然开心。他歌唱得也不错，后边我们还会讲述。孔子听到别人歌唱得好，一定会请求再唱一遍，跟人学一遍，再和一遍。由此可见，孔子对音乐的喜爱之情来自灵魂深处，并且能通过音乐找到快乐。

对别人致以哀伤的时候，我们应该静默一天，不要高高兴兴地哼着歌，漠视和轻视别人的痛苦。

临事而惧，好谋而成

原文

子谓颜渊曰："用之则行，舍之则藏，惟我与尔有是夫。"子路曰："子行三军，则谁与？"子曰："暴虎冯河，死而无悔者，吾不与也。必也临事而惧，好谋而成者也。"

译文

孔子对颜渊说："如果用我，就去积极行动；如果不用我，就藏起来。只有我和你才能这样吧！"子路说："如果让您率领三军，您愿找谁一起共事呢？"孔子说："赤手空拳和老虎搏斗，徒步涉水过大河，即使这样死了都不后悔的人，我是不会与他共事的。我所要找的共事的人，一定是遇事谨慎小心，善于谋划而且能完成任务的人。"

读解心得

颜渊就是颜回，他的字是子渊。对于老师的夸奖，颜回多是一声不吭。一旁的子路沉不住气了，说你们在这方面行，那么带领军队打仗，就该数我厉害了。孔子对战争持谨慎的态度，听子路这么夸耀武力，自然要批评他几句。因为这实在是太危险了，并且是没必要的冒险。孔子的态度是为了原则应该奋斗，为了原则也可以自保，这叫策略性撤退。

那么，孔子赞成什么呢？必须是那些"遇事谨慎，善于深谋远虑，最后达到成功的人"。"惧"不是害怕，而是谨慎，认认真真地对待事情、处理事情。做事情讲究策略，讲究计谋，事情"预则立，不预则废"。我们读三国故事的时候，常常会遇见看似箭在弦上、不得不发，好像必须面临一场恶战的情况，结果谋士出来说："不可不可。"然后讲出另外一套方法，或者是外交手段，或者是巧妙计策，总之是兵不血刃而达到自保或进攻的目的，这才是解决问题的高明之人。企业经营也一样需要遇事谨慎、凡事谋划。

子路其实是能够干实事的人，颜回虽然德行和学问很高，但并没有表现出特别的才能来。所以面对孔子夸赞颜回，子路很不服气。平心而论，孔子对子路的批评挺委婉的，但意义上是严厉得过分，简直是彻底给否了，大概孔子夸颜回正在兴头上，遭到子路抢白的原因吧。子路可谓《论语》中第一可爱之人，对老师也当仁不让，该顶就顶，想甩脸色就甩脸色。而孔子也够大度，并没有找碴儿开除这个学生，不高兴了也只是损他几句就算了。《论语》中有很多师徒顶嘴争辩的描述，孔子的表现比许多管理者确实强多了。子路生在现在，不知道被"炒鱿鱼"几百次了。

富而可求也

原文

子曰："富而可求也，虽执鞭之士，吾亦为之。如不可求，从吾所好。"

译文

孔子说："财富如果可以合理求得的话，即使是做手拿鞭子的差役，我也愿意。如果不能合理求得，我还是做自己所爱好的事。"

读解心得

孔子对于能够安贫乐道的人是欣赏的，但并不主张大家都受穷才好。追求富贵，只要符合道义，做再下贱的工作都可以。所以他的标准是"可求之富"，怎么算"可求"呢？就是见利思义、取之有道。面对不"可求"的财富，我还是按照我的爱好做事。这就是说孔子既不是一味地反对财富，也不是无原则地去获取财富。

其实，追求富裕，生活过得舒服点有什么不好、有什么不对？全社会都小康才好嘛。追求尊贵的身份，获得社会的尊重，也是正当的欲求。这些目标说到根本上，正是社会得以向前发展的动力。企业的基本目标是创造财富、赚取利润，让企业里所有人都富裕起来。没有了这个目标，那还是企业吗？富裕了之后的目标呢，就是追求尊贵。物质生活上去了，精神生活也要跟上来。为社会做贡献，这"贡献"是什么，不还是造福一方，让更多的人生活得更好吗？说直白点就是别光考虑自己富贵，还要带领大家一起富贵。企业在完成自己的追求的过程中，也必然为社会做出这样的贡献。

子之所慎

原文

子之所慎：齐，战，疾。

译文

孔子所谨慎小心对待的事有三件：斋戒，战争，疾病。

读解心得

古代在祭祀之前，必须有一番身心清洁的工夫，如不喝酒、不吃荤、不与妻妾同房、沐浴净身等，表示虔诚之意。这是内心的修炼，属于精神范畴。战争是关系国家兴亡、人民福祸的行动，属于行为的范畴。古代疾是小病，病是大病。疾病关系到个人的身体健康，身体是个人最基本的生命载体。在这三个方面，孔子的态度是谨慎的。

如果我们把企业比作一个物种，那么最好把它比作人。一个人要有人生目标，就像企业要有战略方向；人要遵守道德，接受一定行为规范的约束，就像制度、规范下的企业行为准则；人要注意自己的仪表，修养、志趣都可以由此体现出来，就像企业要塑造符合企业特点的外在形象……

就本章而言，孔子讲的是他三个层面的修养。对疾病的慎重态度说明他关心自己的身体健康，身体是革命的本钱。这就是企业管理的第一个层面，即必须首先重视企业内部管理。一个内部管理完善的企业肌体是参与市场竞争的基础，也是参与企业竞争的重要方面。有人说，企业竞争主要是管理的竞争，这里面就包括甚至主要是企业的内部管理，就像一个人必须注重调养，具备强健的体魄一样。

第二个层面是要慎重对待企业的对外行为，包括形象展示、业务交往、公共形象，孔子说的"战"则更像是企业的销售行为。对外行为是否规范得当，不仅关系到企业在公众中的形象，更关系到实际的经营效果。所以，企业行为是否符合社会道德、是否符合企业价值观、是否合乎时宜都要慎重考虑，三思而后行。

第三个层面是企业文化方面要慎重。广义的企业文化包括企业价值观、行为准则、企业发展战略、企业形象，以及与之相适应的企业文化类活动等。我们说过，同类企业的本质区别将越来越仅仅反映在企业文化上，可以说企业的个性势必由企业文化的个性来体现，并将成为企业的最终竞争力。如此关乎企业长远发展的因素，怎么能够不高度重视呢？

企业自身建设、企业行为规范、企业文化构建说是三个层面，其实也是一个企业的三个有机组成部分，其间既有明显不同，又有紧密的关联和影响。所谓慎重，也就是要高度重视，怎么重视呢？还用孔子一句话作答吧："临事而惧，好谋而成者也。"

不图为乐之至于斯也

原文

子在齐闻《韶》，三月不知肉味，曰："不图为乐之至于斯也。"

译文

孔子在齐国听到《韶》这种乐曲后，很长时间内即使吃肉也感觉不到肉的滋味，他感叹道："没想到音乐欣赏竟然能达到这样的境界！"

读解心得

孔子年轻的时候曾在齐国游仕，听《韶》乐的事情大概发生在那个时候。孔子听完，陶醉得三个月都吃不出肉的滋味。是音乐太好了吗？当然是，但更重要的是孔子会欣赏音乐。有个小男孩被爸爸拉着去听音乐会陶冶情操，到了后来，小男孩实在忍不住问他爸爸："那个人什么时候才能把小提琴锯断啊？"要是这样的水平，即便是听《韶》乐估计也没什么感觉。

孔子曾经讲过仁者和圣人的区别，仁者是达到一定思想道德高度的人，而圣人呢，还需要有巨大的社会成就。孔子的学术水平、理论水平、道德修养确实是一代楷模，但缺乏政治成就的支持，所以孔子自己也不认为自己是圣人。所以有人说他是政治家，我觉得说他是"政治理论家"更为准确些。

不过，仁者是圣人的基础，达不到仁者的境界，是不可能成为圣人的。企业家也是这样，也必须以企业成就为支持，只有理论水平，缺乏实践的机会，不能够成功操作一个企业，是谈不上企业家的。而反过来，那些比较有成绩的企业老板也未必就可以称得上企业家。企业家不仅要有经营成就，还需要有自己的经营哲学和高尚的个人修养。现在的"企业家"太多了，甚至违法犯罪被制裁了还有人叫他"曾经的企业家"。有人要问了，他不具备高尚的情操怎么还取得那么大的企业成绩呢？别忘记这句话："人之生也直，罔之生也幸而免。"那些不按正道行事的企业能够活下来，只是侥幸罢了！

夫子为卫君乎

原文

冉有曰："夫子为卫君乎？"子贡曰："诺，吾将问之。"入，曰："伯夷、叔齐何人也？"曰："古之贤人也。"曰："怨乎？"曰："求仁而得仁，又何怨？"出，曰："夫子不为也。"

译文

冉有说："老师会赞成卫国的国君吗？"子贡说："嗯，我去问问老师吧。"子贡进入孔子房中，问道："伯夷和叔齐是怎样的人呢？"孔子说："他们是古代贤人啊。"子贡说："他们会有怨悔吗？"孔子说："他们追求仁德，便得到了仁德，又怎么会有怨悔呢？"子贡走出来，对冉有说："老师不会赞成卫国国君的。"

读解心得

有个小伙子因为偷电动车被拘留了，邻居老太太吃惊地说："不会吧？这小伙子前天还帮我拎菜呢，这么好的人，怎么会做那事情！"雷锋故事里，一旦有人做好事不留名，战友们就会猜测："估计又是雷锋干的！"老太太为什么不相信那小伙子干坏事，雷锋的战友为什么推定好事都是雷锋干的？

一方面，大家是通过一个人的行为来断定这个人的品行，如果这个人经常做好事，大家就认为他是个品行好的人。另一方面，人们会根据一个人的品行来判定他的行为，比如，他品行好，那么他就不会做坏事。像赵云在长坂坡只身去曹营救阿斗，有人报告说赵云反叛了，刘备就根本不相信。刘备就是用赵云的品行来判断这个事情的。所以，我们可以通过某件事情来推断这个人的行为准则，然后就可以按照这个行为准则来推断他会不会做另外一件事情。

子贡就用了这一招。冉有想知道孔子会不会在卫国从政，子贡就去询问孔子。但他没有直接问这个问题，而是看看孔子对伯夷、叔齐互让王位这件事情的看法。当了解到孔子认为这两个人"求仁而得仁"后，就判定孔子不会在这里从政了。因为当时的卫国正在发生叔侄争夺君位的事情，和伯夷、叔齐的行为、品质大相径庭。

同样道理，公众对企业的认识也是通过企业的具体行为，来判断这个企业的"性格"和"品行"。也就是说企业行为直接塑造着企业形象，企业不"慎行"行吗？

而当企业形象形成一个比较稳定的状态时，公众就会根据这一形象来判定或预测企业的行为。这个力量是非常强大的，比如，一家企业一旦开发出新产品，公众就会根据企业原有的形象来初步判断这个新产品的形象。如果企业形象很好、信誉很好，市场就会很快信任和接受这个产品。相反，如果这个企业本来就没有很好的公众形象，那它出什么产品大家都会首先质疑。企业家也具有这样的品牌效应，一个靠不正当手段发家的企业投资新项目，即便想痛改前非、重新做人，其原来的影响也不是短时间内可以消除的。人们会议论："这个企业是他做的啊！嘿嘿，这人可歹毒啦，千万别和他打交道。"

不义而富且贵，于我如浮云

原文

子曰："饭疏食饮水，曲肱而枕之，乐亦在其中矣。不义而富且贵，于我如浮云。"

译文

孔子说："吃粗菜淡饭饮冷水，弯起手臂当枕头，其中也充满了快乐。以不道义、不仁义的方法获得的荣华富贵，对我来说如同浮云一般。"

读解心得

孔子能坦然地说，饥吃粗菜淡饭，渴饮冷水，弯起胳膊当枕头，过这种清贫的日子多么幸福啊！看来孔子注重的的确不是物质生活，而是一种精神上的享受。

现在拜金主义严重影响着某些人的行为，恶性攀比、显富事件不时发生。一些企业家只注重企业投资的回报率，从不过问投资能否增加社会福利。他们只关心企业的规模扩张，通过所谓的金融运作或资金运作等虚拟形式来达到目的，而不是依靠实际投资或技术创新等实实在在的努力。他们非常善于钻营，也很会"审时度势"，利用我国产权制度改革的机会，巧取豪夺公共财产，毫无顾忌地侵吞社会财富，从而获得大量的不义之财。另一种不义之财是以损害他人利益甚至是社会利益为代价获得的。他们办企业的目的就是赚钱，黑心钱、昧心钱，只要能赚钱，什么都可以干。什么破坏环境、污染环境，什么社会公德、职业道德、工人权益、工人性命，他们全然不管不顾，偷税漏税、坑蒙拐骗、无视国家的法律法规。这些借企业之名、取不义之财的行为迟早会受到应有的惩罚。

"不义而富且贵，于我如浮云"，这种高尚的道德情操也是可以体现在企业管理之中的，而且可能会给企业带来意想不到的经济效益。

20世纪60年代末，在公共场所随地丢弃的废铝罐成了美国的社会公害，严重污染环境。以生产酒类产品闻名的柯尔斯公司为此开展了持续两年的废旧铝罐回收活动，不仅为改善社会公共环境做出了贡献，而且赢得了公众的支持和信赖，大大地提高了公司的知名度和信誉度。

五十以学《易》

原文

子曰："加我数年，五十以学《易》，可以无大过矣。"

译文

孔子说："给我增加几年的寿命，让我在五十岁的时候去学习《易经》，就可以没有大过错了。"

读解心得

孔子最为推崇的典籍是《诗经》和《周礼》，一个侧重精神层面，一个侧重制度规范。尽管孔子很重视社会实践、政治活动，但实际上却形成了侧重理论研究的学说。孔子求仕不利有多种原因，但侧重务虚的作风和理想化的追求也可能是个障碍。这在他五十岁之前，还没有太明显的弊端表现，但五十岁后的短暂从政经历大概使他有所体会了。

《易经》虽然本意是占卜手册，但它同时也是上古时期人们观念和行为的记录，所以和《诗经》《周礼》相比，《易经》更注重的是对实际行动的指导和研究。前事不忘，后事之师。《易经》作为经验性的总结自然对后人的生活行为有着借鉴意义，孔子学习《易经》更应该是看重其中的具体事件对后世的借鉴意义。可以想象，有理论的基础，再加上实践案例的研究，孔子的学说将更加具有现实的可操作性。

孔子的这点遗憾，也是值得我们汲取的教训。企业管理说到底还是实用学科，除了向实践学、在实践中学和注重实际运用的学习方法外，研究别人的成败案例自然也是不可忽视的学习途径。但是，现在很多企业家并不愿意看案例类的文章，倒不是大家认识不到案例的借鉴作用，而是实在没有好的案例文章可读。除了"歌德派"的企业书，就是"自我歌德派"的企业策划人张扬自己功绩的烂文章，难怪为明智的企业家所鄙夷。

子所雅言

原文

子所雅言，《诗》《书》、执礼，皆雅言也。

译文

孔子有时讲雅言，读《诗》、念《书》、赞礼时，用的都是雅言。

读解心得

塑造一个完美的个人形象，所操什么口音还是件很重要的事情。口音倒未必有尊贵卑贱之说，却至少有洋气和土气的区别。哪种口音时髦，和社会倡导关系密切。一个重视文化的社会，哪里文化发达哪里的方言就时髦。首都是全国的文化中心，所以首都周边的方言就成为官方的倡导，成为当时的普通话。周朝的普通话大概是以陕西语音为标准音的语言，当时称为"雅言"。

当今社会人们关注经济，经济发达地区的语言就时髦，所以很多人喜欢卖弄几句广东话。很多北方的演艺明星，说话呲呲有声，装成南方人的样子，尽管有点不合适，但为了时髦哪里还顾得了这些。其实，这是无可厚非的事情，作为一种社会趋向，不是谁可以逆转的。就像现在中国在国际上影响大了，学汉语的人就多起来了，咱们不还有点自豪的感觉吗？孔子平时谈话可能是用鲁国方言，但是在诵读《诗》《书》的时候就用普通话来读了，主持礼仪活动也是用普通话。孔子可不是赶时髦，而是表示对周礼的严肃态度和尊重。

其实，语言最根本的特性还是交流的工具，时髦得大家难以听懂，就失去了语言的意义。所以，企业无论南北，工作语言都是普通话，这也成为企业形象的重要部分。往深里说，不光是口音，语言的得体、利索也是影响企业形象的重要因素，尤其电话总机、前台小姐等特殊岗位，更要特别讲究说话的艺术。要是你给某公司打电话，接线员一口方言应对，倒是很体现企业的地方特色，但一是影响交流，二是让人感觉这个企业不正规。

叶公问孔子于子路

原文

叶公问孔子于子路，子路不对。子曰："女奚不曰：'其为人也，发愤忘食，乐以忘忧，不知老之将至云尔。'"

译文

叶公问子路孔子是个怎样的人，子路没有回答。孔子说："你为什么不这样说：他的为人，发愤用功到连吃饭都忘了，快乐得忘记了忧愁，不知道衰老将要到来，如此等等。"

读解心得

"子路不对"，笔者朋友一脸正经地开玩笑问我："子路哪里做得不对了？"这个"不对"当然是答不上来的意思。不过作为学生，有人问老师是怎样的人，你哑口无言，怎么说也算有"不对"的地方吧？看来确实是子路的不对。其实也未必完全是子路的原因，孔子没有给大家交代过啊，这么重大的问题，不统一口径就发言，有点不负责任吧？

笔者问一个销售人员："你们的葡萄酒有什么特点啊？"他对答如流："所有好葡萄酒的优点我们都有，所有坏葡萄酒的缺点我们都没有!"笔者又问："那好葡萄酒都有哪些优点呢?"他应对自如："世界上所有的好葡萄酒都有自己独特之处,这些独特之处就是它们的优点!"这位朋友"打太极"的原因不是不想告诉笔者,而是不知道,比子路强的地方是口才蛮好。后来笔者问管理者,管理者说："我们是新建的企业,这方面确实没做培训。"这倒情有可原。

作为企业,确实需要制定一个规范的文本,供员工统一口径做宣传和介绍之用。但再详细的文本也不可能罗列全部,尤其不能够应对新出现的问题,所以还是需要员工在此基础上多观察了解,尤其销售人员,不能够把产品的情况完全掌握,很难说是个合格的销售人员。

子路是个直率的人,平时哪里有心思观察啊,思考啊,总结啊,对老师确实缺乏足够的了解。而孔子其实很注意自身形象建设,也很注意塑造良好的公众形象,弟子们的口碑宣传当然也是很重要的途径。看到子路宣传不力,孔子就当场教了他一套说辞。估计下次再答不上来,就真的是子路"不对"了。

我非生而知之者

原文

子曰:"我非生而知之者,好古,敏以求之者也。"

译文

孔子说:"我并不是生下来就有知识的人,而是喜好古代文化,勤奋敏捷去求取知识的人。"

读解心得

孔子告诉学生,没有天生就什么都知道的人,我的经验只不过是好学和勤学而已。这里,孔子的用意是鼓励学生好好学习,所以回避了个人资质问题。其实在他心目中,人天生是有差别的,他曾经把人分为中等以上、中等和中等以下三类,主要标准之一就是天生的资质。但资质只能够决定一个人的接受和领悟程度,而不能够保证"生而知之"。所以好学和勤学,无论资质优劣都是需要的。

人的资质是不可选择的,而企业的"资质"是完全可以选择的,甚至是可以改变的。所谓企业的资质,就是构成企业最基本的因素,比如，企业从事的项目、企业的人才结构等。选择和确定项目是创建一个企业最基本的前提，不同的市场环境下，项目也确实存在着优劣，人们不是常常说某某项目有前景，某某产业已经是夕阳产业了，就是这个道理。选择一个好的项目，就是选择了一个好的企业资质。相反，项目没选好，你的企业就存在天生的缺陷。另外，企业项目再好也是需要由人来做的，企业人才的组成将决定企业很多基础性的东西，如企业战略、行为方式、市场能力等，所以企业团队也是企业资质的一个非常重要的因素。我们可以发现，项目、人才都不是一成不变的。项目的改变可以改变一个企业的性质，人才的重组可以改变一个企业的性格，所有这些都将对企业的资质产生影响。

当然，我们也不能够因为企业的资质是可以改变的，而轻易放弃企业管理经营的努力，把希望寄托在改变企业资质上。因为企业资质的改变实在是伤筋动骨的大事，不可不慎。并且，对于一个经营历史比较长的企业来说，长期形成的企业文化尽管可能有很多的弊端，但其中的优势往往正是形成企业特点和竞争力的主要因素，随意地改弦更张就好像泼洗澡水也把孩子泼出去一样，不能说不是企业的遗憾。"好古"就是以慎重的态度对待企业历史中形成的优良传统，并以珍惜的态度刻意地维护和保持，这种延续性是企业最宝贵的东西。

子不语怪、力、乱、神

原文

子不语怪、力、乱、神。

译文

孔子不谈论怪异，施暴逞强、以力服人，叛乱，鬼神。

读解心得

麦当劳总裁克罗克到各部门检查工作，发现各公司的经理无一例外地坐在办公室中，舒舒服服靠着椅背，对下属颐指气使地发布命令。克罗克联想到公司近段时间的严重亏损，不禁大为生气，他立即下令把所有经理的椅背统统锯掉。很多管理类书籍都收录过这个案例，并奉为经典。然而麦当劳之所以成功，究竟与锯掉椅背有多大关系？你的公司就是都坐马扎也未必能够成为麦当劳。

可惜很多企业不去领略其中的管理精神，而是效仿甚至发明一些管理怪招，只搞得丑态百出。有家公司的男管理者别出心裁，上班第一件事是和所有员工亲吻面颊，说是这样可以增加企业凝聚力，加强员工间的感情。

有个广为传颂的故事是主考官故意在地板丢下一张纸，以考察应聘者的观察能力和责任心。真担心这家公司会因此失去多少人才。更有些企业招聘也是怪招频出，千奇百怪的问题更是不可理喻，比如，"请把一盒蛋糕切成八份，分给八个人，但蛋糕盒里还必须留有一份""你让工人为你工作七天，给工人的回报是一根金条。金条平分成相连的七段，你必须在每天结束时给他们一段金条，如果只许你两次把金条弄断，你如何给你的工人付费？"……这些近似脑筋急转弯的命题真不知道企业要考察人才什么！

与崇尚这些怪招相比，企业扎实管理的态度却找不见影子。更令人担忧的是大批宣扬怪招、倡导投机取巧的"管理宝典"充斥于世，小企业趋之若鹜。企业成功朝夕必争，本不是一招一式可以奏效，管理经营非同儿戏，岂是些怪力乱神能够助你？

三人行，必有我师焉

原文

子曰："三人行，必有我师焉。择其善者而从之，其不善者而改之。"

译文

孔子说："三人相行，其中必定有我的老师。选择善的品德学习，看到不善的地方就作为借鉴，改掉自己的缺点。"

读解心得

传说孔子在周游列国期间，碰到一个七岁小孩，名叫项橐。当时项橐正在路上玩，孔子坐的牛车来了，可项橐就是不给让路。孔子下车问："小朋友，为什么不让路啊？"项橐理直气壮地说："我听说过车子绕着城池走，从来没见过城池躲避车子的。你要过，就穿墙而过吧。"孔子听后一看，项橐在路当中用小石子垒了一座城池。孔子马上向他作揖施礼："你说得对。三人行，必有我师焉，你就是我的老师啊！"然后孔子的牛车就绕过"城池"而去。这就是《三字经》中"昔仲尼，师项橐。古圣贤，尚勤学"的来历。

企业要成为学习型企业，不能仅跟成功的企业学习，也要跟失败的企业"学习"。跟成功的企业学习成功的经验，跟失败的企业"学习"如何才能避免失败，从失败中学到教训。不能仅向大企业学习，也要向小企业学习。学大企业这艘巨轮如何在大海中航行，学小企业这只小船怎样在小河沟里掉头。

在学习中一定要体现尊重。第一是自尊，自尊是一个人、一个企业、一个民族灵魂中伟大的杠杆。只有自我尊重，才能尊重他人和社会，才能获得外界对自己的尊重。要自尊首要的是认识自己和自己的企业，只有充分认识自己，才能维护、发展自己，才能知道我们需要学什么，在什么时候向谁学。第二是尊重他人，尊重他人并不是失去自我，尊重他人也并非只是尊重比我们强的人，而是要尊重一切我们需要学习的人。第三是尊重规则，社会是由人与人、企业与企业等一切关联关系组成的，为了维系社会的正常发展，在任何事物的关联关系之间必须制定共同遵守的规则。尊重这些规则就是尊重社会，企业在学习的时候，同样需要遵守这些规则。

在学习中一定要体现创新。一方面是要能举一反三，带着问题去学，为了解决企业的弊端去学。另一方面是学习别人的学习方法，企业文化是长期积累的产物，是学不到的。但你把学习方法学到了，就可以运用这些方法建立自己的企业文化。

在学习中一定要体现应用。学习的目的是应用，一方面要结合企业的实际情况而学，要有诚实和谦虚的态度。另一方面要采取多种学习的形式，培训、岗位调整都是学习的手段。

桓魋其如予何

原文

子曰："天生德于予，桓魋其如予何？"

译文

孔子说："上天把德行赋予我，桓魋能把我怎么样呢？"

读解心得

桓魋是宋国向戌的孙子，当时在宋国任主管军政的司马。孔子周游列国经宋，桓魋想加害孔子，孔子的弟子们得知这一消息，告诉孔子赶快逃走。孔子满不在乎地说："我行得正、坐得端，桓魋能把我怎么样呢？"

随着我国法制建设和全球经济一体化进程的加快，涉及法律、法规的事件也将会越来越多，尤其是加入 WTO 后，国际纠纷会更明朗化。对于国际官司，中国企业要做到不怕并勇敢面对。根据中国贸易救济信息网的统计，自 1995—2020 年，全球对中国发起的反倾销原审调查案件近 1500 起，涉及多个领域和行业。

WTO 对倾销的定义是这样的：一国产品以低于"正常价值"的价格出口到另一国，并对进口国相关工业造成了损害。按照 WTO 的规定，放弃应诉意味着至少 5 年或是永远失去对该国的出口权，而且还有可能在其他国家引起连锁反应；而一旦应诉不但有获胜的可能，还可以延缓裁决时间，获得市场机会。企业应对反倾销就是企业竞争力的体现。中国有些企业不敢应诉，进口国一反倾销它们转身就跑，结果受损失的不仅是企业，还可能是整个行业。2002 年 3 月，我国 3 家建筑陶瓷企业被印度提起反倾销诉讼，结果无人应诉，导致我国建筑陶瓷退出了印度市场。对于这种国际官司，企业应该在战略上藐视它，在战术上重视它。只要我们按照国际贸易的规则、规律做事，"桓魋其如予何"？

吾无隐乎尔

原文

子曰："二三子以我为隐乎？吾无隐乎尔。吾无行而不与二三子者，是丘也。"

译文

孔子说："你们大家以为我对你们有什么隐瞒不教的吗？我没有什么隐瞒不教你们的。我没有一点不向你们公开的，这就是我孔丘的为人。"

读解心得

过去，国有企业推行了一阵厂务公开。后来，"非公有制企业"多起来了，就又有了民营企业"厂务公开"的报道。然而民营企业大多以开夫妻店起家，管理者除了自己老婆外，不愿意让更多人了解企业的具体经营状况。

员工需要了解企业的什么情况？从员工自身角度来说，最希望了解和自己收入相关的企业信息，比如，企业内部工资、奖金的核算和发放办法等，企业外部关于员工社会福利、安全保障等法律规定。从利于参与经营的角度看，员工需要了解企业的发展战略、业务构成、利润重点及销售的具体状态。

其实，在任何性质的企业里，老板面前总是摆着一个天平，一边是员工知情权，一边是大股东利益。即便我们要推动所谓的"厂务公开"，其实也是很有限度的信息，涉及商业秘密的信息、市场暂时困难的信息、大股东利益的信息还是不能够公开，这不仅是经营的需要，也是企业特性所决定的。企业谋取和维护的是股东的利益，在不违反法律的情况下，没有任何人可以对此非议。有人说，工资奖金总该公开吧？可就有些企业实行保密奖金，甚至保密工资，报酬发放形式是"红包"，效果也有很不错的。

从激励的角度看，合理的薪酬透明会带来良性竞争，企业经营情况的公开会增强员工的自主意识，激发对企业的忠诚。所谓发挥员工的作用，就是要以公开企业信息为基础。不过，如果企业没有公开信息的足够压力，它们没有任何动力做这件事情。甚至有的企业实行销售提成、业绩挂钩等制度，企业销售、经营状况也是半遮半掩。

公开与不公开，对现代企业来说的确是个需要研究的问题，都有好处，好像也都可以找出弊端。所以大多数企业采取的办法是，该让员工知道的就公开，不该让员工知道的就不让他们知道。问题的症结在于，公开信息能不能为企业带来足够的活力？员工的忠诚程度是不是足够让企业管理层信任？理想化的状态是，企业员工高度忠诚，有着强烈的参与意识，希望为企业提出建设性意见，并且其素质也具备这个能力。

到那时候，管理者就可以向员工说："你们认为我有所保留吗？我没有保留。我没有什么事是不对你们公开的，这就是我一贯的原则。"这种上下信任、同舟共济的企业氛围是多么令人向往啊！

子以四教

原文

子以四教：文、行、忠、信。

译文

孔子以四项内容来教导学生：文化知识、履行所学之道的行动、忠诚、守信。

读解心得

孔子向学生教授的文、行、忠、信，其实是做人的基本标准。话虽如此，但要真正全面做到，又不是件容易的事情。不过，这四个字非常值得企业管理者反复琢磨，"文、行、忠、信"是可以定为企业行为准则的四个字。

文，狭义讲是文章文化，广义讲是知识技能。掌握了"文"就需要实践，因为学习是为了"用"。

行，就是用，包括人的操行、实践和一生的事业。具备一定的操守，掌握足够的知识和技能，运用到事业中，这是对一个人成为社会有用之人的最基本要求。

忠，尽己之谓忠，对人对事尽心竭力的意思，就是对国家、社会、父母、朋友要永葆忠诚。

信，以实之谓信，诚实的意思，包括两方面的内容，一是守信，二是信心。诚实守信是做人的根本，不讲信用的人必将被社会所淘汰。信心就是指一个人的信念意志和决心。有信心不一定会成功，但没有信心注定会失败。"忠信"是对一个人社会交往、为人处世的最基本要求。

这当然不仅仅是对员工的要求，也是对管理者的要求。如果说"文、行"还是个人修为的范畴，那么"忠、信"则具有交往互动的意义。世界上不存在单方面的"忠、信"，也不存在无缘无故的"忠、信"。有的管理者责骂员工不忠诚、不诚信，却从不检讨自己的行为。一个不遵守国家法律的管理者，有什么理由要求你的员工遵守企业制度呢？一个困难时频做承诺，渡过难关后则置之脑后的管理者，怎么要求你的员工的忠诚呢？

圣人，吾不得而见

原文

子曰："圣人，吾不得而见之矣；得见君子者，斯可矣。"子曰："善人，吾不得而见之矣；得见有恒者，斯可矣。亡而为有，虚而为盈，约而为泰，难乎有恒矣。"

译文

孔子说："圣人我是不能看到了，能够看到君子，这也就可以了。"孔子又说："善人，我是看不到了，能看到有一定操守的人就可以了。没有却装作有，空虚却装作充盈，本来穷困却装作富裕，这样的人很难保持好的操守。"

读解心得

这里孔子提到四种人，这四种人是根据德行修养和社会成就来分的。圣人是道德高尚而具有巨大社会成就的人；君子则只是道德高尚的人；善人是个人资质很好但缺少足够的修炼，一旦经过系统学习进步就会很快的人；有恒者，是资质一般、修为不高但对自身修养孜孜以求的人。其他章节里，孔子还常常提到"仁人"和"小人"，所谓"仁人"应该是介于"圣人"和"君子"之间，具备高深修养、没有太大社会成就，但能够用自身修养对别人产生积极影响的人；精神范畴的"小人"则属于没有道德修养又认识不到自身修为重要意义的人。当然，很多场合的"小人"仅仅是指老百姓、平常人，和道德层次无关。孔子对人的划分注重道德修为层面，但并不能因此否认人的实际技能。上一章讲的"行"，就明显是具有实践能力的意思。事实上，即便是几乎没有道德修养可言的"小人"，恐怕也会具有某方面的才能。把"任人"作为管理理念的孔子更加注重个人情操品行是完全可以理解的，他只不过是认为具有高尚操守的人才可能有巨大的社会成就而已。

两千五百年过去了，可人的特点却没有发生多大变化，孔子对人的等级划分仍然具有现实意义。尽管"圣人""仁人"的称谓听起来好像很过时了，但这个原则、标准还是很值得企业人力资源部门借鉴的。我们想一下，平常接触到的也无非有以下六类人：第一类，德性高深、品行端正，能力超群，对企业贡献极大；第二类，德行高深、品行端正，能力优秀，具有一定业绩，尤其能够对企业文化产生积极的影响；第三类，品行很好，能力优秀，能够胜任一方面工作；第四类，天资聪明、思维活跃，但缺乏训练，是潜在的人才；第五类，天资一般，能力平常，但勤学苦练，也能够担当一份工作；第六类，品质本身就有问题，还不上进，简直没得可救了。

概莫能外了吧！不仅可以用这个标准对现有员工对号入座，根据各人特点调整岗位，还可以按这个标准来考察新人，以便准确地安排岗位。只要看得准，就能够轻松地安排得当，减少用人上的失误。

钓而不纲，弋不射宿

原文

子钓而不纲，弋不射宿。

译文

孔子钓鱼，但不网鱼；孔子射鸟，但不射鸟巢中栖息的鸟。

读解心得

这一章虽短，但它充分体现了孔子的仁爱之心。近年来提倡的"我们只有一个地球"和保护野生动物的思潮，与两千年前孔子遵循的"钓而不纲，弋不射宿"如出一辙。现在我国许多地方都实行了"休渔期"制度和"封山"制度。

从另一个角度看，这一章还告诉我们要控制、引导欲望。人人都有欲望，都希望得到满足，一个欲望满足了，新的欲望又会产生。欲望是没有止境的，能满足欲望的客观条件是有限的。如果一个人的欲望同他人或社会利益发生冲突，这个人就必须抑制自己的欲望，而不是使自己的欲望膨胀，损害他人和社会的利益。要按照道德要求来引导、控制或限制自己的欲望，达到欲望与道德的统一，使自己的欲望符合道德标准。

企业在经营方面要控制、引导欲望。不仅要善待顾客，更要善待市场，不要想一夜之间就名扬天下，成为优秀企业。一些企业没有规范行为，而是只顾短期利益一味地纵欲；没有在培育市场、顾客上下功夫，而是通过讹诈顾客、欺骗市场的行为图一时之利。这种杀鸡取卵的方式终将自食恶果。

企业要想长期发展和生存，就必须有孔子那样的仁爱心肠，对顾客、对市场采取"钓而不纲，弋不射宿"的做法。

盖有不知而作之者

原文

子曰："盖有不知而作之者，我无是也。多闻，择其善者而从之；多见而识之。知之次也。"

译文

孔子说："大概有自己不懂却凭空造作的人吧，我没有这样的毛病。多听，选择其中好的加以学习；多看，全记在心里。这样的知，是仅次于'生而知之'的。"

读解心得

偶然在某论坛看到一个帖子，对某畅销管理类书籍评价如下："作者自己都没弄清楚基本的东西，怎么就这么急着出书立著呢？对书来说，就是每句话都能经得起推敲，不要说一些可有可无的废话凑字数！……"

如果真如这位网友的评价，倒正暗合了孔子"不知而作之者"这句话。自己都没弄太明白就开始创造新理论、新学说，孔子说"这样的事情我是不做的"，正好符合本篇首章"述而不作"的原则。不过，现在的书籍从某种意义上讲商品属性更加明显，和某些保健产品极其相似，只要市场上卖得火，效果有没有倒在其次。当然这类产品和一些畅销书一样，只是一时的轰动而已。曾无限风光的惊世之作，现在到哪里去找它的影子？那些被鼓吹为"神灵"的某某管理模式、某某管理理论及某某营销宝典也早已销声匿迹了。

不过，对待畅销书也不必太苛刻，毕竟写出来，应该不是生造，总要有点东西可以咀嚼一下的。孔子讲，多闻、多看、多学习，那些书买与不买的，在书店翻看一下，消磨点时间，也未尝不可。如果真可以"择其善者而从之"，不也是有点收获吗？

互乡难与言

原文

互乡难与言，童子见，门人惑。子曰："与其进也，不与其退也，唯何甚？人洁己以进，与其洁也，不保其往也。"

译文

（孔子认为）很难与互乡那个地方的人谈话，但互乡的一个童子却受到了孔子的接见，学生们都感到迷惑不解。孔子说："我赞成他们进步，不赞成他们退步，何必那么较真儿呢？人家诚心诚意追求上进来见我，我很赞成他们向善的心情，不要老抓住人家过去的错误不放嘛。"

读解心得

孔子周游列国经过这个叫"互乡"的地方，这里的人闭塞保守，很难打交道，很多道理可能行不通。所以孔子的学生都不愿意和当地人交往，偏偏有个当地的后生受到了孔子的接见。学生们疑惑了，孔子就做出了以上解释。

从道理上讲，人的行为是受价值观、思想品质所支配的，什么样的人办什么样的事；反过来讲，人们也可以通过一个人的行为来推断他的品行。一旦有人犯了事，大家往往就会认为这人品质有问题，而人的品质又是不容易改变的，对这个人就有戒心了。人是这样，企业也是这样，反面事件对企业形象的损害程度非常之大，所以做人、做企业都应该谨言慎行，以高标准要求自己。

不过，有时候人或者企业所犯的错误是偶然性的，可能是一点点失误所引起的，其实并没有涉及深层次的品质问题。即便确实过去品行不端，也是可以"放下屠刀、立地成佛"的，所谓"浪子回头金不换"是也。这样，在对待曾经有过失的人或企业的时候，就存在一个态度问题了，孔子主张"与其洁也，不保其往也"，看到别人的失误，不要老抓着他的小辫子。对待自己的错误，孔子提倡勇敢承认，积极改正；对待别人的错误，要宽容，眼睛向前看。这两点，其实都是不容易做到的。

对待人的错误或许我们还容易宽容一下，而对企业的过失，尤其涉及消费者利益的时候，这种宽容是很难得的，甚至是不太可能的。企业不应该把消费者的宽容谅解作为期待，因为要赢得消费者的谅解，需要企业付出很大的代价。好多企业都很注重"危机管理"，但能够做到第一时间快速反应，并且以诚恳的态度面向公众的就太少了。它们总是存在一种侥幸心理，希望事件自己平息，甚至狡辩抵赖拒不承认，往往引来公众更大的反感。上海有家企业集团，分公司产品出现质量问题，媒体公布后，这家集团的管理者断然否认，但事情越闹越大、越查越明，最后管理者不得不改口说："地方企业可能出现管理疏漏的地方，但请放心，本集团总部的产品绝对没问题！"一句话把全国分公司全灭了！早知今日，何必当初？及早承认问题、处理问题，难道会有这样的严重后果吗？态度不端正的企业，要想再次取得公众信任，何其难哉！

我欲仁，斯仁至矣

原文

子曰："仁远乎哉？我欲仁，斯仁至矣。"

译文

孔子说："仁德难道离我们很远吗？只要自己愿意实行仁，仁就可以达到。"

读解心得

法律是最低的道德规范，然而即便这样，还是总有人违反法律。法律约束的事情难做吗？不难，法律不允许贪污，想不贪污还不简单吗？这又不是受贿，没人逼着硬给你，可每个月都有贪污犯被抓。非不能也，是不为也，面对某些利益的诱惑，不该出手的时候出手了。仔细想一下，企业的操作规范、管理制度所约束事情就更为简单，可怎么还是做不到呢？比如，一个"简单"的质量问题，牛奶过期变质就要销毁，简直是常识，可总有企业回收废奶做成各色奶制品又回到市场上来；月饼不能用陈馅儿，可企业也忍不住要用。遵守质量规范就这么难吗？说到底还是个短期利益的问题。

孔子推崇的"仁"，其实也是人的基本处世、修身原则，所以有的时候就干脆把"人"写作"仁"，或者把"仁"写作"人"，意思是

"仁"是"人"的基本标准，可以通用。可现实中，如果完全按照"仁"的要求去做无疑是件不轻松的事情。所以说，做一件好事并不难，难的是一辈子做好事，不做坏事。其实，这和企业应该遵守的规范一样，并不是难以做到，而是看你是不是有决心放弃那些不合乎道义要求的利益。

社会诱惑实在太多了，有些人认为获取不义之财比恪守道德约束来得实际、来得舒服些，所以感觉要做到符合规范实在太难了。大概有学生向老师表示这种苦闷，看着白花花的银子不捞一把，实在受不了："老师啊，您说的'仁'的标准太高了，离我们太远了啊！"孔子很不高兴地说："真的那么远吗？只要我们想做到，马上就能做到！"

企业是讲究利润的，不会无缘无故地约束自己，那么就来点利益驱动吧？关键是，你可以很容易看到这次掺杂使假带来的有限的短期利益，而看不到你失去远期的更大的利益。是要长期的大利，还是要短期的小利，这道理并不难明白，也不是个难以选择的问题。

苟有过，人必知之

原文

陈司败问："昭公知礼乎？"孔子曰："知礼。"孔子退，揖巫马期而进之，曰："吾闻君子不党，君子亦党乎？君取于吴，为同姓，谓之吴孟子。君而知礼，孰不知礼？"巫马期以告。子曰："丘也幸，苟有过，人必知之。"

译文

陈司败问："鲁昭公知礼吗？"孔子说："他知礼。"孔子走出去后，陈司败向巫马期作了个揖，请他走近自己，说："我听说君子不因关系亲近而偏袒，难道君子也有偏袒吗？鲁君从吴国娶了位夫人，是鲁君的同姓，于是称她为吴孟子。鲁君若算得上知礼，还有谁不知礼呢？"巫马期把此话告诉了孔子。孔子说："我孔丘真幸运，如果有错误，别人一定会指出来让我知道。"

读解心得

陈国是春秋时期一个夹在齐、楚两国之间的小国家，在别的国家管理军事和司法的官职叫司寇和司马，在陈国偏偏叫个"司败"，听着就不吉利，难怪在孔子周游列国期间陈国就被楚国灭掉了。不过这个故事发生的时候，陈国还好好的。

陈司败并不是想帮助孔子改正错误，否则为什么不当面提出批评呢？看来是有意出"幺蛾子"给孔子难堪。不过孔子这人挺有气度的，不但没有生气，反而很感激陈司败，倒显得这位司败器量不大了。

我看了很多解释《论语》的书，都把"人必知之"解释为"人们必然知道"。有了错误别人知道不知道，谈不上对自己是不是幸运，只有别人能够不避讳地告诉你，使你能够及时纠正才算件幸运的事情。所以我主张"知之"是"使之知道"的意思。我常常把"发展潜力"的"潜"字误读为三声。一次在某大学演讲，一位同学问了我一个管理方面的问题后，提醒我说："老师，那个'潜力'的'潜'字应该读二声，您读成三声了。"孔子是"闻过则喜"，我是"闻过则羞"，估计当时脸已经红了。不过我还是很感激这位同学，从此以后在演讲中再也不读错了。

能够及时改正是幸运的，但更幸运的是有人能够提醒、敢于提醒。如果孔子不是个"闻过则喜"的人，而像我们很多管理者一样"闻过则怒"，那谁还敢给他提？笔者听过一个管理者作年终总结报告，正值中国载人飞船上天那年，秘书写的稿子里多次提及这个事情，可管理者一直把"载"读为三声，听起来像是"宰人"。会后，员工们把这当成一时的"美谈"。因为摸不准这个管理者的脾气，笔者下了几次决心，还是不好意思给他提醒。

这当然是件小事情，对企业经营不会产生什么影响，可要是经营决策出现错误呢？要是下属不敢提出来，可就误了大事了。古代有许多闻过则喜、从谏如流的皇帝，现在很多企业管理者学了皇帝的派头，却没有学到这一美德，难道能够说是幸运的吗？能够有人给自己挑错，实在是件幸运的事情啊！

子与人歌而善

原文

子与人歌而善，必使反之，而后和之。

译文

孔子与别人一起唱歌，如果唱得好，一定请他再唱一遍，然后自己又和他一起唱。

读解心得

见贤思齐，择其善者而从之，是孔子坚持向别人学习的信条。实际生活中，他也是这样做的，就拿唱歌这样的小事来说，也体现出孔子这一学习原则。当他和别人一起唱歌的时候，发现有比自己唱得好的，就一定要求人家再唱一遍，自己跟着学。对孔子而言，唱歌和射箭等一样，不仅仅是娱乐休闲，也是修身养性的方法，更是一种礼仪。

但对我们来说，唱歌嘛，只是唱歌而已，是人生中再平常不过的小事情。不过即便是小事情，也可以反映出人的修养和品质。街头卡拉OK曾经很流行，有时深更半夜还能够听到，政府不得不出面限制了；更要命的是邻居家搞狂欢，楼上搞舞会，真把人都折腾疯狂了。看，这点小事情不也反映了人的素质吗？

有的企业总侥幸于小事情上做点手脚，或者原谅自己，是大不可取。小诱惑，小错误；大诱惑，大错误。小诱惑尚且不能自制，何况大诱惑呢！况且人说小处见精神，管理无小事，还说"小处不可随便"，所有"随便"之举都是找好借口罢了。

躬行君子

原文

子曰："文，莫吾犹人也。躬行君子，则吾未之有得。"

译文

孔子说："就书本上的学问来说，大概我同别人差不多。身体力行地去做一个君子，那我还没有达到。"

读解心得

孔子说过"没有人知用我，我也不会懊恼（人不知而不愠）"的话，但作为一个对政治很有研究的人，从政机会不多毕竟是一种遗憾。孔子具有君子之德，却只是在五十岁后有过短暂的从政经历，但并没有获得满意的成就。

孔子之所以没有像他许多弟子那样被当权者重用，一方面有当权者不欣赏他的政治主张的原因；另一方面也有他对当权者的要求过于理想化的原因。如果孔子把标准放低一点，自己灵活一点，他有的是机会。但他没有这么做，他为了原则宁可不去从政。这一点，在他周游列国时表现得最为明显。因为一句话、一件事不符合他的道德标准，他就可以愤然离去，甚至贫困潦倒也在所不惜，表现出他突出的耿直态度。

为什么孔子敢于这么做？第一，他在当时名气很大，是个文化名人、政治名人，比较有底气；第二，当时诸侯纷争，机会到处都是；第三，他本来就开着私立学校，并且乐此不疲，既是稳定的职业，也是爱好的事业；第四，也是很关键的一条，他有稳定的生活来源。

我们大多数人可比不了！大学毕业，立志做个经理人，一没有名气，二没有经验，三没有家底，先得有个糊口的营生吧？所以标准是一降再降。即便是初露头角的人物，如果没有企业用你，不也是只好先吃老本吗？况且，你的水平并没有达到放弃企业工作吸引一批学生来养活自己。即便你水平很高，也未必有人投奔来向你学习，因为你只能给他能力，而不能给他学历，在这年头不也是白搭的事情吗？再说了，现在的年轻人大学毕业又读研，出来时就年龄不小，忙着找工作，更谈不上找你充电浪费时间。

所以，务实的经理人是先找到买主，才有机会发挥所学。至于企业状况如何，老板素质怎样，大概说得过去就得了。而能不能完全实现自己的管理理念和经营思想，只好争取最大限度，"取法乎上，得乎其中"，已经就很幸运了。

若圣与仁，则吾岂敢

原文

子曰："若圣与仁，则吾岂敢？抑为之不厌，诲人不倦，则可谓云尔已矣。"公西华曰："正唯弟子不能学也。"

译文

孔子说："如果说到圣和仁，那我怎么敢当？不过是朝着圣与仁的方向去努力做而不厌倦，教导别人不知疲倦，那是可以这样说的。"公西华说："这正是我们弟子学不到的。"

读解心得

大概是公西华认为老师已经是圣人，至少也是仁者了，孔子说："要说圣人和仁者，我哪里敢当啊！"在孔子的学说里，"圣人"和"仁者"的标准是相当高的，尤其要求具有实际社会成就，所以他说自己达不到这个标准并不是自谦，并且一直努力、诲人不倦也是很符合他的实际情况。公西华这个学生也够实在的，马上就顺着这个意思说："这正是学生我学不到的。"其实是已经认可了老师的"非圣非仁"的自我评价，这个态度也是很诚恳的。

孔子不是假谦虚，而是用自身为范例说明"圣人"和"仁者"的标准，这种实事求是、现身说法的做人态度、教育方法确实值得当代教育工作者学习。不过，作为下属和管理者谈话，你可要小心了，管理者很可能是跟你客气，你要把假谦虚当真了，他可不高兴。也就是说，公西华这样的回答对于这样的管理者来说是行不通的。

常见的吹捧方法是一吹到底，绝不允许管理者谦虚。比如有人夸管理者："我以前只知道您能力很强，今天才知道您的理论水平也实在很高！"管理者很高兴，但要谦虚一下："我没有什么理论水平，只不过有点经验罢了。"这时候你要顺着说："能做到有经验也很了不起了！"这句话的话外音是承认了领导者理论水平不行。哪怕真的理论不行，管理者也不愿意让你认为他理论不够，只是草莽英雄，肯定不高兴。你应该这么说："我见过很多有水平的管理者，像您这样既有水平又这么谦虚的实在太难得了！"

我们不是研究拍马的艺术，但说话也是要讲究艺术的，否则，稍不注意就得罪了人自己还浑然不知。当然最好的办法是别主动去拍马，免得拍不到正经地方。毕竟生活中像孔子这样实事求是、有自知之明的人太少了，那些狂妄自大、喜欢被拍的人又太多了。

子疾病

原文

子疾病，子路请祷。子曰："有诸？"子路对曰："有之。《诔》曰：

'祷尔于上下神祇。'"子曰:"丘之祷久矣。"

译文

孔子病得很重,子路请求祈祷。孔子说:"有这回事吗?"子路回答说:"有的。《诔》文中说:'为你向天地神灵祈祷。'"孔子说:"我早就祈祷很久了。"

读解心得

电视剧《贫嘴张大民的幸福生活》里,张大民的妹妹得了绝症,他也是有病乱投医,从半仙儿那里求了点妙药,并遵医嘱在《焦点访谈》节目后连声喊着"好了、好了——"喝下。这个情节有几分好笑,但更多的是辛酸。

当代人遇到解决不了的问题还寻仙拜佛的,别说两千五百年前了。孔子在周游列国的途中病得不轻,子路也想为他祈祷神灵。孔子不怎么信这个,但对子路一片好心不好意思拒绝,就委婉地说:"有这样的事情吗?"子路马上引经据典找出根据,说:"《诔》书上说:'为你向天地之间的神灵祈祷。'"孔子说:"要这么说,其实我的祈祷已经很久了!"

天道无亲,唯德是辅(天没有什么亲戚,它只帮助那些有德行的人)。反之,"获罪于天,无所祷也",孔子一直在修养自己的德行,这不就是一直在祈祷吗?

何谓天道?不过是自然和社会的发展规律而已,这个规律有的被人们发现,便不神秘;有的尚不为人所知,就显得异常神秘。企业的天道是什么?不过是符合自然发展规律的企业发展规律,不过是符合社会道德规范的企业精神、商业道德。小心谨慎地遵循企业发展规律,检讨企业的行为,这就是一个"祈祷"的过程。还有什么比违背规律而行的错误更加严重呢?受到规律的惩罚才想起来"祈祷",虽然"亡羊补牢,未为晚矣",但总要为此付出代价。

奢则不孙,俭则固

原文

子曰:"奢则不孙,俭则固。与其不孙也,宁固。"

译文

孔子说："奢侈就不恭顺，简朴就寒酸。与其不恭顺，还不如寒酸。"

读解心得

克俭爱物是我国普及最广、流传最久的传统美德之一。"成由勤俭败由奢"，过去如此，现在乃至将来依然如此。今日的中国，经济迅速发展，人民生活提高，但厉行节约不仅是当务之急，也将是长期国策。

我们办企业应当执行勤俭的原则。微软总裁比尔·盖茨勤俭持"家"，为员工树立了榜样：出差着便装，坐二等车船，住价格适中的旅店，不开高级车，不在办公室摆设不必要的家具。

企业的奢侈表现在管理和经营的方方面面，比如，企业奉行的概念经济，是企业通过大量人力、物力和财力的投入用于概念创造，并通过概念创造引诱消费者盲目消费，从而获取利益的非正常经济现象，主要形式是过度造名。所谓过度造名，就是指企业不是致力于提高产品质量，而是致力于创造和经营某种概念，消费者花掉巨额费用主要不是消费使用价值，而是消费概念。过度造名对消费者是一种灾难，对企业则是陷阱。概念消费一旦被消费者识破，企业的末日即将来临。除此之外，文山会海、家族腐败、人力资源浪费、过度追求高技术、机械设备闲置及工作流程不合理等都是企业的奢侈行为，都会产生消极影响。

"奢则不孙，俭则固。与其不孙也，宁固。"希望每个企业家都能记住孔子的教诲，从而改造我们的企业。

君子坦荡荡

原文

子曰："君子坦荡荡，小人长戚戚。"

译文

孔子说："君子的心地开阔宽广，小人却总是心地局促，带着烦恼。"

读解心得

甲："孔子周游列国的时候生活拮据啊，就经常去当铺，把没用的东西当出去换点钱花。"乙："那时候有当铺吗？"甲："有！《论语》上有记载，说'君子常当当，小人长戚戚'嘛。"乙："那是'君子坦荡荡'！"甲："啊？是啊，连毯子都当了！"乙："……"

这是马三立的相声段子《吃元宵》的片段，整段相声说的就是孔子周游列国时的窘迫状态，大概是戏说类作品的始祖。当然这完全是马老先生"逗你玩儿"，孔子真正的意思是说："君子胸怀坦荡，小人局促忧惧。"君子之所以坦荡荡，是因为志趣高远，心胸宽阔，无杂念、无贪欲，不忧不惧；小人之所以长戚戚，是因为自己肚子里净是小算盘、小九九，一会儿算计张三，一会儿琢磨李四，再不就是眼红这个、忌妒那个。

这是用对比的方法来说明君子和小人不同的心情表现，看，做君子多好啊，不做亏心事，不掺假制假，不担心这担心那的；小人为了个人得失，搞点见不得人的小勾当，成天费心劳神，总怕什么事情败露了，总怕什么时候警察找来。就是从养生的角度来看，也要努力做君子，不要做小人。我看到很多管理者把这几个字请人写成条幅，挂到办公室，以此自勉，如果不是附庸风雅，想必就应该是很有感悟吧！

子温而厉

原文

子温而厉，威而不猛，恭而安。

译文

孔子温和而严厉，有威仪而不凶猛，谦恭而安详。

读解心得

这段话是孔子的学生对老师印象的回忆。十个字把孔子刻画得惟妙惟肖，一个温和、威严、慈祥的老人形象从此光照千古。

这些描写都是表面上的样子，实际上是反映了孔子深厚的涵养和丰富的情感。这样子是装不出来的，比如"温而厉"，很温和的一个人，却让人觉出几分严厉。有些人喜欢装出很威严的样子，实际上却正好让人看出来内心的空虚，色厉内荏是也。要想达到孔子的境界，必须先达到孔子的修养。

人是这样，产品形象、品牌形象也是这样。有个家具公司就很特别，它塑造的是前卫的品牌形象，看它的产品就非常有个性。它不太做大家具，而是把力量放在茶几、凳子、杂物架等小家具上，结构设计出人意料，色彩使用也很大胆，远远看去就给人清新的感觉。因为有了这样的款式设计，我们很容易接受它主张的品牌形象，因为确实是表里如一的。

表里如一是一个大原则，要有什么样的"表"，必须先做什么样的"里"，要相信"表"是由"里"所决定的，"表"就是"里"的外在表现。如果追求高贵的品牌形象，可材料选择廉价，做工粗制滥造，宣传手法低俗土气，怎么可能实现你的目标呢？所谓"腹有诗书气自华"，没有几本书在肚子里，学者气质是表现不出来的。

泰伯第八

其可谓至德也已矣

原文

子曰："泰伯，其可谓至德也已矣。三以天下让，民无得而称焉。"

译文

孔子说："泰伯，可以说是品德最高尚的人了，几次把王位让给季历，老百姓都找不到合适的词句来称赞他。"

读解心得

泰伯是周人的祖先。周王朝建立之前，首领叫古公亶父，他有三个儿子——泰伯、仲雍、季历。季历的儿子叫昌，也就是周文王。传说古公亶父觉得周文王能领导周人发展壮大，有意将王位传给他，但是周文王的父亲季历排行老三，按嫡长子继承制轮不到他当王，自然也就传不到周文王身上。后来大哥泰伯、二哥仲雍看出了父亲的心思，同时也比较认同，为了周人的整体发展，他们俩离开了周人的部落，到江浙一带去立国，用出走的方式放弃了继承权。然后古公亶父传位给季历，季历后来传位给昌。

前一段有个报道，说香港有个大企业集团的董事长把集团的经营权交给了"外人"，而不是自己的儿子。记者大为赞叹，好像看到了企业民主的曙光。这个记者大概还是外行，因为现在请经理人管理自己企业的事情实在不是少数，企业越大，这样的事情越普遍。企业起码可以分为两种权利，一是企业所有权，一是企业经营权。一般小型企业，企业所有权和经营权属于一个人，即企业是我投资的，也由我来管理经营。而有的企业呢，则是企业的投资人不参与管理，只做企业产权的所有人，享受资产的增值收益，而经营权则交给别人。没有自己的投资，专门为别人打理企业的人叫职业经理人，这样的人多了就形成了职业经理人阶层。

职业经理人并不是国外的产物，在中国也早已有之。我们看民国时期题材的电视剧，可能会找到典型的所有权与经营权完全分离的企业类型。比如，老同仁堂，投资人不参与实际管理，而是聘请了一个人来管理。投资人叫"东家"；经营者叫"掌柜的"，就是企业的经理；副经理叫"二掌柜"。那时候也已经有了经理人阶层。不过后来搞"公私合营",国家拥有所有权和经营权,这个阶层就消失了。现在又可以发展民营经济了,并且国有企业也在搞改制,又为经理人阶层的兴起提供了土壤。

现在的民营企业不习惯请经理人,一是观念问题,我的钱不能让你过当管理者的瘾。二是对自己比较信任,认为没必要找外人,或者认为谁还能够比我能耐呢,所以干脆自己干。当然也有经理人阶层不成熟、素质不高、信任度不强的原因,但早晚这都将是个趋势,你是打拼过来的,你儿子就有这个能力吗?所以请经理人来管理企业是明智之举。

恭而无礼则劳

原文

子曰:"恭而无礼则劳,慎而无礼则葸,勇而无礼则乱,直而无礼则绞。君子笃于亲,则民兴于仁;故旧不遗,则民不偷。"

译文

孔子说:"只是恭敬而不以礼来指导,就会徒劳无功;只是谨慎而不以礼来指导,就会畏缩拘谨;只是勇猛而不以礼来指导,就会说话尖刻。在上位的人如果厚待自己的亲属,老百姓当中就会兴起仁的风气;君子如果不遗弃老朋友,老百姓就不会对人冷漠无情了。"

读解心得

恭敬不傲慢、谨慎不盲动、勇敢不畏缩、直率不隐瞒,这些都是很好的品质。但是如果好事情做过了头,也会变成坏事情,所以又必须有所节制。否则,就会走向另一个极端。比如,我们对待上司要尊重,但如果小题大做,见面就鞠躬再鞠躬,人家也会受不了,觉得你这人怎么这么矫情,是不是个马屁精啊?工作谨慎就会少犯错误,但凡事都思前想后、畏首畏尾,就会显得懦弱、畏缩。勇敢过头,就成了胆大妄为;什么事情都不敢做呢,就乱套了。过于直率,说话不讲场合、不讲分寸,就显得缺乏礼貌,即便是好话也可能让人下不了台,显得唐突、尖刻了。那么要怎么掌握分寸呢?孔子说的是要合乎"礼",这个"礼"就是一定的规范和原则。做得恰到好处,才显得不卑不亢、进退有度,有涵养、有风度。这是典型的中庸思想，可见中庸不仅是处世原则，也是一种修养。

后面这几句话和前面的没有联系，有人说可能是遗失了"子曰"两个字，也就是说应该另起一章，这是很有可能的。这几句讲的是为君之道，就是怎么当领导，还是强调管理者以身作则的意思。

其实每个人都有两面性格，老实人也有发脾气的时候，并且老实人急了行为更过激。在企业里，员工并不是有意地跟管理者学坏或学好，而是根据管理者的表现不自主地选择相应的方式来对待你。有的管理者对待下属总是戒心很大，生怕功劳、威信超过自己，所以总拿企业能人时不时敲打敲打，弄得大家都很郁闷。这样员工就会凡事看着办，甚至留一手，企业风气就变得淡薄、不厚道了。越是素质不高的管理者越容易不自觉地犯这样的毛病，所以很多小型的民营企业，尽管管理者感觉良好，实际上老是形不成一个稳定的员工精神状态，甚至连队伍也带不起来。队伍不稳定很大的因素就是管理者没有作出很好的表率，为人处世不厚道。

如临深渊，如履薄冰

原文

曾子有疾，召门弟子曰："启予足！启予手！《诗》云：'战战兢兢，如临深渊，如履薄冰。'而今而后，吾知免夫！小子！"

译文

曾子生病，把他的学生召集到身边来，说道："看看我的脚！看看我的手（看看有没有损伤）！《诗经》上说：'小心谨慎呀，好像站在深渊旁边，好像踩在薄冰上面。'从今以后，我知道我的身体是不再会受到损伤了，弟子们！"

读解心得

"战战兢兢，如临深渊，如履薄冰"，不仅做人应如此，做企业也应如此。小心谨慎、诚惶诚恐地运作和经营企业，不要让它有任何闪失，这就是现在所说的危机管理。

企业中无论是企业家、技术人才、专业管理者乃至员工，都要有危机感。世界上多数优秀企业都设置了决策顾问组织——危机管理机构，并设计了多种危机预案。而在中国企业里，基本看不到这样的组织机构存在。在中国企业家眼里，企业危机无法预测、管理，没有必要设立这样的机构，况且我们也很少有这方面的人才。所以一旦发生危机事件，中国很多企业往往六神无主、惊慌失措，继而决策失误。一般说来，危机事件的发生多半与企业自身的行为过失有关，或因违反法令，或因不解民情，或因管理失当，或因产品、服务缺陷所致。

华为总裁任正非说："什么是成功？是像日本一些企业那样，经九死一生还能好好地活着，这才是真正的成功。华为没有成功，只是在成长。"华为经过三十多年的努力，现在已成为我国通信制造业的佼佼者。然而就是这样一个企业，总裁天天思考的都是失败。在日本松下电工，不论是在办公室，还是在会议室，或是通道的墙上，随处都能看到一幅张贴画，画上是一条即将撞上冰山的巨轮，下面写着"能挽救这条船的，唯有你"，其危机意识可见一斑。

有管理学家指出："如果一家企业自我认为没有危机，这家企业则走到了危机的边缘。"在瞬息万变的社会，要"战战兢兢，如临深渊，如履薄冰"，时刻小心企业发展和成长中的陷阱。

人之将死，其言也善

原文

曾子有疾，孟敬子问之。曾子言曰："鸟之将死，其鸣也哀。人之将死，其言也善。君子所贵乎道者三：动容貌，斯远暴慢矣；正颜色，斯近信矣；出辞气，斯远鄙倍矣。笾豆之事，则有司存。"

译文

曾子有病，孟敬子去看望他。曾子对他说："鸟快死了，它的叫声是悲哀的；人快死了，他说的话是善意的。君子所应当重视的道有三个方面：使自己的容貌庄重严肃，这样可以避免粗暴、放肆；使自己的脸色一本正经，这样就接近于诚信；使自己说话的言辞和语气谨慎小心，这样就可以避免粗野和背理。至于祭祀和礼节仪式，自有主管这些事务的官吏来负责。"

读解心得

"鸟之将死，其鸣也哀；人之将死，其言也善"，这是曾子在病中的体会，有意强调后边话的重要性。对于企业来说，多听听那些经营维艰企业的苦衷，多听听那些失败企业的忠告，是有好处的。不论是 MBA 教材还是什么学习资料，提供给企业的大都是成功企业的经验，很少有失败企业的教训，即便有也都是后人总结的，而不是当事人的亲身感受。有人说，魔鬼存在于细节当中。失败的企业可能是在某个细微的环节上出了毛病，这些教训都是值得吸取的。

研究失败有利于使人们获得有益的教训。失败是成功之母，然而，我们一般是在成功之后再来谈自己的失败，以标榜自己的才能。而这种谈论是肤浅的，不是研究式的。由于我们缺乏对失败的研究，企业中同类失败的现象屡屡发生。加强对失败案例的理性研究，有助于企业把失败概率降到最低。

研究失败有利于企业预警和防范。失败是企业发展和成长过程中的无形陷阱。如今是一个信息的社会，如果没有认真地研究失败，有些失败前的迹象就不易被发现，其实这种迹象在先前失败的企业中已经出现过。我国人口众多、幅员辽阔，影响企业的不确定因素也就相对复杂。所以只有认真研究失败案例，才能做到防患于未然。

研究失败有利于把失败转化为财富。失败使我们付出了代价，但是它也是一笔极其宝贵的财富。从某种意义上讲，研究失败比研究成功更有意义。

有若无，实若虚

原文

曾子曰："以能问于不能，以多问于寡；有若无，实若虚，犯而不校。昔者吾友尝从事于斯矣。"

译文

曾子说："有才能却向没有才能的人请教，知识广博却向知识少的人请教；有学问却像没学问一样，满腹知识却像空虚无所有；即使被冒犯，也不去计较。从前我的一位朋友就是这样做的。"

读解心得

管理员工的实质是让员工满意，如果企业出台政策总想着克扣点什么，那员工就不会满意，就会怠工，效益低下；就会有能力也不发挥，有主意也不告诉你，企业会缺乏创新。员工满意度甚至比顾客满意度更加重要，因为员工满意是顾客满意的基础，没有员工有效、创造性的工作，产品早晚会被市场淘汰，被市场淘汰就是顾客不满意的表现。

除了让员工在实际利益上得到满足外，聪明的管理者更应该注意让员工得到心理上的满足。人总是需要被尊重，而被尊重往往就是最大的心理满足。尊重一个人莫过于尊重他的知识，所以当有人向自己请教的时候，那心里会特别舒坦，不仅觉得自己了不起，捎带着觉得讨教者也非常可爱。尤其那些本来学问很高的人向自己讨教了一个小问题，那简直值得记一辈子。这就是"以能耐大问于能耐小，以学问多问于学问少"所带来的积极效果。作为老板要明白这个道理，把多向部下甚至一般员工咨询作为管理手段，既可以塑造自己不耻下问的好形象，也可以给下属以激励，何乐而不为？

"有若无，实若虚"，不容易做到，这是真正有学问的人的谦虚。本来很有能耐，却不张扬夸耀，这样的人不多见；多见的倒是不怎么懂却信口雌黄，生怕别人说自己没学问的那种人。"犯而不校"就是受到冒犯而不计较。越是能力不强、学问不高的人越受不了别人的冒犯，尤其下属的稍微不恭敬，甚至是一片好心仅仅是说话方式的问题，心里也计较半天。

不耻下问、谦虚不自满、宽宏大量，曾子说他过去一个老朋友就做到了这些。有研究者认为曾子说的这个老朋友是颜回，这当然是有可能的。但到底是谁并不太重要，重要的是作为企业高层管理者能不能做到这些。

可以托六尺之孤

原文

曾子曰："可以托六尺之孤，可以寄百里之命，临大节而不可夺也，君子人与？君子人也。"

译文

曾子说："可以把幼小的孤儿托付给他，可以将国家的命脉寄托于他，面对安危存亡的紧要关头，能够不动摇屈服，这样的人是君子吗？这样的人是君子啊。"

读解心得

托孤，受君主临终前的嘱托辅佐幼君。刘备就曾经在白帝城把刘禅托付给诸葛亮，这是大家都知道的"白帝城托孤"。可以接受托孤之重的人，应该是非常忠诚的。寄百里之命，把治理一个不小的国家的重任交付他，说明这个人有足够的使命感。在大是大非或者面临生死考验的时候，能够坚持原则、立场坚定，这样的人是既忠诚又有气节的。

对企业高度忠诚、对事业高度忠诚，并且能够抵御住外部的诱惑，这样的人实在很难得。从前BBS上有个热帖，是讨论企业用人是要忠诚还是看能力。有的说没什么能力，只是忠诚的人有什么用？有的说如果不忠诚，能力越强就越危险。真是说法各异，难见分晓。不过，要让曾子参加讨论，估计他会支持"忠诚派"。我们可以隐约看出曾子对君子的要求与孔子的要求略有不同。曾子更注重人的内心修为、道德水平，偏重精神范畴；而孔子不仅要求精神境界，还要求要建功立业、有所作为，更倾向于参与实际事务。

设想孔子会怎么样回复那个帖子的问题呢？估计他会说："既然都是你的员工，就应该各用其长处。忠诚的人给他负责需要高度忠诚的事情，比如，做审计、纪检都是很好的；能力超强的人当然要用在能够发挥他能力的地方，多做些约束，管好就行了嘛。"这就是"中庸"的用人之道，既追求用人上的平衡，也符合他"因材施教"的原则。当然他还会继续说："要加强培训和教育工作，让忠诚的人掌握技能，让有能力的人做到忠诚。"——他总是这么个理想主义者。

任重而道远

原文

曾子曰："士不可以不弘毅，任重而道远。仁以为己任，不亦重乎？死而后已，不亦远乎？"

译文

曾子说："士人不可以不弘大刚毅，因为他肩负的任务重大而路程遥远。把实现仁德作为自己的任务，难道不是重大吗？到死方才停止下来，难道不是遥远吗？"

读解心得

江山易改，秉性难易。培养、改造和改变一个人是最难的事情，"仁"，不光是对个人的要求，也是需要全社会都接受的思想理念，也就是说不仅要自我修养，还要推而广之。"仁"是精神领域，是精神境界，这是不容易修炼的，更是不容易推广的。所以曾子认为修炼和推广仁的任务是重大的，时间是长久的，"任重道远"这个成语就是这么来的。既然任重道远，那就要求立志于此的人有宏大高远的心胸，刚强果敢的精神。

企业里最为任重道远的是什么呢？莫过于企业文化的建设了。企业文化本质就是企业核心价值观念，其中也包括基本的伦理道德，相当于人的思想品质和秉性脾气。可以说企业文化建设既是塑造企业的精神，更是塑造员工的精神，以最终形成统一的价值观、行为准则，从而在企业行为中形成高度的自觉性和自主性。这样的工作既不是企业制度可以规范的，也不是奖金报酬可以激励的，而是个长期的培养、推行、适应、积累的过程。这个过程是长期的，但一旦形成稳定的企业文化，则会成为企业的巨大财富和难以比拟的竞争力。然而，越是效益巨大的工作，越是任重而道远。

另外，企业文化的建设是没有止境的，不仅需要适应社会环境和社会观念的变化而不断有所调整，而且即便在相对稳定的时期，也要不断地强调和深化，保持企业文化的现实效果，否则将成为空谈。尤其在企业引进新的人才的时候，不仅要从企业文化认同程度上进行考察以决定聘用与否，聘用后还要采取一定措施使其尽快融合到企业文化中来，成为企业家族真正的一员。所以，有人要问企业文化什么时候才算建成啊？可以说，随时都是建成的，而任何时候都不是完全建成的，文化的建设就好像人对知识的学习，什么时候都可以说你具备了一定知识，却永远没有达到知识的顶端。只要企业存在一天，企业文化就发展一天，除非企业停止运行，企业文化的建设才算终结了。这大概就是对"死而后已"的最好注解。

兴于《诗》，立于礼，成于乐

原文

子曰："兴于《诗》，立于礼，成于乐。"

译文

孔子说："从学习《诗》开始，把礼作为立身的根基，掌握音乐使所学得以完成。"

读解心得

人首先是感性的，天生就是质朴、性情的，并不懂得什么规矩。所谓无忧无虑、天真无邪，是人最本性的流露。然而如果一个人单纯地强调个人性情，就会感情用事、为所欲为，是不能够容于人类社会的，更不要说参与人类社会的建设与改造了。所以作为人还必须具有社会属性，那就是要遵循一定的道德规范，用一定的制度规范自己的行为，做到有所为，有所不为。但是如果完全受制于制度，就会失去本性，整个社会也就不会有什么创造性了。社会的稳定依靠的是制度，社会的发展往往依赖于人的个性，所以性情和规范都不可持之一端。

诗、礼、乐，不仅是人生的三个境界，也是企业团队建设的三个原则。所谓"兴于《诗》"，是说无论企业制定什么制度、建立什么规范都必须以人的本性为出发点，不能够违背员工正当需求和基本情感，这和我们现在提倡的"以人为本"精神是完全一致的。所谓"立于礼"，是说企业如果想有所发展，个人想有所作为，那就必须主动自觉地去遵守必要的社会规范和企业制度。忽略制度的约束和员工行为的统一，一味"取法自然"，企业就会涣散不堪。一个理想的企业团队应该像一个乐队，每个人都能够在演奏中享受到精神愉悦，同时也在兼顾别的乐手，在特定的规则下达到和谐统一。有性情发挥、个性张扬而不涣散，有制度约束、统一规范而不拘谨，这才是团队精神的真谛。

个人是这样，团队是这样，一个企业也往往要经过这样的发展阶段。一个新建的企业，管理者和员工都缺乏足够的经验和应有的协调，往往是在凭感性和经验推动企业的运行。当经验积累到一定程度就会发生质变，形成一些适合本企业的规律性的东西直至制度，再加上人才的成长和引进，企业从感性管理逐步走向制度化和规范化。随着配合的深入，企业达到管理上的高度协调，每个人都会在企业制度下尽情发挥各自的优势，达到和谐统一的境界。

民可，使由之

原文

子曰："民可，使由之；不可，使知之。"

译文

孔子说："老百姓能够胜任所安排的事务，就放手让他们去做；如果他们的能力一时达不到，就应该先通过教育来培训。"

读解心得

儒家主张国家治理的方式是仁政。在施行仁政的过程中，他们十分注重用人，也十分重视人才，明白人才难得的道理。

企业招聘总是有经验者优先，毕竟有经验者相对于毫无经验者会更快地进入工作状态，适应企业的角色要求，这本无可非议。但对企业用人而言，既要使用好现有人才，也要善于发掘和培养人才。

"民可，使由之"，是说如果员工可以胜任本职工作，那就由他去，给他充分发挥的余地，不要动不动就掺和人家的工作。否则，非但不能很好地使用人才，给自己找累不说，还会让人家感到老板对自己的不信任，积极性会大受打击。

"不可，使知之"，是说如果员工达不到企业的用人要求，或者达不到某一岗位的工作能力，不要动不动就走马换将，最好是先把他放在合适的岗位，经过培养锻炼后让他达到更高的要求，从而为企业做出更大的贡献。

"民可，使由之；不可，使知之"既体现出管理者对下属和员工的信任，也体现出对所有员工的关爱。这样的企业里，必定会形成上下同心、和谐向上的氛围。

顺便说一下，关于本章还有另外一种比较普遍的断句方法，就是"民可使由之，不可使知之"，意思就成了"老百姓只可以使唤，不可以让他们懂得太多"，这是攻击孔子为"愚民政策"始作俑者的主要依据。其实这一说法是违背《论语》中关于国家管理的基本原则的。我们知道，孔子主张"任人不任力"，既然要"任人"，怎么可以剥夺人家的知情权呢？而且，孔子的学生有很多就是平民，这也是他教育的一大特点，可以说他所做的教育工作，就是在让一般老百姓"知之"，然后成为治国安邦的人才，怎么说是不让他们懂得呢？

好勇疾贫

原文

子曰："好勇疾贫，乱也。人而不仁，疾之已甚，乱也。"

译文

孔子说："喜欢勇敢逞强却厌恶贫困，是一种祸害。对不仁的人憎恶太过，也是一种祸害。"

读解心得

这里讲了两种引起事端的原因。一个是"好勇疾贫"，一个是对不仁者"疾之已甚"。

好勇，就是胆子大，喜欢打斗。疾贫，是急于摆脱贫困。这两种情况在一个人身上出现，就容易弄出乱子来。要解决这个问题有两个方法，一是不让其勇，或者用制度约束其勇；二是不让其贫，或者让他安于贫。前者还好说，通过加强自身修养，做到勇而知礼，这是正途。而贫困问题，总需要找找原因，如果是社会不公造成，那就要从社会制度着手解决。如果是个人原因，社会提供了救济还不满足的话，就不好解决了。当然理想的办法是让其贫而知礼。勇和贫，只要能够接受礼的约束，就不存在什么问题了，这也是孔子比较赞赏的改良思路。在企业里，如果你的员工贫困，那可能是企业效益问题，要从经营上找原因。如果经营得不错，员工还挣不到钱，那就要考虑企业的薪酬制度了。对于一个以营利为目的的组织来说，员工的贫困总是说不过去的，无论他是勇还是不勇。

第二种情况比较有意思，就是对待不仁的人的态度问题。"疾之已甚"，是恨之入骨，逼迫太紧，这样也会引起乱子。孔子在这里提了个原则，就是对待坏人最好不要用过激的办法。这倒是个值得注意的问题，社会组成是复杂的，人也各自有各自的特点，不可能整齐划一。企业员工客观地说也是有好有差、有贤有愚，如果用一个标准来要求，企业将永远找不到满意的人才。对于素质比较差的员工，除非你确实不想用他，否则就没必要对人家过分地要求、逼迫，整天训斥、处罚，早晚要被你逼得背叛而去，还不如开诚布公，好说好散。

要保持企业的稳定和发展，保持员工的士气，一方面是关心员工生活状态，不要让他们为生活所迫，所谓安居方可乐业；另一方面就是对待员工要有宽容的态度，人家不会工作，能力不高，那就要"知之"，加强培训，给员工学习的机会。

如有周公之才之美

原文

子曰："如有周公之才之美，使骄且吝，其余不足观也已。"

译文

孔子说："即使有周公那样美好的才能，如果骄傲而吝啬的话，那其他方面也就不值得一提了。"

读解心得

有两种人是对团队建设极其有害的。一种是骄傲居功的人，自视有点才能、有些功劳，就不可一世，不把别人放在眼里。这样的人难以有所长进不说，在工作上也不会再有什么进取，慢慢地会变成企业的"鸡肋"，用之无新功，弃之有旧谊。作为同级，没人愿意和他配合工作。作为管理者，没人信服他的安排，逐渐成为被孤立的一方。这样的人职位越高，涣散的人心越多，是对团队精神的极大破坏。再一种就是吝啬小气的人，倒不是说不乐善、不好施，而是在工作上舍不得把自己的本事教给别人，舍不得把自己的思想给人分享，总担心教会徒弟，饿死师傅。如果是同级，有所保留尚可理解，但要是一个器量狭小的管理者，手下员工也就难以提高，这类人只会成为团队建设的障碍。无论是第一种的破坏性，还是第二种的拉后腿，都不利于团队的建设。试想这样的人即便有天大的能耐，又能够有多大的用处呢？企业为了一时的任务，可以委派于他，却难以长久给予重任，所以单就自身发展和职业生涯来说，骄傲和吝啬都是不良心态。

孔子说："一个人即便具备周公那样完美的才能，却骄傲居功和吝啬小气，其他方面也就不值一提了。"我们知道，孔子对于人才的评价，一般不去称赞他的具体能力，往往是激赏他的品行德性。我们曾经疑惑为什么孔子不强调个人具体能力，似乎可以从这里找到答案。他举出一个极端的例子，把他的偶像拉了出来说明品质的重要意义，这确实值得深思。

三年学，不至于谷

原文

子曰："三年学，不至于谷，不易得也。"

译文

孔子说："尽管学习了很多年，但如果缺乏工作实践，那是不容易得到什么真本领的。"

读解心得

谷，薪水，俸禄。至于谷，就是得到薪水，意思是参加工作了。孔子在本章继续强调实践活动对于学习和个人成长的重要意义。

有个帖子讲管理者的层次，说最低级的层次是"无所不能"的人。乍看似乎不通，仔细一看，原来他说的是那些只有理论水平的人。他举例说刚毕业的大学生或 MBA 学员，在书本上什么都学了，自以为对企业管理了如指掌，方方面面无所不通，都可以发表见解。细想这是很有道理的，我们的高等教育历来不注重社会实践，甚至 MBA 的教授也并没有企业的实际经验，再加上教材陈旧，学生是很难明白企业到底是怎么回事的。当然，这些人有着系统的管理知识基础，经过企业实践后会进步很快，发展潜力是那些只有经验的管理者望尘莫及的。但其中的关键问题就在于"实践"，可以说实践仍然是学习的过程，并且是必要的过程，也是最能够提高实际能力的过程。

这个观点是需要已经掌握了管理知识还没有参加企业实践的人深思的，如果不承认这个观点，那么在现实中就要碰壁。同时，一旦有了这种心态，就认识不到自己的缺点，还怎么能够虚心学习、锻炼呢？

危邦不入，乱邦不居

原文

子曰："笃信好学，守死善道。危邦不入，乱邦不居。天下有道则见，无道则隐。邦有道，贫且贱焉，耻也；邦无道，富且贵焉，耻也。"

译文

孔子说："信仰坚定而好学，守节至死而完善道义。危险的国度不要进入，动荡的国度不要久留。天下符合道义就出来为国家做事，天下不符合道义就隐居起来。国家政治清明、社会稳定，而你却贫穷且卑贱，对于你是一种耻辱；相反国家政治混乱、社会动荡，而你却富有而尊贵，对于你同样是一种耻辱。"

读解心得

这一章孔子告诉我们四条处世原则：要好学善道，要远离危乱，要有隐士风度，要有与国家共荣辱的风范。可以说，这四项原则中的每项都够我们修炼一辈子，但其中给人感触最深的当数"危邦不入，乱邦不居"了。

就工作而言，"危邦不入，乱邦不居"就是一个人的择业原则。随着大工业的出现，人们开始对人的需求进行研究和应用，产生了像马斯洛需求理论等一批需求理论。就人的就业和择业而言，不同年龄、不同背景、不同经历的人在不同的阶段会有不同的需求标准，而共同的需求大致有：

（1）可以获得自认为满意的薪水。

（2）有尽可能表现自己的空间。

（3）有一个成长发展的空间。

（4）有一个幽雅的工作环境。

危邦企业和乱邦企业都是生产和经营不正常的企业，前者处于生存危机之中，后者处于经营无序和管理混乱之中。用孔子的话说，就是你选择就业的时候，不要进入这些企业；如果你已经在这些企业了，应尽快离开。

作为企业，不要一味地抱怨人才流失严重、员工跳槽无序，甚至抱怨员工没有良心，经过企业数年精心培养造就，刚刚羽毛丰翼就另选高枝。企业要扪心自问，在哪里出了问题，做了什么对不起员工的事，让员工抛弃企业。

许多优秀企业的做法值得我们借鉴。松下公司有一条用人方法，就是当发现某个员工开始对当前的岗位工作毫无兴趣又找不到其他原因时，那就提拔他。在美国杜邦公司，对管理者才能的衡量从几个方面进行：业务、执行结果、建立团队、发展员工、个人管理者风格。其中，发展员工一项最独特。杜邦公司规定，企业各层面的管理者必须有培养下属的能力。如果一个管理者业务能力出色但没有好的接班人，那么他只能在原地踏步，升职免谈。

企业的竞争说到底还是人才的竞争。没有人才，一切好的战略、经营理念、管理方法等都会化为乌有。要留住人才，就需要营造留人的环境。

不在其位，不谋其政

原文

子曰："不在其位，不谋其政。"

译文

孔子说："不在这个职位上，就不要谋划它的政务。"

读解心得

在孔子看来，"在其位，谋其政"是天经地义的事，并要尽其所能地教导这些在位者符合道德。而"不在其位，谋其政"或"在其位，不谋其政"，是不能容忍的。

当时"三桓"等人的行为超出了大夫的职权范围，明里或暗里已经替鲁哀公做主了，他们在干着"不在其位，谋其政"的不道德勾当，孔子很生气，所以一再告诫弟子要"不在其位，不谋其政"。

还有一种人是"在其位，不谋其政"，比如，历朝历代都有这样一些人，官居高位，却什么事情也不干，明哲保身。当然可能是因为当权者昏庸无能，但按孔子的主张就是"邦有道则见，邦无道则隐"，这些人应该隐退。

企业同样也应该尽心尽力做好分内之事，要奉行"不在其位，不谋其政"的原则。在计划经济中，我国的企业承担着一切政府职能，随着经济体制的改革，政企分开，企业的一些社会职能归还政府。然而，有些企业连最起码的社会责任也一并"送"了出去。作为企业，必须承担一定的社会责任。一是合法经营，照章纳税。企业应该尽全力为社会创造财富，为国家上缴更多的税费，但有的企业假冒伪劣、违约毁约、欺诈顾客、偷税漏税的行为屡禁不止。二是爱护资源，保护环境。我国拥有丰富的自然资源，但人均拥有量极少，合理利用资源是一项义不容辞的社会责任。爱护资源还表现在保护环境上，治理环境、避免污染要投入大量资金，但是从综合效益看，这是功在千秋、利在当代的大好事。三是重视安全，珍惜生命。人的生命是最为可贵的，企业要保障员工的身心健康，严格预防人身事故和职业病的发生。一个企业如果不能很好地承担这些社会责任，那么它就成了"在其位，不谋其政"的失信企业。

对于企业的员工，"不在其位，不谋其政"表现为爱岗敬业、忠于职守，工作管理不越位、不缺位，不能得过且过，更不能人浮于事；不能在员工与员工之间、员工与管理者之间挑拨撺掇、寻衅滋事、无事生非；不能只要企业照顾，不要企业纪律；只求获得索取，不愿辛勤付出。每位员工都要力争做到有道德情操、有理想抱负、有技术能力。

洋洋乎盈耳

原文

子曰："师挚之始，《关雎》之乱，洋洋乎盈耳哉！"

译文

孔子说："从太师挚开始演奏，到结尾演奏《关雎》乐曲的时间里，美妙动听的音乐都充盈在耳边。"

读解心得

"师"，指太师，乐师。鲁国的乐师名挚。"始"，乐曲的开端，即序曲。《关雎》是《诗经》里的首篇，在孔子那个时代已经配了曲子。不仅是《关雎》，据说《诗经》中的三百零五篇都配有曲子，只是后来这些曲子失传了。"乱"，乐曲结尾的一段，由多种乐器合奏。这一章如同一场宫廷音乐会的实况直播，并且由孔子这位音乐行家做嘉宾解说。

正乐的工作，只有像师挚这样具有高度音乐素养的人，才能够从头到尾安排得恰到好处。孔子对于乐师十分尊重，认为把音乐表现得这么美好，实在难得！

（1）雅音洋洋盈耳、声音优美悦耳，令人欣赏之余，性情自然端正。这样的音乐才属正乐，值得大家欣赏。

（2）孔子不但重视音乐的美妙，而且强调音乐的善良。因为音乐的价值不仅要求情绪的感应，而且要从中提升人的精神，激发我们的潜能，成就人之所以为人的情操。

（3）音乐对于教育的功能很大，不应该只注重音乐的娱乐性，严重地损害应有的教育性，否则便是靡靡之音。

吾不知之矣

原文

子曰："狂而不直，侗而不愿，悾悾而不信，吾不知之矣。"

译文

孔子说："狂妄而不正直，幼稚而不谨慎，看上去诚恳却不守信用，我不知道有的人为什么会这样。"

读解心得

"吾不知之"，意思是"我理解不了这类人"，所谓理解不了是个委婉的说法，带有很大的蔑视。哪些人孔子"理解不了"呢？他在这里讲了三种人。

狂而不直的人。狂，狂妄、冒进；直，正直。胆大妄为并且不走正道的人，这类人不少。市场开放头几年，流行一句话叫"饿死胆小的，撑死胆大的"。这被撑死的就属于这种人。为了追求利益而不择手段，管你什么正道邪道，能捞到钱就是好道。现在仍有不少企业就是在那时候开始发家的，当然现在企业做大了，也注意规范合法经营了，市场环境也不允许那么做了。

侗而不愿的人。侗，幼稚、无知；愿，谨慎、朴实。俗语说"初生牛犊不怕虎",因为知识面太窄,不知道老虎的厉害;又说"小马奋蹄嫌路窄",因为经历少,不知道世道艰难,哪里知道行事需谨慎?本来无知却还不谨慎行事,这样就非常容易做错事情。无知和狂妄是亲兄弟,正因为自己懂得少,才不知道有人比自己懂得多,反而更容易表现出无所不能的样子;"不愿"和"不直"是姊妹俩,不谨慎从事往往要走错道。

恔恔而不信的人。恔恔,忠厚诚恳的样子。外表忠诚,但很不讲信用,这样的人比较有隐蔽性,是很危险的。

严格地说,狂妄、无知、不正直、不实在、不讲信誉,都是可以后天改进的,企业有改造员工、培养员工的责任,但并没有收留基础不好员工的义务。我们看到,这些涉及人的品质、秉性问题,即便改变起来也是很难的,所以孔子对其深表失望。

学如不及

原文

子曰:"学如不及,犹恐失之。"

译文

孔子说:"学习(就像追赶什么似的)生怕赶不上,学到了还唯恐会丢失。"

读解心得

这是孔子对学习的一个形象比喻。我们在思考某个问题的时候,也往往有这样的体会,好像想透了,可还没有马上领会,若明若暗,就在前面晃,可就是够不着。如果一旦松懈放弃,那这个问题就没有想明白的机会了,真的很像和学问在追逐。

比较普遍的说法是孔子认为学习就像和别人赛跑,怕赶不上别人,怕被对方超出太远,是一种竞争的学习心态。这也有道理,更加便于现在的学生们来理解,但未必符合孔子的原意。因为孔子历来把学习当成一件自身修为的事情来做,怎么可能是为了和别人比赛学习进度呢?

和别人比赛学习进度是一种心态,和自己的学习目标追逐又是一种心态,当然这两种心态都是积极向上的,都是值得肯定的,恐怕后一种心态更加符合做学问之道。做企业也存在这两种心态：和别人竞争攀比，以及向着自己企业的目标努力。有一个笔者非常钦佩的管理者，有一次笔者参加由他主持的工作会。大家七嘴八舌讨论几个竞争对手的优势，寻找自己的差距，聊得好不热闹。这时，管理者发话道："和别人比什么，多考虑我们自己怎么做吧！"这当然也是引导讨论话题的艺术，但他把目光转向企业自身的工作而不是单纯与人作无谓比较的思路，确实是高人一筹的。他并不是漠视对手的经营状况，而很可能已经对此有了深刻了解。赶上竞争对手如果是企业的目标，也只是暂时的目标，企业真正的目标是自己的既定发展目标。了解对手情况只是基础，是必要的前提，但企业的工作重点应该是企业自身的发展。显然这两种心态和管理思路存在着高下之别。

舜、禹之有天下也而不与焉

原文

子曰："巍巍乎！舜、禹之有天下也而不与焉。"

译文

孔子说："多么崇高啊！舜、禹拥有天下，不是为了自己享受（却是为百姓）。"

读解心得

巍巍乎，崇高伟大的样子。在孔子心目中，尧、舜、禹都是伟大的人物，是德政的理想化身，《论语》中多次记载他对这些先王无以复加的推崇和赞美。这一做法多为今人诟病，因为即便在孔子时代，人们也并没有对这些先王功绩的确切记载，而很可能是孔子为了支持自己的政治观点而向壁虚构，与其说是对过去的描述，倒不如说是对心目中理想社会的想象。这个评价还算中肯，却不足以因此攻击孔子的历史观不够严肃。我们知道，后世对历史的描述往往是出于现实政治的需要，该说的说，不该说的回避，甚至还捏造、虚构历史。所以，时代越近，历史越模糊，反倒时代越久远越恢复到历史的真相了。孔子对先王政治的赞美一方面是对现实政治的批判；另一方面也是在描绘自己心目中的理想社会。即便有些虚构、美化的成分，也是出于坦荡的君子情怀，那些隐瞒、篡改历史真相的政客，实在没有任何资格对孔子吹毛求疵。

当然，这不是本书讨论的问题。我们可以从孔子描述的理想社会找到一个完美的企业管理模式的影子。那就是真正的企业家应该努力修为自身、起到表率作用，并且放权管理，而不随意插手下属的具体工作，保障各司其职。

大哉尧之为君也

原文

子曰："大哉尧之为君也！巍巍乎！唯天为大，唯尧则之。荡荡乎！民无能名焉。巍巍乎其有成功也，焕乎其有文章！"

译文

孔子说："尧作为国家君主，真是伟大呀！崇高呀！唯有天最高最大，只有尧能效法于上天。他的恩惠真是广博呀！百姓简直不知道该怎样来称赞他。真是崇高啊，他创建的功绩，真是崇高呀！他制定的礼仪制度，真是灿烂美好呀！"

读解心得

孔子称赞尧帝的为君之道为"大哉"，最为完美，怎么个完美呢？有三方面表现：第一，天道是最完美的，而尧帝遵循的就是天道。所谓天道就是自然和社会运行、发展的规律。第二，尧帝的声望之高，民众都不知道用什么语言来称赞了。第三，尧帝制定了完美的典章制度。

一个企业应该制定什么样的发展目标，应该形成什么样的企业文化，可以遵循的标准只有一个，就是与社会道德相符合，不违背企业发展规律，不违背员工整体意愿。所谓道法自然，核心就是适应、适合，而不去曲意违背、不去造作创新，只有这样才能够真正得到社会和员工的认同，对企业才能产生忠诚感和归属感。在这样的理念指导下，企业家的个人修养才能够得到员工的认同和称赞。道法自然是企业家首要的管理观念，修为自身才能够树立表率。企业家要做的具体工作是什么呢？那就是制定完善的企业管理制度和各种规范，并推行落实。

巍巍乎、荡荡乎，主要是用来形容企业家应该具备的高远广博的胸怀，如果患得患失、疑心重重、心胸狭隘，则只能够导致事必躬亲式的管理模式，和现在大多小老板的所为一样了。先有伟大的企业家，才能够有伟大的企业。企业家不是"长戚戚"小人式的管理者，而应该是"坦荡荡"君子式的大家。

舜有臣五人而天下治

原文

舜有臣五人而天下治。武王曰："予有乱臣十人。"孔子曰："才难，不其然乎？唐、虞之际，于斯为盛。有妇人焉，九人而已。三分天下有其二，以服事殷。周之德，其可谓至德也已矣。"

译文

舜有五位贤臣，天下就得到了治理。武王说过："我有十位能治理天下的臣子。"孔子说："人才难得，不是这样吗？唐尧、虞舜时代以及周武王时，人才最盛。然而武王十位治国人才中有一位还是妇女，所以实际上只有九人而已。周文王得了天下的三分之二，还仍然服侍殷朝，周朝的道德，可以说是最高的了。"

读解心得

舜帝的五位大臣，传说是禹、稷、契、皋陶、伯益等人；武王的十位大臣说法不一。乱臣不是"乱臣贼子"的乱臣，乱，古意是整理丝线，引申为治理了。

舜帝和武王是"任人不任力"的典范，舜帝有五位大臣而天下大治，而武王则有十位治国之臣。言外之意，他们的治理成功不是依靠自己的具体任事才能，而是完全依赖和发挥贤能之士的才能而实现。大概有人要说，人家多幸运啊，有那么多人才可以使用，现在忠诚我的没能力，有能力的算计我，哪里去找人才啊？怎么才能够让人才忠诚呢？其最起码的前提就是企业家的个人德行。孔子以周文王为例说明这个问题，他说当时周文王已经赢得三分之二的天下，却没有行造反之事，可谓仁德忠诚。上行下效，才有那么多人跟随。拿现在的观点看，周文王不起事的原因应该是感觉自己势力还不行、机会还不成熟，倒未必是什么德行。如果真的"忠君"，你何以"三分天下有其二"呢？当然，这并不影响我们对孔子观点的理解。

禹，吾无间然矣

原文

子曰："禹，吾无间然矣。菲饮食而致孝乎鬼神，恶衣服而致美乎黻冕，卑宫室而尽力乎沟洫。禹，吾无间然矣。"

译文

孔子说："禹，我对他没有意见了。他自己的饮食吃得很差，却用丰盛的祭品孝敬鬼神；他自己平时穿得很坏，却把祭祀的服饰和冠冕做得华美；他自己居住的房屋很差，却把力量完全用于沟渠水利上。禹，我对他没有意见了。"

读解心得

这里赞美了禹在受禅之前的一些作为，反映了他的高尚德行。第一，忠于民众。自己的饮食粗陋，但以"孝"来祭祀鬼神。鬼神，是民众共同供奉的祖先，也是先民的精神支柱，所以"敬鬼神"的实质是顺应民众的意识形态。第二，忠于先王。自己衣服简朴，但朝见先王时要朝服华美以示敬重，这也是符合当时礼制的做法。第三，忠于事业。自己的住房简陋，但对于关系到民众生活的水利事业尽心尽力。正因为有这些美德，才得到禅让的王位。

善待员工、尊重上司、热衷事业，这样的经理人不正是企业渴求的吗？值得说明的是，这里提到了大禹治水的事情，但并不是在显示他治水的能力，而是突出其对待治水事业的忠诚和尽力。所以，这三个方面的作为，重点还是在说明禹的品行。

子罕第九

子罕言利

原文

子罕言利与命与仁。

译文

孔子很少（主动）谈论功利，却相信天命、赞许仁德。

读解心得

在孔子看来，一个国家单纯地追求利益实际上是本末倒置了，所以他并不愿意主动去谈这些起不了什么作用的问题。而一旦根本问题解决了，利益自然会来，就像一个人要提高自身的德行，才能够得到任用、得到工作机会和俸禄。一般认为孔子耻于言利，其实是孔子不屑于谈论单纯的追求利益。如果立国之本错误了，或者立身之本错误了，那样得来的利益很可能就是不道义的。

基于这样的考虑，孔子很少谈论"利"，而更多的是赞许"命"和"仁"。所谓命即天命，是自然发展和社会发展的规律，是"天道"的近义概念；所谓仁就是正确的价值观，是整个社会都认可的道德观念。

实际上，一个企业的发展如果违背"天命"，即违背社会和自然的发展规律，那就难以生存，即便生存下来也是因为"幸而免"，是侥幸免于自生自灭而已。这里也涉及企业的管理理念，也是要符合"天命"的。老子的管理理念是"无为而治"，不主张过度的制度约束，而要"顺其自然"。孔子的管理理念也是"无为而治"，但他更侧重管理者在具体事务上的"无为"，而注重自身修为、个人表率和选贤任能。可见，无论是企业发展的规律，还是无为而治的管理理念，都是根本的东西，是企业在发展中起决定性作用的东西。"仁"当然是最高的行为准则，企业行为要遵循，个人行为也要遵循。在这一准则约束下，企业才能够遵循"天命"，人才能够在行为上不出现错失，并且树立起良好的口碑。如果说"天命"是为企业指出的正确发展方向和方法，那么"仁"就是对要实现这一方向的团队思想、素质的要求。

如果企业发展战略和管理理念的问题解决了，那么生产、销售、团队建设等问题还有必要多说吗？这就是孔子称扬"命"和"仁"，而并不直接谈到"利"的主要原因。而我们现在许多企业，一旦出现市场问题，就只知道在销售上找原因，想办法改变销售方式；还有的企业聘请企业顾问，上来就要求在销售方面有所作为，而不允许或不重视顾问公司在企业战略等方面的建议。这些做法往往找不到根本的原因，解决不了根本的问题。

吾执御矣

原文

达巷党人曰："大哉孔子！博学而无所成名。"子闻之，谓门弟子曰："吾何执？执御乎？执射乎？吾执御矣。"

译文

达巷里有人说："孔子真是伟大啊！他学问广博，而不以一项专长来树立名声。"孔子听了这话，对弟子们说："我干什么好呢？是去驾马车呢，还是去当射箭手呢？我还是驾马车吧！"

读解心得

达巷的人说孔子不止是某一方面的专家。孔子听到这种议论，风趣地运用比喻的方法对弟子们说，假如去打仗，我会什么呢？会专门驾驭战车，还是会专门射箭呢？我会统领整个战役啊！其实孔子驾驭的不是战役，而是整个文化，孔子是当时的文化先驱。

看到孔子的比喻让我们想起刘邦。汉高祖刘邦在取得天下后，总结原因时说："夫运筹帷幄之中，决胜千里之外，吾不如子房；镇国家，扶百姓，给饷馈，不绝粮道，吾不如萧何；连百姓之众，战必胜，攻必取，吾不如韩信。三者皆人杰，吾能用之，此吾所以取天下者也。"

孔子可能不会驾驭战车、不会射箭，但他却会驾驭整个战争；刘邦不懂运筹帷幄、不懂搞好后勤、不懂战术，但他却能任用拥有这种才能的人。作为企业家你应该会什么呢？企业家不一定是某个方面的专家权威，但必须是可以驾驭整个企业的领航者。

企业家不能因为某种先进技术而一叶障目，忘记了企业的使命。企业的任何技术决策，本质上都是商业决策，它必须根据市场和社会的演变方向来判断，仅从技术的优劣是无法判断的。企业重大业务方向决策依据的逻辑和道理是非常简单、朴素的常识和公理，不需要高深的技术背景来理解和运用。对企业家和职业经理人来说，技术背景固然重要但不是必不可少的，管理能力才是最重要、最稀缺的。

虽违众，吾从下

原文

子曰："麻冕，礼也。今也纯，俭，吾从众。拜下，礼也。今拜乎上，泰也。虽违众，吾从下。"

译文

孔子说："用麻线来做礼帽，这是合乎礼的；如今用丝来制作礼帽，这样省俭些，我赞成大家的做法。臣见君，先在堂下磕头，然后升堂磕头，这是合乎礼节的；现在大家都只是升堂磕头，这是倨傲的表现。虽然违反了大家的做法，我还是主张要先在堂下磕头。"

读解心得

帽子问题，有人说"俭"就是材料上的"俭省"，我看未必，因为丝绸毕竟比麻布要贵重，并不是节约的做法。很可能当时丝绸已经很普及，做出来也漂亮，随着物质的丰富而发生变化当然是顺应社会发展的，所以孔子觉得是可以的；但在晋见的礼仪上，孔子不含糊。这一点很多人认为孔子太固执，一味维护古礼，看起来很无聊。其实要是我们能够设身处地站在孔子的位置上考虑，就完全可以理解了。当时士大夫对国君、国君对周天子都不是太礼貌，孔子这样做是要以自己的行为来提醒大家注意身份和礼仪。其实孔子对待礼仪的态度并不迂腐，他更看重的是内心的崇敬心情，这在其他很多章句都有所体现。

很多人对礼仪问题有误解，认为是迂腐的表现，是守旧的表现，其实礼仪到现在也是必须重视的问题。试想一个国家元首来访问，我们马马虎虎地接待可以吗？甚至两个同级别的人接待礼仪有所不同都可能引起国际的猜测。企业里也是这样，现在有门学问就是企业礼仪，不光是迎来送往的礼仪，也包括企业内部的礼仪。比如，在企业里，如果接待人员忘记了给客人续茶，管理者怎么好当面批评呢，只好亲自续上一杯，做个示范，其实也是对接待人员的提醒。一般有眼色的接待人员会马上意识到自己的失礼，但可怜的孔子违背大家的做法，大张旗鼓地做演示，还是没人理会，世道不乱才怪。直到秦国统一天下才让这些人被迫遵循统一的礼仪规范，虽然已经未必是孔子所倡导的周礼了，但秦始皇的要求恐怕有过之无不及啊！

毋意，毋必，毋固，毋我

原文

子绝四：毋意，毋必，毋固，毋我。

译文

孔子杜绝了四种毛病：不凭空臆测，不武断绝对，不固执拘泥，不自以为是。

读解心得

本章讲了孔子杜绝的四种毛病，大家可以对照检查一下自己，当然，如果对照你的管理者来检查可能大家更有兴趣。

第一个毛病是臆断。不认真调查市场，凭借想象，盲目信任自己的推测，就做出了决策。这个毛病的危害可不小，并且霸道的管理者还会找出自己不是臆断的理由，说：“你们懂什么啊！我做这个行业已经有十年了，从十五岁就开始做了，我还不了解市场吗？”看你做下属的还有什么话可说。

第二个毛病是绝对化。对某件事情绝对肯定或绝对否定，有的管理者的口头禅就是：“你放心吧，绝对是这样！”让你哑口无言。还有的人喜欢打包票，“要不是这样我把乌纱帽摘掉”，甚至还要立个军令状。这不是自信的表现，是和臆断相关联的盲目。其实，即便判断很准确的事情，也会有一些微妙的变化，绝对化的思路会让你忽视这一可能，从而不能够采取预防或应对措施。

第三个毛病是固执。“我不跟你们讲道理了，你们接受能力太差，我就这样决定了，就这么办了。”这是一种固执。还有一种固执是不考虑现实环境的变化，还拿过去的老办法来做，说：“去年就是这样卖火的，你们忘记了门口拉货的车排了那么长的队吗？”这种固执己见的管理者非常讨厌。

第四个毛病是以自我为中心。只考虑自己个人利益而制定企业制度，生怕员工沾光、自己吃亏，不能够采取公正的思路来处理问题，有的还美其名曰"企业特色"。再一种就是总认为自己对，你们都不懂。只有管理者最厉害，企业离了谁都能过，离了他连地球也不转了。

员工总有找管理者毛病的嗜好，但你再怎么找，能够超出这四个方面吗？不能，所以还是别费心去找了，有了牢骚，对号入座就可以了。

子畏于匡

原文

子畏于匡。曰："文王既没，文不在兹乎？天之将丧斯文也，后死者不得与于斯文也。天之未丧斯文也，匡人其如予何？"

译文

孔子被匡地的人们所围困时，他说："周文王死了以后，周代的礼乐文化不都体现在我的身上吗？上天如果想要消灭这种文化，那我就不可能掌握这种文化了；上天如果不消灭这种文化，那么匡人又能把我怎么样呢？"

读解心得

匡，地名，今河南省长垣市附近；畏，是被围困的意思。孔子为什么被"畏于匡"？因为孔子长得像阳虎，阳虎曾经侵犯过匡，当孔子到了那里以后，匡人误认为孔子就是阳虎，就把孔子逮住了。孔子在那里被围困了五天五夜，后来弄清真相，才放了他们。这种情况下，孔子安慰学生们别着急。

在困顿的时候，孔子还是很自信的，因为他觉得自己掌握着很有独特竞争力的东西，别人是没有的。老天爷让我掌握了，就不会让我死掉。很多人把这看作孔子无奈之下不得不寄希望于天命，是消极的思想。其实恰恰相反，孔子这么说正是自信的体现，怎么这么自信呢？就是知识的力量。常言说："知识就是力量。"看来没错。

当一个企业面临困境的时候，如果坚信自己的理念，审视企业并没有方向性错误，那就不必担忧。保持良好的心态，积极采取措施才是正理。

何其多能也

原文

太宰问于子贡曰："夫子圣者与？何其多能也？"子贡曰："固天纵之将圣，又多能也。"子闻之，曰："太宰知我乎！吾少也贱，故多能鄙事。君子多乎哉？不多也。"

译文

太宰问子贡说："孔夫子是位圣人吧？为什么这样多才多艺呢？"子贡说："这本是上天让他成为圣人，而且使他多才多艺。"孔子听到后说："太宰了解我呀！我因为少年时地位低贱，所以会许多卑贱的技艺。君子会有这么多的技艺吗？不会多的。"

读解心得

有位太宰问子贡："你们老师真是圣人啊！他怎么有那么多能耐啊？"子贡对孔子最为崇拜，就顺坡下驴说："那当然，老天爷让他成为圣人，自然就让他有那么多才能了。"子贡不愧是个外交家，回避说明具体原因，却滴水不漏。如果有客户当面夸你的管理者："你们老板这么有能力，怎么回事啊？"你千万不要尝试找到原因来回答他，一来对方根本没打算找到原因，二来你找到的任何原因都不会让管理者觉得满意。比如你说："我们老板好学不倦。"管理者可能觉得你在损他人比较笨。你要说："我们老板经验丰富，早成这方面专家了。"管理者可能觉得你在笑话他没文化。无论你怎么回答，只要是具体原因，就肯定费力不讨好，所以还是学学子贡这样说："我们老板是天才！"这话万无一失。

孔子出身于一个下级官吏家庭，但不是世袭之职。据说孔子年轻的时候放过羊、赶过车、看过仓库，还当过司仪，说不准还会几种乐器。世袭制下的官员当然不会有这些经历，也就不会有这么全面的具体技能了。可见子贡不说出老师"多能"的原因，并不是不知道，而是故意回避，毕竟老师过去的身份没有能拿得上台面的。可孔子就比较坦然，也够实事求是，把"穷人的孩子早当家"不当成丢人的事。

吾不试，故艺

原文

牢曰："子云：'吾不试，故艺。'"

译文

子牢说："孔子说过：'我（年轻时）没有去做官，所以会许多技艺。'"

读解心得

孔子不认为自己是"圣人"，也不承认自己是"天才"，而是认为自己由于年轻时身份低下，生活比较清贫，为了谋生才掌握了这许多的技艺。人类历史上凡是成大事、立大业的人，都是从艰难中站立起来的。天上不会无缘无故掉馅饼，人在年轻的时候多吃点苦头、多受点委屈是好事。无论是幸运、富有、顺达，还是厄运、贫贱、灾难，凡是经历，都是财富。

一个人如此，一家企业更是如此。华为公司总裁任正非说："磨难是一笔财富。而我们没有经过磨难，这是我们最大的弱点。我们完全没有适应不发展的心理准备和技能准备。"并说，危机总有一天会到来，而我国许多企业还没有意识到这种危险性。一些企业动辄就是要做世界第一，其实它们根本不知道，企业完成初步的资金积累是要很长时间的。过快地超越这一过程，就难逃失败的厄运。一般来说，企业起步阶段免疫力都很差，面临的风险相对较大。若在初期就超常扩张，势必被活活累死。

在荷兰的一个小镇上，有一位年轻的看门人，也许是因为工作过于清闲，为了打发时间，他选择了打磨镜片这个细致的活儿作为自己的业余爱好。就这样，他看门60多年，也把那神秘的镜片打磨了60多年。功夫不负有心人，凭着自己研磨的镜片，这位看门人看到了当时人们尚未知晓的另一个广阔的世界——微生物世界。此后他的声名远播，只有初中文化的他被巴黎科学院授予院士头衔，连英国女王都来小镇拜会他。这位一生磨一镜的看门人就是荷兰科学家列文虎克。

管理者要学会猛虎潜行的本领，沉下心来，默默地、不经意地在修炼中经营和管理企业。"吾不试，故艺"，你会像看门的列文虎克一样获得意想不到的收获，但在这之前，你必须把每片镜片磨好。

叩其两端而竭焉

原文

子曰："吾有知乎哉？无知也。有鄙夫问于我，空空如也。我叩其两端而竭焉。"

译文

孔子说："我有知识吗？其实没有知识。有一个乡下人问我，我对他谈的问题本来一点也不知道。我只是从问题的两端去问，这样对此问题就可以全部搞清楚了。"

读解心得

"叩其两端"就是从事物的多个方面来考察，而不能片面、极端地来看待问题。两端也可以理解为正和反、前和后、因和果等，总之是全面的意思。竭，完全。那么孔子考察问题的方法就是从事物各个方面入手，全面地穷尽各种可能，最终得出结论。这种方法就是做到了"毋意，毋必，毋固，毋我"这"四绝"，即便不能够得出最终的结论，也可以把这个问题看得比较透彻而有所悟了。需要说明的是，"鄙夫"在这里是指地位低下的人。有时候孔子称品质低下的人也叫鄙夫，和这里不一样。

我想，经过这样一番深究、一番讨论，孔子和问话的人都会有所收获，这叫"教学相长"。但前提必须是孔子的谦虚，要遇到一个不懂装懂的人，胡诌一通大道理也可以把人打发了，但那就不是孔子了。

听起来这方法怪烦琐的，其实做出重大决策没有这样的一番研讨绝对是不慎重的。即便是一般的决定，也需要"三思而后行"，多方面考虑，以期减少决策的失误。然而越明白的道理越容易被忽视，尤其一些自视甚高、独断专行的管理者最容易拍脑袋做决策，拍胸脯做保证，事后拍桌子发脾气，属下无辜挨训只好拍屁股走人。这么三拍四拍的，企业还有做头儿吗？

吾已矣夫

原文

子曰:"凤鸟不至,河不出图,吾已矣夫!"

译文

孔子说:"凤凰不飞来了,黄河中没有出现图画,我这一生也就完了吧!"

读解心得

凤鸟指的是凤凰,是一种非常吉祥的鸟。传说凤鸟在舜和周文王时代都出现过,象征着"圣王"将要出世。图,传说上古伏羲时代,黄河中有龙马驮着"八卦图"出现,是"圣人受命而王"的预兆。

孔子说:"凤凰也不来了,龙马也不背着八卦图出来了,我这一辈子算是完了。"孔子为了恢复礼制而辛苦奔波了一生,到了晚年,他看到周礼的恢复似乎已经成为泡影,于是发出了以上的哀叹。

孔子的学说之于政治,则是政治哲学,他就是政治理论家;之于人生,则是人生哲学,他就是哲学家;而他在教育上的成就仅仅是他人生追求过程中重点"副产品",也成就了他是位教育家。这么一位伟大人物晚年还有如此浩叹,何哉?因为他一直致力于把自己的政治学说变成实践,像他的教育那样卓有成就,然而这个理想并没有实现。如果立志做一个经理人,但一生没有遇见好的机会,得不到施展才能的机会,不也会有如此之叹吗?机不可失,失不再来,莫让韶华空流过啊!

子见齐衰者、冕衣裳者与瞽者

原文

子见齐衰者、冕衣裳者与瞽者,见之,虽少,必作,过之必趋。

译文

孔子遇见穿丧服的人、当官的人和盲人时,虽然他们年轻,也一定要站起来；从他们面前经过时，一定要快步走过。

读解心得

齐衰者，就是穿丧服的人；冕衣裳者，就是戴礼帽穿礼服的人，指官员；瞽者，就是看不见的人，也就是盲人。一种是有孝在身，值得同情；一种是官员，要尊重；一种是有生理缺陷的人，要有恻隐之心。所以孔子见到这三种人，不管人家年龄大小，都要"作"和"过之必趋"，就是站起身、正容颜，经过他们身边要快步走过去。

这并不是迂腐的礼节，即便是现在我们也应该这么做。比如，见到公司管理者到你办公室，不起立就是没教养的表现；在公司大院遇见管理者在和客人谈事情，千万不要溜溜达达、东张西望，或者盯着客人看，太失礼了，要加快脚步，赶紧走过去为好。另外，在日常生活中也要注意这一点，我们中国人好热闹，如果是商场搞促销，围观就围观吧，但要是人家办丧事，也去凑热闹就很不礼貌了。街边难免有些生理缺陷的人，如果你走到人家身边，放慢脚步，扭头看，还指指点点，显然是很没素质的表现。

《论语》很多道理都不高深，甚至很家常，这些都是生活细节中显示个人修养的地方。生活中有很多这样的场合，并不必孔子一一指出应该如何做，只要内心充满对别人的尊重，你的行为就不会出格，就不会影响你的个人风度。

仰之弥高，钻之弥坚

原文

颜渊喟然叹曰："仰之弥高，钻之弥坚。瞻之在前，忽焉在后。夫子循循然善诱人，博我以文，约我以礼，欲罢不能。既竭吾才，如有所立卓尔。虽欲从之，末由也已。"

译文

颜渊感叹地说："（对于老师的学问与道德，）我抬头仰望，越望越觉得高；我努力钻研，越钻研越觉得不可穷尽。看着它好像在前面，忽然又像在后面。老师善于一步一步地诱导我，用各种典籍来丰富我的知识，又用各种礼节来约束我的言行，使我想停止学习都不可能。我已经用尽了全力，但好像有一个十分高大的东西立在我前面，虽然我想要追随上去，却没有前进的路径了。"

读解心得

"仰之弥高，钻之弥坚。瞻之在前，忽焉在后"，是说孔子的学问高深，有一种高不见顶、深不见底的感觉；孔子学问坚厚，坚固得难以钻研，厚实得难以钻透；眼前刚刚觉得明白了，过后又觉得糊涂了。这种感觉在我们上学的时候经常会有。老师一讲，好像听得很明白，可一做题，又糊涂了。其实是我们没有完全听懂，等我们完全懂了，一切都感觉很容易。但修仁、修道不同，因为这是需要一生学习的，所以颜回会发出这样的感慨。

企业的学习也是一生的工夫，可能一直处于时而清晰、时而糊涂的境界，尽管如此，企业也绝不能放弃学习。企业学习产生"仰之弥高，钻之弥坚"感觉的原因，是存在彼得·圣吉所说的学习智障。学习智障对孩童来说是悲剧，对企业来说则是致命的。我们使用彼得·圣吉的观点来分析。

（1）限制思考。企业中存在大量的分工，所有工作都需要不同的专业人员来操作，模糊分工的概念在一般的企业尚未形成，目前企业所要求的是合作。这种专业化的工作流程，严重限制了员工接受新知识的欲望，他们非常本能地排斥自己岗位之外的知识。如果管理者具有很强的专业技能，那么他也会自觉地侧重他感兴趣的知识，而不是专注于有用的知识。

（2）归罪于外。任何人都想推卸责任，他们会把不能学习的理由编得非常充分，然后责怪上司或企业的学习机制。他们从来不想学习是为了增长知识，常常把学习当作一种工作来完成，认为是给企业而学。管理者可能犯的毛病是工作太忙，无暇学习。

（3）缺乏积极主动的整体思考。企业或内部的分支单元不是一个思考性的组织，他们仅是为了工作而工作，喜欢按部就班的议事和做事程序。一些曾经有效过的传统观念始终保留着，没有人考虑它的实用性。管理者的日常工作是处理一些琐事，他们甚至比下属更忙，因为他们代替了下属的工作，很难静下心来思考企业的未来。

（4）专注于个别事件。越是个别的事件，越趋于专业化。如果管理者把处理个别事件的方法用于学习，那么他学习的肯定是非管理的知识。这种知识管理者拥有越多，他的决策越不合时宜。

（5）陷入被煮青蛙的境地。当把青蛙放在适宜温度的水中，青蛙不会感到危机的存在，所以当青蛙被慢慢煮死的时候，感觉依然很舒服，从来也没有想到过逃生。企业的员工同样也会这样，当一个企业的文化完全融入员工心中，员工就看不出企业文化的弊端，直到企业面临倒闭，员工依然固守那份清高。舒适的感觉使得员工对新知识不感兴趣。

（6）从经验学习的错觉。有人说，如果你想把一个企业搞垮，那么你就派去一个有40年管理经验的管理者！从经验中学习、提高的同时也会强化经验中那些迂腐的东西。

（7）管理团体的迷思。企业缺少整体思考，并不意味着企业没有思考，纷杂的想法使企业对于学习无所适从。尤其是企业的决策层出现迷思时，如果不预先统一思想，即使学习也毫无用处，甚至可能因为学习而加重迷思。

企业只要有学习智障存在，就会产生"仰之弥高，钻之弥坚。瞻之在前，忽焉在后"的感觉。所以要想成为学习型企业，就必须消除所有的学习智障。

吾谁欺

原文

子疾病，子路使门人为臣。病间，曰："久矣哉，由之行诈也！无臣而为有臣。吾谁欺？欺天乎？且予与其死于臣之手也，无宁死于二三子之手乎！且予纵不得大葬，予死于道路乎？"

译文

孔子患了重病，子路派了（孔子的）门徒去作孔子的家臣（负责料理后事）。后来，孔子的病好了一些，他说："仲由很久以来就干这种弄虚作假的事情。我明明没有家臣，却偏偏要装作有家臣，我骗谁呢？我骗上天吧？与其在家臣的侍候下死去，我宁可在你们这些学生的侍候下死去，这样不是更好吗？而且即使我不能以大夫之礼来安葬，难道就会被丢在路边没人埋吗？"

读解心得

有一次参加一位董事长父亲的追悼会，不知道是哪位秘书写的悼词，把这位死者评价得伟大得受不了，什么"代表中华民族的传统美德""光辉而伟大的一生""中华儿女的杰出代表"云云，也不知道是抄袭哪位名人的悼词。逝者已去，多有溢美可以理解，但太过分了就显得不妥，甚至说句不恭的话就是滑稽了。

对待死亡和葬礼的态度，孔子甚至比我们很多今人都开明。他不主张奢侈，认为主要是内心的哀悼。在本章又一次体现他对自己葬礼超越身份的安排很为反感。本章记载的故事发生在周游列国途中，孔子这次病得不轻，以至于子路认为他老人家不行了，就安排门人做主持丧事的"小臣"。由小臣主持葬礼是诸侯死后才有的规格，所以孔子病情转安后批评了子路的做法，甚至揭子路的老底，算他的旧账，说子路干类似骗人的事情不是一天两天的了。

于生，孔子不违礼；于死，孔子坦荡荡。孔子不享受超出自己身份的礼仪，不以隆重的葬礼来抬高身价，这不仅仅是违礼与否的事情，更显示出孔子对自己思想成就、人生价值的自信。相反，我们见到很多人总是想用一些外在的东西来掩盖自己的浅薄，做了一点小事就四处夸耀以显示自己的功劳，这类人在企业里最不受欢迎。

求善贾而沽

原文

子贡曰："有美玉于斯，韫椟而藏诸？求善贾而沽诸？"子曰："沽之哉！沽之哉！我待贾者也。"

译文

子贡说："这里有一块美玉，是把它收藏在柜子里呢？还是找一个识货的商人卖掉呢？"孔子说："卖掉吧，卖掉吧！我正在等着识货的人呢。"

读解心得

有位南方某报纸的编辑想辞职做个咨询公司，笔者得知她才 24 四岁，就劝她不要随便换工作，更不要随便脱离正规单位。我的考虑，一是这么点岁数对社会了解并不深，自身的能力也未成型，甚至可以说连可以立身的特长都未必有，自己出来做太冒险了；二是现在尽管工作岗位不少，但找个稳定的工作并不太容易，更别说自己喜欢或适合自己的工作了。

其实，每个人都应该把自己看作商品，首先要了解自己的市场价值，如果价值不高就好好学习，能力提高就增加了竞争力；其次要善于包装、宣传自己，把自己真实的才学用最简单明了的方式展示出来；最后，也是最重要的，就是善待自己的顾客，"顾客是上帝"嘛。你的上级肯赏识你，你所在的企业有你的岗位，你就应该尽力而为，不要动不动就换工作跳槽。尤其年轻人总觉得自己机会还很多，信奉"树挪死，人挪活"，不把企业当回事，今天在这里，明天就换单位。其实这样不仅自己难以形成系统的企业知识，还是对个人品牌的很大伤害，弄不好自己这个商品就卖不出去了。

每个人都是"待贾而沽"者，一来买主就要好好对待，但并不排除找愿意出更高价钱的买主，不过前提是你有足够的价值。孔子是一块美玉，等待了一辈子好买主，还周游列国主动出去吆喝，最后还是没有找到合适的买主，平生大志难酬。这是我们都不愿意看到的结果，所以对待工作还是慎重为好。

君子居之，何陋之有

原文

子欲居九夷。或曰："陋，如之何？"子曰："君子居之，何陋之有！"

译文

孔子想要搬到九夷地方去居住。有人说："那里非常落后闭塞，不开化，怎么能住呢？"孔子说："有君子去住，就不闭塞落后了。"

读解心得

刘禹锡的《陋室铭》："山不在高，有仙则名。水不在深，有龙则灵。斯是陋室，惟吾德馨。苔痕上阶绿，草色入帘青。谈笑有鸿儒，往来无白丁。可以调素琴、阅金经。无丝竹之乱耳，无案牍之劳形。南阳诸葛庐，西蜀子云亭。孔子云：何陋之有?"

中国海尔公司在 30 多年前是一个名不见经传的濒临倒闭的集体企业，张瑞敏走马上任时，有人曾劝阻过他，但是他认为自己应该承担起这副重任。虽然嘴上没有"何陋之有"的豪言，但他骨子里却有"君子居之"的潜在意识。张瑞敏凭借着极端负责、破坏与创造相结合的精神，把一个职工不足 800 人的小厂发展成全球最大的家用电器制造商之一，全球很多家庭都是海尔产品的用户。用户的忠诚度与海尔产品的美誉度是紧紧联系在一起的，30 多年间，海尔的无形资产从无到有，2018 年海尔全球营业额达 2661 亿元，跃居中国第一品牌。张瑞敏一直没有停止过对海尔的创造性破坏，在一片废墟上建起世界上增长最快的家电企业。中国原本没有真正的企业，张瑞敏在海尔探索和实践的企业模式将会成为教材。"日清管理法""三只眼""赛马""吃休克鱼"……这些有中国特色的管理术语里蕴藏的哲理和策略一点也不比英文字母缩写的术语差。

《雅》《颂》各得其所

原文

子曰："吾自卫反鲁，然后乐正，《雅》《颂》各得其所。"

译文

孔子说："我从卫国返回到鲁国以后，乐才得到整理，雅乐和颂乐各有适当的安排。"

读解心得

本章记载了孔子晚年的一项工作，就是"正乐"，大概是为《诗经》整理曲子的事情。《诗经》不光是文字，还有乐曲相配，大概当时这些乐曲比较乱，孔子做了一番校正，使得《雅》《颂》的乐曲都和诗篇相匹配了。为什么没说《风》呢？笔者估计《风》是民间歌曲，而《雅》《颂》用于宫廷，更应该注意诗乐相协，所以特别受到孔子重视。孔子整理这些典籍，并非出于个人对文学的爱好，也不是简单的文化活动，而是从国家制度、国家礼仪角度，来整理完善符合周礼的一套规范。孔子有"君子儒"和"小人儒"之说，孔子修订《诗经》实际是从"君子儒"出发的，而同时也成了"小人儒"推崇的经典。

孔子晚年的这些工作，多少有点像某些企业的资料室、档案室管理员做的工作，虽然属于企业文化范畴，关乎企业历史沿革记录等，也是很重要的工作，但对孔子这样的大才来说是不是有点杀鸡用牛刀了？不过，也只有孔子这样的大才才能够把这项工作做得这么完善吧。

其实，企业有很多类似的工作，乍看起来并没有太多实际意义，至少从销售表现来说没有任何作用。但企业和人一样，需要经常沉淀、总结，检讨过去的经营过程，从中找出经验、教训，用以指导未来，其意义非一般经营活动所能比，而这样的工作，不具备一定的战略眼光和足够的经营管理知识又怎么能够做得好呢？

何有于我哉

原文

子曰："出则事公卿，入则事父兄，丧事不敢不勉，不为酒困，何有于我哉？"

译文

孔子说："在外事奉公卿，在家孝敬父兄，有丧事不敢不尽力去办，不被酒所困，这些事对我来说有什么困难呢？"

读解心得

孔子说做到这四件事，就不会有什么难题了。是四件具体的事情吗？不单纯是，这是一种修辞方法，是指以这四件事情为代表的四类事情。

第一类是对待事业，"出则事公卿"，是为国家做事情，泛指社会事务；第二类是对待家庭，"入则事父兄"，是为长辈尽孝，泛指家庭和睦有序；第三类是有关社会风气的事情，比如对待丧事这样的事情，要勤勉、谨慎、恭敬；第四类是个人行为修养，享乐要有度、有节制，比如可以喝酒，但并不能酗酒误事。

对待事业和家庭，孔子在本章没有提出明确的要求，可能是觉得已经是老生常谈的问题了，也可能另有语境，但我们知道孔子对待事业和家庭的一贯态度，也确实无须过多解释。这四方面其实已经几乎全面地概括了和个人息息相关的所有社会问题，也是一个正常人社会生活的绝大部分内容。可以说，即便我们现代人，把这几方面的事情处理好了，也就不会存在什么问题了，生活、事业都会很滋润。

另外，尽管这四方面内容都是侧重个人行为，但实际上也会对社会产生影响。孔子刻意高标准要求自己，并不是单纯的个人修行，而是要为社会树立楷模，以期对社会不良风气有所改变，反映了他积极的入世思想。很多管理者总希望一心做经营，不闻窗外事，这当然也是一种低调的经营理念，但我们不能够忽略企业行为、员工行为对整个社会越来越深远的影响。随着社会的发展，企业作为社会组织的重要成员，在社会生活、文化观念、道德引导等方面的作用越来越大。往往一家企业的文化会影响整个行业，甚至通过稳定增长的消费者影响整个社会的观念。同时，企业文化又必须不断适应社会观念的变化，既不能够落后于时代，又不能过分超前。企业文化与社会文化的相互关系必将成为一个重要的研究课题。

逝者如斯夫

原文

子在川上，曰："逝者如斯夫！不舍昼夜。"

译文

孔子站在河边上，说："过去的就像这河里的水一样，日夜不停地流啊！"

读解心得

"逝者如斯夫"应理解为珍惜时间。"莫等闲，白了少年头，空悲切。"时间飞逝，人生易老，所以，一个人要想取得成功，就必须珍惜时间。

"逝者如斯夫"的另一种理解是：要像流动的水一样，"苟日新，日日新，又日新"。所以我们一刻也不能停止，满足于今天的成就就是落伍，要自强不息。海尔集团"日清日高管理法"，就是一个"苟日新，日日新，又日新"的典型模范。所谓"日清日高管理法"，就是全面地对每人每天所做的每件事进行控制和管理，要求全体员工"日事日毕，日清日高"，今天的工作必须今天完成，今天完成的事情必须比昨天有质的提高，明天的目标必须比今天更高。

"逝者如斯夫"还被理解为孔子对逝去、先人的道德表示追怀。孔子面对着流逝的河水说："看，先人的道德就像这流逝的水，那么清莹高尚、谦下无私，而又像水一样地流走了，我们再也见不到了。"

有人曾评价说，在整部《论语》中最富有哲理的就是这一章了，无论如何理解，"逝者如斯夫"对企业的管理者和员工都应有所启迪，有所助益。

吾未见好德如好色者也

原文

子曰："吾未见好德如好色者也。"

译文

孔子说："我没有见过像好色那样好德的人。"

读解心得

卫灵公宠信一个非常漂亮的夫人叫南子，以致南子专权，国政败乱。有一次卫灵公带着南子驾车出游，孔子就是在这种场合下说的这句话。

色，不单纯是指女色，而是指人天生就喜爱的可供享乐的所有事物，侧重泛指肉体享乐。这些东西是人天生就追求的，不需要什么外力的影响，甚至外力想影响它也影响不了。比如爱吃好吃的、爱喝好喝的、爱穿好看的，都属于这些。而人对于学习、对于自身修养的兴趣就需要后天培养，甚至和"好色"还相互矛盾。像学习吧，就是苦差事，日语中的学习借用汉语的"勉强"二字，看来是很形象的。

孔子曾说过："知之者不如好之者，好之者不如乐之者。"好之和乐之对于享乐的东西来说是太容易做到了，而对学习和修行就很难做到，所以孔子很感慨"吾未见好德如好色者也"，并不是单纯对卫灵公发发牢骚而已。

管理者最希望所有员工都能够把工作当成本能的需求，像"人是铁饭是钢，一顿不吃饿得慌"那样，一时不干活就觉得不舒服。这听起来好像不太可能，但在生活中却不难发现这样的人。有一次傍晚遛弯，笔者看见一个负责设备维修的员工单手扶着自行车把，一手拿着馒头往嘴里塞，慌慌张张往厂区赶。我喊："刘师傅！"他说："设备出故障了，我去看看！"其实那时候不是他当班，估计才开始吃饭就听说了这件事情，饭也不吃就赶过来了。刘师傅是劳模，这样的事情太多太平常了。他不仅对自己的分内工作负责，对本可以不管的事情也放不下，别说把工作当成吃饭一样重要了，他甚至做到了比吃饭都重要。孔子没有见到"好德如好色者"，我却见了不少"好工作甚于好色者"。

譬如为山，譬如平地

原文

子曰："譬如为山，未成一篑，止，吾止也。譬如平地，虽覆一篑，进，吾往也。"

译文

孔子说："拿堆山来说，离完成只差一筐的时候，只要你停了下来，那么你就永远停止了；拿平整土地来说，哪怕只倒了一筐，只要你趋进，那么你就是在进步。"

读解心得

一切进德修业，都必须有锲而不舍的精神。有人说，天下最大的敌人就是自己，加强个人修养的过程就是战胜自己的过程。英雄可以征服天下，未必能征服自己；圣人不想征服天下，但是能够征服自己。

生活中，我们经常做一些"譬如为山"的事。在我们马上接近目标的时候，由于一个不经意的疏忽，我们放弃了努力，也就前功尽弃。生活中同样也有一些"譬如平地"的事，愚公移山就是一个典型的寓言。

做企业同样需要这种"譬如平地"的愚公精神。因为再如何设想，如何把企业战略做得天衣无缝，机会也不一定就在前面。但是无论如何，我们都不能放弃，"虽覆一篑，进，吾往也"，要加强企业各个环节的过程控制。由于企业是一系列管理系统的综合，所以以过程为中心地控制，就是要求每个员工在深入了解团队合作、协调工作和独立工作之间的关系后，能够主动地完成并改进自己的工作。企业就是在每个员工、每个过程"进"的努力中，得到了"吾往也"的效果。

企业能否发展与成长，关键不在于客观环境、社会因素，而在于我们本身的态度，在于企业的每个员工、每个过程是否形成了"我们是一个整体"的价值观和行为规范。一切影响企业发展和成长的因素都是我们自己造成的。企业周围的大雾，也许永久存在，但是我们的心中应该没有大雾，只有目标，像愚公那样，一定要把大山挖平。只有这样，我们才会感动上帝，上帝不是别人，就是那些忠实于我们的顾客。

语之而不惰者

原文

子曰："语之而不惰者，其回也与！"

译文

孔子说："听我说话而能始终不懈怠的，大概只有颜回吧！"

读解心得

可能有好多弟子在听孔子长篇大论的时候，免不了打个哈欠什么的，可颜回总是精神百倍，兴致盎然。这不仅说明颜回很好学，也可以看出来他很有礼貌。如果老师在教室前面讲，你在下面打哈欠睡觉，老师会很扫兴，觉得很不受尊重。当然，老师也要注意讲话的内容和大家听课时的反应，讲得很枯燥，学生又有点累，老师还喋喋不休，也不好。

见其进，未见其止

原文

子谓颜渊，曰："惜乎！吾见其进也，未见其止也。"

译文

孔子对颜渊说："可惜呀！我只见他不断前进，从来没有看见他停止过。"

读解心得

孔子对颜回的赞扬最多，也最动感情。一方面，颜回确实是好学之人，深得孔子喜爱；另一方面，和颜回的早逝也不无关系。人们在回忆死者的时候，总喜欢回忆他美好的一面，甚至有意掩饰他的一些小毛病。再者，把一个不会犯错误的人树为榜样，也是一种策略。

忽然想到一个朋友，他在某民营企业做销售主管，在如日中天的时候突然辞职。笔者问他，他说："那个老板不好处，就我所知道的和他能够长久相处的人基本没有。时间长了，我和他必然要出现矛盾，与其那时候我灰溜溜地离开，不如我现在光彩地走人。"原来这是见好就收啊！他的这种做法多少有点无奈，甚至不为我们所提倡。但正如他所说，"如果注定要分手"，那在没有矛盾之前离开恐怕是最好的选择。这样，不仅永远没有"劣迹"可寻，而且管理者还会时时想起他的好处，甚至员工也会说："当初某经理在的时候如何如何。"都是一片赞扬声，也算是一个选择吧。

苗而不秀者有矣夫

原文

子曰："苗而不秀者有矣夫！秀而不实者有矣夫！"

译文

孔子说："庄稼有只长苗而不开花的吧！有开了花却不结果实的吧！"

读解心得

从孔子对颜回的感慨中，我们体会到，不是所有的努力都有结果，不是所有的努力都会成功。在企业中，无论是管理决策还是技术创新，都可能出现失败，尤其是进取心很强的企业，失败的概率更大。该如何看待失败呢？首先是尽量避免，一旦失败到来，就要善待失败。

当今商业运营的快速变化要求人们敢于在吉凶莫测的情况下行事，这就意味着有时要栽跟头。也就是说，在某些方面我们永远不能肯定事情的结果是成功还是失败，比如某种新产品的开发。20世纪40年代初，发明家埃德温·兰德研制成功了一种免除冲洗程序、能即拍即现的快照技术。他想把这技术卖给柯达公司，但遭到了柯达高层管理者的拒绝。后来，宝丽来公司采用了他的技术，制成了轰动一时的宝丽来即拍即得相机。这时，柯达公司的管理者才悔悟，虽然采取了许多补救措施，但为时已晚，丧失了这一巨大商机。

成功对于你认识自己的优势有特殊的价值，但是你如果开始自满，失败的种子也就开始萌发。而失败的经验教训同样会对你认识自己起到促进作用，与成功经验所不同的是，你会认为自己有许多做不到的事情，你深刻地体会到自己有所不能。从这一点看，失败比成功更有价值。

企业渴望成功，因为只有在成功中企业才能得到快速的发展和成长。然而企业不可能总是成功，就像孔子说的那样："苗而不秀者有矣夫，秀而不实者有矣夫。"哈佛商学院教授约翰·科特说："我可以想象，假如20年前有一群董事在商定一个重要职务的人选，有人说，这家伙曾经犯过一个大错误，其他人肯定会说，这可不是好兆头。然而在今天，如果还是这群董事在商定一个候选人，有人会说，这家伙让我担心，因为他从未有过失败。"如果你的企业想生存下去，那么你就允许失败并善待失败。

后生可畏

原文

子曰："后生可畏，焉知来者之不如今也？四十、五十而无闻焉，斯亦不足畏也已。"

译文

孔子说："年轻人是可敬畏的，怎么知道他们将来赶不上现在的人呢？一个人如果到了四五十岁的时候还没有什么名望，这样的人也就不值得敬畏了。"

读解心得

"后生可畏"是一个著名的成语，不仅激励年轻人要好好学习，而且激励老年人不要懈怠，否则年轻人就会超越他。

孔子说后生可畏，并不是说年轻人可怕，而是说年轻人通过学习一定会超越我们。如果一个人活到四五十岁还没有成就，这个人就值得怀疑了。为什么呢？这个人肯定是一个不爱好学习或没有道德修养的人，"白了少年头，空悲切"。

我国整个企业界还处于幼稚期，能否"可畏"，必须看接下来的表现。也就是说，从年龄的角度讲，我们还不具备做大事的能力，正是潜心学习的阶段，我们不能以脆弱的身体与世界上的大力士们抗击。只有当每个行业都突现出4~5家顶尖企业的时候，我们的体能或体魄才具备了后起勃发的能力。

每家企业应潜心研究世界上成功与失败的企业，虚心向他们学习，吸收所有成功企业的经验，总结失败企业的教训；必须走的道路绝不寻找捷径，比如企业的基础管理一定要做扎实，可以走捷径的也绝不能重复前人的失败和错误。千里之行，始于足下。百年基业，始于点滴之行。企业的管理者必须亲自参与到实际的运营中去，绝不能以一种若即若离的态度来经营企业；必须让员工以实事求是的态度审视企业，让他们放眼所有的竞争对手，而不仅仅是企业内部。

企业发展是许多人共同努力的结果，绝不是一两个管理者个人的事情。管理者除了要具有领导全体员工共同前进的能力外，还必须注重各级接班人的发现和培养。要不拘一格地大胆起用年轻人，给他们成长的机会，时刻记着"后生可畏"。后生既是企业目前的财富，也是企业可持续发展的保证。

说而不绎，从而不改

原文

子曰："法语之言，能无从乎？改之为贵。巽与之言，能无说乎？绎之为贵。说而不绎，从而不改，吾末如之何也已矣。"

译文

孔子说："合乎礼法原则的话，能够不听从吗？但只有按它来改正错误才是可贵的。恭顺赞许的话，听了能够不高兴吗？但只有分析鉴别以后才是可贵的。只顾高兴而不加以分析，表面听从而不加以改正，我也没有什么办法来对付这种人了。"

读解心得

法语可不是法国话，法是法则、礼法、规矩，法语就是有道理的话，法语之言，泛指合理化的批评或建议，这样的意见能不听从吗？但口头听从了，内心并没打算改，就没意义了，所以"改之为贵"。巽，恭顺、谦逊。与，称许、赞许。所谓"巽与之言"，就是赞扬你的话、吹捧你的话，这样的话当然都很愿意听，但听了之后要加以分析。绎，本义是抽丝，引申为寻究事理，分析鉴别以便判断真假是非。如果这两点做不到，孔子说："我也不知道有什么办法啦！"有专家把"巽与之言"解释为委婉的批评，尤其指晚辈对长辈、下级对上级很艺术性地劝导。我看也很符合本章的语境，也就是说孔子列举的这两种情况实际上是对待两种不同形式的批评，语意也很顺畅。

很多老板面对下属的批评，可以当面口头应承下来，这是比较容易做到的，还可以树立从谏如流的好形象。无论能不能改正，这一做法当成作秀也可一试；口头答应了但不能改正的，大约有三种原因。一是根本没有认识到错误，只是口头上让下属满意一下而已，乃虚伪之举；二是没有勇气真正承认错误，是个人德行修养不够的表现；三是不想付出改正错误的代价，是见利忘义，是品行问题。如果你遇见这样的管理者，你会怎么样呢？大概也会感到无奈，叹息道："吾末如之何也已矣！"

毋友不如己者

原文

子曰："主忠信，毋友不如己者，过则勿惮改。"

译文

孔子说："君子应该亲近忠诚和讲信义的人，不要和不如自己的人交朋友，有了过错不要害怕改正。"

读解心得

这句话在《学而》里"君子不重则不威"中有，读者可以翻看《学而》中第章节的详细解释。

匹夫不可夺志也

子曰："三军可夺帅也，匹夫不可夺志也。"

孔子说："一国军队，可以夺去它的主帅；但一个男子汉，他的志向是不能强迫改变的。"

一个人的志向就是他生存的精神支柱。任何人都有志向，只是大小不同、道德取向不同罢了。一个有气节、有追求、有抱负的人的志向定下后，任何事情都不会使他动摇。15 岁的刘胡兰看到 6 位同志惨遭敌人杀害，面对着血淋淋的铡刀，从容不迫地问敌人："我咋个死法？"气急败坏的敌人怒吼着："和他们一样！"刘胡兰勇敢地走向铡刀。这种为了人民的解放视死如归的英雄主义气魄，是不可动摇的。所以我们说，匹夫之志不可夺。只要我们加强修炼，我们的志向必然会朝着道德方向发展。

在企业中，员工会有各种各样的想法和看法，他们对企业的需求满意度不尽相同，所以他们的工作态度、努力程度、工作效果等也不尽相同。虽然许多员工的想法和看法还算不上什么志向，但是任何人、任何组织也无法夺去它，所以企业在用人的时候，必须考虑到员工的喜好。在此之前，企业必须确定企业的道德标准，这个道德标准必须高于社会的道德标准，只有这样企业才能承担起社会的责任，才能回报社会。同时，这个标准也不是呆板的、教条的，应该是机智灵活的、具有很强的可操作性的。在企业中，凡是员工的道德标准取向符合和接近企业道德标准的，企业就应当毫无条件地去满足他；相反，企业则应该尽量改造他。

不要轻易地鼓励员工应该如何，避免使员工像子路那样到处显耀自己的德行，使优秀的德行变得庸俗。更不要轻易地开除员工，一般来讲，被开除的员工都是损害企业利益的人，这些人未进行改造就被抛弃，他们可能会加剧损害行为而危害社会。如果是这样，企业岂不是没有尽到社会责任吗？当然，对于屡教不改者，也绝不姑息迁就，应劝他自动出局。

不忮不求，何用不臧

原文

子曰："衣敝缊袍，与衣狐貉者立，而不耻者，其由也与？'不忮不求，何用不臧？'"子路终身诵之。子曰："是道也，何足以臧？"

译文

孔子说："穿着破旧的丝棉袍子，与穿着狐貉皮袍的人站在一起而不认为是可耻的，大概只有仲由吧。（《诗经》上说：）'不忌妒，不贪求，为什么说不好呢？'"子路听后，反复背诵这句诗。孔子又说："只做到这样，怎么能说够好了呢？"

读解心得

衣锦还乡其实是一种显摆，用华美的衣服来显示自己的成就。有点成就显摆一下也无可厚非，人都有虚荣心嘛。久贫乍富的人喜欢显摆，其实是掩盖过去的窘迫、宣示现在的富足，有时候表现得就很难看，被人称为暴发户心态。而真正有钱有身份的人反而看不上这些，反而怕人家说自己有钱。如果一件平常的衣服，穷人穿或许会觉得怕人笑话，暴发户穿或许会担心别人不知道自己已经富裕起来了，而真正有钱有身份的人反而不在乎这些。因为他穿得再便宜，也不会担心别人以为自己穷，这是一种自信。

子路更厉害，他是穿着破旧的丝棉袍子，与穿着狐貉皮袍的人站在一起，而不认为是可耻的。所以孔子引用《诗经》上的话称赞他。子路率真得很，听了老师的夸奖，得意地把这两句诗当座右铭天天背诵。孔子看他得意忘形的样子，又批评他说："只是做到这些，难道就足够好了吗？"

孔子对子路提出更高的要求，对企业经营来说非常有参考价值。他并没有明确指出更高的要求是什么，但我们可以从言语里看出来，"不忮不求"只是个人修炼的境界，对于积极入世的孔子来说这仅仅是基础，远远不是目标，目标应该是追求对社会的贡献，即实际政治成绩。

同样，企业仅仅做到不和别人攀比，不做对社会有害的事，也是远远不够的，企业的目标首先要创造财富，而不仅是企业自身建设得多么完善。但仅仅创造社会财富就足够好了吗？也不是，还要有社会责任感，作为社会一员，通过自身文化建设对社会文明产生积极影响。

当然，企业的目标即便不是为社会做义务，但通过影响社会道德观念、价值观念，也可以使企业形象建设达到非同一般的高度，和社会潮流融合在一起。当企业文化被社会所认可、所兼容，那么这个企业的影响力可想而知。

岁寒，然后知松柏之后凋也

原文

子曰："岁寒，然后知松柏之后凋也。"

译文

孔子说："到了寒冷的季节，才知道松柏是最后凋谢的。"

读解心得

松柏，在平常的时候，被淹没在茫茫绿色里，和众多其他树木一样，并看不出有什么特别。然而等到天寒秋风扫落叶时，才让人发现了松柏依旧长青，原来它们这么不同凡响！

这里有两层意思，一是，松柏不随波逐流，而且能够经受各种各样的严峻考验。人的意志、品质、才能，也是在最困难的时候，才得到真正的检验。二是，松柏在平时被埋没时默默无闻、毫无怨言，而在关键时刻仍然义无反顾坚持原则，显示出高洁的品质。

在企业发生困难、危机的时候，是最能够检验一个人的操守的时刻。被埋没的人往往在这个时候袖手旁观，甚至幸灾乐祸，以显示这是不重用自己的后果。我们当然可以指责企业用人制度和识才水平，也可以为被埋没的人出主意跳槽，但一个对企业有信心，同时对自己更有信心的人，却能表现出常人所达不到的涵养和操守。在平时勤勉工作，不肯懈怠，在关键时刻挺身而出，救企业于危难。这样的人最终无疑会成为企业的栋梁，也将得到其他员工的钦佩。

孔子这句话文采飞扬，修辞绝妙，含义深刻，发人深省，所以成为许多仁人志士的自勉名言。

知者不惑

原文

子曰："知者不惑，仁者不忧，勇者不惧。"

译文

孔子说："聪明人不会迷惑，有仁德的人不会忧愁，勇敢的人不会畏惧。"

读解心得

聪明的人不会有疑惑，这里的聪明并不一定是指天资聪颖，也包括后天的学习体悟，这样的人可以明达事理、举一反三，当然不会有什么疑惑了。仁德的人不会有所忧虑，因为品德高尚，既无害人之心，又无利己之私，这样的人会有什么忧虑呢？勇敢的人无所畏惧，这个勇者不是鲁莽，而是有胆识、有能力。

《礼记·中庸》说："知、仁、勇，三者天下之达德也。"这三种品德集于一身，就可以不受各种意见和事物迷惑，不为利害所累，同时又具有济世之能，自然是理想化的人物了。虽有一点理想化，但仔细考究，却是一个管理者或经理人缺一不可的必备品质。如果一个人不够明智，或者被错误观点影响，或者被事物假象迷惑，又怎么可能做出正确的决断呢？如果管理者只考虑自身利益，经理人私心特重，又怎么可能树立威信从而有所作为呢？经营企业既需要魄力，又需要能力，这正是"勇者"的要求。试想，如此"知、仁、勇"哪个是可以缺少的呢？

可与共学，未可与适道

原文

子曰："可与共学，未可与适道；可与适道，未可与立；可与立，未可与权。"

译文

孔子说："能够一起学习，未必能一起找到达到'道'的门径；能够找到门径，未必能确定出具体方法；能够确定方法，未必能灵活运用。"

读解心得

我们可以设想一下企业的管理流程，首先是通过自身学习磨炼，掌握一定管理知识，这样才有可能找到适合企业的发展路径，然后就要确立与其相适应的发展模式和制度规范。有了模式和规范就一劳永逸了吗？显然不是，因为在经营过程中还必须结合市场变化和企业发展情况来进行适应性的变革。粗略地说，一个企业的发展实际上也就是这么多内容范畴了，概莫能外。

孔子在本章中以其特有的语言方式，逐一说明了这几个层次的重要性。

确实，企业做研究、做考察，其目的就是找到既适合自己又适合市场的企业战略。并不是说只研究、考察就够了，如果不明确目的，就会为考察而考察、为学习而学习，又有什么意义呢？我们知道，即便能够准确把握和制定企业的发展方向，而缺乏相应的制度规范、战术举措，那么企业发展也将成为空谈。根据企业基础和市场状况，终于制定出企业发展的步骤、模式和具体方法，但在企业发展过程中必然有些东西未必能适应新形势的要求，于是"权变"就显得异常重要。

未之思也，夫何远之有

原文

"唐棣之华，偏其反而。岂不尔思？室是远尔。"子曰："未之思也，夫何远之有？"

译文

古代有一首诗这样写道："唐棣的花朵啊，翩翩地摇摆。我岂能不想念你吗？只是由于家住的地方太远了。"孔子说："他还是没有真的想念，如果真的想念，有什么遥远呢？"

读解心得

本章引用这几句诗，其实是为了表现孔子的评语。孔子真是多才，他评论诗的情况在《论语》也有不少的记载，不过怎么没人把孔子列为"文学评论家"呢？当然并不是评论几首就可以成家，但在那个时代有文字记载的诗评确实不多，孔子应该算是一个这方面的专家了。

不过，孔子的评论多能突破艺术评论的范畴，让人联想到他可能另有所指，比如本章的评论，我们可以结合他的另一段话"仁远乎哉？我欲仁，斯仁至矣"来理解。他的意思还是说追求知识、德行等要真心实意，而不要找借口。如果有人说："这么理想化的企业简直难以达到！"你可以用孔子的口气说："不是难以达到，是你根本没打算那么做罢了！"

乡党第十

孔子于乡党

原文

孔子于乡党，恂恂如也，似不能言者。其在宗庙朝廷，便便言，唯谨尔。

译文

孔子在家乡时，非常恭顺，好像不太会说话的样子。他在宗庙和朝廷里，说话明白而流畅，只是说得很谨慎。

读解心得

本篇说孔子在家乡地方上的时候显得很温和恭敬，像是不太会说话的样子；可是一到了宗庙里、朝廷上，他却十分善于言辞，只是说话比较谨慎。这说的其实就是孔子在生活中和工作中的不同表现。实际上，我们也时不时会遇到这样的人，平时看不出他多么善于言谈，可是一旦做起报告来却是有理有据、声音洪亮，还十分有感染力。

从《论语》的记述来看，孔子十分健谈、机智灵敏，甚至不乏幽默细胞。可是你有没有想过，在自己的父老乡亲面前，他为什么那么低调，表现得像是不善言谈一样？在笔者看来，也许有两个原因。其一是家乡有自己的长辈和亲朋好友，为了表示对他们的尊重，所以孔子在他们面前一直保持谦逊低调的姿态；其二是当和父老乡亲们相处的时候，并没有什么大是大非的原则性问题，因此自然也就没必要和他们去辩论。在企业里也是同理，当你和同事、普通员工相处之时，你所处理和讨论的都是操作层面上的事，通常不会涉及什么大的原则性问题。老话说"言多必失"，凡事都去争辩的话，实在是多此一举，还会显得过于张扬，容易引起大家对你的反感。

不过，如果是在会议室开会议事，就很难再做老好人了。作为一名有责任感的管理者，对工作上的事情一定要知无不言、言无不尽。说话做事出于公心，心中无私，就可以做到问心无愧、从容不迫。当然，最关键的一点是"唯谨尔"，也就是说话要讲究分寸，在自己考虑尚不周全的情况下，切忌随便发表意见。这不但是对企业负责，同时也是善于保全自己的做法。

侃侃如

原文

朝，与下大夫言，侃侃如也；与上大夫言，訚訚如也。君在，踧踖如也，与与如也。

译文

孔子在上朝的时候，（国君还没有到来，）同下大夫说话，显得温和而快乐；跟上大夫谈话时，显得正直而恭敬。君主临朝时，他显得恭敬而不安，走起路来却又安详适度。

读解心得

在现代企业里，虽说不提倡"官本位"，但大家还是很在意职位的高低。一位公司的副经理，通常都不乐意听到别人称呼他为"副"经理。因此，在企业里我们和不同身份的人在一起的时候，该放松的时候要放松，体现你平易近人；该恭敬的时候要恭敬，体现你尊重对方。

和同级或下级在一起的时候，发表意见可以轻松随意地侃侃而谈，甚至开一些无伤大雅的玩笑都没问题。如果天天都是板着脸，会给人留下不好说话的印象，甚至可能会觉得你太过傲慢，看不起别人。而当与比自己身份高的人在一起的时候，则要"訚訚如也"，即恭敬正直，不卑不亢，切勿过多地展现你的幽默，否则会让你的上级觉得他们的威信不足，那样会伤及他们的自尊。假如企业的大老板在场，则要对他表现出一副敬畏的样子来，处处小心谨慎。不过，对上级的尊重也要把握好分寸，否则就变成了谄媚，那就不是职业经理人应该有的品格了。

以我们现代人的观念来看，孔子的做法似乎有些拘泥于教条，现代人普遍喜欢展现出自己的个性，那么，这是否意味着我们可以不分场合地为所欲为呢？实际上，这样做对自己并不能带来什么好处。我们在企业里工作，处理人际关系的重要性不言而喻，要是处理不好，即便能力再强，也难以取得业绩。不过，搞好人际关系并不是让你一味地讨好献媚别人，而是说不要过于张扬自己的个性。要现实一点来看待问题，即便这样做未必符合现代某些理论，但如果企业存在这样的环境，我们首先就要去适应，不适应就谈不上改变。这不仅是处世之道，也是企业管理的原则和艺术。

君召使摈

　　君召使摈，色勃如也，足躩如也。揖所与立，左右手，衣前后，襜如也。趋进，翼如也。宾退，必复命曰："宾不顾矣。"

　　鲁君召孔子去接待使臣宾客，他的脸色立即庄重起来，脚步也快起来。他向和他站在一起的人作揖，手向左或向右作揖，衣服前后摆动，却整齐不乱。快步走的时候，像鸟儿展开双翅一样。宾客走后，他必定向君主回报说："客人已经不回头张望了。"

　　接待工作可以说是一家企业的门面，现代企业对此相当重视，有些甚至将其提升到企业文化、企业形象建设的高度。那么，企业的接待工作应该注意哪些方面呢？本篇说的是君主召来孔子，让他去负责接待外宾，细节描写十分详尽，尽管距今年代久远，但我们读来仍如在眼前。可见，中国人的传统有许多方面一直传承到现在，并没有发生太大的变化。

　　首先，接到任务后，应该立刻严肃对待，即使这个任务你早已成竹在胸，也不要急于表现出来。这样一来是体现你对这项工作的重视，二来也体现了你对管理者的尊重，让他看到你对这个工作的重视程度。试想，假如你接到工作后还是嬉皮笑脸的，他怎么能放心把工作交给你呢？

　　其次，在迎接客人的时候，一定要主动快步迎上去，脚步一定要轻盈，展现你对客人的欢迎和尊重。要是你远远地看到客人走过来了，却还站在原地不动，这样是很不礼貌的，搞得好像人家来拜见你似的。此外，如果你迎上去的脚步慢吞吞的，看上去好像带着不情愿的情绪，客人就会感到不舒服。

　　在和客人见面以后，要互相问好、行礼，如果来宾的人数较多，那么在打招呼、行礼的时候一定要兼顾左右。孔子在向宾客施礼作揖的时候，袍袖上下飘舞，风度大方而自然。在现代社会中，人们不流行作揖，也没有古代那么漂亮的大袖子，但和客人握手的时候也要掌握好尺度，既不能太过死板，没有半分热情，动作幅度也不能过大，做得太夸张。

陪同客人参观的时候，走路要既快又稳健，孔子当时衣袖翩然，显得雅致有度。尽管现代人已经没办法做到这个程度，但同样也要注意仪态大方。

最后，接待完毕，逐个送走客人，记得一定要回去向你的管理者交差、复命，汇报一下任务完成的情况。千万不要等着他来召见你，那样你就陷入被动了。因此，在完成上级交办的工作时，一定要在第一时间主动汇报。而且，不光是接待工作，其他工作也是一样，都要及时向上级主管汇报进展和结果。

入公门

原文

入公门，鞠躬如也，如不容。立不中门，行不履阈。过位，色勃如也，足躩如也，其言似不足者。摄齐升堂，鞠躬如也，屏气似不息者。出，降一等，逞颜色，怡怡如也。没阶，趋进，翼如也。复其位，踧踖如也。

译文

孔子走进朝廷的大门，谨慎而恭敬的样子，好像没有他的容身之地。站，他不站在门的中间；走，也不踩门槛。经过国君的座位时，脸色变得庄重起来，脚步也快起来，说话的声音低微得像气力不足似的。他提起衣服的下摆走上堂去，显得小心谨慎，憋住气，好像不呼吸一样。走出来，下了一级台阶，面色舒展，怡然和乐。走完了台阶，快快地向前走几步，姿态像鸟儿展翅一样。等站到自己的位置上，又是恭敬而不安的样子。

读解心得

一个人不张扬的品质最难得的是能够通过和管理者相处这一关，特别是在得到管理者赏识的时候，很容易由于太熟而失去礼仪。我们可以看看本篇中描写的孔子当年入朝晋见国君的情景，有着一套相当烦琐的流程，简直跟表演一样。不过话说回来，古代的礼仪本就带有明显的表演性质，就算到了现代，礼节在很多时候也是为了表演，"演礼"这个词就是这么来的。在现代社会，我们要和管理者见一面自然比古代见国君简单多了，但是一些基本常识性礼节还是必须注意，这不仅可以显示你对管理者的尊重，也是你个人品德修养的体现。

首先，一定要有个恭敬的态度，虽然进门时不用鞠躬了，但也切勿昂首阔步、一副吊儿郎当的形象；不要在路中间或者大门的中间停留，那样既会挡住别人的路，看上去也很不雅观；千万不能站在门槛上面，尽管现在的建筑里几乎看不到门槛了，可是门槛的位置也是不能站。有一些公司里的副总、总监等高层管理者，喜欢和最高管理者称兄道弟，一手推开办公室的门，侧身站在门口就开始说话了。这种做法很不恰当，已经不单纯是礼貌问题了，在这种场景下谈工作，也不利于保密。至于快步行走，其实不仅是见管理者应该这样，即使是平时也要尽量加快节奏，这样人才会显得精神，也能充分显示出对工作的重视。

此外，和管理者谈完以后回到自己的办公室，应该及时总结，仔细回忆一下刚才管理者说过的话，认真领会精神，及时准备开始实施下一步的计划。总之，要以严肃认真的态度对待管理者，不要一回来就忙着和下属闲聊。因此，我们现在再来看孔子那种"复其位，踧踖如也"的态度，就会明白他并不单纯是为了表示尊重，更多的是在考虑与国君的谈话内容。

执圭，鞠躬如也

原文

执圭，鞠躬如也，如不胜。上如揖，下如授。勃如战色，足蹜蹜如有循。享礼，有容色。私觌，愉愉如也。

译文

（孔子出使到别的诸侯国，行聘问礼时）拿着圭，恭敬而谨慎，好像拿不动一般。向上举圭时好像在作揖，向下放圭时好像在交给别人。神色庄重，战战兢兢；脚步紧凑，好像在沿着一条线行走。献礼物的时候，和颜悦色。私下里和外国君臣会见时，则显得轻松愉快。

读解心得

本篇讲的是孔子出使到国外的情景。在古代，使者出使时要"执圭"，"圭"是一种上圆下方的玉器，君臣在出席典礼时要拿在手上。孔子在出使外国时恭恭敬敬地拿着"圭"，仿佛一副举不起来的样子，表现得小心翼翼，相当重视使命；在举着"圭"的时候好像在作揖，在放下来的时候，好像要递给别人东西一样。他的表情十分庄重，脚步谨慎，好像脚下有一条线一样。在接受礼物时，表情也很庄重，显得非常重视和珍惜。而在私下会见的时候，则十分轻松愉快。

当我们到别的企业出差时，也同样要注意以下几点。一是在态度上要认真严肃对待这项差事，就像孔子举圭那样郑重其事。二是在和对方相处的时候，脸上的表情要保持庄重谨慎，行动快捷有序。虽然不一定非要像走猫步那样直，但切记千万不要摇摇晃晃、东张西望，那样会显示出你的无知和无礼。在接受对方礼品馈赠的时候，一定要表现出非常重视的样子，切勿嬉皮笑脸，随意地接过来后就顺手放到一边。以上说的这些都是在工作场合，如果是私底下的会面，则可以适当放轻松点。

到别的企业办事，对方对你企业的印象主要直观的信息源就是来访者本人，也就是常说的"代表企业形象"了，不可不慎重啊。

君子不以绀緅饰

原文

君子不以绀緅饰，红紫不以为亵服。当暑，袗絺绤，必表而出之。缁衣，羔裘；素衣，麑裘；黄衣，狐裘。亵裘长，短右袂。必有寝衣，长一身有半。狐貉之厚以居。去丧，无所不佩。非帷裳，必杀之。羔裘玄冠不以吊。吉月，必朝服而朝。

译文

君子不用青中透红或黑中透红的布做镶边，红色和紫色不用来做平常家居的便服。暑天，穿细葛布或粗葛布做的单衣，一定是套在外面。黑色的衣配羔羊皮袍，白色的衣配小鹿皮袍，黄色的衣配狐皮袍。居家穿的皮袄比较长，可是右边的袖子要短一些。睡觉一定要有小被，长度是人身长的一倍半。用厚厚的狐貉皮做坐垫。服丧期满之后，任何饰物都可以佩戴。不是上朝和祭祀时穿的礼服，一定要经过裁剪。羊羔皮袍和黑色礼帽都不能穿戴着去吊丧。每月初一，一定要穿着上朝的礼服去朝贺。

读解心得

本篇写的是一些在衣着上的讲究，看上去真是很麻烦，确实让很多人头疼，那么孔子本人一定都会按照这样做吗？我看未必，因为通过这些描写来看，服饰都太奢华了，不是一般人能够做到的！孔子年轻时过的是平民的生活，后来有二十来年的时间是在外漂泊，很多时候连吃饭都成问题，怎么可能有条件这么讲究。因此，这些标准应该是周礼对于从政人员的要求，不是记录孔子的生活细节。想清楚了这一点，本篇开头所写的"君子"就不难理解了，它指的是从政者，而不是像一些专家解释的那样是衍文。

不过，对现代的经理人来说，这些繁文缛节已经没有太大的实际意义了，我们应该传承的是这种注重仪表仪态的精神。在正规的场合穿着应该庄重，在工作时间就穿工装，在家休闲的时候可以随意一点，但也要注意仪态端庄，不能太过随意。这不仅是养生的要求，也是个人修养的体现。曾经有这样一则故事，某家公司的一位高级经理下班回到家以后，已经换好便装，突然想起有件事情需要打电话向自己的下属交代。他立刻换上工装，一本正经地拨通下属的电话，以示对这件事的尊重。虽然对方在按电话的时候肯定看不到他穿的是什么衣服，但这位经理的做法确实令人敬佩。中国人向来讲究"慎独"，这位经理确实具备了这种修养。遗憾的是，有许多管理者并不喜欢这样迂腐的礼节，他们似乎更热衷于展现自己"运筹被窝之中，决胜千里之外"的英雄气概，风范不可同日而语啊！

齐必变食，居必迁坐

原文

齐，必有明衣，布。齐必变食，居必迁坐。

译文

斋戒沐浴的时候，一定要有浴衣，用布做的。斋戒的时候，一定要改变平常的饮食，居住也一定搬移地方，不与妻妾同房。

读解心得

在做斋戒的时候必须准备一件明衣。所谓"明衣"，是指干干净净的衣服。孔子在沐浴后一定要换上一套干干净净的衣服，还要做两项功夫，一是在饮食上，一定要"变食"，这里说的不是改善伙食、打牙祭，而是不吃荤腥和辛辣之物；二是要"迁坐"，必须换个房间住，不能再和妻室住在一起了（不能同房）。

这里说的一些礼仪，在当今已经没有太多的实际意义了，就留给对古代斋戒礼仪有兴趣的人去研究吧。

食不厌精，脍不厌细

原文

食不厌精，脍不厌细。食饐而餲，鱼馁而肉败，不食。色恶，不食。臭恶，不食。失饪，不食。不时，不食。割不正，不食。不得其酱，不食。肉虽多，不使胜食气。唯酒无量，不及乱。沽酒市脯不食。不撤姜食，不多食。

译文

粮食不嫌舂得精，鱼和肉不嫌切得细。粮食陈旧和变味了，鱼和肉腐烂了，都不吃。食物的颜色变了，不吃。气味变了，不吃。烹调不当，不吃。不时新的东西，不吃。肉切得不方正，不吃。作料放得不适当，不吃。席上的肉虽多，但吃的量不超过米面的量。只有酒没有限制，但不喝醉。从市上买来的肉干和酒，不吃。每餐必须有姜，但也不多吃。

读解心得

本篇所写的都是关于饮食的礼仪，同时也是饮食的健康、养生之道。

从这些描写当中，我们可以了解到，孔子对饮食是十分讲究的，这不吃，那不吃的。但在孔子的日常生活中，我看未必真的有条件严格遵循。试想，在他周游列国的那段时间，曾经在陈蔡断粮，连口吃的都没有，还能挑这个挑那个吗？

　　在经营企业的过程中，经常需要请客吃饭，也是要讲究礼仪的。请客最大的礼仪就是要符合客人的口味，假如你请的是像孔子这样对饮食极为挑剔的人，就最好让他自己点菜。比如，你出于热情，好不容易点了一大桌的海鲜，结果客人对海鲜过敏，或是受不了海鲜的腥味，这就是最大的失礼。喝酒也是一样的道理，劝客人喝酒时应该注意适可而止，"唯酒无量"的意思是不限量，可以随便喝，但前提一定是"不及乱"，喝多了，让客人身体难受是一回事，如果把客人灌醉了，也是一件非常失礼的事情。反过来说，假如你是被请的一方，就要尽量包容一点，主人热情为你点的菜，即使再不喜欢吃也要多少吃一点儿意思一下，免得让主人尴尬。如果确实是很忌讳的食物，一定要提前向人家说明，要是大家都坐下来喝茶了，你才说："我是少数民族，不能在这里吃。"那得多尴尬？所谓礼仪，本质是对他人的尊重，而最大的尊重莫过于关怀，多问对方，既显得亲切，也避免了在一些细节上出差错。

祭于公，不宿肉

原文

祭于公，不宿肉。祭肉不出三日。出三日，不食之矣。

译文

参加国家祭祀典礼，分到的祭肉（当天就食用）不放过夜。一般祭肉的留存不超过三天。放超过了三天，就不吃了。

读解心得

古人祭祀用的肉，在祭祀仪式结束以后是要吃掉的。要给神先吃，然后才是给人吃。公家用于祭祀的肉，不能让它留过夜，否则就不新鲜了。不过可能有些祭祀活动持续的时间比较长，神还没吃完的话，人是不能吃的。于是这些肉就可能超过了三天，怎么办呢？"不食之矣"，就是说这些肉不能吃了。

这一篇讲的意思和上一篇一样，都是说肉腐败变质后就不能再吃了，只不过这里是特指祭祀用的肉而已。

食不语，寝不言

原文

食不语，寝不言。

译文

吃饭的时候不说话，睡觉的时候也不说话。

读解心得

有一个村里办喜事，一位老大爷去送亲，到男方家吃喜宴。酒菜刚上齐，不知道是谁在席上讲了个笑话，席上其他人听完也就是哈哈一笑就过去了。没想到这位老大爷听完却大笑不止，夹一口菜放在嘴里，就笑喷了。结果直到大家都吃完散席了，他一口菜都没吃上，就回来了，是不是亏大了？尽管孔子在这里所说的"食不语"指的并不是这个意思，但是在吃饭的时候说笑话，让人家不能好好吃饭，这不也是害人吗？另外，吃饭的时候说话容易呛到，对身体会造成危害。

"寝不言"也是一样的道理，在睡觉前如果老是讲话，情绪过于激动就容易睡不好。每年的春节联欢晚会上那些演员就是这样，一直要在台上表演，结果年三十晚上就别想睡了。如果经常这样，对身体肯定会造成损伤。

要说"寝不言"就算了，要做到"食不语"可不是件容易的事，我们请客的时候还要特意营造点气氛呢，有许多业务都是在酒桌上谈成的，怎么可能不说话呢？而且，要是真的"食不语"，大家在席上都只顾埋头吃饭，也不太合适，对客人来说也是失礼，好像你很不乐意请客似的。商务宴请不仅要言谈热情不冷场，有时候甚至还要即席唱歌助兴等，这些都是我们的现代礼仪，就连孔圣人可能都不会想到吧。不过话说回来，孔子说得也没错，这样的宴请确实都会吃不好，因此很多管理者在宴席上"酒足饭饱"后半夜回家，还要煮一桶方便面吃，就是这个原因。

疏食菜羹，瓜祭

原文

虽疏食菜羹，瓜祭，必齐如也。

译文

即使是粗米饭、蔬菜汤，吃饭前也要先把它们取出一些来祭祀一番，而且祭祀要像斋戒时那样严肃恭敬。

读解心得

就算吃的是粗茶淡饭，也一定要拿出来祭祀一番，而且要和斋戒一样恭敬。不知道古人是在特定的时间祭祀，还是每顿饭都要祭祀，从本篇的内容来看似乎是后者。一般来说，祭祀都要用好的东西，可是普通家庭怎么可能顿顿都有好吃的呢？所以就只能变通一下，不管什么样的饭食都行，意思到了就可以。

不过，这句话还有另外一种断句："虽疏食菜羹瓜祭，必齐如也"，这样意思就变成了说"就算用粗饭、菜汤祭祀，也一定要很恭敬严肃"。不过，这和我们的时代相隔已经太久远，也没有太多的实用价值，没必要深究了。

席不正，不坐

原文

席不正，不坐。

译文

坐席摆放得不端正，就不落座。

读解心得

在孔子的时代，还没有椅子，人们都是盘腿坐在席子上。关于坐席的礼仪有很多，其中最重要的是坐席的位置。例如，主人坐的位置叫

"主席"，一般人是不能坐在那个位置的，假如孔子去做客，人家将他的坐席摆在"主席"的位置，他肯定是不会坐的。在朝堂之上，"主席"的位置更不能随便坐。即使是两边的"列席"，也有不同地位的划分，也是不能随便坐的。

在现代礼仪中，在这方面也有严格的要求。比如在开会的时候，会议室里最高管理者的位子肯定是不变的，通常是离门口最远、面对门口的那个位子。其他的人则在两边排开，职位越高的人离最高管理者越近。就算公司里没有排出明确的座次顺序，大家在心里也通常会有一个约定俗成的标准，每个人都清楚自己应该坐在哪里。孔子自视甚高，如果你把他的位子安排在最下手，这就是"席不正"，他老人家是肯定不会坐的。

在酒席宴上，正对着门口最里面的那个座位是主位，主客双方往往都要谦让一番才会落座。不过，现在的人们学乖了，进房间以后，通常会把主位稍微拉一下，摆出有两个主位的样子，双方地位最高的人一人坐一个，谁也不正对着门口，这个办法挺不错，体现了双方的平等。直到现在，我们还是以右为上，主人在左侧，客人在右侧，双方的随行人员一般也按这样的次序就座。离门口最近、背对着门的那个位置就是最下手的位置，通常是主方的秘书或司机坐的位子。而从实用的角度看，这个地方离门最近，进进出出端茶倒水、招呼服务员什么的都很方便。所以，礼仪这东西也不是随便制定的，都有一定的实用依据，总体原则还是要方便对方和自己，假如搞得太生硬，倒很可能反而违背了礼仪的初衷，闹得双方都不舒服。

杖者出，斯出矣

原文

乡人饮酒，杖者出，斯出矣。

译文

行乡饮酒的礼仪结束后，（孔子）一定要等老年人先出去，然后自己才出去。

读解心得

在喝酒结束散席后，孔子会"杖者出，斯出矣"。杖者，指的是挂着拐杖的人，代指年纪大的人。不只是年纪大的人，地位高的人也要让他先离席。一般情况下，在宴请结束后，主客双方站起身，双方的随行人员都应该后退一步，让出位置让两边的主要人物先走出房间，然后再逐一出来。否则，如果主要人员还没出来，其他人就已经在外面了，那会显得很可笑。特别是如果主人这方的随行人员先到外面了，那简直有点迫不及待想赶客人走的意思了。

不过，也有例外的情况，如果你是司机，那最好不要等到最后，磨蹭着不走。司机在结束时应该率先离席，甚至要提前离开。

乡人傩

原文

乡人傩，朝服而立于阼阶。

译文

乡里人举行迎神驱疫的仪式时，孔子穿着朝服站在东边的台阶上。

读解心得

傩，是一种古代迎神驱鬼的宗教仪式。孔子在参加乡里举行的这种仪式时，就会穿上朝服站在台阶上恭恭敬敬地观看。我们知道，孔子对于鬼神的态度向来是"敬而远之"，但是乡亲们都很相信、推崇，他也就给予充分的尊重，这是很难得的。现在有很多管理者在看待年轻员工的时尚爱好时，常常表现出鄙视的意思。在由年轻人组成的企业里，举办一些年轻人喜欢的文化活动，如唱流行歌、跳热舞什么的，即使管理者的思想再赶不上潮流，也应当对此给予充分的尊重。有句话说得很对："尊重一个人就应该尊重他的爱好。"

问人于他邦

原文

问人于他邦，再拜而送之。

托人向住在其他诸侯国的朋友问候时，便向受托者拜两次送行。

孔子委托他人向身在别国的朋友问好，在给受托人送行的时候，孔子必定会再三地向他表示感谢。为什么要多次表示呢？一是表示自己对这件事情很重视：我可不是随口那么一说，我的祝福你一定要帮我带到。二是也确实应该对人家表示感谢，俗话说"礼多人不怪"，别人才会将你认真对待。

放到现代，这事也不难理解，例如对方的企业派一位代表过来，在送他回去的时候出于礼貌，通常都会说一句："小李啊，你回去以后一定要替我向王总带个好啊！"此时小李肯定会回："一定一定，我替王总感谢您，也欢迎您有空到我们那儿去做客！"这些客套话一般人都不会特别当真，这位小李同志回去通常也不会真的去给自己的管理者带上祝福语。所以，如果你是真心想问候王总，那就必须多说几次，比如再说一次："小李，我的话别忘了，一定要帮我带到，我跟王总真的好几年没见面了！"然后再一次强调："你们王总是个实在人，我们上次见面时就一见如故，这几年我总想着再去跟他聊聊，你回去一定要代我问好啊！"如此反复几次，小李就不会再当客套话了，回去后的第一件事情肯定会把你的问候带到，王总自然也会心情愉快。

礼节这事虽然看着有些虚无缥缈，但往往能收到实实在在的效果。

康子馈药

康子馈药，拜而受之。曰："丘未达，不敢尝。"

季康子馈赠药给孔子，孔子拜谢后接受了，却说道："我对这种药的药性不了解，不敢尝。"

孔子在周游列国返回鲁国以后，身体情况就一直不太好。此时的季康子已经成了季氏家族的首领，但依然对孔子敬重有加，所以给孔子送了点药品。孔子拜谢后接受了，却坦诚地说："我对这个药的药性还不了解，所以不敢尝。"

照理说孔子说了这句话，季康子肯定会一脸的尴尬：我送的难道会是毒药不成？因此，如果单从礼节上看，孔子这话确实是失礼了。向来最注重礼节的孔子居然会失礼？有点不可思议。所以笔者觉得他很可能是故意这么说的。孔子对季康子的态度一直是忽远忽近，不太认可他的从政之道，而季康子却总是希望可以借助孔子的影响力，但经常在孔子这里碰软钉子。从《论语》中所记载的两人对答中可以隐约看出来，本篇则表现得最为明显。孔子用自己坚持生活中的一些原则来告诉季康子，自己在政治上同样立场鲜明。难能可贵的是，季康子也从来不因此而对孔子有所不敬，体现出了一个政治家应有的气度与胸襟。

伤人乎

原文

厩焚。子退朝，曰："伤人乎？"不问马。

译文

（孔子家的）马厩失火了。孔子退朝回来，说："伤到人了吗？"没问马怎么样了。

读解心得

孔子家里的马棚着火了，当他退朝回到家后听说这件事，首先问的是有没有人受伤，而对马的情况只字不提。这充分体现了孔子对人的关注，因为在那种情况下如果伤到人了，最有可能的是孔府中的那些仆人，而不会是孔子的亲人，这就越发体现了孔子的人文关怀。有一些专家甚至说，这是中国古代人道主义思想的发端。尽管时隔两千多年后的我们已经难以想象出当时着火的情况，但是有孔子这样仁爱的主人，大家应该都会心甘情愿地争先去救火。假如孔子爱惜财物，不关心下人，那么大家遇到事早就躲得远远的。这其实也是在管理中经常出现的怪象：越是不爱护、不关心员工的老板，就会越骂员工不肯奉献；而越是担心员工受到伤害的，就越会得到一批忠心效命的人。

君赐食

原文

君赐食，必正席先尝之。君赐腥，必熟而荐之。君赐生，必畜之。侍食于君，君祭，先饭。

译文

国君赐给食物，孔子一定会摆正席位先尝一尝。国君赐给生肉，他一定会煮熟了，先给祖先上供。国君赐给活物，他一定会养起来。陪侍国君吃饭，当国君进行饭前祭祀的时候，他先取国君面前的饭菜为他尝食。

读解心得

本篇写的是侍奉国君的礼仪。当国君赐给熟食的时候，一定要坐端正，先尝一尝。当国君赐给的是生肉时，一定要煮熟了，然后先给祖宗上供。如果国君赐给的是活物，那就一定要先饲养起来。由此可见，古时候的国君时不时地就会给大臣些赏赐，跟我们现代的企业发福利差不多。不过，现在的人好像总是嫌福利太少，不会像孔子这样恭敬感恩。其实，无论是工资还是奖金，甚至是企业的各种福利待遇，都是员工的劳动所得，不能算是企业的优待。可是，如果能够善用福利的手段，往往可以收到不错的管理效果。有一家广州的企业，端午节时公司破天荒地给每位员工发了两个粽子。办公室的小文员高兴得不得了，舍不得吃，放进包里说要带回去和男朋友一起吃。笔者看到后对她说："你们公司的福利还真不错！"她把嘴一撇，说道："哈哈，有什么不错的，不就是一点儿小恩小惠吗？"从她脸上的表情可以看得出满足和自豪。区区两个粽子就赢得了少女的芳心，还惠及家属，你说值不值？

孔子经常陪国君吃饭，"君祭，先饭"，这句话笔者有点不太理解。有人说是在吃饭以前要先祭祀，所以孔子要先亲自尝一尝这饭，以防有一些危险的因素。不过孔子的官职并不低，后来甚至当上了大司寇，主相事，笔者觉得国君食物的安全问题应该要有专人负责才对，不应该让孔子尝试，所以这个说法有些疑问，再退一步说，即使真的要尝试也应该在祭祀之后、吃饭之前。还有另外一说法是孔子趁着国君祭祀的时候自己先吃饭，这是一种礼节。我觉得这样的礼节有些不可思议，国君正在庄重地祭祀，孔子在这里自己吃饭，感觉不管怎么解释也说不通。

疾，君视之

原文

疾，君视之，东首，加朝服，拖绅。

译文

孔子病了，国君来探视，他便头朝东躺着，把上朝的礼服披在身上，拖着大带子。

读解心得

这篇是说在孔子生病的时候，国君来探望他，他是怎么躺的。

对孔子而言，国君来了，自己自然不能随便躺，一定要"东首"。关于"东首"，有人理解为面朝东，也有人理解为头朝东，这是两个完全不同的方位。如果是面朝东，那么头肯定在西；而头朝东，则是脚在西，头在东。我们通常的理解是头朝东，脚在西。

"加朝服"，就是不让国君看到自己盖着家里的被子，要在被子上面盖上朝服。尽管孔子现在生着重病不能穿朝服，但是国君来了，也必须把朝服铺在身上，表达自己对国君的尊敬。

"拖绅"中的"绅"是指朝服上的大带子，拖着大带子，同样是表示庄重的态度。

不俟驾行矣

原文

君命召，不俟驾行矣。

译文

国君下令召见孔子，他不等车马准备好就先步行过去了。

读解心得

这里的描写非常生动。孔子一听到国君要召见自己，不等马车准备好，就立刻先步行赶过去了。这种行为表示了他对国君的重视程度。

在古时候，要让马车动起来，不像今天开车，发动机一发动就可以走了。马车要先套上，把马拉过来，再配上鞍子，这些事情做好要等上许久。国君召见自己，一刻都不能耽搁。孔子会先朝着国君的方向步行，等马车套好追上来以后，孔子再坐上车。

有人可能会问，即使孔子先步行出发，到达朝堂的时间也不会更早，因为马车最后一定会赶上来，他为什么要多此一举呢？这是因为两者表现出来的态度不一样，孔子是要让国君感受到他的召唤是可以让自己立刻执行的，而不是以一种敷衍随意的态度，慢悠悠地等待全部准备就绪了才出发。

我们不妨想象一下这个场景：国君命人召唤孔子，孔子一边喊着"备车"，一边立刻起身出发，等着马追上自己以后再上车。这样做特别体现出了他对国君的尊重。这种"不俟驾"的态度让我想起了三国时期的曹操。在官渡之战时，袁绍的谋士许攸来投奔曹操，曹操听说后，光着一只脚就慌忙跑出去了，这也是一种"不俟驾"，体现了曹操的高兴和兴奋之情，也表示了对来者的重视。

日常生活中的细节，往往可以反映出我们的不同心情。

入太庙，每事问

原文

入太庙，每事问。

译文

孔子进入太庙中，每件事都要问一下。

读解心得

见《八佾第三》第十五章。

朋友死，无所归

原文

朋友死，无所归，曰："于我殡。"

译文

（孔子的）朋友死了，没有亲戚来殓埋他，孔子就说："那就由我来料理丧事吧。"

读解心得

"朋友死，无所归"，说的是孔子的一位朋友去世了，却没有人来替他收尸下葬。

人这一辈子最悲哀的事莫过于死后没人来管身后事。在孔子生活的年代，不像现代这样有着完备的城市管理制度。在那个年代，"无所归"的原因可能是逝者的亲人都不在身边，所以在他死后只能被扔弃在路边，无人来殓埋。这是十分凄惨的状况。

孔子向来提倡"慎终追远"，十分在意人的生死大事，因此当他的朋友去世却没人料理时，孔子毫不犹豫地说道："殡葬的事情就交给我来处理吧。"

为一个人料理后事是很大的缘分，因为孔子既不是逝者的家人，也不是他的亲戚。作为一位朋友，孔子能够挺身而出，帮一个非亲非故的人操办后事，这件事在现在看来也很温暖，表现了孔子关心他人，仗义轻财。

朋友之馈

原文

朋友之馈，虽车马，非祭肉，不拜。

译文

对于朋友的馈赠，即使是车和马，（只要）不是祭祀用的肉，孔子在接受时，也不会行拜谢礼。

读解心得

对于国君的赏赐，不管是什么东西，孔子都要拜谢，还有上朝的时候也十分小心谨慎，有各种讲究。但如果是朋友赠送的礼物，就算送来车马这样贵重的东西，孔子也不会拜谢。因为孔子不是一个崇拜物质的人，他并不看重这些值钱的东西。除非是给孔子祭肉，他才会拜，因为祭肉是跟祖先相关的。老百姓在祭祀完了以后，要分给乡党、邻里，这代表的是尊敬和礼仪。

孔子是知名的学者，又是很多名流的老师，用现在的话说，那时候他应该也拥有一大批的"粉丝"，所以会有许多人送他礼物，出于礼貌他也不一定会拒绝。以孔子的社会地位，富裕的朋友自然不少，所以有人送他豪车和骏马也就很正常了，但他并不看重礼物的价值。

寝不尸，居不客

原文

寝不尸，居不客。

译文

孔子睡觉时不像死尸一样直躺着，在家里并不讲究仪容。

读解心得

在孔子看来，睡觉的姿势和衣着打扮也应该符合养生的要求。他认为，睡觉时不能长时间仰面朝天躺着像一具死尸一样，这样会对内脏的运作和呼吸造成障碍，从而影响身体的健康。正确的睡觉姿势应该是侧卧，最好的是右侧卧，这样才不会让心脏受到压迫，呼吸也会较为正常。所以说孔子"不尸"。

所谓"居不客"，就是在家的时候，不用像接待客人一样正式，可以尽量轻松、随意。所以，除非提前约好，否则最好不要贸然去拜访朋友。好不容易下班回家了，应该有个人居家的自在与怡然。

见齐衰者

原文

见齐衰者，虽狎必变。见冕者与瞽者，虽亵必以貌。凶服者式之。式负版者。有盛馔，必变色而作。迅雷风烈必变。

译文

（孔子）看见穿丧服的人，即使是关系很亲密的，也一定要把态度变得严肃起来。看见当官的和盲人，即使是常在一起的，也一定要有礼貌。在乘车时遇见穿丧服的人，便俯伏在车前横木上（以示同情）。遇见背负国家图籍的人，也这样做（以示敬意）。（做客时，）如果有丰盛的筵席，就神色一变，并站起来致谢。遇见迅雷大风，一定要改变神色（以示对上天的敬畏）。

读解心得

孔子在看到别人穿着丧服的时候，即使这个人平时喜欢开玩笑，或者关系很亲密，他的神色也会立刻严肃起来；看到当官的或者盲人等残疾人，就算是平时常常在一起的熟人，他也会正色以表尊敬。

如果是在坐车的时候见到穿孝服的人，或是遇见携带国家公文的公务员，孔子都会手扶着车前的横木向他们致意。在孔子生活的年代，官家的公文是写在竹简或木版上的，因此称为"负版者"，代指在政府部门任职的公务员。那时候的车可能是敞篷的，可以看到车子外面的人，同样别人也可以看到坐在车上的你，在这种情况下，见了面不和对方打招呼确实是很失礼。到了现代就不存在这个情况了，坐在车里，外面的人看不到你。有一次笔者去一家企业，和董事长一起坐车出公司，到了门口司机把车一停，董事长就下车步行了。笔者还以为他有什么事情要办，司机解释道："我们董事长出入公司的大门，都要下车步行的。"果然，车开过门口后董事长就跟上来了。这位管理者是在用这种方式对公司里所有正在工作的人员表示尊重，弄得笔者很不好意思，因为当时我稳稳地坐在车子里，觉得自己很失礼。

在去别人家做客的时候，如果看见筵席很丰盛，孔子就会神色严肃恭敬，起身致谢。对别人的盛情款待表示谢意无可厚非，但我们现代人通常不用再这么隆重，在口头上表示一下就行了。

"迅雷风烈必变"，每当遇到打雷、大风等天气的重大变化时，孔子就会表现出紧张的神情。有人说，这是孔子在表示对上天的敬畏，这种解释多少有些臆断和牵强。其实，在遇到恶劣的天气时，在神情上表现出些许的紧张也是人之常情。胆大的人可能表现得没有那么明显，而胆子小点的就会表现得强烈一点，和敬畏上天关系并不大。在《三国演义》里，曹操和刘备青梅煮酒论英雄，听到曹操一语道破自己深藏在心底的志向时，刘备吓得失手把筷子掉在地上。这时天上正好响起一个惊雷，刘备借此掩饰说："一震之威，乃至于此。"曹操笑着说："丈夫亦畏雷乎？"刘备的回答引用的就是本篇里的话："圣人迅雷风烈必变，安得不畏？"

正立执绥

原文

升车，必正立，执绥。车中不内顾，不疾言，不亲指。

译文

孔子上车时，一定站立端正，拉住扶手的带子登车。在车中不向里面环顾，不快速说话，不用手指指画画。

读解心得

本篇描写的是孔子坐车时的规矩。在坐车时，他必须站得又稳又直，抓住扶手和扶绳才会上车。这样做一方面显得庄重得体；另一方面也是出于自身安全的考虑。在车上要做到三点：不左顾右盼，不大声说话，不指指点点。对我们现代人而言，坐车的时候同样有一些规矩需要遵守，首先是要系紧安全带，其次就是在车子里不要东张西望；说话的时候语气要尽量缓和一点，千万别一惊一乍的，打扰司机开车；更不要指指点点，影响司机的注意力。所有这些不良习惯都会让你显得很不稳重，而且会影响驾驶安全，无论是从礼仪还是现实角度出发，都要特别注意。

有些人在坐车的时候喜欢跟司机套近乎，话很多，这是个很不好的习惯。一来司机的本职工作是开车，并没有义务在其他方面帮你提意见，二来关于企业的管理、经营等多少都带些商业机密，也不适合在这种场合下说太多。大多数的司机都很自觉，养成了"非礼勿听，非礼勿言"的习惯。另外，交通部门也有规定，提醒司机不要和乘坐人员闲聊，要注意驾驶安全。

色斯举矣

原文

色斯举矣，翔而后集。曰："山梁雌雉，时哉时哉！"子路共之，三嗅而作。

译文

孔子在山谷中行走，看见一群野鸡在那儿飞，神色动了一下，野鸡一见人的脸色不善就高高飞起，盘旋一阵然后停在树上。孔子说："山梁上的这些野鸡，识时宜呀！识时宜呀！"子路对它们拱拱手，它们拍打着翅膀又飞走了。

读解心得

由本篇中的"色斯举矣"，我们不免会联想到企业的服务质量。就连野鸡见到人的神色不善都会飞走，何况人呢？试想，假如企业里的营销人员对业务的态度不端正，对客户的语言不尊敬，客户可能会对你的企业信任吗？从某个角度上说，直接面对客户的员工对工作的态度很大程度上决定了企业经营业绩的好坏。

有一次我去外地出差，由于时间较为充裕，就坐地铁去目的地。我刚坐上地铁，就有一个年轻的女孩站起来给我让座。当时我觉得像我这个年纪的人还不需要这种优待，就示意女孩坐下，但是那个女孩执意要把位置让给我。我只好坐了下来，但心里还是纳闷不已：为什么一个素不相识的人，要给我这个根本不需要关照的人让座？我不好意思地问女孩，女孩看了看我，指了指我手上提的纸袋，说："因为你是我们公司的顾客。"我这才恍然大悟。假如一家企业的服务可以做得这样细致和体贴，这个企业还能发展得不好吗？

先进第十一

吾从先进

原文

子曰："先进于礼乐，野人也；后进于礼乐，君子也。如用之，则吾从先进。"

译文

孔子说："先学习礼乐而后再做官的人，是（原来没有爵禄的）平民；先当了官然后再学习礼乐的人，是君子。如果要先用人才，那我主张选用先学习礼乐的人。"

读解心得

在西周时期，人们因社会地位和居住地的不同，就有了贵族、平民和乡野之人的区分。孔子这里认为，那些先当官，即原来就有爵禄的人，在为官以前，没有接受礼乐知识的系统教育，还不知道怎样为官，这样的人是不可选用的。而那些本来没有爵禄的平民，他们在当官以前已经全面系统地学习了礼乐知识，然后就知道怎样为官，怎样当一个好官。这是孔子选拔人才思想的领悟、传承和总结，也是现代管理者应学习的选拔人才之道。

皆不及门也

原文

子曰："从我于陈、蔡者，皆不及门也。"

译文

孔子说："跟随我在陈国、蔡国之间遭受困厄的弟子们，都不在我身边了。"

读解心得

对大多数企业家而言，创业阶段都是一段备尝艰辛而又满怀希望与热情的难忘时光，许多企业的管理者和元老都对此津津乐道。特别是在企业步入稳定的发展期后，随之而来的就是员工的惰性，此时再回忆当初的创业经历，确实会让人生出许多感慨。晚年的孔子虽然生活条件已经比较安逸，但已经没有了当初的政治激情，甚至可以说已经逐渐失望，不得不放弃自己的理想。而孔子和他的弟子们在周游列国期间，却正值他们从政热情最高涨的时候，尽管一路上经历了许多苦难，但他们的内心仍然充满希望，因此孔子在晚年时常常怀念从前的那段时光，还有当年那些和他一起奔走的学生。让他十分伤感的是，那些学生有的去当了官，有的早已离开人世，都已经不在自己的身边了。

有这样一种说法，衡量一家企业发展好坏的一个直接标准就是看当年一起创业的人还有多少。这个标准的确不无道理，假如一家企业缺少一支稳定的团队，在发展壮大的过程中频繁地走马换将，到头来在创始人团队中只剩下老板和老板娘两个人，那么这家企业的确挺悲哀。假如这家企业的老板回忆起当初创业的场景时，在感慨之余一定还会夹杂着一些惭愧的心理，毕竟有那么多元老都离自己而去了。

不过，任何事物都有两面性，随着时间的推移，许多创业元老都会居功自傲，如果观念跟不上新形势，加上管理水平不够，那就会对公司的新人产生一些压力和阻力。在一些知名的大公司里，高层管理岗位常常被元老占据，发展过程中长时间地没有新人进来，也会导致管理人才短缺。而高明的企业管理者则善于处理新老关系，能够让元老们安心退位，持续为企业管理层输入新鲜血液，保持活力。对于企业发展而言，这才是正确做法。

德行：颜渊，闵子骞，冉伯牛，仲弓

原文

德行：颜渊，闵子骞，冉伯牛，仲弓。言语：宰我，子贡。政事：冉有，季路。文学：子游，子夏。

译文

德行好的有颜渊、闵子骞、冉伯牛、仲弓。善于辞令的有宰我、子贡。擅长政事的有冉有、季路。通晓文献知识的有子游、子夏。

读解心得

孔子的门下人才济济，他的弟子各有专长。本篇是孔子对一帮得意弟子的评价，基本上包括了管理的各个层面。在孔子学说里，排在首位的是对品德的要求。同样，在企业里我们首要强调的也是一个人的道德品质，企业肯定不愿意用道德品质差的人；在企业中，执行战略和策略的主力是形象推广、营销推动等对外工作的专业人才；企业内部管理的任务则是梳理管理体制、保障企业稳定高效运转；而企业制度的制定等工作也需要专门人才。在孔子的弟子里，都能找到适应现代企业需要的人才。

孔子的门下汇聚了许多优秀人才，这也是当时各国诸侯看重孔子的主要原因之一，同时也是诸侯对他一直保留着戒备心理的主要因素。尽管在孔子的游历过程中，所到之处基本都得到了各国统治者的礼遇，但并未得到重用，或许跟这点也有些关系。

在一些企业里，曾经发生过某位销售经理将整个销售部门带走投奔其他企业的事情，其中固然有企业自身的原因，也有销售经理自身的原因，而主要的就是他以自己一手培养锻炼出来的销售队伍为筹码，向企业提出一些不合理的要求。不难想象，这样一个团队集体跳槽对于那家新的接收单位而言是件多大的便宜。

在企业里，如果一个员工的人缘太好，难免会遭到上司的猜忌。尽管"君子周而不比，小人比而不周"，但如果你和下属打成一片，威望甚至超过上司，即使你没有私心，那也是一件犯忌的事。反之，假如你在公司里的人缘不佳，没有什么人支持，那也不是什么好事。总之，在这个问题上一定要把握好合适的尺度，既要做到有很好的群众基础，又不至于引起上司的猜疑。当然，这也与企业文化和管理者的素质有关系，需要具体问题具体分析。

于吾言无所不说

原文

子曰："回也非助我者也，于吾言无所不说。"

译文

孔子说："颜回不是对我有帮助的人，他对我说的话没有不心悦诚服的。"

读解心得

在孔子的教学过程中，一直倡导教学相长，十分注重和自己的学生讨论学问，可是他在颜回这里却得不到。孔子说这话表面对颜回是一种责备的口气，其实却是在表扬，以此表达对这位学生的喜爱。在孔子的所有弟子里，颜回算是一位天分和悟性极高并且对孔子学说也掌握十分准确的学生，因此得到了孔子多次的称赞。我们从另一个角度来看颜回是如何与自己的老师谈话相处的，或许可以从中发现一些谈话的技巧，这对学会如何与管理者沟通大有裨益。

首先，无论在什么场合下，都不要当面顶撞管理者。颜回从来都不顶撞老师，而是选择做一个恭敬的聆听者。孔子对此也感到非常满意，甚至说过："吾与回终日言，不违。"试想，作为企业的管理者，你会喜欢一个经常顶撞你的人吗？特别是那些文化水平不高的管理者，好不容易在事业上找到点自尊，你一顶撞，岂不是正好触碰到他那脆弱的自尊？他对你可能会有好感吗？

其次，在管理者讲话时要全神贯注认真听，千万别流露出一点不耐烦的表情。孔子曾经说过："语之而不惰者，其回也与。"孔子也和普通的老师一样喜欢认真听讲的学生，因为这体现了教师的尊严。试想，在管理者讲话时，底下的员工开小差，昏昏欲睡，哈欠连天，这是对他的极不尊重，也就难怪他会不开心了。

最后，要将管理者讲的道理灵活运用。子贡说："回也闻一而知十。"这样看来，颜回应该是经常引用老师的话，并且可以将这些道理举一反三，引申运用，这样优秀的学生，老师能不喜欢吗？举个例子，要是你的管理者在开会的时候说："细节决定成败！"这也许是他最认可的管理理念，你要记得在其他场合多加引用。这会让管理者感到自豪，同时也会觉得你太聪明了，因为全公司就你领悟得最快、最透彻！

当然，颜回这样做并非有意讨好老师，孔圣人自然也不是肤浅的人。事实上，孔子的其他学生经常和他顶撞，甚至还故意刁难，子路还曾经把孔子逼得对天发誓。但孔子的胸怀宽广，能够泰然处之。这就是真正的大宗师风范，不会因为别人的态度而对自己产生怀疑。反之，那些一听到别人说自己不行就暴跳如雷的人，其实恰恰是担心别人发现他的无知。具备这样胸怀的学者为数不多，而具备这样胸怀的管理者更是凤毛麟角！

孝哉闵子骞

原文

子曰:"孝哉闵子骞!人不间于其父母昆弟之言。"

译文

孔子说:"闵子骞真是孝顺呀!人们对于他的父母兄弟称赞他的话,没有什么异议。"

读解心得

通常来说,父母都会偏爱自己的子女,说起自己的孩子时难免眉飞色舞,反倒不如外人看得准确。这是人之常情,但闵子骞就不这样。闵子骞的孝顺已经到了无论怎么夸都不过分的地步,就连带有偏爱之情的父母兄长对他的赞美之词,人们都觉得恰如其分。孔子不但经常夸奖自己的学生,而且夸奖的时候还很有艺术。相比之下,我们的许多企业管理者却十分吝啬表扬自己的员工,别说对下属平时取得成绩进行及时表扬了,就连下属完成了突击性任务时也常常没有任何口头表示。有一家企业的销售部门在管理者亲自监督下,顺利地完成了中秋销售计划,大家坐在一起兴高采烈地开会总结经验。管理者却说了这样一句话:"你们呀!要不是我催着、逼着你们,绝对完不成任务!"此话对销售部门不啻一盆冷水兜头浇下,就连其他的部门也觉得很没趣,最后大家垂头丧气地散会了。

说起父母对子女的偏爱,其实企业对自己的产品,也和父母看待孩子一样,总是带有些偏爱而不自知。许多企业的管理者都喜欢将自己的产品夸得像花儿似的,几乎没有谁会说自己产品有缺陷的。有一些白酒企业的管理者甚至连请客也必须用自家生产的酒,这本来也正常,但是如果在酒桌上逼着大家一起称赞酒好喝,那就是另一回事了。试想,管理者举起酒杯一饮而尽,然后夸一句:"香!"接着问大家:"这酒香不香?"大家异口同声地回应:"香!"他又问道:"回味怎么样?"大家又异口同声地说:"回味香,落口更香!"不知道的人还以为他们喝的是什么琼浆玉液。

企业如果过于偏爱自己的产品,往往会对经营造成误导。要知道,不管是谁白喝了你的酒，都会说一句好喝。那些专家品酒会也多数是忽悠人，好接好送白喝酒，又是鉴定费又是纪念品，哪个专家会说不好？可是，这种大家都心知肚明的事，偏偏有些企业自己都信了，在这样一种错误认识下，怎么可能将企业经营好呢？

南容三复白圭

原文

南容三复白圭，孔子以其兄之子妻之。

译文

南容把"白圭之玷，尚可磨也；斯言之玷，不可为也"这几句诗读了又读，孔子便把自己的侄女嫁给了他。

读解心得

白圭，出自《诗经·大雅·抑》篇中的句子："白圭之玷，尚可磨也（白圭上的斑点污点，还可以磨掉）；斯言之玷，不可为也（言语中的错误，是不能收回的）。"这句诗的大意是说话一定要小心谨慎。南容就是南宫适，他反复多次地吟诵这几句诗，于是孔子就做主，将自己兄长的女儿，也就是自己的侄女嫁给了他。

在这里，孔子看中南容的是他言语谨慎。孔子对于君子的要求标准之一就是"讷于言而慎于行"，所谓"讷于言"，意思是在说话的时候小心谨慎，不轻易发言，一旦发言，就要严谨。对于经理人来说，慎言确实是一项很重要的品质，慎言必然慎行，言行谨慎的人，就不太容易犯错。俗话说"祸从口出，言多必失"，在企业里和同事、上司相处，慎言也是自保的明智之举。当然，所谓的慎言并不是不要说话，而是说话要分场合、讲技巧。一个人话不多，但一说出来就很有水平、很到位，这样的人就会让人肃然起敬。

南容还很会处理社会和政治关系，不管在什么情况下，他都可以很好地保护好自己，确实算得上一个聪明人。出言谨慎、善于保护自己，这样的人给人感觉很可靠，哪怕一生中没有取得什么大的成就，也不至于惹祸上身。从家庭生活的角度上来看，南容这种看重个人操行、言行谨慎、为人处世稳重的人，确实是值得托付终身的，因此孔子才会放心地把自己的亲侄女嫁给他。

季康子问

原文

季康子问："弟子孰为好学?"孔子对曰:"有颜回者好学，不幸短命死矣，今也则亡。"

译文

季康子问:"你的学生中哪个好学用功呢?"孔子回答说:"有个叫颜回的学生好学用功，不幸短命早逝了，现在没有这样的人了。"

读解心得

鲁哀公也曾经问过孔子相同的问题，孔子那次的回答比这次回答多了一句"不迁怒，不贰过"的评价。有人喜欢研究孔子回答有所区别的原因，他们认为那是因为鲁哀公是国君，而季康子是大臣，所以孔子的不同回答是因为这个原因。也有人说是因为鲁哀公有"迁怒""贰过"的毛病，孔子是借这个机会向他进谏。

颜渊死

原文

颜渊死，颜路请子之车以为之椁。子曰:"才不才，亦各言其子也。鲤也死，有棺而无椁。吾不徒行以为之椁。以吾从大夫之后，不可徒行也。"

译文

颜渊死了，(他的父亲)颜路请求孔子卖掉车子，给颜渊买个外椁。孔子说:"(虽然颜渊和鲤)一个有才一个无才，但各自都是自己的儿子。孔鲤死的时候，也是有棺无椁，我没有卖掉自己的车子步行而给他买椁。因为我还跟随在大夫之后，是不可以步行的。"

读解心得

在孔子周游列国最艰难的时期，颜回病逝了。颜回的父亲颜路也是跟随孔子周游列国的学生，他请求孔子把车子卖了，给颜回买棺椁。在古代，常规的棺材分为两层，内层叫棺，外层叫椁，经济条件不好的人就只能用一层。颜回的家庭条件本来就不好，又正好赶上师生经济最为艰难的时候，因此他的棺材就用不上椁了。

对于颜路提出的请求，孔子首先拿自己先前去世的儿子比较，对他的请求表示理解，然后话锋一转，说："我儿子孔鲤去世的时候也是有棺无椁。我不能卖掉车步行，来给颜回买椁。因为我跟随在大夫们的后面，是不能步行的。"

"从大夫之后"这句话的意思是孔子说自己还需要与当政的贵族统治者们来往，他们的车子在前面走，我总不能步行跟着吧？孔子这样说没什么问题，社会交往确实需要一些基本硬件，就如同我们现在的手机、计算机以及身上穿着佩戴的服饰等，如果没有这些，对社会交往会产生诸多不便。就以应聘为例，假如你去企业的面试通过了，企业要通知你，你至少得有一部手机吧？现在有很多年轻人住在租来的地下室，日常吃泡面，可是在外的行头却光鲜亮丽，总是西装革履，身上背着笔记本电脑，时不时掏出手机聊天，至于他私下生活有多窘迫，外人却看不出来。这并不是虚伪，而是社会交往的实际需要，我们在本篇中看到即便是孔子这样的圣人，也一样会这么做。至于葬礼，儒家向来提倡厚葬，但在条件不允许的情况下，孔子也提倡"丧，与其易也宁戚"。此外，比起已逝的死者，生者更值得优先考虑。孔子还说过"未知生，焉知死"，表达的意思也是明显更重视现实的生活。

天丧予

原文

颜渊死，子曰："噫！天丧予！天丧予！"

译文

颜渊死了，孔子说："唉！上天是要我的命呀！上天是要我的命呀！"

颜回去世后，孔子悲痛不已，忍不住悲叹："唉！上天是要我的命呀！上天是要我的命呀！"此时孔老夫子的心态，想必和说出"天未丧斯文"时候的自信已经大相径庭了，恐怕也正是从这一刻起，他开始感觉到了从政的无望。

非夫人之为恸而谁为

原文

颜渊死，子哭之恸。从者曰："子恸矣！"曰："有恸乎？非夫人之为恸而谁为？"

译文

颜渊死了，孔子哭得极其悲痛。跟随孔子的人说："您悲痛太过了！"孔子说："有悲痛太过了吗？不为这样的人悲痛还为谁悲痛呢？"

读解心得

颜渊死的时候，孔子哭得非常悲痛。跟随孔子的人对他说："您悲痛太过了！"孔子说："有悲痛太过了吗？不为这样的人悲痛还为谁悲痛呢？"由此可以看出孔子对颜回的特殊感情，的确远远超出了其他弟子。

回也视予犹父也

原文

颜渊死，门人欲厚葬之。子曰："不可。"门人厚葬之。子曰："回也视予犹父也，予不得视犹子也。非我也，夫二三子也！"

译文

颜渊死了，孔子的学生们想要隆重地安葬他。孔子说："不能这样做。"学生们仍然隆重地安葬了他。孔子说："颜回把我当父亲一样看待，我却不能把他当亲生儿子一样看待。这不是我的过错，是那些学生干的呀。"

读解心得

尽管孔子不赞成厚葬颜回，但他的学生们依然隆重地安葬了他。于是孔子最后也默许了，他说："颜回把我当父亲一样看待，我却不能把他当亲生儿子一样看待。"这话的意思是他没有厚葬自己的儿子，而大家却厚葬了颜回，两人受到了不同的待遇，因此他不无感慨地说："这不是我的过错，是那些学生干的呀。"

以上四章讲的都是在颜回去世后，孔子与他学生们的一系列表现，除了表现孔子师生之间的深厚情谊外，并没有什么太大的深意。有些人由此引申出了一条条大道理，那就未免有些牵强附会了。

未能事人，焉能事鬼

原文

季路问事鬼神。子曰："未能事人，焉能事鬼?"曰："敢问死。"曰："未知生，焉知死?"

译文

季路问服侍鬼神的方法。孔子说："人还不能服侍好，怎么能去服侍鬼神呢?"季路又说："敢问死是怎么回事?"孔子说："对生都知道得不清楚，哪里能知道死呢?"

读解心得

孔子在这一章里讲"未能事人，焉能事鬼"，是告诉我们应该将自己力所能及的事尽力做好，不要给自己设定一些难以实现的目标。从这句话里，我们还可以领悟到一个道理，即脚踏实地，做好现实的一切。一家公司新调来一位主管，据说是个能人，到公司的目的就是整顿业务。可是日子一天天过去，这位新来的主管却毫无作为，每天来公司后就一直待在自己的办公室里，难得出门。员工们私下里开始议论纷纷，但他依旧无动于衷。转眼过去了四个月，这位新主管却突然开始"发威"，在公司里进行了大刀阔斧的改革，能者上、庸者下，下手之快、断人之准，足以让所有人都哑舌。后来在公司的年会上，新主管当着全体员工的面做了一番致辞，给大家讲了个故事。

　　我有一个朋友买了栋带着大院子的房子，他刚搬进去就对院子做了一番全面的整顿，将那些杂草和杂树统统清除掉，改种上自己新买的花卉。后来有一天，这栋房子原来的主人过来做客，一进门就大吃一惊，问我朋友他原先种的那株名贵的牡丹到哪儿去了。我的朋友这时才后悔不迭：原来他竟然把那株名贵的牡丹当成杂草给除掉了。后来，他又买了一栋房子，虽然院子里依然很杂乱，这次他却沉住了气，按兵不动。果然，他原本以为是杂树的植物，到春天却开满了繁花；在春天原以为的杂草，到了夏天却花团锦簇；还有一些大半年都没有什么动静的小树，到秋天叶子居然红了。直到暮秋，他才分辨清楚哪些是无用的植物从而全部铲除，所有珍贵的草木都得以保留了下来。

　　"未能事人，焉能事鬼"告诉企业的管理者除了要清楚各方面的情况外，更关键的是对自身要有个清醒的认识，量力而行。许多企业之所以会将业务搞得乱七八糟，有个很重要的原因是他们对企业所处的地位和自身所拥有的能力认知有偏差。有些企业的目标还算明确，并且也为此付出了努力，但结果依然没能成功；还有一些企业希望能够做一些创新，可结果仍然无所建树，问题在哪里呢？因为在他们内部，资源没有得到合理的利用。一家企业只有正确地认识自身，才有可能找到自己的潜力所在，然后最大限度地发挥这份潜能，也就打开了成功的大门。

若由也，不得其死然

原文

　　闵子侍侧，訚訚如也；子路，行行如也；冉有、子贡，侃侃如也。子乐。"若由也，不得其死然。"

译文

　　闵子骞侍立在孔子身旁，一派恭敬而正直的样子；子路是一副刚强的样子；冉有、子贡是温和快乐的样子。孔子高兴了。但孔子又说："像仲由这样刚强的人，恐怕以后难以死得其所啊。"

读解心得

　　孔子看着侍立在身旁的几个学生，他们都个性鲜明，有各自的才能和性格特点：闵子骞恭敬而正直；子路刚强而勇武；冉有和子贡温和且快乐。孔子看着他们，不禁心满意足。

不过，他很快就转喜为忧："像仲由这样刚强的人，恐怕以后难以死得其所啊。"老子曾经说过："强梁者不得其死。"子路由于为人太过刚强，所以孔子对他深感担忧。没想到，孔子的担心真成了事实，后来在卫国的孔悝之难里，子路由于刚正不阿、不知回避而冤死。孔子十分善于观察人，同时也善于教导人，他煞费苦心、想方设法帮子路改正他过于刚强的性格缺陷。在《论语》中多处记载了子路与老师的谈话，孔子经常打击子路，甚至当面羞辱他。孔子这样做的目的其实是爱惜子路，希望他能因此有所改变，化刚为柔，从而得以在社会中更好地安身立命。

孔子总是能够根据不同的学生特点，使用不同的教学态度和内容。而现在有许多企业，并不懂得如何具体问题具体分析，总是幻想可以找到一套现成的管理方式，直接套用到自己的企业中。有一些专家总结了一些著名企业的管理经验，归纳出了一些所谓的"公式"来向其他企业推荐。不可否认，这些公式的确在原来的企业中发挥了巨大的作用，不过，别人的经验永远只能仅供参考，绝不能生搬硬套，因为绝对不存在可以任意复制的万能模式，也不可能有什么管理方法可以放之四海而皆准，更别提有什么"公式"可以套用了！

那些对万能公式有执念的老板，说白了无非是想一劳永逸，他们的初衷原本无可厚非，不过那些吹捧万能公式和灌输模式的专家恐怕就是别有用心了。

言必有中

原文

鲁人为长府。闵子骞曰："仍旧贯，如之何？何必改作？"子曰："夫人不言，言必有中。"

译文

鲁国翻修长府的国库。闵子骞道："照老样子下去，怎么样？何必改建呢？"孔子道："这个人平日不大开口，一开口就说到要害上。"

读解心得

鲁昭公曾以长府为据点，攻打过季氏，在鲁昭公被赶走以后，季氏对长府进行了改建。这一章辩论的发生背景就是这一事件。在闵子骞看来，通过不道德的行为而获得的东西，无论怎样改造，也无法掩盖那些不道德的行为，就好似大雪不可能永远掩盖肮脏一样，还不如保留原来的面貌。孔子听到他的这番话后评价道，闵子骞真是一针见血，说得入木三分啊！

实际上，我们的企业首先要重视挖掘具有中国传统特色的企业文化，没必要言必称西方，动不动就是学欧美、学日本，因为不管什么类型的企业都无法脱离本国的社会文化。

我国的传统文化底蕴深厚，道家的崇尚自然和儒家的仁德思想几千年来早已深深植入中国人的精神世界。在我国的历史上，"以德治国"的成功案例有"贞观之治"等兴盛时期，因此可以说，"德治"文化是中国企业的特色文化。在 20 世纪 80 年代，一批诺贝尔奖得主在《巴黎宣言》中说："如果人类要在 21 世纪生存下去，必须回到 2500 年前去吸收孔子的智慧。"

中国的企业文化，应该从传统中寻求养分。我们常说的建立学习型企业，并不是一味照搬别人的经验，而是应该批判性地学习，要把失去的、曾属于我们的东西找回来。有一种说法是中国人只擅长打破一个旧世界，却不善于建立一个新世界。这种说法的原因是我们在打破旧世界的同时，将我们赖以生存的东西也打破了，仿佛一棵没有根的大树在风中摇曳，随时都有倾倒的危险。我们要找回失去的东西，就是我们的根，以此来培育我们的企业文化。

由也升堂矣，未入于室也

原文

子曰："由之瑟奚为于丘之门？"门人不敬子路。子曰："由也升堂矣，未入于室也。"

译文

孔子说："仲由为什么在我这里弹瑟呢？"孔子的学生们因此都不尊

敬子路。孔子便说："仲由嘛，他在学习上已经达到升堂的程度了，只是还没有入室罢了。"

读解心得

在孔子所有的弟子中，孔子对子路的敲打是最频繁，也是最严厉的。这一次，孔子听到子路在门前弹琴，子路本是一个勇武的人，估计是他的琴声里带有杀伐之音，于是就毫不客气地当面批评了他。这些批评也影响了子路在同学中的威信，于是其他的学生对子路也开始有些不尊敬。

在企业里，管理者训斥下属并不算什么新鲜事，有些素质不太高的民营企业管理者甚至会将训斥下属当作管理和树立权威的重要手段，不管下属的年龄和资历，一律照训不误，搞得大家都觉得没面子。不过，有时候这和管理者的素质关系也不大，而是有些人天生的脾气使然。可不管怎样，这种行为都属于缺乏涵养的表现，都会给企业的正常运作带来一些负面的影响。事实证明，在这样的企业里管理者往往是最累的那一个，因为下属早已经失去了主动工作的勇气。企业里的中层干部原本应发挥承上启下的作用，同时也是落实执行各项政策的管理者，假如他们在基层员工中失去了威信，在管理上必然无法顺畅。因此，聪明的高层管理者总是会重视树立中层管理者在企业里的威信，这样既便于发挥他们的工作主动性，也便于为他们提供一个施展管理才能的空间。有了这样权威团队的辅佐，企业管理者自身也会轻松许多，不需要事必躬亲了。

以孔子的修养，并不会经常发脾气，而且他在批评的时候也很讲究艺术。不过，由于他对子路有一种特殊感情，所以他经常对子路直接批评，就引起了其他学生对子路的不尊重，这确实让孔子始料未及。不过，相比一些企业里常常挨训斥的员工而言，子路就幸运多了，因为孔子立刻就当众为子路挽回了面子，他说："子路的学问啊，已经达到升堂的程度了，只是还没有入室罢了。""入门、升堂、入室"是学问的三重境界，孔子说子路的学问已经达到"升堂"的境界，已经是对他很高的评价了。

先批评，再表扬，是大家较为提倡和熟悉的批评艺术，遗憾的是许多老板虽然明白这个道理，但不知如何运用。究其原因，一是因为不懂得尊重下属，二是因为缺乏管理者的修养。

过犹不及

原文

子贡问："师与商也孰贤?"子曰："师也过,商也不及。"曰："然则师愈与?"子曰："过犹不及。"

译文

子贡问道："颛孙师(子张)与卜商(子夏)谁更优秀?"孔子说："颛孙师有些过分,卜商有些赶不上。"子贡说："这么说颛孙师更强一些吗?"孔子说："过分与赶不上同样不好。"

读解心得

"过犹不及"这句话是儒家中庸思想的充分体现。在儒家看来,一切事物都有个度,要避免"过"和"不及"这两种情况。不管是人、事、地、物、时还是其他,都要适当、合宜,换句话说就是要恰到好处。"中"的标准介于"过"和"不及"之间,没有过猛过宽,没有过刚过柔,没有过左过右,而是随时皆宜、随地皆宜、随人皆宜。"中道"是管理应当追求的最高境界。有人认为西方的管理核心是"法、理、情",而东方的管理精髓则是"情、理、法",这种观点是按照"法"和"情""理"的顺序去强调,有失偏颇。其实,理居中,恰恰是最重要的,即合理化;法是基础,即制度化,制度化是管理的基础,组织里的全体成员都要共同遵守规章制度;情为本,即人性化,管理者要把员工看作社会人,尊重他们、关心他们、鼓励他们,建立和推行的一切规章制度都应该秉承"己所不欲,勿施于人"的原则。用标准化的制度及合理化的人情去推行合理化的管理,正如日本的经营之神松下幸之助先生曾说过:"作为管理者,最重要的是要做到宽严并济,假如一味地宽容,人们就会松懈而不求上进。反之,假如一味地严厉,部下就会退缩,不敢以自主的态度面对工作。"

不过,"过"和"不及"是相对的,不能一概而论,好比挑起重量是100公斤的担子,对于一个大力士来说是轻松的,但是对于普通人来说就有些费力了。先进的管理方法只有建立在同样先进的基础管理体系中,才能发挥应有的作用。在我国的多数企业中,最薄弱的环节仍然是基础管理，因此一家企业的当务之急就是做好基础管理的建设，切忌脱离了基础管理，而盲目地去学一些什么先进的管理方法和文化。

季氏富于周公

原文

季氏富于周公，而求也为之聚敛而附益之。子曰："非吾徒也。小子鸣鼓而攻之，可也。"

译文

季氏比在周朝任卿士的周公后代还富有，可是冉求还为他搜刮，再增加他的财富。孔子说："冉求不是我的学生，你们大家可以大张旗鼓地去攻击他。"

读解心得

季氏在自己的领地里实行了较为开明的政策，采用封建的方式取代了奴隶制的方式。这些进步的政策产生了良好的效果，因此季氏家族很快就积累了大量的财富，甚至超过了鲁国的国君。这里的"周公"指的就是鲁国的国君，因为他是周公的后人。孔子认为季氏家族的财富积累是不合礼法的，而当时担任季氏的家宰、为其管理财政的正是自己的弟子冉求，因此孔子对冉求的做法十分不满。不过，并没有相关文献记载证明冉求真的被孔子逐出师门，这很有可能只是孔子一时的气话。

冉求是个十分擅长理财的人，更准确地说是擅长管理经济，因此他在季氏家族的表现非常突出。而子贡则是位大商人，善于经商。司马迁《史记》里的《货殖列传》大致相当于现在的财富排行榜，子贡排名第一。我们或许也可以说，冉求是个经济学家，子贡是个企业家。不过遗憾的是，历史上关于这两个人的文献资料并不多，我们现在无法完全领略他们具体的管理和经营风采。

企业管理和国家经济管理是两个不同的领域，企业管理学家和经济学家也并非同一个领域，二者研究和解决的问题也不一样。然而，当下有不少企业家似乎分不太清楚，在他们看来，经济学家也可以为企业的管理经营提出一些建议，而某些经济学家也喜欢结交大款，到企业培训、开讲座，似乎经济管理的东西可以运用到企业一样。可是，一位经济学家或许能够解释物价为什么上涨，但未必有能力为你的产品制定合适的价格；经济学家的学说可以使国家经济繁荣昌盛，但未必能有本事让企业赚更多的钱。

柴也愚

原文

柴也愚，参也鲁，师也辟，由也喭。

译文

高柴愚直，曾参鲁钝，颛孙师偏激，仲由刚猛。

读解心得

柴，名叫高柴，字子羔，是孔子早期稍晚的学生，比孔子小 30 岁。子羔和子路一起在卫国从政，在卫国那场针对孔悝的政治动乱里，子羔曾劝子路逃生，没能成功。孔子看到子羔独自回来，就知道子路已经死了。子羔和子路都是耿直之人，关系很好，不过似乎子羔更能看清形势，处理问题懂得随机应变，因此在暴乱中可以保全自己的生命。孔子称他的这种做法为"愚"，在"邦无道"时则"愚"，并深切地体会到"愚不可及"的难能可贵。他说的"柴也愚"就是这个意思，还有"愚直"的意思，这是针对子羔的天资所作出的评价。

身为企业老板，"知人善任"是最基本的要求，而"知人"是"善任"的前提，要对员工的特点有准确、充分的了解，包括他们的优点和缺点。对员工的优点和长处，自然应该为他安排合适的岗位，让其能够在适当的岗位上充分施展才能；而也应该正确看待员工的缺点和不足。许多老板容不下员工的缺点和不足，期望自己的员工方方面面都要做到完美，这是不切实际的。孔子不但可以容忍别人的缺点，还能够以实事求是的态度帮助他们改进，而非一味回避，更不会完全放弃。这就是孔子务实的态度，做不到这一点的话，你将会陷入理想化的苦恼中。从这个意义上说，企业之间的人才竞争，不但体现在人才本身的争夺上，同时也体现在企业是否能人尽其才，让各类人才在不同的岗位发挥作用。

例如，对于子羔这样资质不够聪颖的直肠子，更适合去做执行，不要让他负责谋划类的工作。曾参也一样比较迟钝，但是比起子羔，他却比较善于思考，而且总有所得。假如让他去做一些研究性工作，一定比较踏实，容易取得成果。子张个性比较偏激，不太愿意按部就班去执行计划好的工作，而是喜欢在工作中寻求创新，让他独自负责一项新产品的开发，他应该会十分乐意。至于子路，他以勇武和直率著称，是开拓市场的最佳人选。

如果不了解他们的这些特点，或是虽然了解却不能为他们安排适当的工作岗位，那对企业资源无疑是一种巨大的浪费。例如，让子路去搞研究，让曾参去市场一线，外人看到的是你企业员工的无能，而内部了解实际的情况的人则知道这一切只不过源于老板的无能。

回也其庶乎

原文

子曰："回也其庶乎，屡空。赐不受命，而货殖焉，亿则屡中。"

译文

孔子说："颜回呀，他的道德修养已经差不多了，可是他常常很贫困。端木赐不听天由命，而去做生意，猜测市场行情往往很准。"

读解心得

颜回的家境"屡空"，意思是穷得叮当响，可是他的学问高深，孔子对他的评价是"其庶乎"，意思是各方面的学问都掌握得差不多了。可是颜回却可以做到"不改其乐"，一直保持开心。因为他的人生追求是学问，他在和别人攀比学问的时候能够获得极大的快乐，除此之外的其他方面他或许压根不会放在心上。

这是由于不同的价值观而引起的对快乐的不同理解。孔子对此自然也有一套自己的价值观，可是他并没有强加给别人，而是对不同的生活方式都给予充分的理解。他对颜回一直是赞扬的，但在这里仅仅是对颜回窘迫的生活表示同情，却并没有明确地提倡这种生活；对于子贡，则说他不怎么服从上天的安排去好好从政，却很会做买卖，对于市场的预测经常很准确，对他也丝毫没有批评的意思。

其实，颜回和子贡分别代表两类不同价值观和生活方式的人。颜回是位纯粹的学者，他生活中的所有乐趣都寄托在学术研究和自身修养上。我们的社会很需要这样的人，这是社会文化的延承和开创所必需的。同样地，企业也需要这样的人才为企业的文化建设和发展方向提供理论依据与战略策略。而子贡天资聪颖，他不怎么喜欢钻研学问，在经商方面却具有超乎常人的天赋。这样的人比较符合现代人的审美标准，如果他生活在现代，应该会被称为"儒商"。

企业是一个由各种人才组成的有机体，企业老板的工作是要让他们各得其所，都能够在企业里发挥所长。在评价员工价值的时候，正确的心态应该是摒弃自我的价值倾向，看到各类人才的不同作用。有的老板自身没有什么文化水平，就看不上企业里做研究的人才，认为只有在销售一线的那些人才是人才，这种观念其实很落后、很狭隘。在这个方面，孔子的态度非常值得我们学习。

不践迹，亦不入于室

原文

子张问善人之道。子曰："不践迹，亦不入于室。"

译文

子张向老师请教怎样改善为人之道。孔子说："既不要重复自己走过的路，也不要盲目追求高深的境界。"

读解心得

孔子说的"不践迹"到底是什么意思呢？普通人总是习惯于延续过去有效的做法。人们会把这种喜欢"践迹"的特点带进企业里，对于变革往往会下意识地抗拒，抱着"反正还不会危及企业的生存，就暂时不需要变革"的心态，千方百计地期望将老方法一直沿袭下去。在这种状态下，以往的成功非但不能激励企业持续发展，反而会成为企业未来发展的阻碍。

那么，"不入于室"又是什么意思呢？人的欲望是无止境的，假如没有目标，人生将毫无意义。企业如果没有目标，就如同大海里一艘无人驾驶的轮船，直到将燃料用尽，也只能漫无目的地打转，永远也无法到达彼岸。然而，如果将目标定得太高，也只是徒增烦恼而已。英国诗人布朗宁曾写过这样一首诗："实事求是的人要找一件小事做，找到就去做；空腹高心的人要找大事做，没有找到则身已故。实事求是的人做了一件又一件，不久就做了一百件；空腹高心的人一下要做百万件，结果一件也未实现。""不入于室"的意思就是要确定循序渐进的目标，先达到小目标，再积累成大目标；不要好高骛远，那些不切实际、力所不及的目标只会令你疲惫不堪而放弃。

小到个人的自我发展、一家企业的竞争成长，大到国家的变革兴盛，都应该量力而行，量入为出。随着社会经济的发展，人们开始从农耕活动过渡到商业活动。自从商业活动出现后，人们先是进行一些手工作坊式的产品生产，后来作坊之间的合作逐步形成了工厂。早期出现的工厂都承担着无限的责任，导致了无数人家破人亡，于是人们开始寻求新的合作方式，有限责任公司由此应运而生。有限责任公司，不但出资人的投资有限，而且承担的责任也有限。因此，"有限"也成了人们追求的目标。

君子者乎？色庄者乎

原文

子曰："论笃是与，君子者乎？色庄者乎？"

译文

孔子说："要赞许说话稳重的人，但这种人是真正的君子呢，还是仅仅从容貌上看起来庄重呢？"

读解心得

"如果我贪污了一分钱，就将我开除党籍；如果我受贿了一分钱，就将我枪毙，并且可以一直枪毙到我的孙子！"

"反腐倡廉是摆在我们面前的一项长期任务，要坚决惩治腐败现象，严厉查处贪污贿赂、弄权渎职、敲诈勒索、以权谋私等不法行为。"

以上这两句话出自两位官员之口，听完这些豪言壮语，是不是你也会对他们肃然起敬？但事实上，这两人却是已经被查处的贪官，他们的所作所为与所说的豪言壮语大相径庭。这种情况就是"论笃"，即言论诚恳笃实。孔子反对一听到好的言论就立刻大加赞赏，他提倡倾听者要想一想：尽管他的话说得冠冕堂皇，可究竟是真君子，还是表面庄重的伪君子呢？上述两位贪官无疑就是孔子口中所说的"色庄者"之流。

不管在什么时候，都会有一些道貌岸然的"色庄者"，仅仅通过一个人所说的话去评判他的为人是很不靠谱的。比起"巧言令色"者，"色庄者"似乎更容易让人失去戒心，从而相信他的鬼话。因为"巧言令色"者毕竟有着光鲜的外表，说出来的语言也流于表面，只要多加留心，或是稍有自知之明的人就不难识破他的花言巧语；而"色庄者"却义正词严，善于将自己伪装成大公无私的样子，更具有欺骗性。不过他们之间的共同之处是都期望通过语言来达到获得信任的目的，这就要求企业老板不能偏听偏信，不光要看一个人嘴上说的，更重要的是考察他的实际行动，要"听其言而观其行"。

闻斯行诸

原文

子路问："闻斯行诸？"子曰："有父兄在，如之何其闻斯行之？"冉有问："闻斯行诸？"子曰："闻斯行之。"公西华曰："由也问闻斯行诸，子曰'有父兄在'；求也问闻斯行诸，子曰'闻斯行之'。赤也惑，敢问。"子曰："求也退，故进之。由也兼人，故退之。"

译文

子路问："凡事一听到就行动吗？"孔子说："父亲和兄长都在，怎么能一听到就行动呢？"冉有问："凡事一听到就行动吗？"孔子说："一听到就行动。"公西华说："仲由问一听到就行动吗，您说'父亲和兄长都在，怎么能一听到就行动呢'；冉求问一听到就行动吗，您说'一听到就行动'。我有些糊涂了，斗胆想问问老师。"孔子说："冉求平日做事退缩，所以我激励他；仲由好勇胜人，所以我要压压他。"

读解心得

在这一章里，"闻斯行诸"是从修炼性格和脾气个性的方面阐述"中道"的思想：懦弱的人，就要让他变得坚强；胆怯的人，就要增加他的信心；而威猛鲁莽的人，则要打消他的气焰；勇敢的人，则要使他遇到事情多冷静思考。

一家企业的经营风格来自管理者的个性和处事风格，如果管理者做事果断又善听他人劝告，处事谨慎又极愿接受他人的激励，那么这家企业一定会朝着健康的方向发展。反之，如果管理者一意孤行，听不进他人的劝阻，一旦有人再在一旁添油加醋，那么企业就必然会受激情所累，加速走向衰落。如果管理者优柔寡断，前怕狼后怕虎，不接受他人激励，那么企业也注定会因失去大好的机会而被时代抛弃。因此在企业中，如果决策层的董事会和执行层的经理会议中只能听到一种声音，那么所做出的决定必然不可靠，对于一些较复杂的事务就难以确保做出正确的决策。假如会议的议事过程中意见纷呈，每次都能听见不同的声音，哪怕出现一些争论和争议，那么最后的决定即便做不到完美，也必然经得起推敲，不会造成一些不可挽回的错误。

在企业内部，开会或布置工作一般都要统一思想。然而，人的思想很难统一，从企业的德治角度来看，我们并不强调统一思想，强调的是行动的一致性。因为一切组织都是由一群思想不同、能力不同的人构成的，如果真的统一了思想，只能说明这个企业不是一个人性化的组织。正是由于每个人都有不同的思想，才会表现出各种优点和缺点，表现出不同的需求，企业应该充分利用这些优点去达到最优的组合，打造一支最强的团队，同时才能最有效地抑制每位员工不利于企业发展的那些缺点，确保每个员工的独立性。拿盖楼来说，如果用的全是石子、沙子或是水泥，是不可能盖起大楼的，只有将它们合理地混合在一起，才能盖成一栋栋坚固的楼房。假如是高层建筑，那还必须加入具有支撑力的钢筋才行。企业也同样，不但需要各类人才，还需要可以支撑企业这座高楼大厦的钢筋——一位精明能干的企业家，企业越大，企业家所起的作用就越大。

子在，回何敢死

原文

子畏于匡，颜渊后。子曰："吾以女为死矣。"曰："子在，回何敢死！"

译文

孔子在匡地受到当地人围困，颜渊最后才逃出来。孔子说："我以为你已经死了呢。"颜渊说："夫子还活着，我怎么敢死呢？"

读解心得

在这一章里，又提到了孔子在周游列国时遭到匡人囚禁的事，可能是颜回身体较弱，在逃跑时掉队了，过了很久才赶上来。孔子一看见他就说："我还以为你已经遭遇不测了！"颜回恭敬地回答："夫子还在，我怎么敢去死呢？"这段记载形象地为我们描绘了孔子在周游列国时遇到的困境，以及与颜回之间的深厚情谊。

仲由、冉求可谓大臣与

原文

季子然问："仲由、冉求可谓大臣与？"子曰："吾以子为异之问，曾由与求之问。所谓大臣者，以道事君，不可则止。今由与求也，可谓具臣矣。"曰："然则从之者与？"子曰："弑父与君，亦不从也。"

译文

季子然问："仲由和冉求是否称得上大臣？"孔子说："我以为你要问别的事，哪知道竟是问仲由和冉求呀。我们所说的大臣，应该能以合于仁道的方式去侍奉君主，如果行不通，便宁可不干。现在仲由和冉求这两个人呀，只算得上备位充数的臣罢了。"季子然又问："那么，他们肯听话吗？"孔子说："如果是杀父亲杀君主，他们也是不会听从的。"

读解心得

季子然是鲁国权臣季氏的族人。孔子的两个弟子仲由和冉求在季氏那里当官，孔子原本就很不乐意，因此当季子然问这两个人是否能称得上大臣的时候，孔子用一副十分鄙夷的口气说道："我还以为您会问其他人呢，没想到您竟然问这两个人。"言下之意就是对仲由和冉求两个人非常不屑，同时也表示了对季氏的强烈不满。冉求和仲由不能以周公之道侍奉君主，贪图荣华富贵，这是令孔子不能忍受的，因此他认为，这两个人只有处理事务的才能，却没有做大臣应有的德行。季子然顺着孔子的回答追问："既然他们的德行不够好，他们是否会不顾原则，一味地跟着季氏做坏事？"孔子严肃地回答："仲由、冉求是能够分辨是非的！如果是弑父弑君的事情，他们绝对不会去做的！"这番严厉的口气显然也是对季氏的一种告诫。

在这章中，孔子提出的"大臣"和"具臣"两个概念很有意思。所谓"大臣"指的是能力出众，而且能够坚持原则的人，当君主胡作非为的时候，他们可以辞职不干；而"具臣"则指的是普通的员工、下属，虽然他们拥有处理事务的能力，但不会因为君主的无道而辞去职务、失去俸禄，用现代的话说就是政治操守一般。

身边常常会有朋友抱怨他所在的企业怎样混乱、老板怎样抠门，每当听到这些，笔者总是不禁疑惑：既然如此，你为什么还要待在里面，趁早辞职跳槽不就好了吗？这也许有两种可能：一是那个管理者其实并不是他口中说的那么混蛋，那些话只不过是他在发牢骚而已；二是他只是孔子所说的"具臣"，舍不得眼下的那份薪水。

不过，其实"具臣"的处境和做法也是可以理解的。绝大多数人并不具备选择企业的能力，在这种情况下，能够留在一家企业里，也未尝不是一个现实的选择，即便自己对这份工作并不满意。只要企业的行为还没达到严重违背社会公德，甚至触犯法律的地步，那么抱着在企业里混口饭吃的心态，也是可以理解的。在孔子生活的时代，假如人人都像孔子这样较真地坚持原则，那就几乎没有可以就业的机会了。

子路使子羔为费宰

原文

子路使子羔为费宰。子曰："贼夫人之子。"子路曰："有民人焉，有社稷焉，何必读书，然后为学？"子曰："是故恶夫佞者。"

译文

子路叫子羔去做费地的长官。孔子说："是祸害子弟的做法。"子路说："有百姓，有土地五谷，何必读书才算学习？"孔子说："所以我讨厌那些能说会道的人。"

读解心得

子路打算推荐子羔去做费城的主管，过来征求老师的意见。当时子羔刚刚20岁出头，学问也很平常。在孔子看来，要是学问和能力都达不到做官的要求，却硬要上岗，这对国家和个人并不是什么好事。

以现在的观念来看，孔子的这个看法对用人单位和人才也是一种负责任的态度。企业一旦聘用了不合格的员工，会带来极大的危害。对于个人而言，表面上看似乎幸运地获得了一次破格录取的好机会，然而不利因素也很明显。例如，由于能力不够而无法完成工作，会在同事面前抬不起头来。再如，上了班固然是多了一些实践机会，可是学习系统知识的时间就变少了。俗话说"磨刀不误砍柴工"，如果刀都没磨好，柴怎么能砍得快？还容易卷刃，对刀的损害极大，得不偿失啊。因此，孔子直接毫不客气地批评子路这样做是误人子弟。

子路听后还不太服气，他说在实践中不是一样也可以学习吗，何必非要等到学有所成才能参加工作呢？不得不说，子路的话也有一定的道理，在一家运行良好的大企业里，普通员工和基层管理干部的个人行为对企业所起的作用是微不足道的，即使有几个能力一般的员工，也不会影响大局，总能在企业内找到适合他的岗位。

可是假如企业有着较为长远的发展目标，想真正做一番大事业，如果没有一支高素质的管理团队和员工群体，就会显得力不从心了。孔子反对的不一定是子路的用人观，但他更希望的是子路可以理解他的想法，希望自己的学生能去辅佐有志向的君主。可惜子路这个人有些固执，在学问上也总是比较迟钝，孔子觉得单凭三言两语难以说服子路，于是不如先搁置问题，等以后再慢慢开导他，因此他叹了口气说："正因为这样，我才比较讨厌花言巧语狡辩的人。"言下之意是，先别狡辩，以后慢慢想吧，总有想明白的时候。

各言其志

原文

曾子路、曾皙、冉有、公西华侍坐，子曰："以吾一日长乎尔，毋吾以也。居则曰：'不吾知也！'如或知尔，则何以哉？"子路率尔而对曰："千乘之国，摄乎大国之间，加之以师旅，因之以饥馑，由也为之，比及三年，可使有勇，且知方也。"夫子哂之。"求！尔何如？"对曰："方六七十如五六十，求也为之，比及三年，可使足民。如其礼乐，以俟君子。""赤！尔何如？"对曰："非曰能之，愿学焉。宗庙之事，如会同，端章甫，愿为小相焉。""点，尔何如？"鼓瑟希，铿尔，舍瑟而作，对曰："异乎三子者之撰。"子曰："何伤乎？亦各言其志也。"曰："暮春者，春服既成，冠者五六人，童子六七人，浴乎沂，风乎舞雩，咏而归。"夫子喟然叹曰："吾与点也！"三子者出，曾皙后。曾皙曰："夫三子者之言何如？"子曰："亦各言其志也已矣。"曰："夫子何哂由也？"曰："为国以礼，其言不让，是故哂之。""唯求则非邦也与？""安见方六七十如五六十而非邦也者？""唯赤则非邦也与？""宗庙会同，非诸侯而何？赤也为之小，孰能为之大？"

译文

子路、曾皙、冉有、公西华四个人陪孔子坐着。孔子说："我年龄比你们大一些，不要因为我年长而不敢说。你们平时总说：'没有人了解我呀！假如有人了解你们，那你们要怎样去做呢？"子路赶忙回答："一个拥有一千辆兵车的国家，夹在大国中间，常常受到别的国家侵犯，加上国内又闹饥荒，让我去治理，只要三年，就可以使人们勇敢善战，而且懂得礼仪。"孔子听了，微微一笑。孔子又问："冉求，你怎么样呢？"冉求答道："六七十里或五六十里见方的国家，让我去治理，三年以后，就可以使百姓饱暖。至于这个国家的礼乐教化，就要等君子来施行了。"孔子又问："公西华，你怎么样？"公西华答道："我不敢说能做到，而是愿意学习。在宗庙祭祀的活动中，或者在同别国的盟会中，我愿意穿着礼服，戴着礼帽，做一个小小的赞礼人。"孔子又问："曾皙，你怎么样呢？"这时曾点弹瑟的声音逐渐放慢，接着"铿"的一声，他离开瑟站起来，回答说："我想的和他们三位说的不一样。"孔子说："那有什么关系呢？也就是各人讲自己的志向而已。"曾皙说："暮春三月，穿着春天的衣服，我和五六位成年人，六七个少年，去沂河里洗洗澡，在舞雩台上吹吹风，一路唱着歌走回来。"孔子长叹一声说："我是赞成曾皙的想法的。"子路、冉有、公西华三个人都出去了，曾皙后走。他问孔子说："他们三人的话怎么样？"孔子说："也就是各自谈谈自己的志向罢了。"曾皙说："夫子为什么要笑仲由呢？"孔子说："治理国家要讲礼让，可是他说话一点也不谦让，所以我笑他。"曾皙又问："那么是不是冉求讲的不是治理国家呢？"孔子说："哪里见得六七十里或五六十里见方的地方就不是国家呢？"曾皙又问："公西华讲的不是治理国家吗？"孔子说："有宗庙、有国家之间的盟会，不是国家是什么？公西华只能做小傧相，谁能做大傧相呢？"

读解心得

这是《论语》中最长的一个章节，记录的是孔子和几个学生聚在一起，让大家各自谈谈将来被任用后的理想志向。从大家的发言中，我们能够看到几个人各自不同的性格特点、脾气秉性和学识。子路、冉求、公西华三个人说的都是一个阶段性任务或目标，无论是全面管理国家还是做个司仪人员，都是很重要的管理活动，但并不是一个国家发展的最终目标。子路所说的稍微高远一点，他说到了一个"三年发展方略"。但要是与曾皙相比，就仍然显得目光不够长远。曾皙，名点，字子皙，他虽然声称自己和其他几个人不一样，不谈政治问题，但其实他谈的恰恰正是最终的政治目标。他希望在他的管理下，人民可以安居乐业，悠闲自得，他把自己理想状态下的民众生活场景描绘了一番。

显然，曾皙的描述最符合孔子的理想，和他产生了共鸣，因此他感慨地说："我赞成曾皙的说法！"暂且抛开曾皙的理想不谈，单就他的"审题"能力来说，确实是把老师的心思拿捏得很准。他看到其他学生所说的只不过是很普通的一些工作内容，目标和理想的也是阶段性的，而曾皙关注的是国家管理的终极目标，那就是最终要让人民过上什么样的日子。这就是真正的各言其志，几位弟子的水平之高下已经很明显了。但孔子并没有因此贬低另外几位学生，而是十分宽容地说："这不过是大家随便谈谈志向罢了。"这种宽容和理性的态度体现了一位大宗师对学生们的充分尊重。

颜渊第十二

克己复礼为仁

原文

颜渊问仁。子曰:"克己复礼为仁。一日克己复礼,天下归仁焉。为仁由己,而由人乎哉?"颜渊曰:"请问其目。"子曰:"非礼勿视,非礼勿听,非礼勿言,非礼勿动。"颜渊曰:"回虽不敏,请事斯语矣。"

译文

颜渊问什么是仁。孔子说:"抑制自己,使言语和行动都走到礼上来,就是仁。一旦做到了这些,天下的人都会称许你有仁德。实行仁德要靠自己,难道是靠别人吗?"颜渊说:"请问实行仁德的具体途径。"孔子说:"不合礼的事不看,不合礼的事不听,不合礼的事不言,不合礼的事不做。"颜渊说:"我虽然不聪敏,请让我照这些话去做。"

读解心得

孔子最得意的门生颜回问孔子仁是什么,孔子的回答是:克制自己的一切妄念、情欲和邪恶的思想、偏差的观念,使自己的一切言行都符合礼的要求,这就是仁。如果可以达到克己复礼的境界,你所做的一切就都是仁了,就可以一切按照事物的规律而行,不会出现太大的偏差,因此说成就仁在于自身,不能依赖他人。换言之,成就仁的过程是让自己心灵深处得到净化的过程,直至达到仁的境界。那么礼又是什么呢?我们在上文说过,礼就是道德的标准和规范。假如一个人的心灵美好,那么他的所作所为就会合乎道德标准和规范。可是,绝大多数人无法做到完全克制和约束自己,因此必须建立一些制度,也就是我们需要遵守的法律和法规。

企业想要达到"克己复礼"的境界,必须做好三件事:一是要建立起自己独有的企业文化,因为企业文化不但可以令员工能够辨别是非善恶,知道哪些是企业允许和提倡的,哪些是与企业发展相抵触的,做到是非分明,更重要的是它可以改变员工思考问题的方式。二是要建立切实可行的企业制度,以约束和限制员工的行为。尽管这样会束缚一些人的手脚,但它会令更多的人获益。在合理的制度约束下,大多数员工的行为会潜移默化地变成自发的行为,感觉不到制度的存在。假如在一家企业里，员工的行为完全符合企业的制度要求而又感觉不到制度的存在，那就意味着他们已经做到了"非礼勿视，非礼勿听，非礼勿言，非礼勿动"。三是要不断完善企业文化，修正企业制度。道德标准是不变的，可是因为我们在理解上或执行上的偏差，难免会产生"过"和"不及"的情况，所以，我们还需要及时进行修正和完善。

己所不欲，勿施于人

原文

仲弓问仁。子曰："出门如见大宾，使民如承大祭。己所不欲，勿施于人。在邦无怨，在家无怨。"仲弓曰："雍虽不敏，请事斯语矣。"

译文

仲弓问怎样做才是仁。孔子说："出门办事如同去接待贵宾，使唤百姓如同去进行重大的祭祀（都要认真严肃）。自己不愿意要的，不要强加于别人；做到在诸侯的朝廷上没人怨恨（自己），在卿大夫的封地里也没人怨恨（自己）。"仲弓说："我虽然笨，也要照您的话去做。"

读解心得

冉雍，字仲弓，他向孔子请教什么是仁。孔子说：首先要"出门如见大宾"，即与人相处，要像看到贵宾那样真诚，彬彬有礼。尤其作为一位领导者，更要尊重每个普通人，这是作为领导者首要的道德修养。其次要"使民如承大祭"，这说的是做事的责任和态度，领导者不但要为群众百姓办事，态度还要如同主持大祭活动一样虔诚和慎重。最后还要注意"己所不欲，勿施于人"，领导者要学会换位思考，自己不愿意做的事情不要强加给别人去做。只要做到了这三点，就可以达到"在邦无怨，在家无怨"的境界了。

对于企业而言，"己所不欲，勿施于人"这八个字还包含了更多的含义。首先，普通员工之间要互相尊重，你希望别人怎样对待你，你就应该怎样对待别人。你尊重别人，别人也会尊重你；你想让别人尊重你，却不尊重别人，那怎么可能呢？即便别人尊重你，那也只能说明别人的涵养比你高。其次，上下级之间也要互相尊重，特别是上级对下级的态度。作为上级，最容易犯的错误就是刚愎自用、冒失武断、盛气凌人，把自己不愿意做的难点工作全部推给下级，这样做的本质是推卸责任，只会把事情搞砸，绝对得不到下属的拥护与爱戴。反过来，上级在部署工作安排的时候，一定要能提出建设性的意见，要尽可能地让人和事趋于平和。最后，企业对用户不但要做到"己所不欲，勿施于人"，还要做到"将欲取之，必先予之"。想要从用户那里获得利益，必须先给用户一定的利益，这就是我们常说的"双赢"和"共赢"。如果仍然采用以前的"零和"策略，则企业注定会逐步走向灭亡。除此之外，同行之间也应该遵循"己所不欲，勿施于人"的原则。

仁者，其言也讱

原文

司马牛问仁。子曰："仁者，其言也讱。"曰："其言也讱，斯谓之仁已乎？"子曰："为之难，言之得无讱乎？"

译文

司马牛问什么是仁。孔子说："仁的人，他的言语显得谨慎。"司马牛说："言语谨慎，这就可以称作仁了吗？"孔子说："做起来难，说话能不谨慎吗？"

读解心得

在孔子的许多弟子看来，"仁"是个很高深的境界。司马牛不敢相信仅凭言语谨慎就可以达到"仁"，因此追问了老师一句。孔子进一步解释说："在实际做事的时候是很困难的，那么说话能不谨慎吗？"孔子要表达的意思很明确，即只要能够做到言行一致，就已经是一个相当高的标准了。表面看上去这个标准似乎并不高，但要能真正做到也并非易事。普通人偶尔会有食言、失信的行为，它们所造成的后果仅仅影响个人，但是如果企业管理者的言行不一，则势必失信于员工、失信于客户、失信于消费者，那就是相当严重的后果了。

讱，原意是话难说出口，在这里引申为说话谨慎。大多数食言的人往往不是有意为之，而是由于说话之时没有考虑到"为之难"，一时冲动之下说话唐突，所以给人留下了没有信用的印象。还有一些食言者的原因就让人讨厌了，他们原本就没打算做，只是平常习惯了信口开河，便在会议上信誓旦旦，煞有介事地拍胸脯承诺了一大堆，但一散会就全部抛到了脑后。此外，有些管理者在销售出现问题的时候承诺给销售人员许多好处，以刺激大家的积极性，然而等到任务完成的时候，又以各种借口不兑现那些承诺。还有些管理者为了改变某条公司制度，不惜大言不惭地说："当初是谁定的？实在是莫名其妙！"或者是："这话我什么时候说过啊？"弄得大家十分无语。尽管这样厚脸皮的人是少数，可是在很多企业中确实存在，不少员工深受其苦。

内省不疚

原文

司马牛问君子。子曰："君子不忧不惧。"曰："不忧不惧，斯谓之君子已乎？"子曰："内省不疚，夫何忧何惧？"

译文

司马牛问怎样做一个君子。孔子说："君子不忧愁，不恐惧。"司马牛说："不忧愁，不恐惧，这样就可以叫作君子了吗？"孔子说："内心反省而不内疚，那还有什么忧愁和恐惧呢？"

读解心得

"内省不疚"的意思，大概和成语"问心无愧"是一样的。孔子说，没有忧愁、没有恐惧的人就是君子，司马牛有点不太理解，继续追问：这么简单就可以算是君子了吗？难道那些有恃无恐的无赖也能算君子吗？孔子回答：那些有良心并且对自己的所作所为都问心无愧的人，他们内心没有欠缺、没有遗憾，因此不会感到忧愁和恐惧，这就是真正的君子。

普通人或许能够做到"内省不疚"，但要说到没有忧愁、没有恐惧，恐怕就不是件容易的事了。我们一直在为自己的生活和工作担心、为学业担心、为子女的成长担心，几乎每时每刻都处在没完没了的忧愁和恐惧中。一个人的忧愁和恐惧与他拥有的财富和所处的地位并没有太大的关系。有这样一个故事：在很久以前，有一个富翁和一个乞丐，富翁家财万贯，却总是忧心忡忡，整天担心有人会图谋他的财产，晚上睡觉也不安稳，老是做噩梦；而乞丐呢，衣不蔽体，食不果腹，却整天都乐呵呵的，原来他每天晚上睡觉都梦见自己是一个国王，有一大群的仆人，想吃什么就有什么，享尽了荣华富贵。

"内省不疚"这四个字对企业有着很深刻的启示。首先，每个员工对工作都应该做到问心无愧，抱着感恩的心态爱岗敬业，在业务上精益求精。其次，企业的管理者也应该克己奉公，不贪不欲，一心一意为了事业和员工。最后，企业应该合法经营，不能垄断市场、进行产品倾销，也不要参与不正当竞争；既不能损害国家的利益，也不能损害其他企业的利益。不管是企业还是个人，都要以一种平常心去处理事务，俗话说"平生不做亏心事，半夜不怕鬼敲门"，只要内心坦坦荡荡、光明磊落，就没有什么好担心害怕的。

四海之内皆兄弟也

原文

司马牛忧曰："人皆有兄弟，我独亡。"子夏曰："商闻之矣：死生有命，富贵在天。君子敬而无失，与人恭而有礼。四海之内，皆兄弟也。君子何患乎无兄弟也？"

译文

司马牛忧伤地说："别人都有兄弟，唯独我没有。"子夏说："我听说过：死生由命运决定，富贵在于上天的安排。君子只要对待所做的事情严肃认真，不出差错，对人恭敬而有礼貌，那么，天下人就都是他的兄弟了。君子何愁没有兄弟呢？"

读解心得

司马牛原本有两个兄弟，由于在宋国谋反失败，一个死了，一个流亡在外不知生死。司马牛尽管不赞成他俩谋反，但是没能阻止他们，也受到牵连逃亡在外，因此他才发出了这样的哀叹。

"死生有命，富贵在天"这话非常有哲理。"死生有命"，说的是世上的任何事物都有规律，都有一定的寿命。不管是一个人、一家企业，还是一个国家，莫不如此，因此我们无论是为人处世，还是经营企业，都必须遵从这个规律。"富贵在天"，说的是凡是遵循事物发展规律且符合天道的，都会获得富贵。所谓的天道，就是指生存的大环境。富贵并不仅仅指物质上的财富，还是一种价值的体现。就企业而言，其存在和成长不仅体现在自身能够获得多少利润，还体现在它创造了多少社会价值。从某个角度来说，那些没有必要存在的企业获得的利润越多，对社会发展造成的负面影响就越大。对那些有必要存在的企业来说，最重要的是要适应社会环境，与时俱进，按照自身的规律发展，就会逐步成长为一家具有影响力的企业。

假如企业能够做到"君子敬而无失，与人恭而有礼"，其价值和品位必定会赢得赞誉。这就要求企业对业务慎重选择，对事业认真定位，对员工充分尊重，对用户贴心关怀，对社会尽职尽责。

"四海之内，皆兄弟也。"如果一个人找到了适合自己生存发展的平台，又能够充分发挥自己的聪明才智，同时还能做到对事敬重而不出差错，对人恭敬而彬彬有礼，那么这个人一定不会缺少朋友。假如一家企业找到了适合自己生存的环境，同时又有正确的价值理念，做到了经营定位准确、人事管理严格、服务意识到位，那么这家企业就会具备较强的凝聚力，从而获得"四海之内皆兄弟"的效果。

子张问明

原文

子张问明。子曰："浸润之谮，肤受之愬，不行焉，可谓明也已矣。浸润之谮，肤受之愬，不行焉，可谓远也已矣。"

译文

子张问什么是明达。孔子说："像水润物那样暗中传播的谗言，切身感受的诽谤，在你这儿都行不通，就可以称得上明智了。像水润物那样暗中传播的谗言，切身感受的诽谤，在你这里都行不通，就可以说是有远见了。"

读解心得

子张所问的"明"应该是指"明达事理"的意思，而并不仅仅是"明智"，因此解释为"明达"才更为确切。浸润，意思是像水润物那样逐渐积累起来；肤受，意思是表面上的切身感受。孔子告诉学生：面对那些逐渐积累起来、看上去无伤大雅的非议之词，如果你能做到无动于衷，那么你就可以称得上"明达"了。量变会引起质变，现在流于表面的非议，后面可能会发展到肺腑，所以我们应该注意"防微杜渐"。

防微杜渐，不仅需要一副明察秋毫的眼力，还需要有严格的自律和谨慎的行为，更需要提高对细微问题危害性的高度认识，这三点缺一不可。就像"勿以恶小而为之"，不能对那些看似无关轻重的毛病掉以轻心。在企业的经营管理过程中，经常会碰见这类情况：在某些特定的环境下，那些容易被忽略的细节最终酿成了巨大的灾难。"明达"的企业总是可以敏锐地观察到这些小问题，从而提前采取防范措施。

有一家烤鸭店，每天的销量都很好，但偶尔剩下那么一两只，按照企业的工艺规定，这些烤鸭过了夜就不能再次出售了。按照老掌柜原来的做法，必须将剩下的鸭子全部销毁。后来换了一位新掌柜，为了表示节约和对员工的关怀，他就把卖剩下的烤鸭当作福利发给员工。乍一看，这样的做法确实避免了浪费，还取悦了员工，但没想到造成的后果却是大家每天都盼着烤鸭卖不完，能够剩下！后来甚至发展到临下班的时候，员工会偷偷藏起一两只鸭子，即使有顾客他们也不卖，就想把鸭子留下来给大家分享。相比之下，老掌柜才算得上"明达"之人，而新掌柜的做法就显得浮于表面，欠缺考虑，缺乏对细节问题的洞察。

民无信不立

原文

子贡问政。子曰："足食，足兵，民信之矣。"子贡曰："必不得已而去，于斯三者何先？"曰："去兵。"子贡曰："必不得已而去，于斯二者何先？"曰："去食。自古皆有死，民无信不立。"

译文

子贡向孔子请教治理国家的办法。孔子说："备足粮食，充足军备，获得人民的信任。"子贡问："如果迫不得已要去掉一项，三项中先去掉哪一项？"孔子说："去掉军备。"子贡又问："如果迫不得已还要去掉一项，在这两项中先去掉哪一项？"孔子说："去掉充足的食物。自古以来谁都会死，但如果没有百姓的信任，那么国家就不能够立足了。"

读解心得

员工的满意度、强大的扩张能力和良好的社会信誉，是一家企业最重要的三种素质。在孔子看来，管理一个国家的方法无非"让老百姓丰衣足食，有足够的兵力，以及政府的公信力"。子贡接下来的表现充分体现了他的聪明机智，为了彻底搞清楚这三者的重要性，他继续向老师追问。孔子认为，假如必须丢掉一项，首先应该选择"去兵"。对企业来说，就是把扩张的速度放慢，先尽量保持现有的业务与市场以获得稳定的收益。接下来，如果再要去掉的话，就应该选择"去食"，哪怕暂时让企业员工受一些损失，也要对外保持良好的企业形象。现在一些企业采取降薪和裁员的做法，就符合这一思路。所谓"无信不立"，对于企业来讲，什么都可以丢，但信誉绝对不能丢。

不过，如果空有一个良好的社会信誉，而内部的员工满意度却不高，或者对外的扩张能力不足，这样的企业也难以长久维持。子贡的问题通常并不存在，师生二人只不过是用这种论证方法来表达信誉对于一个人和一个国家的不可替代的重要意义而已。事实是，这三者确实难以完全分割开，员工的满意度是确保企业能够正常运行和长足发展的基础，如果内部员工对自家企业都不满意，又何谈全社会的满意呢？企业扩张力是企业发展的内在动力，一旦失去了这个动力，那么企业其他方面的优势也很难发挥。当然，孔子极端强调社会信誉也不无道理。在三者当中，只有社会信誉最宝贵。假如三者中企业只能选择留下一项的话，到底哪个可以让企业重新具备生存和发展的机会呢？毫无疑问还是企业的社会信誉和公众形象。

曾经有人说，可口可乐公司即使在一夜之间被夷为平地，那么仅仅凭借这个品牌也足以让公司重新建立起来，并能够在短期内恢复生产，使市场得以延续。这个现代化的例子或许正是子贡这一假想的翻版。

文犹质也，质犹文也

原文

棘子成曰："君子质而已矣，何以文为？"子贡曰："惜乎，夫子之说君子也。驷不及舌。文犹质也，质犹文也。虎豹之鞟犹犬羊之鞟。"

译文

棘子成说:"君子只要具有好的品质就行了,要那些外在的修饰干什么呢?"子贡说:"真遗憾,夫子您这样谈论君子。一言既出,驷马难追。本质就像文采,文采就像本质,都是同等重要的。假如去掉虎豹和犬羊的华采的毛,那这两样皮革就没有多大的区别了。"

读解心得

棘子成是卫国的一位大夫,和子贡是同乡。棘子成可能是对孔子"文质彬彬,然后君子"这句话不太理解,于是问子贡:"君子只要具有质朴的本性就可以了,为什么还要有外在的修饰呢?"这种说法如同以前说的"好酒不怕巷子深"一样,以现代人的观点来看并不合理。子贡自然也不敢苟同,所以他很自然地回答:"先生对君子有这种理解真是太遗憾了!但是一言既出,驷马难追。"他首先给对方当头一棒,紧接着就说明"文"和"质"是一样重要的。鞟的意思是去掉毛的皮,也就是革。子贡的意思是,虎、豹的皮如果去掉毛,就和去掉毛的犬、羊没什么两样了!

其实,子贡也并没有完全说清楚"文"的重要意义,他可能太急于表现自己的机智了。所谓的"文"并不是单纯用来区别事物的,就好比产品包装的作用也不单单是用来表示产品的不同,更重要的是应该表现出产品的显著特色。有些设计公司并不完全明白"文质彬彬"的道理,片面地追求包装的视觉效果,追求艺术上的标准,而忽略了如何将产品的特性外化到包装上来。有实力的设计师通常都会先对产品和企业进行一番详细的调查,在准确掌握产品特点和市场价值的前提下,才会开始设计包装。这样设计出来的包装不但可以从视觉上较好地区别于其他同类产品,更重要的是可以让受众从外观上迅速了解产品的真实特色和价值。

虽然子贡的回答机智有余,恰当不足,但也大致符合孔子的道。要知道,在孔子的弟子中子贡虽不算好学,但是聪明、机智善辩。本篇描写的正是子贡的这一特点。

百姓足,君孰与不足

原文

哀公问于有若曰:"年饥,用不足,如之何?"有若对曰:"盍彻乎?"曰:"二,吾犹不足,如之何其彻也?"对曰:"百姓足,君孰与不足?百姓不足,君孰与足?"

译文

鲁哀公问有若说:"遭了饥荒,国家用度困难,怎么办?"有若回答说:"为什么不实行彻法,只抽十分之一的田税呢?"哀公说:"现在抽十分之二,我还不够,怎么能实行彻法呢?"有若说:"如果百姓的用度够,国君怎么会不够呢?如果百姓的用度不够,国君又怎么会够呢?"

读解心得

我国古代以农业为主,每当碰到收成不好的年景,税收就会变得尤为困难,甚至会造成整个社会的动荡,鲁哀公就遇到了这样的问题。让鲁哀公大出意外的是,有若给他出的主意居然是减少税收,他很不解,按现在实行的税率尚且不够,怎么能再降低呢?有若于是就给他讲了国家富足和百姓富足二者的关系:国家首先要让百姓富足起来,只要百姓富足了,国家就没有不富足的道理。

企业是国家的纳税人,不可能向老百姓或用户收税,增减税率的问题和企业没什么关系。不过,企业在对产品或服务进行定价的时候,是将用户的利益还是企业的利益摆在首位,最终的效果是截然不同的。

当前我国企业的定价策略通常都是西方式的,往往从企业自身的角度去考虑问题,并没有从用户角度出发。人们常说,商场如战场,充满了血腥。实际上,企业和企业之间并不一定要拼得你死我活,一家企业的发展没必要以另一家企业的失败为代价。

随着社会的持续发展,人们的需求和消费层次越来越广泛,市场越来越细化,企业和企业之间越来越倾向于强强联合,因此我们在为企业的产品或服务定价时,一定要从用户的角度出发。例如,这个产品或这项服务的价格用户能否接受,还有多少利润可以让利给用户?让利给用户的利润与员工的报酬之间是否平衡,用户第一还是员工第一?企业的定价是否损害了其他企业的利益?能否与其他企业联合行动,共同保护用户的利益?

事实上,企业拥有双重身份:既是产品或服务的供应者,也是产品或服务的消费者;既是用户,也是用户的服务者。企业想从供应中获取利益,就得为用户提供利益。只要用户都满意了,企业还能有什么不满意的呢?用户足,企业孰能不足?反观企业内部也是一样,员工足,企业孰能不足？

子张问崇德辨惑

原文

　　子张问崇德辨惑。子曰："主忠信，徙义，崇德也。爱之欲其生，恶之欲其死。既欲其生，又欲其死，是惑也。　'诚不以富，亦只以异。'"

译文

　　子张向孔子请教怎样提高品德修养和辨别是非。孔子说："以忠厚诚实为主，行为总是遵循道义，这就可以提高品德。对于同一个人，爱的时候希望他长期活下去；厌恶的时候，又希望他死去。既要他长寿，又要他短命，这就是迷惑。'这样对自己实在是没有益处，也只是使人感到奇怪罢了'。"

读解心得

　　孔子和子张讨论的主要是个人的道德修养问题。按照"忠信""仁义"的原则去办事，就可以提高道德修养，否则，感情用事，就会陷于迷惑之中。惑，原因往往不是客观事物难以辨别，而是我们的主观情感左右了理智。

　　感情用事为什么会使人陷于迷惑呢？因为在同样一件事情上，由于个人感情的不同而对不同的人表现出不同的标准，标准的错乱当然会让别人感到困惑，而当自己再次面对类似问题的时候也会不知所措。如有个文化程度不高而且观念还很落后的管理者，对于网络营销不以为然，因为不懂，所以不信。而现在即便是传统渠道的客户交流实际上也多借助于经济、方便的网络通信方式，所以销售部的几个年轻人常常需要在网上与客户沟通。管理者听到有人打小报告，说销售部经常在网上聊天，于是气不打一处来，开会训斥一番。然而这个不允许仅仅限于销售部，办公室那几个女孩子本来没有网上业务，却自恃得宠，上班时间都在冲浪，弄得销售部门哭笑不得。可有一天，这个管理者的观念发生了根本变化，开会说："网络营销是最简便有效的营销方式，哪个部门不上网销售部门也得上网！"原来是因为销售部换了经理。

如此感情用事，在同一问题上态度变化多端，特别像孔子描述的"爱之欲其生，恶之欲其死"的极端化现象，实在让人难以理解，恐怕这位管理者自己也对自己很纳闷儿吧！

君君，臣臣，父父，子子

原文

齐景公问政于孔子。孔子对曰："君君，臣臣，父父，子子。"公曰："善哉！信如君不君，臣不臣，父不父，子不子，虽有粟，吾得而食诸？"

译文

齐景公向孔子询问政治。孔子回答说："国君要像国君，臣子要像臣子，父亲要像父亲，儿子要像儿子。"景公说："好哇！如果真的国君不像国君，臣子不像臣子，父亲不像父亲，儿子不像儿子，即使有粮食，我能够吃得着吗？"

读解心得

企业管理者往往自视甚高，一旦企业出了问题，首先问责于下属，并不去考虑自己是否有责任，这已经成为相当普遍的思维习惯。另外，企业管理者总有一种自己什么都对的心态，制定的管理制度也是针对员工，而自己总想凌驾于所有制度之上。然而很多时候，制度落实不力往往是因为管理者游离于制度之外，是他首先违反了自己制定的制度。

比如有的管理者特别喜欢插手下属的工作，以显示自己的重视和才能，结果就形成了下属的依赖心理和推卸心理：既然你要管，那么我为什么还要自讨没趣呢？这种做法导致上下缺乏信任和配合，一旦工作出现问题，责任也不好分辨。但管理者总归是管理者，他可以说："让你当部门经理，怎么就不能真正负起责来呢？"这般训斥其实应该自问才对，正是因为管理者的插手才导致部门的权力和责任不明确，能埋怨谁呢？

孔子所说的"君要像君的样子，臣要像臣的样子，父要像父的样子，子要像子的样子"，其实就是现代企业管理中的各守其位、各司其职、各负其责。更为可贵的是，孔子先要求君像君，然后才是臣像臣；

先要求父像父，然后才是子像子，这与后世仅要求弱小者以道德，而在上者可以胡作非为，大有不同。而企业最高管理层不能很好地约束自己，不能做好管理者应该做到的事，还有什么理由要求员工安于本职工作呢？

很多管理者把员工各司其职视为理所当然，而忽略了自己也存在这样的问题。就像这位齐景公，听到孔子的言说，大为叫好，说："如果君不像君，臣不像臣，父不像父，子不像子，就是粮食再多，我能享用得到吗？"看来，他仅仅理解了"臣臣"和"子子"，并没有在意"君君"和"父父"，也就是说并没有把对自身的要求放在心上，考虑的只是私利而已。而这样的"管理者"自然在政治上不会有什么作为，果然在齐景公死后，齐国就被权臣陈僖子完全控制了。如果当代企业管理者也不过是如此见识的话，也难免落得这样的下场。

片言可以折狱

原文

子曰："片言可以折狱者，其由也与？"子路无宿诺。

译文

孔子说："根据单方面的供词就可以判决诉讼案件的，大概只有仲由吧？"子路没有说话不算数的时候。

读解心得

部门工作出现失误，无论原因如何复杂，总会有部门经理的责任。但是由于在企业里地位越高话语权就越大，部门经理如果想把事件的责任完全推卸给手下职员，是比较容易的，甚至栽赃陷害都不算什么难事。因为大多数管理者在这类问题上往往信任在管理链条上离自己最近的人，而部门经理出入管理者办公室比员工要容易得多，这样哪里还有基层小兵的话语权呢？即便好不容易找到机会向管理者直接反映了问题，管理者也会觉得你在狡辩而已。

听信一面之词就做出判断，正常情况下都会觉得不妥当，但一旦真遇到具体事情，往往当事者迷，听完一方的汇报就大发雷霆，往往现场就做出了决定，至少内心已经有了成见。这种做法就是"片言折狱"。

古代原告和被告被称为"两造"，双方的陈词叫"两辞"，单独一方的陈说就是"单辞"，也就是本章所说的"片言"。孔子说："根据一方的陈说之辞就可以断案的，大概只有子路吧！"大概是子路性急，先判了再说，那就难保不会判糊涂案了，所以孔子对他是持批评态度的。

不过，紧接着的"子路无宿诺"，显然是夸赞子路的话，与上文意旨不一致。宿诺，是拖了很久而没有兑现的诺言，子路讲究信誉，说话向来算数。基于文义的顺畅考虑，于是就出现了孔子实际是赞赏子路"片言折狱"的说法。如子路特别聪明，所以能片言折狱；或者子路特别忠直，别人不愿欺骗他，原告也好，被告也好，都老老实实说实情。这些理解也有一定道理，但是我们在企业里看到的仅凭"片言"就断定是非的事情，总是不大靠得住，莫非是因为管理者不具备子路这种特殊才能？

必也使无讼

原文

子曰："听讼，吾犹人也。必也使无讼乎。"

译文

孔子说："审理诉讼案件，我同别人一样（没有什么高明之处）。重要的是必须使诉讼的案件根本就不发生！"

读解心得

企业具备完善健全的管理制度，出现违反管理制度的事情能够公正、准确地做出处罚，是企业成熟的表现，也是规范企业管理的必要手段。但更为理想的状态是大家都不违反制度的规定，使企业不存在违纪的情况，即孔子之所谓"无讼"。而要达到这样的状态，显然需要企业全体人员都具有良好的职业道德操守，使得遵守纪律成为习惯。孔子的这一思想，其实还是他德治理念的体现。不过，孔子所倡导的德治，并不是对法治的漠视或反对，反而恰恰正是对法治的尊重，是实现法治的最有效的方法。

企业也好，社会也好，如果法制部门忙得不亦乐乎，那肯定是出现了太多违法乱纪的事情，正说明人们的道德观念存在问题。真正实现

"无讼"，其前提是全社会的道德规范成为每个人的习惯。所以孔子说："断案，我和别人差不多。但我的理想是天下不再出现诉讼的事情。"孔子及其弟子对于道德教化的作用简直达到了崇拜和迷信的地步，认为所有问题都应该是道德上的问题，都可以用道德教化来改善。这种思想与其说是试图用彻底的道德教化来取代法律，莫若说是用彻底的道德教化来维护法律，这一观念对于中国古代法律思想影响深远，即便今天也具有积极意义。

居之无倦，行之以忠

原文

子张问政，子曰："居之无倦，行之以忠。"

译文

子张问怎样治理政事，孔子说："居于官位不懈怠，执行君令要忠实。"

读解心得

对于参加工作不久的朋友来说，最重要的事情或许并不在于工作的创新，也不在于对企业重大事件提出更多建议，因为首先应该承认自己在具体工作经验上的不足，处理事务的能力、观察判断能力都未必成熟，即便你学问不小、自视甚高。这时候更应该干本职工作不懈怠，始终保持努力的热情，在执行公司决定方面不打折扣。这恐怕是新员工的必修科目，也是新员工取得公司信任的处世哲学。

而有的人总喜欢有条件地执行决定，即对每个决策、决议都表示一下怀疑，用自己的观点做一番审查判断。这对于提升个人能力自然是很好的做法，但在思考的过程中，不能因为个人原因延误执行的时效。那么，有不同意见应该怎么做呢？对于新人来说，首先要执行，然后提出自己的意见。但这并不适合管理者委以重任的部门负责人，有一定管理权限的负责人的"忠"应该建立在决策的正确这一基础上，及时表达意见，否则就是失职。这些微妙的区别，好像有点圆滑世故，但对于企业正常运行和个人发展来说却是极其必要的。

子张并没有从政，但这个人才高意广，有时不够踏实，不愿做实际工作。所以孔子在回答他的"问政"时，更侧重让他从基层公务员的要求做起，勤勉、忠诚就已经足够了，不要要小聪明，以免无意中做出不忠于上级指示的事情。这确实是对子张很负责的善意规劝。

君子成人之美

原文

子曰："君子成人之美，不成人之恶。小人反是。"

译文

孔子说："君子成全别人的好事，而不促成别人的坏事。小人则与此相反。"

读解心得

在企业中，什么叫"成人之美"呢？我认为应该像华为公司说的那样：绝不能让雷锋、焦裕禄们吃亏。

一个企业由弱到强，难；由强到弱，易。企业要想发展和成长，不仅靠全体员工的不懈努力，更要靠不断涌现出的无数英雄。什么是英雄？英雄的含义不能仅局限于某一单个的个体，而应该是指无数群体。企业的总目标是由成千上万个分目标组成的，任何一个目标的实现都离不开英雄。

当你甘于平淡无奇的岗位，始终如一地做事；当你勇于把机会和位置让给后来者；当你能上能下，对去留宠辱处之泰然；当你面对缤纷万千的世界，能够出淤泥而不染；当你勇于挑战自我……总之，当你像雷锋、焦裕禄一样在普通的岗位、在生产一线默默奉献、不求所取，你就是英雄。

中国古代有一个成语叫作"曲突徙薪"；罗素说："管理就是决策。"当你以"主人翁"的身份为企业提出合理化建议，当你虚心倾听群众意见，做出最科学、最合理的决策，你就是英雄。英雄不是神灵，每个人都可以成为英雄。企业的发展需要在平凡的岗位上默默奉献的英雄，企业改革呼唤具有"主人翁"责任感的英雄。

企业呼唤英雄，其实是在呼唤企业的美德。企业"成人之美"就是不仅要善于发现英雄，而且要使英雄的美德发扬光大。美与恶是相对的，企业有美德，同样也有恶习，在弘扬美德的时候，也就抑制了企业中的恶习，自然就不会"成人之恶"。

政者，正也

原文

季康子问政于孔子。孔子对曰："政者，正也。子帅以正，孰敢不正？"

译文

季康子向孔子询问为政方面的事。孔子回答说："'政'的意思就是端正，您自己先做到端正，谁还敢不端正？"

读解心得

这是《论语》中著名的"康子三问"，集中体现了孔子的政治理念，即强调当政者高度的表率作用，是其人治思想原理的具体阐述，提出了"政者，正也"的核心原则。"未有己不正而能正人者"，是中国人千百年来所公认的真理。这些非常符合中国人传统思维习惯的理论一直影响着中国人的观念，即便在今天的现代化企业里，"康子三问"所体现的管理理念也仍然实用，甚至是最为符合中国企业的管理哲学。

在管理基本原则方面，孔子说："政治，就是正己正人。"从字源上说，"政"是"正"的后起字，"政"就是"使之正"的意思。而怎么样在企业树立正气？孔子的理论是"管理者率先端正自身，还有谁敢不端正自己的行为呢？"比如对本职工作负责的问题，我们多次论述如果一个部门经理不能够全身心以负责的态度对待自己的工作，往往是由于老板首先不安于自己"务本"的管理，而插手下属的工作所致。如果老板"不谋其政"，怎么能够实现其他部门"谋其政"呢？有位老总说过一句话，"管理就是授权之后马上忘记这个事情。"意思是说，你既然让人家负责，就不要再干涉人家的具体工作了。在遵守制度方面也是这样，老板成天上班没点，不受考勤制度约束，员工就会从心理上把能够迟到作为一种荣耀，非但迟到不可耻，反而很光荣了。有很多企业家总是在上班之前就赶到企业门口迎接员工的到来，还有谁好意思迟到呢？

苟子之不欲，虽赏之不窃

原文

季康子患盗，问于孔子。孔子对曰："苟子之不欲，虽赏之不窃。"

译文

季康子为盗窃事件多发而苦恼，来向孔子求教。孔子对他说："如果您不贪求太多的财物，即使奖励他们去偷，他们也不会干。"

读解心得

企业中的不良现象，多是因为管理者不端正的心态所致。康子所担忧的"盗"，不仅指盗窃这类刑事犯罪，也包括谋权篡位这类窃国之盗。在企业里，可以理解为企业内部贪污腐败、公饱私囊之类的不良现象。从管理者的自身来看，大概是做了照顾私利的事情，或者做出了私利的引导。如果企业最高管理者能够一片公心，不为了企业短期利益而损害员工利益，如数实现员工应得的利益，这类现象自然会大为减少，甚至会杜绝。如果老板总希望在小事情上克扣员工，比如手机话费、出差补助、加班费等，难怪员工要想办法做些补偿了，并且还会心安理得地说："老板都这么自私、这么抠，咱们还客气什么啊！"所以孔子很夸张地说："如果你放弃私欲，就是悬赏让人偷窃也没人去干了！"

君子之德风

原文

季康子问政于孔子曰："如杀无道，以就有道，何如？"孔子对曰："子为政，焉用杀？子欲善而民善矣。君子之德风，小人之德草。草上之风，必偃。"

译文

季康子向孔子问政事，说："假如杀掉坏人，以此来亲近好人，怎么样？"孔子说："您治理国家，怎么想到用杀戮的方法呢？您要是好好治国，百姓也就会好起来。君子的品如风，小人的品如草。草上刮起风，草一定会倒。"

读解心得

按照孔子的说法，一个组织的风气好坏完全取决于这个组织的领导者，如果领导内心追求的是善，那么整个组织就会趋向于善行。一个企业的风气自然取决于企业的管理者。管理者喜欢什么，部下就会做什么。在具体管理方法上，对待犯错误的员工，不要一味处罚、开除，而要施以教化，尤其从自身做出表率，来感化员工，引导企业风气。

抗金英雄岳飞之所以能培育出著名的"岳家军"，与他平时身为表率是分不开的。要求部下做到的，他都以身作则。他给自己规定了"四不"：一不贪财，二不爱色，三不娶妾，四是山河未复滴酒不进。打仗时，他自任"旗头"冲锋在前；训练时，亲临现场督促；屯兵一地，对百姓做到秋毫不犯，使"岳家军"在百姓中赢得"冻死不拆屋，饿死不掳掠"的美名，使敌人发出"撼山易，撼岳家军难"的哀叹。

对于企业的管理者来说，要求员工做到的，首先自己要做到；希望员工不做的，首先自己坚决不能做。管理者的品德就像风，员工的品行就像草，风吹在草上，那草必然要顺风倒伏。每个人的本心其实都是向善的，但这些善只有在员工愿意或认为值得的时候才会充分表现出来。没有谁愿意在一个品行不端正的管理者手下老老实实做人，或者"既然你不仁，休怪我不义"，或者弃你而去，免得同流合污。

宋儒范仲淹在《岳阳楼记》中说："先天下之忧而忧，后天下之乐而乐。"如果企业的管理者敢为天下先，勤奋并能持之以恒，企业自然而然就会兴盛。

何如斯可谓之达

原文

子张问："士何如斯可谓之达矣？"子曰："何哉，尔所谓达者？"子张对曰："在邦必闻，在家必闻。"子曰："是闻也，非达也。夫达也者，质直而好义，察言而观色，虑以下人。在邦必达，在家必达。夫闻也者，色取仁而行违，居之不疑。在邦必闻，在家必闻。"

译文

子张问："士要怎么样才可说是通达了？"孔子说："你所说的通达是什么呢？"子张回答说："在诸侯的国家一定有名声，在大夫的封地一定有名声。"孔子说："这是有名声，不是通达。通达的人，本质正直而喜爱道义，体会别人的话语，观察别人的脸色，时常想到对别人谦让。这样的人在诸侯的国家一定通达，在大夫的封地也一定通达。有名声的人，表面上要实行仁德而行动上却相反，以仁人自居而毫不迟疑。他们在诸侯的国家一定虚有其名，在大夫的封地也一定虚有其名。"

读解心得

诸葛亮在《出师表》中说自己"苟全性命于乱世，不求闻达于诸侯"。他所说的"闻"和"达"其实是外表很接近内涵却不同的两个概念。子张向孔子问"达"的时候，孔子已经预料到他对这两个概念的误解，所以先问他："你所说的达，是指什么呢？"果然子张说："在国家和家族中都有声望就是我说的达。"孔子纠正说："你说的这是闻，不是达啊！"

那么，什么是达呢？孔子说，达者质朴而正直，行为符合于义的要求，注意别人的言语表情和内心感受，对人谦恭有礼；而闻者呢，只是外表上装出仁的样子，而行动上却正是违背了仁，自己还以仁人自居而不惭愧。可见，"达"是自己内心道德充沛，则不忧、不惧、不惑，人生畅达无阻；"闻"是外在的虚名，内心忐忑不安，患得患失。

做企业、做产品和做人一样，如果企业和产品本身不具备竞争力，只靠宣传、炒作当然也可得到一定知名度，但这些知名度必然是虚名，终究有一天会被公众发现企业或产品的实际情况，这些虚名是挽救不了企业的。中央电视台每年都有广告"标王"出现，但这些"标王"的市场命运似乎都不济，那些曾经喧嚣一时的品牌，如今大都销声匿迹。"达"，则是与自身实际相符合的声望，并且不是苛求的，而是自然而然形成，是市场对其企业和产品品质的自然回报。当然，好产品还需好宣传，既像"达者"那样努力做好自身，又像"闻者"那样善于展示自己，或许更加符合现代企业的经营理念。

樊迟从游于舞雩之下

原文

樊迟从游于舞雩之下，曰："敢问崇德，修慝，辨惑。"子曰："善哉问！先事后得，非崇德与？攻其恶，无攻人之恶，非修慝与？一朝之忿，忘其身，以及其亲，非惑与？"

译文

樊迟跟随孔子在舞雩台下游览，说道："请问如何提高自己的品德修养，改正过失，辨别是非？"孔子说："问得好啊！辛劳在先，享乐在后，这不就可以提高自己的品德修养吗？检查自己的错误，不去指责别人的缺点，这不就消除潜在的怨恨了吗？因为一时气愤，而不顾自身和自己的双亲，这不就是迷惑吗？"

读解心得

孔子晚年常常带几个学生出去遛弯儿，这次走到求雨祭天的舞雩坛下，学生樊迟问起怎么提升德行、怎么改正邪念和怎么辨别迷惑。樊迟性勇武，并不善学，但也希望在学问上有所提高。对于他的上进心，孔子自然要表扬一下，然后逐一讲解。说先努力做，后考虑得，不就是提高品德吗？批判自己的错误，不攻击别人的缺点，不就是消除内心的恶吗？一时气愤，就忘掉自身安危，甚至连累自己的父母，不就是迷惑吗？

孔子的学说是实用学说，绝不是空谈，即便是道德修养这样看着很虚的事情，他也是主张在实践中得到提升。我们在企业工作，不仅工作技能只有在工作实践中才能提高，而且个人的操行也必须结合工作实践来修炼。这样的学习和修炼才是最实际的、最符合自身条件的。天下学问门类繁多，你到底要学什么，只有在工作中才能够做出现实的选择；人的操行、品德也是多方面的，你到底要先修炼哪些，也只有在工作实际中才能找到答案。

人的内心难免有恶意和邪念，怎么消除呢？提高道德修养才能具备发现邪念的能力，然后就是内省，直到"内省不疚"为止。在内省的时候要批判自己的错误，在发现别人的错误的时候，不要恶意攻击。这是严于律己、宽以待人的品质体现。发现和批判，自然就可以消除自己的邪念。为什么不要攻击别人的错误呢？其实攻击别人难道不也是一种邪念吗？

人的迷惑之举往往来自意气用事、感情用事。"爱之欲其生，恶之欲其死"，就是感情用事，所以叫"惑"。这里更直接，说的是"一时的冲动（一朝之忿）"，甚至不顾及自身和亲人的安危，这也是"惑"。在孔子看来，"惑"的根源总是和冲动相联系的。所以，在日常生活和工作学习中，要学会冷静、谨慎地处事。一点就着、一触即发的脾气往往是对事情缺乏详细了解，对后果也缺乏足够的预测，这样的决策不是令人、令己都很迷惑吗？

樊迟问仁

原文

樊迟问仁。子曰："爱人。"问知，子曰："知人。"樊迟未达。子曰："举直错诸枉，能使枉者直。"樊迟退，见子夏，曰："乡也吾见于夫子而问知，子曰：'举直错诸枉，能使枉者直。何谓也?"子夏曰："富哉言乎！舜有天下，选于众，举皋陶，不仁者远矣。汤有天下，选于众，举伊尹，不仁者远矣。"

译文

樊迟问什么是仁。孔子说："爱人。"樊迟问什么是智，孔子说："了解人。"樊迟还不明白。孔子说："选拔正直的人，罢黜邪恶的人，这样就能使邪者归正。"樊迟退出来，见到子夏说："刚才我见到老师，问他什么是智，他说：'选拔正直的人，罢黜邪恶的人，这样就能使邪者归正'。这是什么意思?"子夏说："这话说得多么深刻呀！舜有天下，在众人中逃选人才，把皋陶选拔出来，不仁的人就被疏远了。汤有了天下，在众人中挑选人才，把伊尹选拔出来，不仁的人就被疏远了。"

读解心得

孔子回答樊迟说仁即是"爱人"，而知则是"知人"。樊迟没弄明白，孔子进一步解释"知人"就是"举用正直的人，把他们放在曲枉之人之上，那么曲枉之人也就变得正直起来了"。樊迟还是不太明白，但不敢再问了，大概怕老师批评自己笨吧，所以回头去向子夏求教。子夏是孔子后期的大学问家，听完樊迟的叙述后，感叹道："老师这话含义真是太丰富啦！"然后给他举例说明，舜和汤举用贤能人才后，那些不仁者就远遁而去了。

其实，未必是不仁者离开了，而更应该是不仁者在这种环境下，改过自新成为向善的人了，这是"举直错诸枉"的结果。在企业里如果真的能够做到任用贤能之士，那些略有坏心眼儿的人也就不敢有什么作为，反而会慢慢改变自己，向贤能者看齐，企业整体素质不就随之提高了吗？相反，如果贤能者得不到任用，反而是投机小人得到重用，那么，那些中间派恐怕就要转向更坏的方向，企业整体素质下降的趋势就难以扭转了。

子贡问友

原文

子贡问友，子曰："忠告而善道之，不可则止，毋自辱焉。"

译文

子贡问与朋友的相处之道。孔子说："忠心地劝告他并好好地开导他，如果不听从也就罢了，不要自取侮辱。"

读解心得

子贡经商过程中大概结交的人士很多、很杂，所以很想得到孔子在这方面的指点。孔子知道子贡依仗口才出众而言辞上向来不饶人，就劝他："朋友之间一定要有相互的忠告，但忠告别人的时候要善于引导人家来改正。如果劝告了不起作用，那就暂时不要再说了，免得对方不高兴，弄得自己没面子。"这是个很实用的交友之道。

当然，孔子并不是让我们放弃原则，而是要学会权变之道。朋友相处，平时没过错的时候，你好我好大家好。有了过错，当然要提出忠告，否则就不够朋友了。但忠告时说话要小心，人家一时接受不了，也不要强求，换个场合、找个时机，效果也许更好。对待朋友尚且需要如此小心，更不要说对管理者的忠告了，更要分场合、讲方式，免得自取其辱，甚至自取其祸。

以文会友

曾子曰："君子以文会友，以友辅仁。"

曾子说："君子用文章学问来结交、聚合朋友，用朋友来帮助自己培养仁德。"

文人们在一起搞个笔会什么的，常常喜欢说"以文会友"这个词，意思是说，通过交流文章来结识朋友，确实是很文雅的事情。"以文会友"这个词可能是出自本章，但用的并不是原意。"文"指的不是文章、文学，而是礼文，宽泛一点就是礼法、礼仪。曾子的意思是说，我们交朋友要以"礼"为标准，也要以"礼"为方式，这既是素质的要求，也是方式的要求。其实，这样的交友过程也就是交流"礼"的过程，大家都会通过交流在德行上有所提高，所以以此原则交友的过程也就是向仁的过程，同时也达到了"以友辅仁"的目的。

看起来，并不是在讲究文学、切磋文章，而是在说明交往的原则。用什么样的方式，交的便是什么样的朋友；交的是什么样的朋友，对自身便起什么样的作用。有益友，也有损友，君子要交友岂能不慎重啊？

子路第十三

先之，劳之

原文

子路问政，子曰："先之劳之。"请益，曰："无倦。"

译文

子路问为政之道。孔子说："自己先要身体力行带好头，然后让老百姓辛勤劳作。"子路请求多讲一些，孔子说："不要有倦怠之心。"

读解心得

用人不仅要全面了解他的优点和缺点、秉性和志趣，还需要用得其所，这就是所谓的"知人善任"。不仅如此，作为企业管理者还应该明确各个工作岗位的特点和要求。不同工作岗位、不同管理层次对人的要求是不同的，其工作方法也大不相同。掌握这些特点，也是做到知人善任的一个基础。

子路是个基层管理者，并不掌握太多的权力，其工作内容也比较具体，这也是符合他的才学和秉性的。在企业里，基层管理干部的工作与其说是管理事务，还不如说是带头干活。这样的岗位要求，无非就是身先士卒和不辞劳苦，即"先之劳之"。

带头干活，不要嫌辛劳，难道从政之道就这么简单和肤浅吗？当然不是。子路对此也表示怀疑，请求老师进一步说说。孔子也够幽默，并没有给他讲新东西，而是说："不要有倦怠之心。"孔子强调这种工作方法，是工作岗位的需要，也有子路性格的原因。子路性情急躁，缺乏耐心，对学问的理解限于表面，而大多政治主张又不可能立竿见影，需要时间和耐心。所以孔子引导子路踏踏实实工作，可谓正得其人。

赦小过，举贤才

原文

仲弓为季氏宰，问政。子曰："先有司，赦小过，举贤才。"曰："焉知贤才而举之？"子曰："举尔所知。尔所不知，人其舍诸？"

译文

仲弓做了鲁国权臣季氏家的管事，来问从政的原则。孔子说："先要确定职位并把权责分清楚，原谅小的过失，举用贤能的人。"仲弓又问："如何能知道贤能的人并能举用呢？"孔子说："举用你所知道的人。你不知道的，是因为他没有表现的机会，如果有了机会，别人会舍弃他吗？"

读解心得

"先有司"就是要先建立组织机构，设定工作职位，划清职权范围，要制度化，不能随意变动。一个企业同样要重视组织机构的建立，因为只有合理的组织机构才能提高企业的运转效率。组织机构在某个特定时期要保持相对稳定，也必须随社会进步而不断调整。尽管组织机构越来越弹性化，但必须配备一定的人员来保障组织机构的正常性，因为人是企业活动的首要因素，对企业的有效运转是极为关键的。然后就是要划清职权范围，各司其职，并要遵守孔子所说"不在其位，不谋其政"的原则。

"赦小过"就是原谅小的过错。人非圣贤，孰能无过，要工作就会出错，作为企业的管理者要能理解他人、原谅他人。现代企业已不再仅仅限于原谅员工的错误，而是有鼓励员工犯错误的倾向。比如国外一些成功的企业，对经营管理人员往往提出这样一条要求：在受聘一年内，允许而且必须犯一次以上的合理错误，如果做不到这一点，此人将在第二年被解聘。所谓合理错误，是指员工在工作中敢于开拓、勇于创新、承担一定的决策风险，但由于不可预测的因素影响，出现的非个人主观性错误。允许犯错误也表现出管理者"爱人"的仁德，任何错误对企业来说都是财富。

"举贤才"就是选用贤能的人。贤能的人有两个来源：内部发现和"空降兵"。孔子告诉我们，无论哪种都要举用你所知道的、熟识的人；对于那些你不知道的，也许他更加贤能，也许他还没有表现出自己的贤能，无论如何都不要用。为什么呢？孔子说，你所不知道的，难道别人也不知道吗？是金子总会发光的。其实孔子所说的"举尔所知"，是指要尽量减少用人上的风险，因为它远远大于其他因素造成的风险。

名不正，则言不顺

原文

子路曰："卫君待子而为政，子将奚先？"子曰："必也正名乎！"子路曰："有是哉，子之迂也！奚其正？"子曰："野哉，由也！君子于其所不知，盖阙如也。名不正，则言不顺。言不顺，则事不成。事不成，则礼乐不兴；礼乐不兴，则刑罚不中；刑罚不中，则民无所措手足。故君子名之必可言也，言之必可行也。君子于其言，无所苟而已矣。"

译文

子路说："卫国国君要您去治理国家，您打算先从哪些事情做起呢？"孔子说："首先必须先正名分。"子路说："有这样做的吗？您真是太迂腐了。这名怎么正呢？"孔子说："仲由，真粗野啊。君子对于他所不知道的事情，总是采取存疑的态度。名分不正，说起话来就不顺当合理；说话不顺当合理，事情就办不成；事情办不成，礼乐也就不能兴盛；礼乐不能兴盛，刑罚的执行就不会得当；刑罚不得当，百姓就不知怎么办好。所以，君子一定要定下一个名分，必须能够说得明白，说出来一定能够行得通。君子对于自己的言行，是从不马虎对待的。"

读解心得

"名不正，则言不顺"是孔子的名言。那么孔子讲的"名"到底指什么呢？有人认为是名称，有人认为是名分，有人认为是名利，也有人认为是名气等。我认为这些观点多少都有失偏颇，"名"应该是指名实，就是具有一定内涵的思想或观念。孔子这段话是说，治理一个国家，必须先确定治理的思想，思想确定以后，就会产生思想文化，思想文化再指导建立社会制度，社会制度形成以后，人们就会安居乐业。所以说确立治理国家的思想观念，是治理国家的基础。

企业同样如此。只有当企业确立了指导思想和经营观念，才能够建立自己的企业文化；企业文化形成以后，企业制度就会自然而然地建立起来。而我们的企业往往本末倒置，一味地强调企业制度的建立，结果是企业制度建立得越完善，员工的心气越散，企业越没有凝聚力。为什么呢？因为这些制度犹如空中楼阁，既没有企业文化做基础，也没有企业经营思想做基础，有的只是不切合实际的规章制度。比如某企业规定，员工在班中睡觉扣款 10 元，结果有人竟在脑门上放上 10 元钱，心安理得呼呼大睡，企业也无可奈何，因为他并没有违反其他的规定。

综观人类的发展历史，其实就是一部思想战争史；综观工业的发展历程，其实也就是一个思想转变的历程。企业的管理者必须认清形势，不断地为企业"正名"，确立指导思想和经营观念。按照孔子所说，这种思想和观念不是空穴来风，不是虚无的、形而上的东西，而要用言辞能够表达出来，并具有可行性、可操作性。所谓可行性或可操作性，就是能够形成独特的企业文化和企业制度。企业的指导思想和经营观念，要让每个员工都了解、都知晓，进而接受由这种思想和观念形成的企业文化和企业制度，并自发地遵守和执行，而没有丝毫的强迫和不适。

焉用稼

原文

樊迟请学稼，子曰："吾不如老农。"请学为圃。曰："吾不如老圃。"樊迟出。子曰："小人哉，樊须也！上好礼，则民莫敢不敬；上好义，则民莫敢不服；上好信，则民莫敢不用情。夫如是，则四方之民襁负其子而至矣，焉用稼？"

译文

樊迟向孔子请教如何种庄稼，孔子说："我不如老农民。"又请教如何种蔬菜，孔子说："我不如老菜农。"樊迟出去了。孔子说："真是个小人啊！樊迟这个人！居于上位的人爱好礼仪，老百姓就没有敢不恭敬的；居于上位的人爱好道义，老百姓就没有敢不服从的；居于上位的人爱好诚信，老百姓就没有敢不诚实的。如果能够做到这一点，那么，四方的老百姓就会背负幼子前来归服，何必要自己来种庄稼呢？"

读解心得

拿现在的观点来考虑，孔子当年的私学其实相当于政治管理干部学院，向社会输送了不少有才能的管理干部。他的学校可不是一般的职业技术学校，所以樊迟问农业知识，确实让孔子哭笑不得。

大概他没想到会有人问这样的问题，一时没有反应过来，等樊迟出去了，他才琢磨过味儿来。他对其他学生说，治理国家的根本是国君的自身修养和倡导，当权者讲究礼、义、信，老百姓自然会恭敬、顺从并且民风厚道起来，连别的国家的人都会带着老婆孩子赶来投奔了，还用亲自种地吗？

以现在的社会分工来看，孔子的思想确实是超前的。在企业里，各个岗位都有不同的职业技能和从业素质要求，管理层只是管理层，其工作性质和基层技术工人完全不一样。所以，一个管理者未必要去精通产品开发和产品生产技术，这是企业分工所决定的。

在企业里，高级管理者的责任就是倡导先进的企业文化，并身体力行，做出表率。管理者遵守制度，员工没有谁不敢不对企业制度产生敬畏之感；管理者倡导职业道德、讲究社会公德，员工也必然不敢轻易违背，对企业管理就会顺服；管理者讲究信誉，员工不会不以真情相对。这样一个一团正气、上下一心的企业，必然是一个有吸引力的团队，人才自然会慕名而来。而这些社会效果，是管理者亲自投身于企业生产，每天扎进车间所做不到的。

当然，孔子的这一思想并没有轻视农业或其他基层劳动者的意思，他只是强调了社会分工的不同，而他只是传授管理知识和技能罢了。如果你的企业聘请了一个管理咨询公司，管理者却向他询问冰箱生产技术，这些管理专家自然要说自己不懂，但并不会去轻视技术。这就是"君子焉用稼"的道理。

虽多，亦奚以为

原文

子曰："诵《诗》三百，授之以政，不达；使于四方，不能专对；虽多，亦奚以为？"

译文

孔子说："熟读了《诗经》三百篇，交给他政务，他却搞不懂；派他出使到四方各国，又不能独立应对外交。虽然读书多，又有什么用处呢？"

读解心得

有的人书读得不少，道理讲起来头头是道，管理、营销的名词比谁知道得都多，可就是没有实际工作能力。所以孔子说："虽多，亦奚以为？"——懂得不少，又有什么用啊？现在大学生中不乏这样的人，这其实和学生的接受能力没有关系，而是教育的失败。我们现在的教育确实存在知识和实际脱节的问题，一方面是教材老化，学的不知道是哪个年头儿的理论；另一方面就是不重视社会实践。学管理的没有企业管理感性知识，学营销的不知道市场到底有多么灵活，学教育的只在学校实习了两三个月，这样的学生怎么能够具有工作能力呢？

不光学生是这样，现在有的企业也存在管理上的疏忽，动不动就招临时工、钟点工，具体工作反而没有谁愿意干。有的企业还搞绝对化的计件报酬，总是有限的几个技术能手承担生产操作，大批技术员处于没有实际操作机会的状态。有的调皮的工人，还故意找个问题请教一下技术员，弄得技术员大红脸，连说"不懂不懂"。

学就是为了用，这是个非常简单的道理。然而，或者是学的时候不去考虑用，或者该用的时候没有用的机会，学得再多，有什么实际意义呢？

其身正，不令而行

原文

子曰："其身正，不令而行；其身不正，虽令不从。"

译文

孔子说："自身端正，不用发布命令就能施行；自身不端正，就是发布命令也没人服从。"

读解心得

孔子一再强调统御者或当权者要"身正"，这就是我国文化与其他国家文化的最大差别——统御者不但要行正，而且要身正。"正"至少应包括两个方面，即思想道德纯正和行为中正——思想纯净如水似风，行为敬重端庄、不偏不倚。孔子说统御者只要能做到这个样子，不用发号施令，老百姓就会去认真执行。

历史上君王正人先正己的例子委实不少。开创"贞观之治"的唐太宗李世民，教育群臣不能损害百姓利益来满足自己的奢欲，如果这样做，恰如割下大腿肉以饱口腹，肚子饱了，人也死了。贞观二年（628），长安蝗虫为害。一天，唐太宗在上林苑见到许多蝗虫蚕食植物，心中十分不安："民以谷为命，你们却断了百姓的活路，宁可让你们吃我的五脏六腑，也不能让你们如此猖獗！"随手就把这几只蝗虫生吞下去。随从劝他不要吃，以免生病。他说："朕为民受灾，何疾之避。"他对王公贵族的衣食住行、婚丧嫁娶等都有明确的规定，不允许铺张浪费。太子的"加冠礼"原选在二月，太宗知道后说："二月是春耕时节，应改在十月为好。"

企业的管理者能否从例子中得到些启示呢？有些企业的管理者总是把自己凌驾于员工之上，还美其名曰这是现代企业的做法。其实越是优秀的管理者越能放低自己，越能虚怀若谷，越能与员工平等相处。与员工平等相处，并不是要事必躬亲。如果管理者去做普通员工的工作，就违背了"不在其位，不谋其政"的原则，就是失职，就是行为的偏离。企业管理者要言行一致且中正，前提是思想品德必须纯正。

鲁卫之政，兄弟也

原文

子曰："鲁卫之政，兄弟也。"

译文

孔子说："鲁国的政事和卫国的政事，像兄弟一样。"

读解心得

鲁国是周公旦的封地，卫国是康叔的封地，周公旦和康叔是兄弟，这是一层意思；而当时这两个国家都是衰落的小国，动乱情况颇为相似，所以鲁国的国事和卫国的国事，就像兄弟一样。有专家把这句翻译成："鲁国、卫国的政治现状，真是一对难兄难弟啊！"很能反映孔子当时惋惜而又无奈的心境。

孔子周游列国，对当时各国的政治现状都有考察，并且感受很深。他不仅考察单一的国家，还将两个或几个国家的政治进行比较，从而得出更加符合实际的结论，这也是他在对答国君问政时每每能够切中要害的原因。我们做企业，也同样要考察研究企业，这种对比式的研究是个很好的方法。

卫公子荆善居室

原文

子谓卫公子荆："善居室。始有，曰：'苟合矣。'少有，曰：'苟完矣。'富有，曰：'苟美矣。'"

译文

孔子谈到卫国的公子荆，说："他善于治理家政。当他刚开始有财物时，便说：'差不多够了。'当稍微多起来时，就说：'将要足够了。'当财物到了富有时候，就说：'真是太完美了。'"

读解心得

很多人喜欢对自己的待遇表示不满，其实这不是好的做法，老板不仅不会因为你的牢骚而给你加薪，反而会引起对你的反感，而常常适度地表示一下满足，往往会让老板认为你是个懂得感恩的人。

另外，假如两个人都是年薪二十万元，年终老板就一万元的红包，他会给谁呢？排除其他因素，你对待遇的态度会起很大的作用。一般来说，老板愿意奖励表示满足的人。因为不满足的人得到这个奖金，会觉得理所当然，甚至还会觉得得得晚了、少了，他把奖金当成了老板良心发现的弥补；而那个表示满足的人呢，会觉得这是额外的奖励，本来老板就很厚待于我了，怎么又给奖金啊？这份感激是老板最愿意看到的。

卫公子荆就深谙此道。当他刚刚有了自己居室的时候，就说："差不多够了！"后来有了少量增加，他表示："将要足够了！"当达到大量家产的时候，他说："真是太完美了！"卫公子荆是卫献公的儿子之一，面临着争夺君位的潜在危机；后来执政的卫灵公宠信南子，卫公子荆的处境就更为危险，稍有不慎就会引来祸端。卫公子荆这种时时的满足表露，使他以公子的特殊身份在无道的政治环境里得以保全，还屡屡得到追加，不能不说是一种自我保护的政治智慧。

既富矣，又何加焉

原文

子适卫，冉有仆。子曰："庶矣哉！"冉有曰："既庶矣，又何加焉？"曰："富之。"曰："既富矣，又何加焉？"曰："教之。"

译文

孔子到卫国去，冉有为他驾车。孔子说："人口真是众多啊！"冉有说："人口已经是如此众多了，又该再做什么呢？"孔子说："使他们富裕起来。"冉有说："已经富裕了，还该怎么做？"孔子说："教育他们。"

读解心得

一个新建企业，首要的任务之一就是健全职能部门，招聘足够的人才，建立起比较完善的企业基本构架。这之后企业的目标是什么？就是让员工在企业经营过程中得到应有的报酬，达到物质上的初步满足。

在企业建立之初，企业团队未真正形成，其中不乏观望者，也不乏动摇者，而保持队伍的稳定性无疑是这个时期的重中之重。不能够在短期内让员工得到实际利益，则不会使员工看到长期利益的可能，即便企业项目前景诱人、经营情况良好。如果员工随着企业成长而生活富裕了，必然说明企业经营良好，有足够的利润空间和发展潜力；相反，如果员工得不到实际利益，仅仅依靠遥远的预期目标甚至远处的画饼来吸引，企业即便拥有再好的潜力，也难以发展下去。

当企业得到一定发展的时候，员工队伍稳定，企业活力旺盛，那么就要把企业文化建设放在重要位置了。企业文化建设的实质是在企业树立和推广符合企业道义和社会道德的价值观，这需要有意识地教育和灌输。而这个时期企业文化建设的一项重要内容就是员工整体素质和工作技能的提高，所以，一般这个阶段的企业都会安排大量的员工培训，以适应企业新的发展形势需要，从而使企业团队趋于完善。

从某种意义上讲，让员工富裕起来其实就是企业得到良性发展的形式或过程，而提高员工整体素质和素养则是企业得以长远的基础条件。所以，即便就长期来看，"富之"和"教之"也将是企业永远的任务，而这个"先富后教"的顺序只是适合企业创建之初罢了。

苟有用我者

原文

子曰:"苟有用我者,期月而已可也,三年有成。"

译文

孔子说:"假如有人用我主持国家政事,一年之内就可以见到成效了,三年便能成效显著。"

读解心得

本章是孔子关于治理国家的目标和完成期限的论述。这里的"期月"是指一整月,一整年的意思。我们看到,尽管孔子的政治主张有着明显的理想主义色彩,但在现实中他并不对自己的主张夸大功效,而是很老实地承认需要假以时日,这无疑是务实的态度和中肯的言论。

我们见过太多夸夸其谈的管理咨询者,对企业尚且不甚了解,就夸口说能够使企业如何如何,博得管理者一时的欢心和信任,这种不负责的说法正是管理知识缺乏、咨询能力欠缺的表现,或者至少说明缺乏作为企业管理咨询师应有的基本经验,更缺乏管理咨询师的起码职业道德。以孔子的治国之道、治国之才,加上他对各国政治的洞悉,尚且不敢夸口,看似信心不足,却恰恰是胸有成竹的体现。

有一种管理者宅心仁厚,心地善良,并没有很多的学识和管理企业的能力,他治理企业依靠的是一种自然而然的质朴心态,自然不会去违背社会公德,也不会去坑害员工的利益,但由于自身管理水平的缺陷,他的企业仅仅可以避免一些大的失误,取得长足发展却受到很大局限,要使得企业发展到一定程度,是需要较长的时间的。

现实中,我们并不少见这样质朴的管理者,他们往往深得员工信服,在同行、业务伙伴中也有口碑,不足就是管理水平和经营能力的局限,那么怎么弥补这一点呢?以今天的观点来看当然有很多方法,但其核心无非就是"举贤才"而已。

诚哉是言也

原文

子曰："'善人为邦百年，亦可以胜残去杀矣。'诚哉是言也！"

译文

孔子说："'善人治理国家一百年，也就能够克残暴行为，消除虐杀现象了。'这句话说得真对啊！"

读解心得

孔子对他人之言的肯定和赞美，是在给我们一个启示：要使社会安定、化民成俗，不是三五十年可以奏效的，是一百年的事情，是几代人的事情。所以，急于求成是可笑幼稚的想法。这对我们做事也是一个警示、一个箴言，凡事要循序渐进，不能急于求成。如果急于求成，反而只能一事无成。

如有王者，必世而后仁

原文

子曰："如有王者，必世而后仁。"

译文

孔子说："如果有称王天下的人，必须经过三十年才能达到仁德。"

读解心得

孔子在这里对王道、仁政的推行做了原则性的定论。他说要实行王道、仁政，必须经过一个很长时间的培育，至少得在一个世代即三十年之上才有可能。

一个国家如此，一个企业同样如此。企业的富裕不仅仅指企业的经济能力和水平，如果仅仅如此的话，现在就有许多企业似乎已经进入了富裕的阶段。其实不然，因为这些企业的经济实力并不是完全靠自身的努力取得的，而是靠政策投机、市场尚不健全等特殊环境促成的，很不牢固。这样的企业能否坚持下去、得到持续发展尚是未知数。所谓富裕企业，应该是能够健康、持续地发展，并能够在整个国民经济中具有举足轻重的地位。这些企业可以充分利用国家的经济政策和经济环境，而不是依赖政府的扶持和帮助，也就是说，它们是纯粹的企业，而不是政企合一的产物。

当企业富裕之后，它们便开始走向企业发展的最高阶段，即兴办文化教育的阶段。企业兴办文化教育既是给社会分忧，又是强化自身的举措。爱国华侨领袖、企业家陈嘉庚创建厦门大学的举动被传为佳话，其实在国外，许多优秀的企业都有自己的大学，都为慈善机构慷慨捐助。当然，目前我国的企业还没有进入这个阶段，不要为了一时之功，而牺牲企业赖以生存的经济资源去做表面文章。但企业时刻都要拥有一份爱心，为社会做些力所能及的事情。

值得注意的是，企业一旦进入发展的最高阶段，可能预示着要走向衰弱，这是正常的。一个企业不可能总是正增长，对于优秀企业来说，零增长或微弱的负增长同样不会影响其社会地位。正如前面所讲，企业的存在是企业发展成长的根本，仁德需要累积而成。

苟正其身矣，于从政乎何有

原文

子曰："苟正其身矣，于从政乎何有？不能正其身，如正人何？"

译文

孔子说："如果端正了自己的言行，治理国家还有什么难的呢？如果不能端正自己，又怎么能去端正别人呢？"

读解心得

本章是孔子对"政者，正也"的又一注解。与本章异曲同工的表述还有"其身正，不令而行；其身不正，虽令不从"，可以相互参照。这一观点是孔子人治思想的核心内容，所以他多次阐述，并不为怪。

冉子退朝

原文

冉子退朝。子曰："何晏也?"对曰："有政。"子曰："其事也。如有政，虽不吾以，吾其与闻之。"

译文

冉有从办公的地方回来，孔子说："今天为什么回来得这么晚呢?"冉有回答说"有政务。"孔子说："那不过是一般性的事务罢了。如果是重要的政务，即使不用我，我还是会知道的。"

读解心得

本章很有意思，冉求并不知道"政务"和"事务"的区别，孔子以这样的方式提醒他，并没有明确告诉他区别所在。对问题的关键点到为止，不作深入的说明，并不是孔子认为问题简单，而是要留给学生自己思考，这大概是"启发式教学"的典型案例吧。

那么，什么是政务和什么是事务呢? 政务是指大政方针的决策活动，事务则是指具体的落实执行工作。明确这一点对企业管理有什么现实意义呢? 首先，这是企业职能分工的重要依据。企业所有部门从职能上可划分为决策职能、执行职能。明确这一点，就可以很好地把企业部门各归其类。便于明确不同部门的职责，是做到各司其职的前提，是明确决策、管理、执行等责任的前提。说到底，是孔子的"正名"思想的体现。

实际上，如果决策职能和执行职能不分，则必然造成企业管理秩序的混乱。决策部门在具体执行上具有指导和监督的责任，但未必要在具体执行工作中参与过多。决策是一种能力，具备决策者的高屋建瓴，但未必具有执行者的雷厉风行，如果指挥过度，就会违背"先有司"的原则，造成责任不明，同时也会打击执行部门的工作积极性。反过来，执行部门的建议和意见对于决策确实有着重要参考价值，但他们有丰富、敏感的市场经验，未必有战略思想和决策水平，如果超越自身职责范围，在企业大政方针方面擅自行事而有所偏离，必然使得企业冒很大风险。

当然，在企业管理具体实践中，决策往往是多方面人员的集体活动，政务和事务不是绝对分离的，也不可能完全分离。所以，明确决策和执行的区别，并不能机械地去有意割离，否则就显得太迂腐教条了。

知为君之难

原文

定公问："一言而可以兴邦，有诸？"孔子对曰："言不可以若是其几也。人之言曰：'为君难，为臣不易。'如知为君之难也，不几乎一言而兴邦乎？"曰："一言而丧邦，有诸？"孔子对曰："言不可以若是其几也。人之言曰：'予无乐乎为君，唯其言而莫予违也。'如其善而莫之违也，不亦善乎？如不善而莫之违也，不几乎一言而丧邦乎？"

译文

鲁定公问："一句话可以使国家兴盛，有这样的事吗？"孔子回答说："对语言不能有那么高的期望。有人说：'做国君难，做臣子也不容易。'如果知道了做国君的艰难，（自然会努力去做事，）这不近于一句话而使国家兴盛吗？"定公说："一句话而丧失了国家，有这样的事吗？"孔子回答说："对语言的作用不能有那么高的期望。有人说：'我做国君没有感到什么快乐，唯一使我高兴的是我说的话没有人敢违抗。'如果说的话正确而没有人违抗，这不是很好吗？如果说的话不正确也没有人敢违抗，这不就近于一句话就使国家丧亡吗？"

读解心得

经营出现困难甚至危机的企业，往往希望寻求一种摆脱困境的捷径。而咨询界过去也曾经流传许多一个点子救活一个企业的神话，无形中也助长了一些管理者对此的希望。事实上，不管是救活一个企业，还是搞垮一个企业，没有任何单一的举措能够起到如此巨大的作用。真正能够产生如此效应的不是某一举措，而是某一观念。

"知为君之难"为什么是可以使企业兴旺的观念呢？好像很多管理者都懂得做管理者的难处，其实不然。这里所说的主要有以下几个方面。一是具备企业家的使命感，难。企业家的使命感不是追求自己企业利益最大化那么简单，而是要考虑作为社会一员，如何尽责于社会、流芳于后世。这是企业家与企业主的本质区别。二是具备企业家的管理素质，难。企业家不仅要具有高超的管理技巧，更重要的是需有独特的、实用的管理哲学、管理思想。这样，企业管理实践中才会避免随意性，保持企业理念的一致，使得员工行为维持在一个准绳上，形成集合的力量。而那些管理很有手腕，但又特别善变的管理者，肯定不是企业家。三是具备高度的道德规范，难。做生活中德行高尚的人，并不是大家不知道怎么做，而是面对太多的诱惑而不去做。四是能够不超出自己的职责，难。孔子所谓的"君君"，其实就是要求管理者归位守本，考虑自己应该考虑的问题，处理自己应该处理的事情，而不事事插手、处处干涉。这也不是一般管理者能够做到的。如果企业管理者能够认识到这些难处，并努力向企业家靠拢，纠正行为上的偏差，那么这个企业的行为还会出现本质性失误吗？所以，这一观念作为兴企之本，是很有道理的。

而搞垮一个企业的观念是什么呢？"予无乐乎为君，唯其言而莫予违也。"孔子分析说，如果你说得对，那么大家不违背，当然是好的；但你的话本身就是错误的，大家还按着去做，不就要"丧邦"了吗？我们知道，如果管理者品行高尚，他的倡导自然会得到大家的认可，所谓"其身正，不令而行"，具有引导感化的作用，甚至这种作用远远超越了制度的规范和约束。而如果管理者的主张错误，大家从本心来说想"虽令不从"，但在一个专制的企业，这一点是不太容易做到的。所以，当利用自己在企业里天生的特权使错误主张大行其道的时候，这个企业离垮掉也就不远了。

近者说，远者来

原文

叶公问政。子曰："近者说，远者来。"

译文

叶公向孔子询问政务。孔子说："使近处的人们快乐，使远处的人们来依附。"

读解心得

叶公是春秋时代楚国的一个贵族，名叫沈诸梁，字子高，叶是他的封地，所以称为叶公。有个寓言叫作"叶公好龙"，说的就是他的故事。

"近者说，远者来"这六个字含义相当丰富。对于一个国家来说，第一层意思是能够与邻邦和平相处，互相促进，愉快合作；与距离较远的国家能够经常来往，交流意见。第二层意思是能使国内的人民安居乐业，能使海外侨胞心系祖国，甚至从海外归来为祖国效力。

企业如何用好这六个字？对于企业，这六个字同样包含两层意思：第一层意思是如何与用户、同行企业相处，使周边的用户、同行感到与我们合作很高兴，使远处的用户、同行愿意舍近求远与我们交往、合作。如果企业想这样，就必须有独到的东西，如服务胜一筹、产品独一无二、企业文化具有很强的吸引力等。第二层意思就是企业的用人机制和吸引人才的措施，也就是说，企业要能够吸引人才并能留住人才，使企业内部员工愿意死心塌地地为企业服务和效劳，不为外部利益所动；使外部的人才看到企业的发展愿景和企业的工作氛围，甘愿投效，而不是为了一时的利益而来。

根据马斯洛的需求层次理论分析，人一旦实现了生活安定、人身安全之后，越来越希望实现自我，越来越希望通过个人的努力得到社会的承认。所以说，人寻找工作的动机绝非仅仅为了金钱、待遇和地位，而是为了寻找一份能够体现自我价值的事业。如果一个人能够找到他所认可的事业，他将会像一头不知疲倦的"工作牛"一样埋头苦干，不问得失。企业的一项功能就是安置人员，并建立"以人为本"的管理和经营机制，为社会创造财富。所以为员工创造发挥才能的机会是企业义不容辞的责任。

欲速则不达

原文

子夏为莒父宰，问政。子曰："无欲速，无见小利。欲速则不达，见小利则大事不成。"

译文

子夏在莒父担任长官，来向孔子问政。孔子说："不要求快，不要只看见小利。求快，反而达不到目的；只看见小利，反而不能成就大事。"

读解心得

孔子告诉子夏，为政的一个原则就是不要急功近利。为什么呢？孔子的两句名言道破真谛："欲速则不达，见小利则大事不成。"

企业是为了给社会创造财富，必须追求利润，否则企业也就失去了存在的价值。但在我国传统文化中，讲利似乎就不是那么高雅的事。士农工商，商位居最末。其实孔子也是很讲求利的，他说过"富而可求也，虽执鞭之士，吾亦为之"；"富与贵，是人之所欲也，不以其道得之，不处也"。司马迁在《史记·货殖列传》中说："天下熙熙，皆为利来；天下攘攘，皆为利往"，这是对社会活动的高度概括。人们熙熙攘攘，都是出于利的驱动，求利是推动经济发展与社会进步的强大动力。但是如果一个企业仅仅是为了眼前的利益而不顾一切，那么这个企业注定是做不成大事的，因为一个有远大愿景的企业必须打好基础，而不是为眼前小利牺牲自己的前途。

企业急功近利的另一个做法就是"欲速"，比如将不成熟的产品投放市场，一业不稳而求多业发展，在没有做好自身的同时急于扩张，等等，恨不得马上就成为世界著名企业。结果往往是匆匆忙忙上场，匆匆忙忙败下阵来，不仅没有得到利益，反而把成本也搭了进去，不只是"欲速，则不达"，而是欲速，则消亡。

直在其中矣

原文

叶公语孔子曰："吾党有直躬者，其父攘羊，而子证之。"孔子曰："吾党之直者异于是。父为子隐，子为父隐，直在其中矣。"

译文

叶公告诉孔子说："我家乡有个正直的人，他父亲偷了别人的羊，他便出来告发。"孔子说："我家乡正直的人与这不同：父亲替儿子隐瞒，儿子替父亲隐瞒，正直就在这里面了。"

读解心得

假如你的上司偷偷地做了对不起企业的事情，你作为下属应该怎么办？是出于对企业的忠诚负责而去向管理者揭发他，还是照顾与上司的私人情谊而为他隐瞒？有的下属会装作根本不知道这回事儿，但这实际上也是选择了为他隐瞒，同样是对企业不够忠诚的表现。当忠诚和情谊发生冲突的时候，的确让人处于两难境地。

叶公和孔子探讨的，也是这样的两难问题。父亲偷了羊，儿子是去告发还是为父亲隐瞒？无论怎么做都难以忠孝两全。而孔子支持父子相互为对方隐瞒，认为这也是正直的表现。然而，忠和孝都是孔子所极力提倡的，但在忠孝难以两全的时候，为什么他选择孝而放弃忠呢？可能孔子认为，为了忠而放弃孝，直接对作为社会基础组织的家庭造成破坏，其社会危害更大吧。

总之，这个问题比较费心，企业里的问题就相对简单多了。遇见类似的问题，也是把和直接上司的关系当成首要考虑因素为好，装作不知道，是明哲保身的聪明之举。而如果要负责一点，那可以直接和上司正面谈一下，让他改正或有所收敛。不过，这也挺危险的，弄不好也会惹上司不高兴，这主要还是看你和上司的情谊了。公司人际关系的事情，总是很微妙，不可能找到通用的方法。

居处恭，执事敬，与人忠

原文

樊迟问仁。子曰："居处恭，执事敬，与人忠。虽之夷狄，不可弃也。"

译文

樊迟问什么是仁。孔子说："平时的生活起居要端庄恭敬，办事情的时候严肃认真，对待他人要忠诚。就是去边远的少数民族居住的地方，也是不能废弃这些原则的。"

读解心得

孔子对于樊迟的提问总是回答得很具体，这当然是出于对樊迟的性格和学问的考虑，讲那么深刻也理解不了，不如干脆给点行动上的具体指导。怎么才能做到"仁"，孔子告诉他，把谦逊、谨慎和忠诚之心贯彻到生活的各个方面，并且即便是到了看起来不需要"仁"的地方，也不要懈怠放弃。

我们仔细看一下孔子这三点建议。"居处恭",在平时和同事相处的时候,态度要谦逊恭敬。有的人自恃有才华,对管理者的态度追求平等,尤其在人前人后显示这一点,以让其他人觉得连领导都让我几分。这是很不明智的做法,不仅同事不会因此敬重你,管理者也会很反感。因为他最需要得到尊重,尤其是得到骨干的尊重,他内心的这种渴望甚至高于一般人;对待下级或一般工人,如果能够表现出尊敬来,那你一定会成为受欢迎的人。

"执事敬",这个"敬"不是尊敬的意思,而是敬畏,更准确地说是因为敬畏之情而产生的谨慎。对工作谨慎,是负责的态度,可以减少失误,对人际交往谨慎,生活中可以少犯错误。我们在企业工作,未必抱着追求什么完人的心态,但处事谨慎,减少工作失误、树立自身良好形象,也是对企业的负责。

"与人忠"与"居处恭""执事敬"有着密切联系,甚至是"居处恭""执事敬"的基础。有了对别人的忠诚之心,才可以在生活、工作中表现出"恭""敬"来。在人际交往中,做到"不轻诺、诺必践"就基本做到了忠;在工作中,能够尽职不懈怠,也就几近于忠了。

做到"恭""敬"和"忠"已经不易,如果在任何时间和场合都做到就更难,尤其当不被人所知的前提下。儒家思想中有"慎独"之说,大概就是讲这个道理吧。

何如斯可谓之士

原文

子贡问曰:"何如斯可谓之士矣?"子曰:"行己有耻,使于四方,不辱君命,可谓士矣。"曰:"敢问其次。"曰:"宗族称孝焉,乡党称弟焉。"曰:"敢问其次。"曰:"言必信,行必果,硁硁然小人哉!抑亦可以为次矣。"曰:"今之从政者何如?"子曰:"噫!斗筲之人,何足算也!"

译文

子贡问道:"怎样才可称得上'士'呢?"孔子说:"能用羞耻之心

约束自己的行为，出使不辜负君主的委托，这就可以称作'士'了。"子贡说："请问次一等的'士'是什么样的？"孔子说："宗族的人称赞他孝顺，乡里的人称赞他友爱。"子贡说："请问再次一等的'士'是什么样的？"孔子说："说话一定要诚信，做事一定要坚定果断，这虽是耿直固执的小人，但也可以算是再次一等的'士'了。"子贡说："现在那些执政的人怎么样？"孔子说："唉！一班器量狭小的家伙，算得了什么呢！"

读解心得

这里借子贡的追问，孔子讲了四类人。第一类是具有正确道德标准、有才能和忠诚、能够完成国家使命的人。第二类是孝敬父母、敬重弟兄，在家族有口碑的人，这是可以被称为"士"的人。第三类是仅仅能够做到言必信、行必果的人，是有时有"士"的表现的人。按孔子的思想，"言必信、行必果"未免有点迂腐，因为如果是错误之言和错误之行则不必一条路走到黑了，这一点也体现了孔子的灵活性。第四类人就是不值得一提的当时的从政者。在孔子看来，他们就像斗筲一样，是容量很小的容器，没什么大的用场。这一论断未免有点武断，不过是反映孔子对现实政治的极度不满罢了。

狂者进取，狷者有所不为

原文

子曰："不得中行而与之，必也狂狷乎！狂者进取，狷者有所不为也。"

译文

孔子说："找不到行为合乎中庸的人而和他们交往，一定只能和勇于向前及洁身自好的人交往！勇于向前的人努力进取，洁身自好的人不会去做坏事！激进的人勇于进取，耿介的人不做坏事。"

读解心得

"中行"就是符合中庸的言行，这里指符合中庸言行的人。狂狷者各自有各自的优点，同时也有各自的缺点，尽管如此，他们也算有明显优点的人。而中行的人呢，具备了两者的优点，而不具备他们的缺点，当然是理想的、完美的，是作为朋友的最佳人选。

企业在用人上也应该有这样的态度，中行的人当然无可挑剔，是企业用人的最高标准，但并不是所有人都可以达到这样的境界。对于企业而言，与其要求员工尽善尽美，不如善于知人善任。我们更常见的人才是具有某些方面的突出才能，也具有明显的缺点，而用人之长、避人之短才是用人之道。

除去中行和狂狷的人，剩下的就是没有明显优点也没有明显缺点的平庸之辈和干脆同时具备两种缺点的极端偏激的人了。显然，前者尚可充企业所用，而后者必然是企业避之不及的人了。

不恒其德，或承之羞

原文

子曰："南人有言曰：'人而无恒，不可以作巫医。'善夫！""不恒其德，或承之羞。"子曰："不占而已矣。"

译文

孔子说："南方人有句话说：'人如果没有恒心，就不可以做巫医。'这话说得好哇！"《周易》说："不能长期坚持自己的德行，有时就要遭受羞辱。"孔子又说："（这句话的意思是叫没有恒心的人）不要占卦罢了。"

读解心得

孔子很赞赏南方人的一句俗语，说"人如果连恒心都没有的话，那连巫医都做不得"。怎么算有恒呢？孔子有过专门的论述，说有恒者是对事物有准确的认识并能够实事求是的人。巫医是古代连占卜带治病的人，而具备一定观察能力和实事求是的态度当然是这类人必备的品行了，既看不太准，又说不太明，确实做不得巫医。

"不恒其德，或承之羞。"意思是说如果不能持之以恒地保持自己的德行，免不了要承受招来的羞辱。孔子说，这是不必占卜算卦就可以知道的，因为这个说法揭示了事物的某种规律，是一种人生哲学的提炼。所以在孔子看来，《易经》并不是神秘的占卜之作，而是对人生经验的思考与分析，从而揭示出来的人生哲理罢了。

企业发展也具有一定规律，人们的管理活动要符合这一规律。或许我们还不能全面描述这一规律，但即便凭借经验也可以归纳出一些结论。当我们的管理活动符合企业发展规律时，企业就会朝着良性的方向发展，而一旦违背了这一规律，则必然要遭受凶乱。所谓种瓜得瓜、种豆得豆，所有后果都有它的前因，这本来就不是神秘的事情。一些管理者热衷于迷信活动，不寻签问卦就下不了决心。其实，是不是实行了正确的管理经营，其结果是不必占卜也可以预测出来的。企业的兴旺与衰败，都可以在回顾自身管理经营活动中得出答案。如果归结于冥冥之中的神灵，只能说明你没有真正找出问题的症结所在，在遇到同样问题的时候，依然得不到正确的解决方法。如果神灵在遥控古今中外所有的企业，那岂不太过忙碌了吗？

君子和而不同，小人同而不和

原文

子曰："君子和而不同，小人同而不和。"

译文

孔子说："君子追求与人和谐而不是完全相同、盲目附和，小人追求与人相同、盲目附和而不能和人相处。"

读解心得

和，就是和谐；同，就是相同。君子追求和谐，而不去强调相同；而小人则一味追求相同，反而会失去和谐。这里的君子和小人，与其说是两种品德不同的人，倒不如说是正确和错误的两种处事方法更容易理解。

正因为有五味和七律的"不同"，才会有美食和音乐的"和谐"之美。企业员工各有特点，性情脾气、道德水平、工作能力怎么能够完全相同呢？假如真的大家整齐划一、完全相同了，那么还有什么"和谐"可言呢？员工管理的目标是要在大的原则上保持一致性，比如价值观、人生观等，而在这个原则下必须承认和允许每个人的不同特点，不仅追求"同"是不可能的，而且"同"恰恰是"和谐"的大敌，因为"同"，世界就会失去丰富的色彩，企业就会失去运作的活力。

所以，"不同"其实正是"和"的必要条件和前提。企业管理者应该承认、发现和研究不同的特点，做到"知人"；根据各人的特长来安排岗位，使各个岗位都有合适的人才，使企业团队形成一个和谐的集体。

乡人之善者好之，其不善者恶之

原文

子贡问曰："乡人皆好之，何如？"子曰："未可也。""乡人皆恶之，何如？"子曰："未可也。不如乡人之善者好之，其不善者恶之。"

译文

子贡问道："乡里人都喜欢他，这个人怎么样？"孔子说："还不行。""乡里人都厌恶他，这个人怎么样？"孔子说："还不行。最好是乡里的好人都喜欢他，乡里的坏人都厌恶他。"

读解心得

企业员工品质各不相同，简单来说有"好人"也有"坏人"，大家观点也难免有差距，甚至矛盾。这种"不同"是实际存在的，并且正确的方法应该是"和而不同"。在这样的前提下，让所有人都称赞你，都赞同你的观点，显然可能性不大。一个坚持原则、爱憎分明的人，难以成为所有人都喜欢的人。而无视原则、一味讨好的人却有这种可能。所以孔子说这样的人是"未可也"；反过来，如果大家都讨厌你，那么不用说，这个人也就别混了，也属于"未可也"。

在复杂的社会和企业里，能做到持正确观点的人支持你、而持错误观点的人反对你，就算是很高的境界了。而放弃原则，去追求所有人的支持，显然属于"同而不和"的小人之举，恐怕也会枉费心机。认识到这一点非常重要，尤其对于企业管理者而言，面对打小报告和告恶状者，一定要多个心眼儿。

君子易事而难说

原文

子曰："君子易事而难说也。说之不以道，不说也。及其使人也，器之。小人难事而易说也。说之虽不以道，说也。及其使人也，求备焉。"

译文

孔子说："为君子办事很容易，但很难取得他的欢喜。不按正道去讨他的喜欢，他是不会喜欢的。但是，当他使用人的时候，总是量才而用人。为小人办事很难，但要取得他的欢喜则是很容易的。不按正道去讨他的喜欢，也会得到他的喜欢。但等到他使用人的时候，却是求全责备。"

读解心得

依靠工作成绩得到管理者赏识，需要真才实学，需要一定的努力，也需要一定的时间，相对于用言语取悦管理者，不知道要难多少倍。当然，更主要的是看领导的素养，是以工作为重、任人唯贤，还是爱听奉承、任人唯好。前者孔子称之为君子，后者为小人。

君子式的管理者难以取悦，不以正道博得他的赏识，是做不到的。但这样的管理者用人每每可以善得其所，能够让不同特长的人才充分发挥才能，所以是容易一起共事的；而小人式的管理者呢，甚至用巧言令色的小伎俩就可以取悦，但这样的管理者在用人上往往不是注重发挥下属的特长，反而会求全责备，难以共事。

小人式的管理者对所任用的人求全责备的要求，并不能使下属积极求学进取，使自己成为多方面的人才。因为他知道管理者可以"不以正道取悦"，没必要有什么真才实学。同时那些有专长但不会讨好管理者的员工，在求全责备下不得重用，更没有进取的积极性了。如此下去，这个企业用人机制必然出现混乱，人才旁落，小人当道，而管理者和管理者的红人们则天天乐不可支而浑然不知祸之将至。

君子泰而不骄

原文

子曰："君子泰而不骄，小人骄而不泰。"

译文

孔子说："君子安详坦然而不骄矜凌人，小人骄矜凌人而不安详坦然。"

读解心得

君子和小人的定义，孔子从来没有对我们说过。但我们也可以感觉到两者之间明显的区别，主要是因为孔子善于从两者的不同表现来展示他们的区别，往往更加生动而容易理解。本篇就有"君子和而不同，小人同而不和"的说法，之前"君子坦荡荡，小人长戚戚"等，都是同样句式。

君子之泰和小人之骄，都有傲视天下的意味，但君子的傲视体现的是傲骨，是对无道社会、无耻小人的一种鄙视和不屑；而小人的傲视则体现的是小人得志，或者隐瞒自身空虚而做出的傲慢假象。在生活中注意观察，这两种人都是有的。

刚、毅、木、讷近仁

原文

子曰："刚、毅、木、讷近仁。"

译文

孔子说："刚强、坚毅、质朴、慎言，（具备了这四种品德的人）便接近仁德了。"

读解心得

仁，是一种极高的境界，"刚强、坚毅、质朴、慎言"都是难得的人生修养了，但也仅仅算是接近了仁而已。

刚毅之人，不易屈服于外力，也能克制自己的欲望，所以近仁。他们在工作中坚持原则，不为外力所动，不为诱惑所迷，并且具有克服一切困难、不达目标决不罢休的精神，确实是企业里难得的肱骨之才。

木讷之人，质朴而心思稳定，言语谨慎，处事稳重，所以近仁。他们在工作中或许缺乏创造性，但能够坚守职责，踏实可靠，并且不会为了追求新奇而去冒险，因此较少出现失误。所以，他们是企业最安全稳重、行事妥当的实干家。

何如斯可谓之士

原文

子路问曰:"何如斯可谓之士矣?"子曰:"切切偲偲,怡怡如也,可谓士矣。朋友切切偲偲,兄弟怡怡。"

译文

子路问道:"怎样才可以称为士呢?"孔子说:"互相帮助督促而又和睦相处,就可以叫作士了。朋友之间互相勉励督促,兄弟之间和睦相处。"

读解心得

子贡也问过完全一样的问题,孔子的回答主要用以鼓励和肯定他的外交之才。但对于子路的问答,则侧重个人修养和与人相处方面,大有改变子路性格莽撞的意思。"切切偲偲"是互相勉励、共同进步的样子,孔子告诉子路在朋友交往中要做到"切切偲偲";而在兄弟相处时呢,要"怡怡如也",即和睦、愉快。当然,所谓朋友、兄弟之说更可能是互文,即和朋友、兄弟相处都要既相互勉励,学问能力上追求共同进步,也要和睦相处,别动不动就发脾气,惹得大家不愉快。

善人教民七年

原文

子曰:"善人教民七年,亦可以即戎矣。"

译文

孔子说:"善人教导训练百姓七年时间,就可以叫他们去作战了。"

读解心得

孔子不是迂腐无能的书呆子,而是有实际治国能力的人。从鲁定公十年辅佐国君在夹谷与齐景公相见一事的经过来看,孔子一开始便提出"有文事者必有武备,有武事者必有文备"的策略,而且在会见过程中表现得大智大勇。

　　培养军队，进行军事训练，需要一定的时间，孔子在这里提到七年，可能是以实践经验为基础推算出来的时间。

以不教民战，是谓弃之

原文

子曰："以不教民战，是谓弃之。"

译文

　　孔子说："让没有受过训练的人去作战，这是抛弃他们，让他们去送死。"

读解心得

　　不做必要的培训，就让新入职的员工去做业务，那就是害了人家。因为必然做不出实际效果，到时候还不是被辞退吗？这和有意地放弃没有太大区别。

　　孔子这里所说的"教"，在内容上应该是多方面的。既有专业知识技能的培训，也有思想素质的提升。没有相应的能力，到了如战场的商场，是不可能在激烈的竞争中占便宜的；有了足够的能力，而不具备与企业相适应的理念，甚至对企业还没有足够的认同感和荣誉感，那说不准会成为企业的对立面，岂不是更有害。有效的入职培训无论怎么说都是有必要的。

宪问第十四

宪问耻

原文

宪问耻。子曰："邦有道，谷。邦无道，谷，耻也。""克、伐、怨、欲不行焉，可以为仁矣？"子曰："可以为难矣，仁则吾不知也。"

译文

原宪问什么叫耻辱。孔子说："国家政治清明，做官领俸禄；国家政治黑暗，也做官领俸禄，这就是耻辱。"原宪又问："好胜、自夸、怨恨和贪婪这四种毛病都没有，可以称得上仁吗？"孔子说："可以说是难能可贵，至于是否是仁，我就不能断定了。"

读解心得

和一个朋友去某大公司营业厅办理业务，朋友四处看了一圈，啧啧称赞道："你看人家公司的营业员，个个都那么漂亮！"我笑说："主要是这个环境让人觉得她们漂亮了！你让她们去烤羊肉串，一大半就看不出漂亮了。"朋友又仔细看了一圈说："有道理！"在一个大公司工作，自己都觉得精神，连上网聊天都愿意自豪地自报家门。而在一个快倒闭的公司工作，都不愿意让亲戚朋友知道，觉得脸上不够光彩。在好公司里工作很荣耀，在不好的公司工作简直是耻辱的事，这和孔子所答的原宪问耻道理很接近。

在不好的公司里工作，一是公司名气不好，显得做员工的也无能；二是如果这个公司搞非法经营，作为员工大有助纣为虐之嫌，当然是耻辱；三是即便你品德高尚，但在不良环境里，一不小心就会同流合污，到头来难免自取其辱。有这三点，主动离职就是聪明之举了。然而，实际生活中往往并不能做出这么潇洒的选择，因为要考虑生计等问题，颇为无奈。但是为了洁身自好，从长远角度看，如果你无力改变公司现状，辞职可能是最正确的选择。其实，每个人也应该有个人品牌意识，尤其具有一定名气的高级管理人员、技术人员，在一家经营不善的公司工作，甚至在岗位上公司就倒闭了，无疑是对个人品牌的很大损失。

原宪随后又问，"假如把好胜、自夸、怨恨和贪婪四种毛病克服掉，是不是就达到了'仁'的要求了呢？"孔子说："这样可以说是很难得的，但是不是仁，我就不知道了。"其实是委婉地否认了原宪的设想，因为"仁"的标准太高了，仅仅克服这些明毛病还远远不够。好胜容易不谨慎，容易失败；自夸容易惹来非议，本为了人前显贵，反而被人瞧不起；怨恨是对别人错误的消极对待，既不利于别人改正，也对自己没什么好处；贪婪自然不必说了，内心永远不会产生满足感，并且容易做错事情，早晚使自己身陷侮辱。所以，这四点应该是我们极力克服的毛病。

士而怀居，不足以为士矣

原文

子曰："士而怀居，不足以为士矣。"

译文

孔子说："士人如果留恋安逸的生活，就不足以做士人了。"

读解心得

企业的一个必然的目标就是追求利润，其体现是创造和积累更多的财富，并且一个明智的管理者会把员工个人生活的富足作为企业发展过程中的一个目标。从某种意义上说，员工追求个人财富和家庭生活的安逸是无可厚非的，甚至是必然。"怀居"，讲的就是留恋这种安逸的家庭生活，不是什么错误，是理所当然的事情。

那么，孔子为什么要反对"士人"的"怀居"，甚至认为"怀居"的士人不配再被称为士人呢？这要从孔子对"士人"的限定说起。孔子所说的"士人"是一个以"仁以为己任"，承担着重大社会责任的人群，并不是说追求仁就必然贫穷，而是说假如在追求仁的过程中需要以安逸的生活为代价，作为士人应该毫不犹豫地放弃安逸。岂止是安逸的生活，甚至是"死而后已"也在所不惜。这就是"士不可以不弘毅"，这种宏大刚毅、坚忍不拔的精神是这批人的必备品质。

一味追求安逸生活，和一味追求企业利益是一样的，难免陷于狭隘的误区，甚至走向社会公德的反面。所以，如果说"怀居"可以作为企业和个人的追求目标，那么这个目标必须符合社会道义。违背社会道义的财富和安逸，是被有道德观念的人所不齿的。

还有一种情况，就是未必和道德、道义相关的"怀居"。我们知道，企业里任何岗位都算不上轻松。比如销售部门，时刻面对着市场变化的压力和市场竞争的挑战，日常工作也比较累人，随时出差，甚至出长差或派驻外地。这些劳累如果难以接受，贪图家庭生活的舒适，就是不合格的销售人员。

邦有道，危言危行

原文

子曰："邦有道，危言危行；邦无道，危行言孙。"

译文

孔子说："国家政治清明，言语正直，行为正直；国家政治黑暗，行为也要正直，但言语应谦逊谨慎。"

读解心得

"危"指高大、高耸貌；"危言危行"就是崇高的言行，在这里可以理解为正直的言行。在一个开明的企业工作，为人处世要言行正直，不必顾忌，这当然是很理想的境界。而在一个不开明的企业，说话就不要直来直去的了，免得引来祸端。这当然是善于自保的做法，尽管世故了些，但往往是必须选择的权变之举。当然，这种权变仅仅限于言谈，在行为上则一定要"危行"，因为正直的行为是一个人的最低道德底线，是不可以突破的。所以，在这种情况下的言谈谨慎，是讲究策略的人生智慧，而不是胆怯的行为。

有德者必有言

原文

子曰："有德者必有言，有言者不必有德。仁者必有勇，勇者不必有仁。"

译文

孔子说："有德的人一定有好的言论，但有好言论的人不一定有德。仁人一定勇敢，但勇敢的人不一定有仁德。"

读解心得

"百尺无寸枝，一生自孤直。"诗中作者自诩老松，孤高正直。看到这样的诗句，人们一定会认为诗人是一位文采飞扬而又德行高尚的人，其实不然。这首诗的作者名叫宋之问，是唐朝著名的诗人。他极富文采，却因低劣的人品而遭人唾弃。武则天晚年，宠信张昌宗、张易之两兄弟，二人权倾一时。宋之问一方面极力巴结二张兄弟，另一方面也非常羡慕他们。于是宋之问"毛遂自荐"，写下"明河可望不可亲，愿得乘槎一问津"的自荐诗。哪知武则天看到这首诗后，说了这么一句话："吾非不知之问有奇才，但恨有口过耳。"意思是说：我不是不知道宋之问的奇才和忠心，而且他也确实长得不错，可恨他有口臭。一句话断送了宋之问的"锦绣前程"。宋之问的可耻人品不仅表现在他趋炎附势的处世之道上，还表现在一桩广为流传的命案上。"年年岁岁花相似，岁岁年年人不同"，这句诗大家耳熟能详，作者是宋之问的外甥刘希夷。当年宋之问读过这句诗，觉得颇有妙处，便想占为己有，于是央求外甥把这首诗给自己。刘希夷同样非常喜爱自己这首如神来之笔的诗，坚决不肯。宋之问一怒之下，竟然命令仆人用土壤活活压死了刘希夷。

有善言的人，不一定就有好的德行，如同宋之问，他们的目的动机值得商榷，也许是别有用心，也许是言不由衷。而有德之人则不同，他们处处为他人着想，必然会提出对他人有益的言论。同样的道理，仁者勇于维护正义，因而会奋不顾身、勇敢异常。但如果只是好勇斗狠，而不分辨是否合乎正道，那只是匹夫之勇，算不上是"仁"的行为。可见，考察一个人，应由外观内，由表观里，通过他外在的表现窥探他内心的本质。

企业考察员工也是这样，要分析他平时的言论，更要把他的行为作为考察的主要方面。在考察一个人行为的时候，要全面一些，平时多留意、多观察，才能够确定他的某一行为是偶然性的，还是必然性的。另外，在分析员工错误的时候也要采用这一方式，不要揪住一件事不放，要看看他平时的表现，如果这次事件是偶然性的，大概就应该从轻处理了。

南宫适问于孔子

原文

南宫适问于孔子曰:"羿善射,奡荡舟,俱不得其死然。禹、稷躬稼而有天下。"夫子不答。南宫适出,子曰:"君子哉若人!尚德哉若人!"

译文

南宫适向孔子问道:"羿擅长射箭,奡善于水战,都没有得到善终。禹和稷亲自耕作庄稼,却得到了天下。"孔子没有回答。南宫适退出去后,孔子说:"这个人是君子啊!这个人崇尚道德啊!"

读解心得

先说说南宫适提到的几个人物吧。

羿,上古传说中有三个羿,都善射。一是射日的羿;二是帝喾时的射师;三是夏时有穷国的君主,曾夺夏太康的王位,后被其臣寒浞所杀。本章中的羿即指有穷国的羿。

奡,一作"浇",寒浞的儿子,是个大力士,善于水战,后被少康所杀。"奡荡舟"是指他善于水战,有人说是他力气很大,能够在陆地上推舟。

禹,是夏朝的开国之君,善于治水,注重发展农业;稷,传说是周朝的祖先,又为谷神,教民种植庄稼。

南宫适发现,那些善于打仗的人,最终都没能胜出,反而一个一个不得好死;而禹和稷老老实实去种庄稼,发展生产,却"不战而屈人之兵",最终取得了成功,得到了天下。这确实是个有趣的现象,我们也常常看到有的企业乐于宣传、促销,很会折腾;而有的企业则表现沉稳,踏踏实实做企业、做产品。最善于折腾的是中央电视台的广告"标王",好像境地都不太妙。本来央视抛出这个光华四射的光环,想让广大企业视为荣誉,但现在"标王"成了冒进的暴发户的形象,甚至带有某种宿命的色彩。一旦成为"标王",就成为公众心目中下一个倒掉的品牌,实在太不吉利了。莫非这可以成为南宫适发现的这一现象在当代的重现?大概"胡折腾就等于找死"是"标王"现象的核心原因。

对于南宫适的重大发现，孔子没有评论，因为答案已经在现象之中了。

君子而不仁者有矣夫

原文

子曰："君子而不仁者有矣夫，未有小人而仁者也。"

译文

孔子说："君子之中也许有不仁的人吧，但小人之中却不会有仁人。"

读解心得

君子偶有的不仁德的表现和小人不仁德的表现，在表面上其实看不出什么区别，怎么透过现象看到本质的不同，就成为区分君子和小人"失德"的关键。

企业里常常会遇见这样的情况，两个人犯了同样的错误，比如罪当开除，是不是要按照制度的规定做出同样的惩罚呢？就维护制度的严肃性来说，这个问题好像是不必讨论。但如果真的这样做，倒未必取得多好的效果。小人之不仁，开除不足惜；但君子之失，这样的处理则显得不近人情，对企业来说要失去良将，同时也会给其他员工产生不良影响，这实在不是老板愿意看到的。

类似的事情应该怎么处理呢？首先要做出全面的准确判断，确定是小人之失还是君子之失，处理方法是不一样的；其次要把握制度执行的实质，采取最适合的处罚手段。有子说过的"礼之用，和为贵"的"和"就是处理类似事件的最佳原则。孔子早就说过，制度的执行，"小大由之，有所不行"，意思是说凡事都按一个标准，是行不通的。

在对待两种不同的"不仁"行为上，本章并没有给出具体答案，并不是孔子没有办法，我们可以从他学生的观点找到合适的处理原则和方法。我们从这个事情上，再次感受到《论语》的奥妙！

爱之，能勿劳乎

> **原文**

子曰："爱之，能勿劳乎？忠焉，能勿诲乎？"

> **译文**

孔子说："爱他，能不以勤劳相劝勉吗？忠于他，能不以善言来教诲他吗？"

> **读解心得**

管理者的最高境界大概是得到员工的喜爱和忠心吧！得到员工的喜爱，他们就会为企业操劳而无怨言；得到员工的忠心，他们就会对管理者的错误直言相告。

从另一个角度来看，如果管理者爱护自己的员工，就应该为他们操劳，关心他们的生活、志趣，并最大限度地满足他们的正当需要；如果是忠于自己的员工，那就要培养他们的技能、提高他们的素养。

再从员工的角度来理解这句话。爱你所在的企业，能够不为其操劳吗？因为喜爱，就会甘心付出。如果忠于你所在的企业，能够不直言劝告你的老板吗？关心一个人，忠于一个人，而能对他进行劝诫，这是最大的忠。

无论从哪个角度理解，这番话都反映了上下一心、相互关爱的企业氛围，真的很令人向往！尽管在这种和谐关系的构建中，员工的爱心和忠心是重要的前提，而更关键的好像还是管理者如何先付出爱心和忠心，"将欲取之，必先予之"，主动权在于企业最高管理者，而不在于员工。

为命，裨谌草创之

> **原文**

子曰："为命，裨谌草创之，世叔讨论之，行人子羽修饰之，东里子产润色之。"

译文

孔子说："郑国制定外交文件，由裨谌起草，世叔提出意见，外交官子羽修改，东里子产作加工润色。"

读解心得

尽管民营企业的产权结构特点决定了管理者的独裁和专制，但聪明的管理者总是善于利用和发挥属下的智慧，甚至发动员工积极参与企业管理。这种企业民主是由管理者素质使然并且非常有限的，因而更显得难能可贵。本章孔子描绘了当时专制国家内有限民主式的集体决策程序与现在的民营企业的决策程序极为相似。

"命"是指外交文书，我们也可以扩大理解为普遍意义上的国家政令。孔子的描述是，由裨谌写草稿，世叔提意见，外交官员子羽做修改，再由东里的子产做最后的斟酌。这样出来的政令应该属于集体决议了，现在看来也颇为动人，难怪孔子对这种上下有序的形式表示欣赏呢。子产执政时期的郑国在当时是弱小国家，之所以能够在列强的夹缝中很好地生存，大概和这种有限的民主参与大有关系。

或问子产

原文

或问子产。子曰："惠人也。"问子西。曰："彼哉，彼哉！"问管仲。曰："人也。夺伯氏骈邑三百，饭疏食，没齿无怨言。"

译文

有人问孔子子产是怎样的人。孔子说："是宽厚慈惠的人。"问到子西是怎样的人。孔子说："他呀！他呀！"问到管仲是怎样的人。孔子说："他是个仁人。他剥夺了伯氏骈邑三百户的封地，使伯氏只能吃粗粮，却至死没有怨言。"

读解心得

本章孔子对当时的三位政治人物做了评说。他认为子产是"惠人"，关心民生疾苦并有所作为。说子西这个人"就那样子吧！就那样子吧！"没有做过多评价，看来不怎么欣赏这个人。对于管仲，孔子曾批评过他有僭礼的行为，但这里却赞赏他为"仁人"。因为管仲在处理犯了重罪的伯氏的时候只是没收了他的封地，并没有深加追究，以至于伯氏一生没有怨言。孔子认为这件事体现了管仲的爱心。

孔子对之前和当时的政治人物和一般人物都有所评价，并且这类文字在《论语》中占较大的分量。孔子评价人物的目的很明显，就是要让学生从这些人物的行为中受到教育，用具体的案例来讨论他的修德、从政主张。不仅孔子喜欢主动言说，弟子们也常常拿真实人物来询问问题，可见孔门对"案例教学"的青睐。为什么说孔子喜欢"案例教学"？因为孔子的学校不是一般的学校，而是以培养出像他评价过的很多政治人物为目的，那些人的事件正好可供参考。

"案例教学"也好，"案例分析"也好，都是很直接的感性学习法。我们研究企业管理和经营，也常常要考察很多企业，阅读大量企业案例，并从中有所启发。案例比一般理论有可读性，并且有直接的参考价值，再加上道理明了、事例清晰，也比较容易使一般读者有所启发。

贫而无怨难

原文

子曰："贫而无怨难，富而无骄易。"

译文

孔子说："贫穷而没有怨恨很难，富贵而不骄矜很容易。"

读解心得

这是孔子论述人们对于贫富境遇下的普遍态度，即贫困而没有什么怨言比较难以做到，而富贵后不骄横就容易些。其实，贫富并不是产生怨言和骄横的必然原因。不过，孔子的意思是对的，他是在劝解人们在贫困的时候不要怨天尤人，把心态放好，既然富贵不得，求个人生平安也是不错的；富贵以后不要骄横傲慢，实在也是没有必要。要做到这些，当然还是在于个人修养，有修养的人是不会因为个人际遇而产生不良心态的，像颜回，穷得叮当响，却能够自得其乐，因为强大的精神力量给了他超人的自信。

不过，富而无骄确实值得提倡，社会上有太多有几个钱就要横的，有的简直成为社会公害了，和"仓廪实而知礼节"的古训大不相同。而贫而无怨则值得推敲，如果消极认命，就会失去追求的积极性，对社会发展也没什么好处。对于企业来说，经营不善，利润不高，不仅不能"无怨"，还要感到可耻才对。

孟公绰为赵、魏老则优

原文

子曰："孟公绰为赵、魏老则优，不可以为滕、薛大夫。"

译文

孔子说："孟公绰担任晋国赵氏、魏氏的家臣是绰绰有余的，但是做不了滕国和薛国这样小国的大夫。"

读解心得

孟公绰是鲁国大夫，当时的名人。孔子说，这个人如果做赵、魏这样的家族首领是有余力的，但如果去当滕、薛这类哪怕很小国家的大夫就吃力了。当时的赵、魏还只是晋国的两个大家族，是后来赵国和魏国的前身。"老"指古代对大夫家臣之长的尊称，也称"室老"。

用人的关键在于适合，用得其所则为善任。有的人在这方面很有才能，但在另一方面恐怕就难以胜任。陈景润是个大数学家，可偏偏做不好数学教师，就是这个道理。我们现在很多企业热衷于两种人，一是经济学家，二是大学教授。希望他们给自己的企业经营出谋划策，因为人家是专家和教授啊。这个逻辑是完全错误的，经济学家不是研究企业管理经营的，这方面他甚至不如一个厂长；大学教授，即便是做企业管理教育的，但未必在管理咨询实务上在行。

有个企业招聘总经理文字秘书，以期在公司重要文件起草上有个得力的人，结果有朋友推荐了一位下岗的记者。虽然他是搞文字工作出身，但到了企业，除了在报纸发个表扬稿类的企业新闻拿手外，其他简直是外行，几个月过去工作毫无起色，管理者也失去了耐心。这还算业务接近的，更多的是稍微沾边挂沿儿的就上了，实在是用人方面的草率和无知。

见利思义，见危授命

原文

子路问成人。子曰："若臧武仲之知，公绰之不欲，卞庄子之勇，冉求之艺，文之以礼乐，亦可以为成人矣。"曰："今之成人者何必然？见利思义，见危授命，久要不忘平生之言，亦可以为成人矣。"

译文

子路问怎样才算是完人。孔子说："像臧武仲那样有智慧，像孟公绰那样不贪求，像卞庄子那样勇敢，像冉求那样有才艺，再用礼乐来增加他的文采，就可以算个完人了。"孔子又说："如今的完人何必要这样呢？见到利益能想到道义，遇到危险时肯献出生命，长期处在贫困之中也不忘平生的诺言，也就可以算是完人了。"

读解心得

我们常说：金无足赤，人无完人。子路问老师，什么样的人才算完人。孔子告诉他完人应该集四人的特点于一身：第一，要有臧武仲的智慧。第二，要有孟公绰的清心寡欲。第三，要有卞庄子的勇敢。第四，要有冉求的才艺。孔子说完这些，也没有等子路开口，就接着说，现在的完人不必如此完美，接着又说了现在所谓完人的三个特点。第一，见利思义。看到对自己有利的事情，想想是否合乎义理。第二，见危授命。能够在危难之时接受任命，并敢于牺牲自己以挽救全局。第三，久要不忘平生之言。能够长久处于不利的环境之中，而不改自己的志向，耐得住寂寞。

对于企业来说，虽然无法做到完美，但必须朝着完美的方向努力，这一点与做人是相同的。正如孔子所说，一个人要同时具备高度的智慧、没有私欲的涵养、侠义的智勇和有礼教修养的才艺太难了，一个企业要同时具备这四点也不是件容易的事。所以无论是人还是企业，还是按孔子所说的进行修炼吧。

（1）见利思义。企业主要的社会功能之一就是为社会创造财富，也就是为社会谋取利益，所以经营的方方面面无不充斥着利的诱惑。如果企业求小利而忘大义，为了眼前的利益，损害他人甚至国家的利益，注定不会持续发展。企业面对利益应该实行"义然后取，人不厌其取"的态度，看看这个利是不是合理、合情、合法。如果当取就不让，如果不当取，唾手可得也不取。

（2）见危授命。一个企业会经常更换管理者，作为企业家，敢不敢受命于企业危难之时，既考验胆量，也考验有没有牺牲精神。企业家受命于危难之中，很有可能牺牲以往的名誉和声誉，因为扭转危难企业的命运比确定一个新兴企业的命运难得多，成功的机会也少得多。企业家要是没有一点牺牲精神，是接受不了任命的。

（3）久要不忘平生之言。企业的成长是渐进的，欲速则不达。所以在企业的成长过程中，泰然处之而不改企业的宗旨，是必须遵守的原则。然而，有的企业不是从基础做起，好高骛远，经常改变经营方向，结果做了许多年之后，企业仍然没有给经营产品定位。任何优秀的企业都要经过漫长的寂寞时期，就像武林高手一样默默地、孤独地在僻静处修炼。

子问公叔文子于公明贾

原文

子问公叔文子于公明贾曰："信乎，夫子不言，不笑，不取乎？"公明贾对曰："以告者过也。夫子时然后言，人不厌其言；乐然后笑，人不厌其笑；义然后取，人不厌其取。"子曰："其然？岂其然乎？"

译文

孔子向公明贾问到公叔文子，说："是真的吗？他老先生不言语、不笑、不取钱财？"公明贾回答说："那是告诉你的人说错了。他老人家是到该说话时再说话，别人不讨厌他的话；高兴了才笑，别人不厌烦他的笑；应该取的时候才取，别人不厌恶他的取。"孔子说道："是这样的吗？难道真的是这样的吗？"

读解心得

一般都是别人问，孔子答，这次反过来了。公叔文子、公明贾都是卫国大夫，孔子向公明贾打听公叔文子。看来公叔文子是个很性情的人，一切顺乎本性，绝不矫情造作。

能够做到这么本性实在不是件容易的事情，需要具备较高的修养，才不去违背自己的意愿而迎合别人；需要有不一般的才能，才不至于为了保全自己的工作去逢迎上级。另外，还需要有谨慎而豁达的人生态度。面对管理者，拿出讨好的言谈，做出献媚的表情，其实是以失去自我为代价的，有个人修养问题，也有实际能力问题，只好以讨好来保全自己的位子了。对待工作则能贪就贪，能拿就拿，哪里管什么应该不应该？这就是贪欲的表现了。

另一个极端是不说、不笑、不拿取，是缺乏辨别能力的保守行为，拿不准合适与否，干脆什么也不做了，结果应该做的也做不到，应该属于自己的也得不到，同样是没有必要的，而积极的态度应该是"当仁不让"。

虽曰不要君，吾不信也

原文

子曰："臧武仲以防求为后于鲁，虽曰不要君，吾不信也。"

译文

孔子说："臧武仲凭借防邑请求立他的后代为鲁国的卿大夫，虽然有人说他不是要挟国君，我是不信的。"

读解心得

防，鲁国地名，臧武仲的封地。臧武仲因帮助季氏废长立少得罪了孟孙氏，逃到邻国。不久，他又回到他的故邑防城，向鲁国国君请求立他的后代为卿大夫，还暗示若鲁君不答应，他将凭借防邑发动叛乱。孔子说："虽然说不是要挟国君，我不相信啊。"

臧武仲的做法有点像客大欺店的经销商，当然，商业上的事情本无所谓谁欺负谁，尽管有实力的经销商掌握更多的话语权，但大家总是利益第一，厂家委曲求全也有底线，经销商要条件也掌握分寸，实际上是博弈权衡，互相琢磨对方心理，以期达到最佳合作。一般有这么几种经销商可以做到这个程度，一是掌握一定市场的成熟销售渠道，厂家依靠这个经销商就可以快速实现这一市场的铺货，付出点代价也是应该的。二是掌握大量流通资本，曾经传说有家电企业下决心不和国美合作，一时笑声四起，因为没有人相信当国美投入资金的时候，这个厂家还能够保持矜持的态度。三是具有超强营销能力的软资本，就像明星包装公司一样，把产品交给他做，就胜算在握了，厂家又何乐而不为呢？四是具备包括上述特点的综合素质的经销商，这更是厂家必然的选择。做企业不是斗气，更不得死要面子，你厉害你牛气，好，我就不和你合作，这样的企业是不多的。这种情况看起来对厂家似乎有点不公平，但怎么才叫公平呢？经销商被企业牵着鼻子走才叫公平的话，这种公平早被打破了。

晋文公谲而不正

原文

子曰："晋文公谲而不正，齐桓公正而不谲。"

译文

孔子说："晋文公诡诈而不正派，齐桓公正派而不诡诈。"

读解心得

晋文公，即重耳，春秋时期有作为的政治家，著名的霸主之一；齐桓公，姓姜名小白，春秋五霸中的第一个霸主。

为什么孔子对春秋时代两位著名政治家的评价截然相反呢？他主张"礼乐征伐自天子出"，对时人的违礼行为一概加以指责。晋文公称霸后召见周天子，这对孔子来说是不可接受的，所以他说晋文公诡诈；齐桓公打着"尊王"的旗号称霸，孔子认为他的做法符合礼的规定。其实，齐桓公的称霸心理，和晋文公未必有太大区别，反而是他善于玩弄政治，找到了一个合适的借口而已。而这个虚伪的借口，就可以赢得包括孔子在内的人们的赞扬，其实倒没有晋文公来得自然、坦荡。

如其仁，如其仁

原文

子路曰："桓公杀公子纠，召忽死之，管仲不死"曰："未仁乎？"

子曰："桓公九合诸侯，不以兵车，管仲之力也。如其仁，如其仁！"

译文

子路说："齐桓公杀了公子纠，召忽自杀以殉，但管仲却没有死。"接着又说："管仲是不仁吧？"孔子说："桓公多次召集各诸侯国盟会，不用武力，都是管仲出的力。这就是他的仁德！这就是他的仁德！"

读解心得

管仲和召忽都是公子纠的家臣，公子纠被杀后，召忽自杀，管仲却归服于齐桓公，并当上了齐国的宰相。子路觉得管仲不地道。孔子则更看重管仲的政治业绩和实现的手段，所以认为"如其仁"，算是仁德吧。

微管仲，吾其被发左衽矣

原文

子贡曰："管仲非仁者与？桓公杀公子纠，不能死，又相之。"子曰："管仲相桓公，霸诸侯，一匡天下，民到于今受其赐。微管仲，吾其被发左衽矣。岂若匹夫匹妇之为谅也，自经于沟渎而莫之知也？"

译文

子贡说："管仲不是仁人吧？齐桓公杀了公子纠，他不能以死相殉，反又去辅佐齐桓公。"孔子说："管仲辅佐齐桓公，称霸诸侯，匡正天下一切，人民到现在还受到他的好处。如果没有管仲，我们大概都会披散着头发，衣襟向左边开了。难道他要像普通男女那样守着小节小信，在山沟中上吊自杀而没有人知道吗？"

读解心得

子贡要问的也是这个问题。孔子对答子路，强调管仲不依靠武力，是针对子路过于刚猛的性格而有所规劝；对答子贡则强调管仲政治成就对后世的影响，尤其对中原文明的保留和发展至关重要。并且说，如果管仲像凡夫俗子那样为了小节而自杀，就不会有这么大的社会成就了。

人们多认为孔子在一些原则问题上表现得很迂腐，从他对管仲失小节而成大义的评价来看，孔子表现出来更多的是现实和权变，更多的是灵活性。

可以为"文"矣

原文

公叔文子之臣大夫僎与文子同升诸公。子闻之,曰:"可以为'文'矣。"

译文

公叔文子的家臣大夫僎,(被文子推荐)和文子一起擢升为卫国的大臣。孔子听说了这件事,说:"可以给他'文'的谥号了。"

读解心得

与管理者的任用贤才相比,下属主动举荐人才就不太容易,尤其把比自己地位低的人举荐到和自己平等的职位上,就显得更为难能可贵。比如原来是自己手下的一般员工,你发现了他有担任部门经理之能,如果举荐他,从私心考虑他会感激你,但这种感激未必能够持续太长时间,毕竟他知道自己是靠才能得到提升的。并且他一旦和你平起平坐,就有机会替代你的位子,真是教会徒弟饿死师傅。但你的这一作为对于企业来说却是一件大好事,出于公心则是必然之举。所以这样的举荐需要高度的忠心和非凡的器量,这样的人我们应该予以尊重。

公叔文子就是个这样的人。他有个家臣叫僎,本来和公叔文子相比是地位低下的,但公叔文子举荐他为大夫,就和公叔文子平起平坐,同朝为官了。所以,孔子在这里称赞他可以谥号为"文"了。

夫如是,奚其丧

原文

子言卫灵公之无道也,康子曰:"夫如是,奚而不丧?"孔子曰:"仲叔圉治宾客,祝鮀治宗庙,王孙贾治军旅。夫如是,奚其丧?"

译文

孔子谈到卫灵公的昏庸无道,季康子说:"既然这样,为什么没有丧国呢？"孔子说："他有仲叔圉接待宾客，祝鮀管治宗庙祭祀，王孙贾统率军队。像这样，怎么会丧国？"

读解心得

孔子的管理思想是以德治为核心的人治，其首要条件是管理者自身的道德修养，并以此感化和引导下属的忠诚之心；进而知人而善任，让不同才能的人都能够充分发挥，以得到管理的和谐。不过，热衷管理的康子很善于思考问题，他发现卫国的情况不太符合孔子的理论，卫灵公是当时著名的无道国君，按孔子的理论，这个国家会因此而灭亡，然而事实并不如此。孔子对他的解答很有意思，说外交、祭祀和军事都有能人负责，这个国家自然就不会出现大的问题啦。

尽管管理者因为自身原因而无法做到表率作用，如果能够任用一批能人，这个企业也是可以正常运行的。其实，企业管理者的权威不仅仅来自自身的魅力，主要因素还是资产所有者的身份。再怎么说，人家也是管理者。只要不是品质太差，也还是可以笼络一批人的。现实中，很多管理者文化水平、道德修养等可能都谈不上很高，但在用人上有特殊的招法，企业也可以做到"不丧"。不过，也仅仅是"不丧"而已，要取得大的发展，没有管理者的素质提升是做不到的。

其言之不怍，则为之也难

原文

子曰："其言之不怍，则为之也难。"

译文

孔子说："说话大言不惭，实行这些话就很难。"

读解心得

"怍"，惭愧；"言之不怍"，虽不至于是大言不惭，但也是说明言语不够谨慎，或是欠思考的承诺。这样的话自然难以做到，因为说者本来就不具备这样的能力，或者干脆就是说着玩儿，没打算真去做。

孔子强调谨言慎行，先言后行，甚至行而不言，在《论语》其他章节多有体现，这里不再赘述。

陈成子弑简公

原文

陈成子弑简公。孔子沐浴而朝，告于哀公曰："陈恒弑其君，请讨之。"公曰："告夫三子。"孔子曰："以吾从大夫之后，不敢不告也。君曰'告夫三子'者。"之三子告，不可。孔子曰："以吾从大夫之后，不敢不告也。"

译文

陈成子杀了齐简公。孔子在家斋戒沐浴后去朝见鲁哀公，告诉哀公说："陈恒杀了他的君主，请出兵讨伐他。"哀公说："你去向季孙、仲孙、孟孙三人报告吧！"孔子退朝后说："因为我曾经做过大夫，不敢不来报告。可君主却对我说'去向那三人报告'。"孔子到季孙、仲叔、孟孙三人那里去报告，他们不同意讨伐。孔子说："因为我曾经做过大夫，不敢不报告。"

读解心得

本章记载的是孔子晚年归鲁后的一件事情。当时的孔子闲居在家，名义上担任鲁国一个咨政或顾问类的闲职，并没有谁真的把他当回事。但孔子自己却很积极，听说齐简公被权臣陈成子所杀，马上沐浴更衣，郑重其事来见国君，建议发兵声讨。鲁国国君哪里顾得上别国的事情啊，又不愿意驳孔子的面子，就推托说："这个事情嘛，还是先找那三家大臣商量一下吧。"孔子回来后，感到很郁闷，就自言自语般地嘟囔，并给学生们讲述了刚才的事情，然后他真的去找那"三家"。这"三家"正忙着篡权夺位，哪里顾得上别的，自然是不答应了。孔子回来后，更加感到失落，又嘟囔了起来。

其实，很多有责任心的员工在企业都难免遇见这样的事情，本来自己认为很好的建议，思考得也很成熟了，找老板说说想法吧，却被打发到部门。部门经理一看老板不太热心，自然也不愿意多事。建议被推三阻四，得不到采纳，心里确实不舒服。孔子当时恐怕也有这种感觉吧。不过，他的感触应该更深，因为他本来也知道这个事情在鲁国是办不到的，但作为一辈子向往政治生活和满腹经世之策的孔子，又怎么能够耐得住寂寞呢！"知其不可而为之"，这正是孔子一生悲剧色彩的主色调，正因为以自己的才智"知其不可"，才使得这一悲剧显得更加悲壮。

勿欺也，而犯之

原文

子路问事君。子曰："勿欺也，而犯之。"

译文

子路问怎样服侍君主。孔子说："不要欺骗他，但可以犯颜直谏。"

读解心得

从本心来讲，没有哪个管理者犯了错误而不希望员工能够直言相劝的，因为谁都知道错误的危害和改正错误的必要性，并且地位越高的人，就越希望别人认为自己具有从谏如流的好品质。然而，为什么很多管理者实际上又做不到这一点呢？往往是有人提出反对意见，先从内心反感了，更不要说认真反思一下了。一方面有提意见的人的方式方法问题，但主要还是在于管理者的自身原因。其中最主要的就是管理者对某件事情的成见，有了成见就不太容易听取反对意见了。管理者做决定必然是经过深思熟虑，自以为已经考虑周全，有了七八分的把握，才提出来供大家审议，甚至觉得审议都没有必要了，恨不得马上落实执行。而这时候再有人提出异议，心里自然就难以接受。

圆滑的下属会揣摩管理者心思，提出一堆支持的理由，管理者倒觉得这个人有思想、有水平，能够深刻理解自己的决策。其实，这种善于讨好的人恐怕连自己也未必相信自己的话，不过是一种习惯性的欺骗，是对企业和管理者都不负责的表现。而真正负责的下属不会说些好听话去欺骗管理者，而是敢于犯颜直谏，这与其说是负责的态度，毋宁说是一种实事求是、耿直坦率的美德。所以，当子路向孔子询问事君之道时，孔子就把这个意思告诉了他。对于子路而言做到直言不讳是没有问题的，他本身就是这个脾气，所以孔子的回答有鼓励子路的成分，也更是对子路这一品德的表扬。

君子上达，小人下达

原文

子曰："君子上达，小人下达。"

译文

孔子说："君子向上去通达仁义，小人向下去通达财利。"

读解心得

关于孔子这八个字，历来理解不一，总括起来有这么几种意思：一是君子通达于仁义，小人通达于财利。二是上达指渐进而上，下达指渐流而下，有"君子天天长进向上，小人日日沉沦，每况愈下"之意。三是君子循天理，故日进乎高明；小人循人欲，故日进乎污下。四是君子追求高层次的通达，小人追求低层次的通达。五是君子上达达于道，小人下达达于器，不过追求点小技能罢了。这些说法各有道理，都是对孔子这一言论的合理理解，未必有高下之分，都值得细心揣摩、借鉴。

今之学者为人

原文

子曰："古之学者为己，今之学者为人。"

译文

孔子说："古代学者学习是为了充实提高自己，现在的学者学习是为了表现给别人看。"

读解心得

这里的"为己"和"为人"与今天的用法不一样，含义也大不相同了。所谓"为己"是说为了在学问和道德上完善自己，这叫为了自己学习；"为人"是说为了装饰门面向别人炫耀，这叫为了别人学习。孔子说的是古人和当时的人在学习目的上的不同，言语之间透露出对当时学风的批判。

　　不断地充实和完善自己的人，不仅在道德品质上具有一定水准，其所学的知识技能也往往能够全面，这才是企业真正需要的大才，才能够真正为企业服务；而那些为了表现自己的人，他的学习往往会有各种各样短期功利目的，或者投管理者之所好，或者学点时髦的东西来表现自己的与时俱进。比如，管理者正有意推行绩效考核办法，便有人成天端着本相关的书籍在管理者面前晃来晃去，管理者见了自然会高兴。但他未必能够真正去学习，更不要说有能力去操作了。而那些早对此有所钻研的人，却并不屑于如此表现，反倒让管理者觉得："没见他研究这个啊，到底懂不懂啊就乱发言！"

　　出现这种情况当然有管理者不懂得识人善任的缘故，从另一个角度看，也说明即便有才学也应该善于表现推销自己，毕竟在企业里的所有学习都不会完全是为了单纯修养自身，还是要拿出来用的，而不被人认识不也是一种缺憾吗？再退一步讲，即便是为了表现自己而学习，也并非一无可取之处，毕竟学习了总比没有学习、拒绝学习要好得多。并且，对于一般人来说，学习并不能够成为自觉行为的时候，是极其需要鼓励的，而这种应景式的学习又最容易得到认可，也算是一种学习方法吧。当然，如果本心出于讨好老板或单纯的表现，这样的学习实在属于投机行为，越得到重用，越是对企业有害。所以，孔子的这一敏锐观察还是蛮深刻的。

蘧伯玉使人于孔子

原文

　　蘧伯玉使人于孔子。孔子与之坐而问焉，曰："夫子何为？"对曰："夫子欲寡其过而未能也。"使者出，子曰："使乎！使乎！"

译文

　　蘧伯玉派使者去拜访孔子，孔子请使者坐下，然后问道："先生近来在做什么呢？"使者回答说："先生想要减少自己的过失但还没能做到。"使者出去之后，孔子说："好一位使者呀！好一位使者呀！"

读解心得

　　处理企业危机的一个公认的原则是真诚。一般而言，空穴则来风，没有无缘无故的传言，所以企业快速判断，找出错误，并向社会讲明真相，才符合"真诚对待"的原则。可有的企业总希望掩盖真相，以期望借狡辩消除影响，但往往越描越黑，适得其反。

实际上能够勇敢承认过错，便会马上缓解公众的猜疑，而赢得好感。即便是比较完美的产品，有意透露出点小缺陷，反而也会博得公众更多的信任。有个家具企业推出一款新家具，在广告中充分展示优点后，说："本产品设计由于过于新潮，可能不适合所有用户的审美取向。"这句话很是高明，一来向公众说明我们的产品不是完美无缺的，显示了真诚的态度；二来这点"毛病"恰恰是这一款产品的优点，因为没有太多人愿意承认自己观念保守。

蘧伯玉的这位使者就很懂得这个道理。蘧伯玉，卫国大夫，是位当时公认的德行高尚的人。孔子去卫国时，曾住在他家里。大概是孔子晚年归鲁，蘧伯玉派人来看望孔子。孔子很尊重地让座然后攀谈起来，问道："蘧伯玉先生最近在忙什么啊？"这位使者说："先生一心想着少犯过失，但至今没有能够实现这一目标。"这话就妙得很，因为犯错是人在所难免的，本来算不得毛病。而这位使者上来就说蘧伯玉有这个"毛病"，但又强调蘧伯玉在努力改过，这种追求完美的强烈愿望却不是一般人可以达到的。所以，这句话看似在说蘧伯玉的缺点，实际上是把他塑造成了一个几近完美的人了。所以孔子对这位使者由衷表示赞叹。

我们还可以看出这位使者很巧妙地在维护主人的形象。其实维护管理者形象不仅是下属的责任，也是对企业形象塑造大有裨益。子贡其实就很善于维护孔子的形象，并且在孔子去世后利用自己经商的优势，大力宣传孔子思想，让人觉得子贡异常可敬。而现在很多员工习惯背地里骂骂管理者，说说企业坏话，这毛病不仅有损企业形象，对个人来说，也得不到大家的尊重，实在有点愚蠢。

君子思不出其位

原文

子曰："不在其位，不谋其政。"曾子曰："君子思不出其位。"

译文

孔子说:"不在那个职位上,就不去谋划那个职位上的政事。"曾子说:"君子所思虑的不越出他的职权范围。"

读解心得

这是"不在其位,不谋其政"之说的另一个方面。本章孔子所说的重点在"谋",是具体行动上的要求。现在看来,要想做好本职工作,不关注其他部门的工作是做不好的,因为企业是个有机整体,各个部门间联系紧密。不去"谋"是可以的,但不去"思"就未必符合今天企业实际的要求。我们倒是主张以全局的观念来做好本职工作,这样就必然要对其他部门的工作有足够的关注,同时,还要保证不插手干扰其他部门的具体工作,这应该是科学的工作方法。

君子耻其言而过其行

原文

子曰:"君子耻其言而过其行。"

译文

孔子说:"君子把说得多做得少视为可耻。"

读解心得

在言和行上,孔子历来主张"讷于言而敏于行",这里更强调君子以空言为耻,而总是把才能体现在具体行动上。还有另一说法,孔子认为"君子以说了做不到为耻","其言而过其行"指所说的超过了所做的,不是承诺没有兑现,就是吹牛说大话。两种说法都符合孔子的精神,后者似乎更为畅达。

在企业里总有一些夸夸其谈的人,他们口若悬河,滔滔不绝,说尽了大话、套话、虚话,但到头来一件实事也做不来。这样的人未必就是品行问题,而是个人修养不够。不过也确实有那种说一套、做一套的人,其目的或者是掩饰自己的丑恶行为,或者是为了骗取上司的信任。但事实证明,这种做法即便一时得逞,早晚也会败露。

所以,要真正得到管理者信赖、同事尊重,并不在于你平时的言语，实际工作成绩最能够说明问题。作为管理者则更应该避免"言过其行"，否则也会失之于草率，影响个人信誉。一个失去员工信任的管理者，可想而知，在管理上的难度会有多大。孔子说："上好礼，则民易使也"，信，也是这样，管理者没什么信誉度，怎么能够要求员工对企业讲究信用呢？管理起来自然会难上加难。

君子道者三

原文

子曰："君子道者三，我无能焉：仁者不忧，知者不惑，勇者不惧。"子贡曰："夫子自道也。"

译文

孔子说："君子所循的三个方面，我都没能做到：仁德的人不忧愁，智慧的人不迷惑，勇敢的人不惧怕。"子贡说道："是老师对自己的描述。"

读解心得

本章孔子很谦虚地说自己并没有达到君子的这三个境界，子贡认为这三个境界正是老师的写照。看孔子平生的造诣，子贡的说法是有道理的。

夫我则不暇

原文

子贡方人。子曰："赐也贤乎哉？夫我则不暇。"

译文

子贡议论别人。孔子说："你端木赐就什么都好吗？我就没有这种闲暇（去议论别人）。"

读解心得

这是孔子对子贡的一次委婉批评。子贡喜欢对别人品头论足，一方面显示自己的才学，另一方面也有和人比较的意思。孔子不太满意子贡这种喜爱夸耀表现的做法，因为他更主张"为己"而学，不赞成"为人"而学。孔子的批评很幽默，他说："你端木赐就什么都好吗？我可没有他那样的闲工夫去评论别人。"

不患人之不己知，患其不能也

原文

子曰："不患人之不己知，患其不能也。"

译文

孔子说："不担心别人不知道自己，只担心自己没有能力。"

读解心得

这段话是孔子传授给我们的为人处世之道。

从企业管理的角度看，君子立德修身的目的是"治"人，或者说是管理人。要想成功地治人，就需要让自己被他人所认可，这样才可以支配或影响他人的行为。但是，由于各种因素的影响，人们了解和理解他人要难于了解和理解自己。正是由于知人不易，人们很容易被他人误解，这也是为什么古代的士人常常怀才不遇了。

在现代企业经营管理过程中，企业管理者应该效仿古代的君子，学会推己及人，懂得站在他人的立场思考问题。当企业管理者不被员工、客户、合作对象理解的时候，企业管理者首先应该去理解他人，这样才能充分地尊重他人。充分尊重他人，也是企业管理者赢得他人尊重和理解的前提。

曾经有一位哲学家说过这么一句话："我们要善于尊重他人，因为尊重他人就是尊重你自己。"在现代社会，企业管理者也应该学会换位思考，学会尊重他人。当企业管理者的言行不被他人理解时，不应该抱怨，而应该充满正能量，凡事往好的方面想，积极主动地思考和处理问题，多为他人着想。这样，企业管理者才能和员工、客户、合作对象成为真正的朋友。

不逆诈，不亿不信

原文

子曰："不逆诈，不亿不信，抑亦先觉者，是贤乎！"

译文

孔子说："不预先怀疑别人欺诈，不凭空臆想别人不诚信，却能先行察觉，这样的人才是贤者啊！"

读解心得

用人是管理者的一项重要工作，只可惜许多管理者并没有悟出用人的真正含义。他们总是怀疑下属品德或能力，一开始就从坏的方面来考虑一个人，所以总是放心不下，总要亲自去做认为只有自己才能胜任的事情；或指指点点，以示自己在履行管理者的职责。须知这种在具体操作上把自己凌驾于下属之上的做法，至少是在破坏下属的情绪。

逆诈，事前先把别人的行为当欺诈来推测；不亿不信，主观猜测别人是不诚实的。其实都是预先假定别人是坏人，对人作有罪推定。这在法律上还不允许，更不要说在企业用人方面了。如果老用怀疑防范的目光看待人和事，他不仅会失去朋友，丢掉机会，让人反感，更重要的是打击了下属的积极性，很可能把原来的"将才"摆布成"庸才"。欧阳修说："任人之道，要在不疑"，说的也是这个道理。

当然，用人不疑的前提是被用之人确实德才兼备，是深得信任而获得了怀疑的豁免权的。这同时也对企业管理者提出了很高的要求，那就是要善于观察人、了解人，如果对本来应该怀疑防备的人缺乏应有的怀疑和监督，必定酿成祸端。所以孔子又说："能够对欺诈和不诚实及早发现察觉，这样的人该是贤人吧！"

非敢为佞也，疾固也

原文

微生亩谓孔子曰："丘何为是栖栖者与？无乃为佞乎？"孔子曰：

"非敢为佞也，疾固也。"

译文

微生亩对孔子说："您为什么如此奔波忙碌呢？不是为了显示您的辩才吧？"孔子说："我不敢显示我有辩才，只是讨厌那种顽固不化的人。"

读解心得

孔子在当世实际上常常受到一些人毫不客气的非议或讽刺，《论语》中的这些记载，读来都很真实有趣。本章记载有个叫微生亩的隐士评论孔子说："孔丘这个人啊，成天四处奔波到底是为了什么啊？难道是为了表现他花言巧语的口才吗？"孔子听了，就说："我并不敢显示自己的口才，只是厌恨那些固执的人罢了！"

孔子对于隐士有着一种复杂的情绪，一般还是比较尊重他们的看法的。这位隐士可能认为天下已不可救药，所以觉得孔子这样周游列国是很无聊的，没有什么意义。孔子对此也有明确的认识，所以并不从根本上反对这位隐士的批评。

骥不称其力，称其德

原文

子曰："骥不称其力，称其德也。"

译文

孔子说："对于千里马不是称赞它的力气，而是要称赞它的品德。"

读解心得

赤兔马大概是中国最著名的好马了，并且也最有传奇色彩。人们喜爱赤兔马，不仅是因为它的神力，更重要的因素还是这匹马所表现出来的忠于主人的品质。正因为人们在赤兔马身上寄托了这些文化内涵，才使得它成为好马的代名词。而赤兔马这一形象在关羽去世后才得到了品质上的升华，《三国演义》中有一句描述，当时赤兔马被赐予东吴马忠（看这名字）所骑，但"其马数日不食草料而死"，显示了对关羽的忠心。而在评书中，赤兔马在关羽被擒时就已经开始表现出这种高贵品质了，讲得活灵活现，令人感动。

假如赤兔马只有神力，未必能成为时代传颂景仰的一个代表。一个人也是这样，再有能力，如果在德行上没有可称道之处，也不过是有能力而已，得到的景仰分量就小多了，德才兼备才真正让人称道。当然，我们实际上是把超常的气力作为基础的，并不是不值得称道，但孔子这种强调品德的说法，也不失为一种深刻的见解。

唐朝诗人杜甫有《房兵曹胡马诗》一诗："胡马大宛名，锋棱瘦骨成。竹批双耳峻，风入四蹄轻。所向无空阔，真堪托死生。骁腾有如此，万里可横行。"尽管是极力描写大宛马的风采，但更重要的是写其"真堪托死生"的高贵品质，"骥不称其力，称其德也"，正是此诗的确注。

其实，品德往往不能离开才能而孤立存在。仅仅有良好的品德，而没有实际工作能力，这品德又在哪些方面体现呢？而要想成为有品德的人，必须多做好事，要做好事，就必须具备一定的能力。千里马，首先是因为它能日行千里，才能成为千里马。而一匹驽马，跑不动路，拉不动车，哪怕它怎样老实吃苦，又有什么价值呢？所以只有好品德而没有能力的人大概是不存在的，而我们常见的倒是有才能但品质恶劣的人，这类人才能越大对社会的危害就越大。孔子强调德行确实是很有道理的。

以德报德

原文

或曰："以德报怨，何如？"子曰："何以报德？以直报怨，以德报德。"

译文

有人说："用恩德来报答怨恨怎么样？"孔子说："用什么来报答恩德呢？应该是用正直来报答怨恨，用恩德来报答恩德。"

读解心得

其实，儒家崇尚的是整个世界都无怨无德，大家和平相处。春秋时期，鲁宣公十二年（前597），晋、楚两国在郑大战，晋国大败，晋大夫知罃被俘。知罃的父亲亲自领兵去援救，将楚王的儿子谷臣及大夫连尹襄老射死。晋国要求以楚公子及大夫的尸首交换知罃，楚国答应了这个要求。楚王在送行时，问知罃怎么报答他，知罃说："我从来没有对你有过怨恨，你也从来没有对我有过恩德，无恩无怨，不知怎样报答你。以大王的威名，使我回到晋国，让晋君亲自判我死刑，纵然死了也是不朽的；如果蒙大王之恩德免于死，晋君如命我担当军旅之事、修治晋国边疆时，即使和楚君相遇，也不敢回避。我只有尽力卫国，没有二心，这就是对大王的报答了。""无怨无德，不知所报"是一个绝好的境界。但这个社会永远都不是理想的社会，德、怨必然是共生共灭的，所以孔子才说了这段话。

孔子告诉我们，人应该"以直报怨，以德报德"。孔子这番话是针对"以德报怨"说的，"以德报怨"是《老子》中的一句，由此可以看出道家思想与儒家思想的不同之处。儒家思想讲求仁德，但绝不是唯唯诺诺，孔子见到违背仁德的事情都要说"是可忍，孰不可忍？"儒家思想有一点侠气。人不犯我，我不犯人，人若犯我，我必犯人。所以孔子说，对于怨恨要仗义执言，不要用恩德的办法来处理怨恨。

就企业而言，对于损害企业的言辞、行为，绝不能坐以待毙，而应通过"以直报怨"的方式，借助法律这一武器，与之斗争到底；对于有助于企业发展成长的他人给予的帮助，也绝不能熟视无睹，要采取"以德报德"的方式，在法律允许的范围内尽量给他人更多的利益。

知我者其天乎

原文

子曰："莫我知也夫！"子贡曰："何为其莫知子也？"子曰："不怨天，不尤人，下学而上达。知我者其天乎！"

译文

孔子说："没有人了解我啊！"子贡说："为什么没有人了解您呢？"孔子说："不埋怨天，不责备人，下学人事而上达天命。了解我的大概只有天吧！"

读解心得

孔子一再告诉人，要"不患人之不己知"，但他自己在不被人了解时，也不免有不平之叹。可见知易行难，圣人也在所难免。子贡说："既然没有人了解您，先生打算怎么办呢？"孔子说："不埋怨天，不归咎人，下学人事上达天命，了解我的大概只有天吧！"

孔子晚年越来越清晰地感觉到自己政治生涯的终结，这种失落感溢于言表。尽管孔子自我解嘲不怨天尤人，但他的"怨天尤人"却是很实在的内心体现。孔子不确信上天，但在人间找不到知音，无奈中也只能寄望于天。

公伯寮愬子路于季孙

原文

公伯寮愬子路于季孙。子服景伯以告，曰："夫子固有惑志于公伯寮，吾力犹能肆诸市朝。"子曰："道之将行也与，命也；道之将废也与，命也。公伯寮其如命何？"

译文

公伯寮向季孙氏控诉子路。子服景伯把这件事告诉了孔子，说："季孙氏已经被公伯寮迷惑了，我的力量还能让公伯寮的尸首在街头示众。"孔子说："道将要实行，是天命决定的；道将要被废弃，也是天命决定的。公伯寮能把天命怎么样呢？"

读解心得

本章记载的是孔门与孔门敌对者的一次政治冲突。公伯寮向子路的上司季孙说子路的坏话，子服景伯就来告诉了孔子。孔子当时正做鲁国的司寇。子服景伯说季孙已经受到迷惑了，但不要怕，以我现在的力量完全可以杀掉那个进谗言的公伯寮。意思是征求孔子的意见，大概孔子表示了同意，这个公伯寮就没命了。但孔子的大度超越了政治敏感，他轻描淡写地说："大道能不能得到推行，全在于上天。小小公伯寮能掀起多大水浪啊！"

孔子的自信当然来自他的学识和才能，并且拥有一批爱戴自己的学生，在当世也算很牛的文化名人了。但他常常把自己和天命联系起来，认为自己所做乃是天命使然，这不是他的唯心论，而更应该看作他自信到极点的一种表现。试想，我们当代的哲学家、企业家等，有谁敢于把自己的事业说成是上天的安排呢？孔子所说的天，就是自然规律、社会规律等的综合，是一种不可逆转的潮流。孔子是自以为顺应这一潮流的，所以对于他来说，没有什么能够阻挡他，没有什么可以威胁他。在面对困顿的生活甚至生命危险的时候，他做到了不忧不惧。

一个人成就越高，名气越大，所受到的各种评论就越多，有叫好的，就有非议的。好话人人爱听，但对于坏话，不同的人有不同的表现。如果闻之而怒，则定然是不自信的表现。一个自信的人，哪里会在意几句非议呢？倒是对于不理解自己思想的那些人的浅薄表示一下同情和可怜罢了。

贤者辟世，其次辟地

原文

子曰："贤者辟世，其次辟地，其次辟色，其次辟言。"子曰："作者七人矣。"

译文

孔子说："贤人逃避恶浊乱世而隐居，次一等的是择地方而住，再次一等的是避开不好的脸色，再次一等的是避开恶言。"孔子说："这样做的人已经有七位了。"

读解心得

一个经理人选择企业，是关乎个人职业生涯和个人品牌塑造的大事，不可不慎。青年人找工作，实际上也是选择企业的过程。但世上没有十全十美，包括人才自己也不是一个完人，所以，在个人和企业相互选择和交流过程中，乃至工作过程中，双方都应该保持一定的大度和宽容。孔子认为真正的贤者应该具备很高的涵养，能够容忍更多的不合理现象，不会动不动就撂挑子甩手不干。他们只有在整个世道不合理即天下无道的时候才会选择归隐的方式，这不是消极的表现，只是这个世道不值得他来积极对待了，才以这种方式来表达对现实社会的不满。

对于我们而言，其实并不存在这个问题。我们是面临什么样的企业不值得我们去做，这有个标准。有的人器量狭小，管理者的一句话不合适，就可能辞职而去；还有的在看到管理者对自己不够尊重，甩脸色的时候，就受不了了。以上两种都是有着敏感的自尊的人。其实人的器量大小倒在其次，人们对于不尊重下属的管理者确实也应该有所表示。为了保全饭碗，而忍受素质低下的管理者的脸色甚至辱骂的人，倒应该考虑自己的器量是不是有点太大了啊？

一个企业如果项目比较有前景，管理还算规范，容忍管理者的一些小毛病也未尝不可。而假如一个企业已经无可救药，管理者还不信任尊重下属，那这个企业就该放弃了。优秀的人才其实并不全在意企业现在的状况，如果这个企业还有良好的基础，也未尝没有用武之地。对于这样的企业来说，管理者的修养和态度其实是留人的重要因素。

知其不可而为之

原文

子路宿于石门。晨门曰："奚自？"子路曰："自孔氏。"曰："是知其不可而为之者与？"

译文

子路在石门住宿了一夜。早上守城门的人说："从哪儿来？"子路说："从孔子家来。"守门人说："就是那位知道做不成却还要做的人吗？"

读解心得

"知其不可而为之"，是这位守门之人对孔子人生境界的一个准确恰当的高度概括。理解为这是对孔子固执而不通融的讽刺，可能更符合这位守门人的原意，但我们也可以从中看到孔子那值得推崇的救世精神。孔子"知其不可"，所以本身是位智者；"知其不可"却又"一意孤行"地"为之"，这是一种伟大的、绝不平庸的、孤绝的人格与精神。既是对个人原则的坚持，也是对社会发展的负责。

孔子的"为之"并不是去落实自己的政治主张，因为他并没有得到这样的机会，所谓"为之"其实只是在努力地推行，向各国国君介绍推荐而已；他主张的"不可"并不是因为错误而不可，而是因为不合时宜，这种不合时宜不是落后，而是超前。同时，由于国君们不同的自身原因使孔子到处碰壁，显然在当时是难以实现的。但这并不说明孔子主张完全不适合当时的政治环境，因为孔子在鲁国曾经有过一段从政经历，并且使得鲁国大治，甚至让邻国感到惧怕而采取措施离间了鲁君和孔子，使孔子开始了流亡生涯。

"知其不可而为之"对于我们来说最值得推崇的是那种负责的精神。假如我们有了很好的主张，而管理者并不赏识的时候，一般而言，建议提过就算很负责的了，你不采纳我也没办法，在遗憾中放弃，倒也无可厚非。然而更负责的做法是不断地力主，不断地影响说服，直到老板同意自己正确的主张。当然这一做法往往带有很大危险性，因为管理者的刚愎自用和缺乏耐心是个通病，这一固执做法难免招致反感甚至祸端。也正因如此，才显得这一精神可贵。

子击磬于卫

原文

子击磬于卫。有荷蒉而过孔氏之门者，曰："有心哉，击磬乎！"既而曰："鄙哉，硁硁乎！莫己知也，斯己而已矣。深则厉，浅则揭。"子曰："果哉！末之难矣。"

译文

孔子在卫国，一次正在击磬，有一个背着草筐的人经过孔子门前，说："这个磬击打得有深意啊！"过了一会儿他又说，"真可鄙呀，磬声硁硁的，没有人知道自己，就自己作罢好了。水深就索性穿着衣服蹚过去，水浅就撩起衣服走过去。"孔子说："说得真果断啊！真这样的话，就没有什么可责问他的了。"

读解心得

孔子在卫国的时候，有一次在家闲来无事，敲磬以自遣。磬声远扬，一位肩背草筐农夫模样的隐者经过门前，听出孔子内心的苦闷，感慨道："这个击磬的人啊，心事重重哦！"听了一会儿，又说，"这硁硁的声音真的鄙陋之极！埋怨别人不了解你，实际上是你自以为是罢了！水深就该脱了衣服游过去，水浅的话提起衣服蹚水而过就可以了。"

"深则厉，浅则揭"出自《诗经·邶风·匏有苦叶》："匏有苦叶，济有深涉。深则厉，浅则揭。"大意是说：大葫芦叶儿已黄熟，济水上有个大渡口。水深连衣泅过去，水浅撩衣蹚过去。这位隐者引以说明在不同的环境下应该采取合适的方式，不要一条路走到黑。

孔子听了也很感慨，说："果然是他说的那样，但真像那样做起来太难了！"作为一位智者，孔子明白天下治理的最佳方式，正因为发现了这样的方式，又怎么能够退而求其次呢？孔子当然也明白自己的理想在现实中有太多的阻力，所以那位了解他的苦闷心情的隐者堪为知音。孔子以其高远的理想和不屈的精神，始终保持着"知其不可而为之"的矛盾心理。

百官总己以听于冢宰三年

原文

子张曰："《书》云，'高宗谅阴，三年不言。'何谓也？"子曰："何必高宗，古之人皆然。君薨，百官总己以听于冢宰三年。"

译文

子张说："《尚书》上说：'殷高宗守丧，三年不谈政事。'这是什么意思？"孔子说："不只是殷高宗，古人都是这样。国君死了，所有官员都各司其职，听从冢宰的命令长达三年。"

读解心得

或闭关于幽处，或登攀于珠峰，或垂钓于江河，不过带手机一部、电脑一台，无限从容而企业大定。而有的管理者则天天劳累，时时紧张，不敢稍有片刻懈怠，仍然案卷堆积，事务缠身，一人焦头烂额而百人无所事事。这真是两种截然相异的管理方式和管理状态。

一个完整的企业，应该是以宏大的理想为主帅，以深厚的文化为后盾，以科学的战略为导向，以管理机制和人力资源为保障，以形象策略和营销策略为谋臣，以资本运营和品牌扩张为上将，以营销突进为先锋的阵营。在这样一个完整而且完美的理想化企业里，我们相信一切工作都可以按部就班并且不乏创新地进行，这种近乎自行运转的"企业机器"是管理的最佳状态。这种状态下，最高管理者的有意干预反而有可能使企业失去平衡，干预的本身会带来更多必须"干预"的后果。另外也说明，最高管理者的垂手而治、无为而治成为可能。

一个国家也可以达到这样的状态。高宗即商朝有名的中兴之主殷帝武丁，谅阴是为守丧而建造的独梁草棚。高宗守丧的三年内，并没有对国家政事发言指示，而国家仍然运行得很好，子张对此不解。孔子说："何必高宗呢，古代的君王都是这样的！"这话大概多有孔子想象的成分，在对古人的德行和治理方面，孔子往往多有理想化的描述，未必准确。

但他说的"百官总己以听于冢宰"倒是非常时期企业运转的良好模式。"百官总己"是说所有管理人员都能够做好本职工作，各个部门业务都不荒废，企业是不会受到大的影响的；"听于冢宰"，大的企业决策则听从于代理总经理。"冢宰"是指国君守丧期间代理国事的大臣。我们看到，非常时期的这一管理模式，既保证了部门独立运行，又体现了企业的集中管理，是很科学的应急管理模式。当然，这个管理模式的顺利实施必须以企业本来就很健全的运行机制和完善的自主管理习惯为前提，否则，企业仍将难以避免混乱，而对于一个国家而言，也将非常危险，很可能顷刻之间就权力更迭，这些都不是正常状态下应该发生的事。

上好礼，则民易使也

原文

子曰："上好礼，则民易使也。"

译文

孔子说："居上位的人遇事依礼而行，民众就容易役使了。"

读解心得

我们不能说员工所有的违纪行为都受管理者的影响，但管理者违反制度的行为至少会给员工一种懈怠心理。在员工心目中，管理者必须是各方面的表率，即便未必具备需要的能力和实际行动，但至少要有严于律己的态度。有的管理者故意迟到一下，然后主动向有关部门交纳罚金，从而显示自己对制度的尊重，员工谁还好意思因为迟到被罚款而有所怨言呢？在这样的前提下，员工的管理工作就容易得多了。

当然，并不是说所有的制度都能够以管理者的表率而容易推行下去，很简单，能够得到员工认可而得以推行的制度，首先必须是合理的制度。带有严重倾向性的制度，即便管理者天天作秀，也不会有什么实际意义，只能让员工感觉到管理者的虚伪和滑稽而已。

修己以安人

原文

子路问君子。子曰："修己以敬。"曰："如斯而已乎?"曰："修己以安人。"曰："如斯而已乎?"曰："修己以安百姓。修己以安百姓，尧、舜其犹病诸!"

译文

子路问怎样做才是君子。孔子说："修养自己以做到恭敬认真。"子路说："像这样就可以了吗?"孔子说："修养自己并且使别人安乐。"子路又问："像这样就可以了吗?"孔子说："修养自己并且使百姓安乐。修养自己，使百姓都安乐，尧、舜大概都担心很难完全做到吧!"

读解心得

颜回是非常典型的务虚派，而子路则更重实效，是企业需要的两类不同的人。企业更喜欢具有直接用处的务实的研究，所以可能子路会有更多的从业机会。实际上也是这样，子路不仅在具体工作中很卖力，而且忠诚可靠，灵活权变，是个不错的干将。子路的务实和颜回的务虚都是由个人性格和学力所决定的，虽然两个人都失之于"偏颇"，但都有所成就。孔子在这个意义上是个很全面的人，不仅理论功底深厚，而且总是把学问的应用作为首要的考虑。在回答子路君子之问的时候，孔子一再突出修养自身的社会意义。所谓"修己"就是不断加强自身修养的能力，这种"修己"不是单纯为了塑造品德高尚、能力超群的人，更重要的是要以这样的品德和能力为社会服务。本章孔子强调的就是一个人的社会价值，根据不同的资质、学识，对社会的影响也是不同的。

孔子认为加强自身学习的目的，最基础的就是"敬"，即以恭敬谨慎的态度来对待工作，努力把自身工作做好；如果可能，应该把影响周边的人作为目的，不仅自己做得好，还能够引导、影响其他人，为同级、为下属做出表率。这已经超越了自身，显示出一定的社会责任来；最高的境界是用自身的影响造福于全社会，通过自身努力和表率，让整个社会都得到安宁的生活。看来这样的境界不仅需要更高的"修己"标准，也需要人生际遇。有的人学富五车，心怀天下，但也只是怀才不遇，人生无成。要想有超人的成绩，必须有超人的才学和品质，而要成为"安百姓"的人，需要的就不是一般的修为了，所以，孔子认为符合这个标准的人太少了，连尧舜在这方面都有缺憾。

老而不死，是为贼

原文

原壤夷俟。子曰："幼而不孙弟，长而无述焉，老而不死，是为贼。"以杖叩其胫。

译文

原壤叉开两条腿坐着等孔子。孔子说："你小时候不谦恭不敬兄长，长大了没有什么值得称道的，老了还不死掉，真是个害人的家伙。"说完，用手杖敲击他的小腿。

读解心得

原壤，鲁国人。《礼记·檀弓》记载：原壤的母亲死了，孔子去帮助他治丧，他却站在棺材上大声歌唱。"夷"，两条腿左右斜伸出去，叉开两只脚呈八字形，像只簸箕一样坐在地上，所以叫"箕踞"，这是最无礼貌的坐法。

孔子见到原壤坐得这么不雅观，就过来用手杖敲原壤的小腿骂道："你年幼时不讲孝悌，长大了没有作为，老了还不死，简直是个害人的贼。"这是孔子晚年一个生活场景的生动记载，短短几句话描绘出一个爱憎分明、恨铁不成钢的老人形象。

一个人碌碌无为并不至于成为祸害，而如果这个人道德上还有毛病，自然就会产生坏的影响，说是祸害一点也不过分。而在企业里，我们对人的要求似乎就更高些，道德如此败坏自然是要不得了，混天磨日不干活的人也应该及早开除。这样的人在企业里不但不会有好的影响，还要占个岗位，领份工资，哪个老板喜欢这样的害群之马呢？

阙党童子将命

原文

阙党童子将命。或问之曰："益者与？"子曰："吾见其居于位也，见其与先生并行也。非求益者也，欲速成者也。"

译文

阙党的一个童子来传信息。有人问孔子："这是一个求进益的人吗？"孔子说："我看见他坐在成人的席位上，看见他和长辈并肩而行。他不是个求进益的人，而是一个急于求成的人。"

读解心得

"将命"，携带使命。阙党这个地方有个年轻人帮别人向孔子传话，这个年轻人走后，有人问孔子说："这个年轻人是个上进的人吗？"孔子说："我见过他端正地坐在位子上，又见过他和年长者并肩而行。看来他并不是真正追求上进的人，是个急于得到承认的人。"古代讲究长幼有序，和年长者在一起，年轻人应该侧身而坐；一起行走应该跟在后面，以显示对长者的尊敬。这个年轻人没有做到这一点，出现"欲速则不达"的问题。

实际上，追求成年人待遇本身也是上进的表现，但不应该仅仅追求形式上的表现，而应该低调修行，以达到一定修养和才能，这才是真正的好学上进。年轻人或者下属和管理者在一起的时候，最好不要一屁股坐进沙发里，也不要走在管理者身侧，甚至管理者前面，这也是基本的礼仪常识了。

卫灵公第十五

卫灵公问陈

原文

卫灵公问陈于孔子。孔子对曰："俎豆之事，则尝闻之矣；军旅之事，未之学也。"明日遂行。

译文

卫灵公向孔子询问排兵布阵的方法。孔子回答说："祭祀礼仪方面的事情，我听说过；用兵打仗的事，从来没有学过。"第二天就离开了卫国。

读解心得

卫国是个小国，北有晋、东有齐而南有楚，都是巨无霸式的大国。卫灵公不知道先从内部管理入手，增强自身竞争力，却想着攻伐之事，很典型地违犯了"知己知彼"的原则。孔子原则上反对用战争的方式解决国与国之间的争端，同时也深切地知道当时的卫国也不可能在军事上与邻国抗衡。所以对灵公所问懒得理，但出于礼貌还是要有回答的，于是便用了这一招。不过更加高明的是他不仅拒绝了回答，还含蓄地说明了自己的立场。"俎豆"，古代用作祭祀时的礼器，这里代指礼仪、制度，总之是内部管理的意思。孔子对灵公失望了，第二天就离开卫国，投奔他乡了。

有时候上司会问你一些你不便于回答或不愿意回答的事情，这时候该怎么回答呢？孔子遇见这类情况总是说："我不知道，我不了解，我没有学过……"装糊涂是个不错的办法。

比如一个管理混乱、体质很弱的小企业，不是先把内部管理抓上去，而是一心想利用一些促销手段参与市场竞争，和别的企业竞争一下，这当然是急于求成的不自量力之举。然而在现实中，一些小企业总是采取这样的思路。遇见这样的管理者，他们常常咨询："我的企业怎么搞促销啊？您快给想个快速有效的促销方法吧！"管理者往往是急切又坦诚的态度，更让人难以回答。要是明说你的企业现在最需要的是基础管理，而不是产品促销，这些管理者还往往不会接受，还以为你不懂得促销。其实，如果真的如了他的意，给他一个促销的方法，也大多不会奏效。就像一个体质虚弱的病人，不去加强体质训练，不去找医生去掉病根儿，而是想学套拳脚样式，马上上战场，其结果是可想而知的。有人说，某些企业是不可以做促销的，因为很可能是"一促就死"，大概说的就是这类企业吧。对于这些问题，最好的回答大概就是"我不知道"了，既可以维护管理者的面子，又不至于发生正面冲突，实际上也是对自己的一种保护。

君子固穷

原文

在陈绝粮，从者病，莫能兴。子路愠见曰："君子亦有穷乎？"子曰："君子固穷，小人穷斯滥矣。"

译文

公元前489年，孔子由陈去蔡，途中被陈人围困，绝粮七天，跟随的人饿得都起不来身。子路很恼怒地去见孔子说："君子也有受穷的时候吗？"孔子说："君子能够安于穷困，小人遇穷就会无所不为。"

读解心得

在孔子的一生中，被困于陈恐怕是他遇到的最大的逆境。孔子所说的"君子固穷"，其实是告诉我们君子应该穷达如一。世俗的所谓穷达仅指物质、名位的穷达；而君子所谓的穷达则是指精神、节操的穷达。君子所追求的不是物质名位的富贵通达，而是德崇节高。因此，人生应以得道为志趣，而不必以穷为悲、以达为乐，无论贫贱富贵，都应处之如一。

随着世界经济的快速发展和技术更新的日新月异，企业稍有不慎就会落伍，陷入困境之中。企业陷入困境的原因大致有两个方面：一是陷入冒进的陷阱而不能自拔，这主要是由于企业违背渐进发展的规律而盲目追求速度。企业首要的任务是把主业做精，而不是急于做多。这样的企业要采取"有进有退、有所为有所不为"的方法，砍掉那些缠绕在树干上的杂乱藤条，使主业精干起来。二是陷入保守的陷阱而不能自救，这是由于企业违背了世界不断变化的规律，固守老产品和老产业，得不到应有的蜕变。这种企业应该采取"换脑"的思维方式，尽快跟上世界的变化。

"君子固穷"并不是让我们故步自封，而是说面对困境首要的是做君子，因为君子的所谓"固穷"，是指精神和节操，而不是指行动的方法和策略。企业应该正视困境而不能怨天尤人，更不能在困境中丢掉企业的宗旨，而要积极地寻求对策，想方设法走出困境。困境中的企业管理的重点是创建互援系统，而不是互相推诿。提倡同心同德、共渡难关的精神固然重要，但必须有强有力的互援系统作为依托，否则企业命运就难以维系。企业还要避免困境的重复发生，因为困境无论是企业自身造成的还是外部环境造成的，责任永远在于企业自身，所以走出困境或预防困境也必须源于自身。

由此可见，企业的管理者除自身在思想和精神上能够"固穷"外，也要通过组织协调让更多员工在思想和精神上"固穷"，而思想和精神上的"固穷"是为了在行动和方法上"不穷"。

一以贯之

原文

子曰："赐也，女以予为多学而识之者与？"对曰："然，非与？"曰："非也，予一以贯之。"

译文

孔子对子贡说："赐呀，你以为我是多多地学习并能牢记所学知识的人吗？"子贡回答说："是的，难道不是这样吗？"孔子说："不是的，我是用一个基本观念把它们贯穿起来。"

读解心得

企业管理知识的学习，最好的方法是结合企业管理实际来学，并且时时在企业管理实践中得以运用。这样才能学得有针对性、学得扎实有效、学得有用武之地，同时所学的知识一旦得到实践的机会，也是对学习本身的莫大鼓励。并且，我们知道，学习的目的最终还是应用。如果为了学而学，为了研究而研究，不但学不好，还会成为学究式的书呆子，百无一用。

孔子所学、所思都是围绕一个核心，这个核心就是从政的实际。我们可以看到《论语》中的记载，孔子考虑问题、指教学生、评价人物，其实都在以一个从政者的角度或目标来衡量。孔子不是学究之学，而是一生的学识都是在为从政而准备。这一点，孔子即便在晚年明明知道从政无望的时候也没有放弃过。遗憾的是，他平生大志未遂，晚年只好把精力主要用在教学上。

其实，我们现在的大学教育所缺乏的就是这个"一以贯之"的实践精神，不光学生实践机会少，甚至教授本人就没有对企业有多少感性认识。为了理论而研究理论，再把理论灌输给学生，结果学生毕业后常"患人之不己知"，并且更可怕的是自己并无"可知""无所立"。这一点和孔子后期学生的毛病很接近，他们就很喜欢空谈，而少于实践。孔子此处对子贡所言，既是对自己思想的概说，也是对晚期弟子热心好学而忽视实践的学风的批判。

孔子还向曾参说过同样的话："参乎，吾道一以贯之。"好像也不是随意而为，曾子专心研究学问，子贡喜好卖弄学问，两个人在学问的应用上都缺乏躬行的精神，所以我们有理由相信这是孔子对他们委婉的批评或建议。

知德者鲜矣

原文

子曰："由，知德者鲜矣。"

译文

孔子说："仲由！知晓德的人太少了。"

读解心得

孔子对子路感慨地说："子路啊，现在知道什么是德的人太少了！"孔子发出类似的感慨是不少见的，但这次是呼名道姓对子路而言，所以，一般认为是在告诫子路不要只是依靠勇力，而应该把德行和德政放在首位。孔子的话另有深意，因为子路作为孔子得意弟子之一，不可能不知道"德"这一孔学的基本概念。孔子所说的"知德"更侧重于对于"德"的力行，而子路很可能因为秉性等原因，在这方面有所欠缺。当然，我们也不排除这是孔子晚年的一次个人慨叹，恰恰子路在身边，有点向朋友倾诉意见的意味。更有可能的是两者兼而有之。

批评是门艺术，孔子把这门艺术掌握得炉火纯青，他这种含蓄的批评非常值得企业管理者研究和借鉴。他的做法是，告诉弟子什么是对的或者什么是不对的，并不明说对方有这方面的不足，而言外之意全在于听者的感悟。每每这个时候，孔子总以叹息的口气，好像在自言自语，听不出任何批评的意味。比如上一章批评子贡在学问的应用上的不足，只是说我孔子不过是在力行所学罢了；本章批评子路在躬行德行方面的不足，只是说现在很多人做不到，并不涉及对对方的直接评价。

这种让学生自己去琢磨、去领悟的批评方法，既维护了学生的面子，让学生感觉到老师的关怀和大度，更能引起学生的深思，具有更好的接受效果。比起一些管理者动不动吹胡子瞪眼的训斥来，可谓天壤之别，不仅区别在个人涵养方面，也区别在批评的实际效果上。表现出自己的涵养之差，还得不到很好的批评效果，本是批评别人，却暴露了自己的缺点，你说是谁该最被批评呢？

无为而治

原文

子曰："无为而治者其舜也与？夫何为哉？恭己正南面而已矣。"

译文

孔子说："能够不做什么就使天下得到治理的人，大概只有舜吧？他做了什么呢？他只是庄重端正地面向南地坐在王位上罢了。"

读解心得

孔子在这里说，"无为而治"实在是好，只是太难了，只有上古的舜才能做到。怎样才算"无为"呢？孔子说，对自己恭敬严肃，正南面端坐而已。这里说舜"正南面而已"的意思是自己道德端正，并以这种风气来影响部下。

企业要"无为而治"也是相当难的。"无为而治"的第一要点就是要让部下知道管理者的思想意识和行为准则。有人问日本京瓷集团的稻盛和夫，为什么京瓷会取得成功？稻盛和夫说："因为我们有明确的经营哲学，并且使这一哲学观与全体员工形成共识。"稻盛和夫在初创京瓷时，一时找不到合适的管理模式，所以以最简单的思维方式确定了企业哲学，那就是"作为一个人做什么是正确的？"即不要忘记以一个普通人最基本的心性或者善恶标准来判断事物。对待任何事物必须要持有诚意、正义和勇气，并具有爱心和谦虚之心。"无为而治"的第二要点就是管理者对企业哲学要身体力行、率先垂范。稻盛和夫把自己的才能和财产统统贡献给公司的员工、股东、客户以及整个社会。公司成立40年来，稻盛和夫没有裁减一个员工，他以此作为人生莫大的幸福。管理者的身体力行还表现在对事物判断的一贯性。管理者在处事上的前后不一致，会使员工对整个工作感到腻烦。"无为而治"的第三要点是要有牢固的管理基础。任何问题的发生归根结底都是基础不牢造成的，基础不是写在纸上的制度，而是建立在文化之上的自觉行动。其实，许多错误并不是员工故意犯的，而是员工对许多问题无所适从，所以企业的基础管理必须渗透到每个细节当中。细节中显露精专和差异，细节中见真功夫。原则、经验、规律，没有细节这些只能是教条，只有靠独特的细节才被赋予生命。

"无为而治"难，但追求"无为而治"并不难。企业要想"无为而治"，就要把一切都想到前面，就是要达到没有管理的管理这个最高境界，只有这样才能使企业的管理者摆脱日常事务管理，面对未来，综观世界，审时度势，筹谋企业发展和成长的根本大计，达到"恭己正南面而已矣"。

言忠信，行笃敬

原文

子张问行。子曰："言忠信，行笃敬，虽蛮貊之邦，行矣。言不忠信，行不笃敬，虽州里，行乎哉？立则见其参于前也，在舆则见其倚于衡也，夫然后行。"子张书诸绅。

译文

子张问怎样才能处处行得通。孔子说："言语忠实诚信，行为笃厚恭敬，即使到了蛮貊地区，也能行得通。言语不忠实诚信，行为不笃厚恭敬，即使是在本乡本土，能行得通吗？站立时，就好像看见'忠实、诚信、笃厚、恭敬'的字样直立在面前；在车上时，就好像看见这几个字靠在车前横木上，这样才能处处行得通。"子张把这些话写在衣服大带上。

读解心得

子张向孔子请教行为规范，孔子所说的核心内容他一贯强调的言行忠实可靠、笃实恭敬。不过孔子在此却展开论述，显示出他的口才和文采。首先，他从正反两个方面来论述这些守则的重要意义。如果能够做到，即便在偏远地区也能行得通；如果做不到，就是在家门口也没人说你好。"蛮"，指南方少数民族，"貊"，指北方少数民族，蛮貊并称，则泛指周边地区。其次，孔子又强调这个守则要时时刻刻牢记在心。站在那里，就觉得这些守则好像陈列在眼前；坐在车上，这些守则就好像依靠在扶手上一样。极言无所不在和时刻不忘。真的做到这些，一个人就可以大行其道、畅通无阻了。

子张听了这番话大受触动，马上找来笔墨，把这些话"书诸绅"，写在自己的袍带上，作为"座右铭"了。不过，笔者想这些文字如果写在衣服上还是有点多的，要是笔者是子张，就写六个字足矣——"言忠信，行笃敬"。

直哉史鱼

原文

子曰："直哉史鱼！邦有道，如矢；邦无道，如矢。君子哉蘧伯玉！邦有道，则仕，邦无道，则可卷而怀之。"

译文

孔子说："史鱼正直啊！国家政治清明时，他像箭一样直；国家政治黑暗，他也像箭一样直。蘧伯玉是君子啊！国家政治清明时，他就出来做官；国家政治黑暗时，就把自己的才能收藏起来（不做官）。"

读解心得

史鱼是卫国一位贤大夫，作为史官，他才不管国家是否有道，而能够秉笔直书，这也是对史官的基本要求。孔子在这里夸赞他忠直耿介，像箭杆一样正直；蘧伯玉是孔子老朋友了，他作为行政官员，在国家有道与无道时的表现就不一样了。他在国家有道时就出来做官，为人民服务。在国家无道时，就把自己的主张、才华收拾收拾揣进怀里了。

因为身份和职责不同，这两个人在同一问题上有不同表现，孔子对此是赞同的。孔子多次提到"有道"和"无道"时的不同表现。如果是一般行政官员，孔子是不主张在天下无道的时候出仕的，他说："邦无道，谷，耻也。"这时候还身居高位，乃是一种耻辱；如果必须做官，那么就要"危行言孙"，保持行为的正直崇高，说话谦逊谨慎，也算保全之道。

尽管企业是个谋利的社会组织，但凡是有组织、有人群的地方，我们都无法回避存在"政治"问题。所以忽略"企业政治"的做法是思想过于单纯的幼稚表现，实际上，在企业里，尤其在家族色彩浓厚的民营企业，"企业政治"问题是个很重要的问题。处理不好，不仅工作无法开展，更可能的是地位难以保全、个人形象受到损害。如果受环境压力，做不到"危行言孙"，莫若"卷而怀之"，做个行为低调的人，再不行就只好换家企业，不要在这里自取其辱了。

知者不失人亦不失言

原文

子曰："可与言而不与之言，失人；不可与言而与之言，失言。知者不失人，亦不失言。"

译文

孔子说："可以和他谈的话但没有与他谈，这是错失了人才；不可与他谈及却与他谈了，这是说错了话。聪明的人不错过人才，也不说错话。"

读解心得

即便是在正常的企业，与人交往也是一门值得注意的艺术。处理好人际关系，不仅是创造和谐的工作关系的需要，甚至也是一个人在企业中的生存之道。而与人相处，最关键的因素就是要"识人"。我们常常听年轻人在一起很义气地说："某某人不可交！"或者有人夸赞自己"可交"时就感到很满足。这里的"可交"与"不可交"实际上就带有个人的主观判断了，能不能判断得准确，是"识人"的能力问题；是不是判断得准确，也会直接影响交往的效果。

孔子所说的"可与言"的人大抵接近于"可交"的含义。可以与人家交往，也就是说对方本来是个"可交"的人，本应该无话不谈的，你却没有发现，这就叫"失人"，失去了一个很好的朋友；而对方"不可交"，你却误认为这人不错，什么体己的话都告诉人家了，结果弄得全公司人都知道了，这就叫"失言"。而聪明的人应该具备"识人"之能，既不"失人"，也不"失言"。尤其处在关系错综复杂的企业，这种修养就显得更加重要了。

杀身以成仁

原文

子曰："志士仁人，无求生以害仁，有杀身以成仁。"

译文

孔子说："志士仁人，不会为了求生损害仁，却能牺牲生命去成就仁。"

读解心得

生命是可贵的，无论好人坏人、君子小人，这一点都是一样的。但当正义和生命发生冲突，必选其一的时候，不同品行的人的表现就大不相同了。所谓"志士仁人"不会因为苟且生命而损害正义，而会"杀身以成仁"，为正义而死不足惜。

当然，我们在企业里不会出现危及生命的大是大非问题，但难免会面临社会道义与个人品行的选择。我们当然要忠诚于企业，忠诚于管理者，但其前提必须是这个企业和管理者的作为符合我们认可的基本道德规范。否则，这样的忠诚会成为同流合污者的借口，在这个貌似堂皇的理由下，你也会为自己的不道德行为而变得心安理得。

所以企业黑幕，不论资金黑幕，还是质量黑幕，都不是管理者一个人的所为，而是一批人的同谋。而在这一批人里，必然是没有一个"志士仁人"，因为没有一个人站出来反对，而是小心地参与其中，小心地维护着这个肮脏的秘密。然而，如果在这个时候敢于反对，敢于辞职而去，你所损失的不过是一份不值得再做的工作，一份拿到手也会觉得可耻的工资，而所得到的却是个人品质的高洁，个人品牌的提升。与"杀身以成仁"相比，损失可谓渺小，而所得却可同观。诚如是，企业还有黑幕可言吗？在一个纯净的市场环境里，大家各守本分，各得其所，当是社会经济的大幸、国家的大幸。

工欲善其事，必先利其器

原文

子贡问为仁。子曰："工欲善其事，必先利其器。居是邦也，事其大夫之贤者，友其士之仁者。"

译文

子贡问怎样培养仁德，孔子说："工匠要想做好工，必须先把器具打磨锋利。住在这个国家，就要奉事大夫中的贤人，结交士中的仁人。"

读解心得

这段话中的"工欲善其事，必先利其器"，是传诵千古的名言。这句话揭示了一个简单而重要的道理，那就是不管做什么事，都要做好充分的准备工作。只有准备工作做好了，基础打好了，事情才能得到顺利解决。

过去我们常说技术和装备是企业发展的两个轮子，非常重视技术和装备，而较忽视拉车者的能力，更加忽视驾驭者。如今，人们不仅开始重视选择拉车的人，还更加强调驾驭者的作用。同时，还增加了企业组织机构和企业管理制度两个轮子。也就是说，如果把企业比作车子的话，需要机构、制度、技术、装备四个轮子，再加上拉动车子的千里马——全体员工，和驾驭车子前进的统御者——企业家或管理者。车上载的则是产品或服务，目标是用产品或服务培育忠诚用户。

在这里我们抛开其他，专门讲技术和装备，因为其他方面在前面都有所触及。企业的技术与装备是维持企业组织生产的主要手段，技术与装备逐渐被忽略主要是因为它们在企业间的差距越来越小，也就是说，同行企业的技术与装备越来越雷同或相似。然而技术与装备仍是企业的主要投资，它们的折旧仍是企业的主要成本，制造业更是如此，所以企业对技术与装备的选择仍旧需要慎重。

孔子提到的"事其大夫之贤者，友其士之仁者"，是指"为仁"也要"利其器"，也要事先做好准备工作。比如你想对人民、对社会有所贡献，就必须先搞好人际关系，结交贤达，让自己进入上层社会，这样就能获得施展才华的职位，并得到各方面的支持。如此种种，都是在作准备工作。

孔子的这一思想具有超越时代的特性，他不受时代的局限，即便是在现代社会，对我们每个人也仍然有着重要的指导意义。不论做什么事，都要事先做好准备工作，不仅要准备好工具，也要为完成事情准备必要的条件。只有准备工作做好了，才不至于两眼一抹黑，才不至于手忙脚乱，才能更顺利地抵达成功的彼岸。

颜渊问为邦

原文

颜渊问为邦。子曰："行夏之时，乘殷之辂，服周之冕，乐则《韶》《舞》。放郑声，远佞人。郑声淫，佞人殆。"

译文

颜渊问怎样治理国家。孔子说："实行夏朝的历法，乘坐殷朝的车子，戴周朝的礼帽，音乐就用《韶》和《舞》，舍弃郑国的乐曲，远离谄媚的人。郑国的乐曲很靡曼淫滥，谄媚的人很危险。"

读解心得

颜回是孔子早期弟子中对从政不感兴趣的弟子之一，所以当颜回问如何治理国家时，孔子并没有给他讲具体的方法，而是讲一些重要原则。这些原则从治理企业角度考虑，涉及企业的制度管理、处事方式、企业形象、企业文化和用人原则等多个方面。

夏、商、周有着不同的历法，而孔子主张"行夏之时"，就是因为夏历与农业生产结合紧密。我们的很多企业，制度制定了一柜子，很多不过是摆摆样子罢了。其实，在企业里真正经常参照的制度也就那么几种。有些小企业，本来在管理上未必有那么复杂，却喜欢参照大企业制定华而不实的文件，实在是管理资源的浪费。制度不仅要适用，还要确实有没有必要，这才是务实的态度。

在处事方式上，也要结合实际，不夸张、不奢靡，以节俭的原则做到适用就可以了。殷朝的车子是很简朴的木车，到了周代则文饰烦琐而贵重。孔子出于节俭、实用的考虑，主张"乘殷之辂"。

不过，企业外在形象还是要注意的，甚至有些方面的奢华还是必要的。以企业管理者来说，尤其在公共社交场合，注重外表不仅是体现企业形象的重要方面，也是对别人的尊重的体现。即便你是个再本性的人，也最好穿上得体的正装。孔子主张"服周之冕"，是因为周朝的礼服最为讲究外表，并且等级严格，既是礼仪制度的重要内容，也是礼仪制度的重要体现。

自古至今，乐和礼从来没有完全分离过。乐仅仅是一种文化形式，孔子注重的是乐所代表的文化内涵。在企业里，这关系到企业提倡什么企业文化的问题。企业文化是个综合概念，其形成是个长期积累的过程，这个过程中有其自然形成的成分，也更有倡导、引导甚至强制的因素。对于一些不良观念、不良文化是可以进行抵抗、消除影响的。孔子当时就有一种他认为不健康的音乐，就是"郑声"，认为其"淫"，是浮华、奢靡、缺乏积极向上的精神。

孔子还提到用人的原则，就是他一贯提倡的"远佞人"，要疏远花言巧语、居心叵测的小人，因为这类人太危险。怎么个危险呢？第一，用言语迷惑管理者，使人看不到他的本质，具有隐蔽性。即便有忠言提醒，也往往难以接受。第二，这类人往往没有什么才能，即便有也不会用于正道，不会给企业带来什么实际利益。第三，这类人不仅自己不干活，还会影响别人，尤其在得到管理者宠幸的时候，更是对积极工作的人的打击。总之是百害而无一利，必须疏远。

我们还可以从本章看到孔子灵活、开明的一面。比如在国家管理原则方面，他并不是一味追求某一个朝代的东西，而是"择其善者而从之"，体现的是现代哲学中的"扬弃"思想。在对待靡靡之音和小人上，他不是禁绝和铲除，而是以宽容的态度承认和允许其存在，只不过在国家管理层面上要求严格而已。可见，孔子不是个迂腐不化、顽固守旧的腐儒，恰恰是个尊重现实、开明灵活的哲人。

人无远虑，必有近忧

原文

子曰："人无远虑，必有近忧。"

译文

孔子说:"人如果没有长远的谋虑,必定会有近期的忧患。"

读解心得

无论是一个国家,一个企业还是一个人,如果不是随时随处都有深谋远虑,那么必定会有忧患到来。企业长远的谋虑不限于企业的愿景和战略,而是涉及企业的方方面面,比如企业的危机管理和基础管理等。

危机管理的功夫,不在处理而在于预防。危机预防的措施之一,是加强对员工的教育和培训。企业的任何行为都是通过人的行为来实现的,而危机管理教育的首要任务是让员工树立危机管理的意识,从而提高员工对危机事件的警觉性。其次是让员工掌握预防危机事件发生的基本技能,即减少自身失误的概率和洞察危机事件可能发生的反应前兆等。最后就是培养员工的合作精神,即与同事合作,减少内部摩擦;与政府合作,减少企业违法的机会;与商业伙伴合作,减少与伙伴的争执和纠纷;与用户合作,减少消费者的不满和怨气;与新闻媒体合作,减少社会的误解。危机预防的措施之二,是建立组织保障。首先要使整个组织的政令畅通,信息共享;其次是权责分明,利害清晰。如此一来,任何的危机前兆都会获得全体员工的关注,并能及时得到处理,而不至于引发真正的危机。危机预防的措施之三,是资源的准备尤其是人力资源的准备。所谓人力资源准备就是在危机先兆出现时,各种危机管理专家能够及时到位,并能够准确地提出危机发生的处理预案报告。

基础管理的好坏不仅决定企业战略目标实现的成败,而且也决定了企业能否持续发展。企业的基础管理就是企业能够实现运转的最根本的管理,它是企业最细微、最初始的东西;它既是各种管理的起点,也是各种管理的终点;它提供的是一种规范,而不是一种思路。做好基础管理的措施之一是建立员工的行为规范,从最基本的言行规范抓起,比如规范文明用语,规范接电话的动作程序、语气和语速等。做好基础管理的措施之二是建立业务流程和办事程序,通过规定一件事情应该由谁办、在哪儿办、怎么办、什么时候办、办到什么程度等实现过程控制。做好基础管理的措施之三是重视数据的管理和使用,包括内部的运行数据和外部的市场数据,数据是企业进行决策的主要依据,准确的数据分析可以使企业做出准确的决策。

一个企业除了应有的总体战略管理外,还应有许多分支战略系统,每个分支战略系统源于总体战略，而又必须为总体战略提供支持与服务。所有战略必须立足长远，反之，企业的一切工作在长远的战略引导下必须注重眼前。

吾未见好德如好色者也

原文

子曰："已矣乎！吾未见好德如好色者也。"

译文

孔子说："罢了罢了！我没见过喜欢美德如同喜欢美色一样的人。"

读解心得

本章是前文《子罕第九》的重复，不过是多了"已矣乎"这个语气词。其实从"吾未见好德如好色者也"这句话单独来看，也同样带有明显的叹息意味。我们说过这里的色，是指声色，不单纯指女色，实际上是泛指肉体享乐。不仅"好德"，任何事情如果能够产生本能般的兴趣，就没有做不好的了。不过说句实在话，孔子要人爱慕美德好似爱慕美色，也实在有点强人所难哦。

臧文仲其窃位者与

原文

子曰："臧文仲其窃位者与？知柳下惠之贤而不与立也。"

译文

孔子说："臧文仲大概是个窃据官位（而不称职）的人吧！他知道柳下惠贤良，却不给他官位。"

读解心得

举用贤才是上级的重要责任，不仅可以使下级与自己平级，甚至举荐下级担任比自己地位还高的职务，这是孔子赞扬和提倡的从政之德。公叔文子就曾经举荐他的家臣，而得到孔子的称赞。而本章中的臧文仲，明明知道柳下惠的贤能，却不去举荐，即便不是出于嫉贤妒能，也是严重的失职行为，所以被孔子称为"窃位者"。

职位代表着责任，同时也代表着利益。从责任角度来说，出于公心，为企业发展所谋，举荐贤才本是分内之事，也是符合企业利益的；但从个人利益角度来考虑，举荐了能人，势必对自己的地位造成威胁，尤其在你不能把握事态发展的时候，这一威胁确实让人担心。然而企业发展最怕的就是嫉贤妒能，不仅不能举荐贤才，甚至还在背后使坏，到处拆台，对企业队伍素质提升是极大的危害。所以无论有多少可以理解的理由，不能举荐贤才都是不被企业所容忍的。举荐贤才要靠个人的修养和自信，另外企业自身的制度建设更显得重要。而许多企业其实已经放弃各个部门推荐人才的方法，而是把人才管理单独列成个职能部门，即人力资源部，这恐怕是目前解决这一问题的最好方法。毕竟在涉及个人利益的问题上，单纯依靠个人品德确实是不太牢靠的。孔子讨厌"窃位者"，主张人人具有举贤的美德，的确是理想化设想。

躬自厚而薄责于人

原文

子曰："躬自厚而薄责于人，则远怨矣。"

译文

孔子说："严厉地责备自己而宽容地对待别人，就可以远离别人的怨恨了。"

读解心得

"躬自厚"大概是"躬自厚责"的省略或缺文，意思是自己深刻反省和责备自己；"薄责于人"就是少责备别人。"躬自厚而薄责于人"和现在常说的"严以律己，宽以待人"意思接近。这确实是减少企业员工牢骚的一个重要方面。

企业管理者要想别人做到，自己首先要做到，甚至要求的标准要比别人更为严格；企业出现问题，首先检讨自己，查找自身的原因。对于自己的错误，要勇于承认，而不推卸责任、迁怒于人；即便是大家共有的错误，也要明确自己的责任，惩罚要严厉于其他人。如果一个管理者能够做到这些，难道员工还会有什么怨言吗？

吾末如之何也

原文

子曰："不曰'如之何，如之何'者，吾末如之何也已矣。"

译文

孔子说："不说'怎么办，怎么办'的人，我对他也不知道该怎么办了。"

读解心得

"如之何"就相当于我们现在说的"怎么办"，孔子说："那些遇事不说'怎么办，怎么办'的人，我也不知道拿他们怎么办啊！"看来这类人很让孔子失望，简直是无药可救了。这类人为什么会让人如此失望呢？

首先，这样的人缺乏应有的责任心。当企业出现难以解决的问题的时候，负责的员工的内心也会和管理者一样焦急，暗自不由得要念叨："这可怎么办啊，这可怎么办啊？"即便能力所限未必能够想出什么好办法，但这种为企业而忧的心情实际上已经证明了他对企业的感情。就像你出了什么事情，在最需要别人帮助的时候，那些内心替你焦虑的人才是你的好朋友。

其次，只有把企业的事情装在心里，以企业之忧为忧，才能够积极地出谋划策，才能够想出解决的办法。认为企业的事是管理者的事，事事不放在自己心上，缺乏责任感，是不会有什么办法的，同时平时的工作也不可能有创造性。这样的员工很可能就是催一催、动一动的被动型员工，不至于耽误安排好的工作，却很难发挥主动性，是上司觉得很无奈的一类人。

最后，遇事不能够反复去想到底该怎么办的人，也算不上做事谨慎的人。能够把"到底怎么办"放在心里的人，不是优柔寡断，而是深思熟虑。而谨言慎行正是孔子一贯提倡的为人处世之道，是事业成功者的必备品质。实际上，毛毛躁躁、草率决策确实是企业管理经营的大忌。

没有责任心、归属感，不能够积极工作，办事草率，这样的人当然不会是合格的员工，所以连孔子也觉得这样的人实在是"没办法"了。

言不及义，好行小慧

原文

子曰："群居终日，言不及义，好行小慧，难矣哉！"

译文

孔子说："整天聚在一起，言语都和义理不相关，只喜欢卖弄小聪明，这种人很难教导。"

读解心得

企业会议是不可缺少的管理方式，但开会也是门学问，不会开会，不能够掌握会议管理，就会"会而不议、议而不决"。会议本身是有成本的，无效的会议本身无疑就是一种浪费，而需要决议的事情得不到决议，又会带来更大的损失。"一伙人整天聚在一起，说来道去，说不到问题的点子上"，看似工作繁忙、谨慎行事，好像是得到了管理的要旨，其实不过是耍点小聪明罢了，这样的事情，孔子说："实在难以成就什么事情！"

那么，怎么管理好会议呢？这方面的论述已经很多了，但我觉得最重要的是要有充分的准备。比如必须让大家提前明确会议议题，这样在发言时才能言之有物。而很多私营管理者喜欢雷厉风行，突然召集会议、现场公布议题，弄得大家不知道从何说起，甚至还要回办公室去查找相关材料。这时候即便发言，观点也难免唐突。而有经验的管理者，会提前通知下去，让大家有充分的考虑，以保证会议的质量。一些重大事件，更需要与会人员都拿出文字材料。某部门专题会，会先让涉及的部门拿出基本方案，再由需要与会的人员事先审议。

而有种特殊但很常见的情况，就是管理者想推行某件事情，但又必须开会通过，这时候聪明的管理者会先拿出方案来，请部分即将参会的下属讨论，直至在小范围内得以通过，这实际上是事先拉选票，争取支持自己的力量。这一做法尽管有不太磊落之嫌，却是管理者实现自己管理意志的常用方法。

君子义以为质

原文

子曰:"君子义以为质,礼以行之,孙以出之,信以成之。君子哉!"

译文

孔子说:"君子把义作为本,依照礼来实行,用谦逊的言语来表述,用诚信的态度来完成它。这样做才是君子啊!"

读解心得

义,就是得到公认正确的价值观、适宜的方法,这是一个人的立身之本;礼,就是符合社会公德的行为规范,是应该严格遵循的;孙,通逊,是言行所表现出来的谦恭态度;信,则是事业成功的保障。

本章是孔子关于君子之行的又一次概括。本质善良,遵守规范,言语谦逊,讲究信誉,这看似是对企业员工的基本要求,但真正做到,尤其是一直做到而不违反,实在不是件容易的事,甚至可以说这些本来应该的起码要求的标准,实际上已经成为完人的标准了。"一个人做一件好事并不难,难的是一辈子做好事,不做坏事。"说的大概就是这个吧!

君子病无能焉

原文

子曰:"君子病无能焉,不病人之不己知也。"

译文

孔子说:"君子担心自己没有才能,不担心别人不知道自己。"

读解心得

病,忧虑、担心。孔子说,我们应该担心自己没有能力,而不必担心没有人知用自己。一方面,是鼓励人们把关注点放在自身能力提高上,能力有了还怕没工作?另一方面,也是对自己能力有自信的表现。

这个观点孔子曾以不同方式来表达，如"不患人之不己知，患其不能也"；还有"不患无位，患所以立；不患莫己知，求为可知也"。可以相互参考理解。

君子疾没世而名不称焉

原文

子曰："君子疾没世而名不称焉。"

译文

孔子说："君子担心死后自己好的名声。"

读解心得

常和朋友开玩笑说："你小子要我这么做，我以后可怎么好意思写进自传啊?"一直以为是句玩笑罢了，今天读到《论语》本章才算找到了理论根据，原来还很深刻。如果一个人在做某件事之前就想想自己身后别人可能有的评价，或许就会更加谨慎地考虑一下了。如果像我开玩笑那样考虑以后写自传的时候如何记载，恐怕也是对自己的一个很大的威慑。

不过，这个威慑力能否产生实际效果，是需要很多前提的。比如，最起码要先在乎自己身后的名声！假如你想着，我死了还管什么别人的说法，好也是它，歹也是它，反正我是不知道啦。"没世而名不称"，就是"去世后没有好的名声"；"疾"，担心。如果一个人不担心自己去世后的名声问题，那在孔子看来，是算不上君子的。有些人别说死后的名声了，现在你怎么评价他都不怎么在意，这大概是达到了廉耻的最低标准了。

不过，孔子的话也有失偏颇了，有些人天生豁达，确实对于生死之事看得很开。能够克制自己，行为检点，努力做个好人，至于死后却真的不怎么在意。这类人倒是不少，或许是更值得我们尊重的君子。而芸芸众生，名不传十里，足不出本乡，身后名声只流传于乡里亲朋之间，而且随着时间的推移，这些仅有的名声也就不再存在了。这种情况下，自己把这些事情也就看得淡了。

对于具有一定社会影响的人来说，如果行为不够检点，其身后名声流传久远，甚至载入史册，被几代人评说，岂可不慎？实在是涉及流芳百世和遗臭万年的大计。当然，这并不是说我们平常人就可以不予顾及，越是地位低微还在乎个人名誉的人，越是出于朴素的本性，更值得人们敬重。

从另一个角度考虑，一个碌碌无为，无所建树的人，当然死后也会很快被人忘掉。反之，一个为社会做出过贡献，对人类有所建树的人，他的名声自然要被后人称道。所以追求被后人称道，实际上就是追求事业的成就，就是追求有所建树，这种人生的使命感和积极追求的精神是不可缺少的。

另有一个解释，说"称"为"相称"意，就是君子总是担心自己身后的名声与自己的实际不相符，也算一说，大致不影响理解孔子的主张。

君子求诸己，小人求诸人

原文

子曰："君子求诸己，小人求诸人。"

译文

孔子说："君子要求自己，小人苛求别人。"

读解心得

俗话说："求人不如求己。"意思是自己能够解决好的事情，尽量不要去麻烦别人。不过本章所讲的"求"并不是"央求"的意思，而是"要求""追究"的意思。孔子的意思是说："出现了问题，君子就会反躬自问，查找自己的责任；而小人呢，就只知道推卸责任，凡事都是别人的错。"

不过，"欲加之罪，何患无辞？"管理者真要说你有错，那就绝对能找出你的不对来。如有位部门经理完全按上司的指示，终于把某项任务完成了。结果这时候上司发现这件事情本不该这么办，甚至压根儿就不该办，于是，他把这位部门经理叫到办公室一顿训斥，这位经理自然是万分委屈了，就说："领导啊，这可都是按您的指示做的啊！"上司把眼一瞪，说："你是木头脑子啊？怎么就不考虑考虑？还有没有点责任心！"似乎上司说的也没错，想想作下属的确实也有点失职。作为下属的只好自认倒霉了，怪就怪你的上司是个"求诸人"的小人，而你自己就做个"求诸己"的君子吧。

另一种解释也很有道理，是说君子把事情的成败关键放在自己身上，而小人则只是片面地要求别人。"这件事情能不能办好，就看你们的了！"这是管理者常常用来鼓励下属的话，下属每每听到这样的话，也会油然而生一种责任感，积极性高涨起来。这句话，真正的分量不仅仅在于激励，更在于管理者让下属把责任担在了自己身上，不要幻想别人会帮助你们，所以要加倍努力，依靠自己的力量来完成任务；而对于管理者而言，话虽这么说，却切不可连宏观指挥都省了，也是需要点"求诸己"的责任感的。试想，一个企业里所有部门和员工都凡事敢于承担责任，那么这个企业还有什么大不了的难题呢？

矜而不争，群而不党

原文

子曰："君子矜而不争，群而不党。"

译文

孔子说："君子矜持庄重而不与人争执，合群而不与人结成宗派。"

读解心得

作为部门的负责人，即便不够威严，也要有起码的庄重，并且不在利益上与下属争夺，更不要和下属争功。下属的功劳不去争，也会有你一份，毕竟是在你的领导、指导下完成的。突出下属的功劳，还能够显示你的大度，以及善于培养和使用人才，这更是一个管理者最大的责任。同时，作为管理者还要与下属打成一片，营造和谐、轻松的上下级关系和工作氛围，但注意不要结党营私。孔子在这里所说的"君子"不单纯是道德上的"君子"，更侧重于当权者，所以本章讲的既是做人的道理，也是做管理者的艺术。

不以言举人，不以人废言

原文

子曰："君子不以言举人，不以人废言。"

译文

孔子说:"君子不因为一个人的言语(说得好)而推举他,也不因为一个人有缺点而废弃他好的言论。"

读解心得

考察一个人一定要全面,不能够仅仅凭借他的言论就下结论,在用人上更不能仅仅听他讲得不错而举用他。这样的做法难免片面,而正确的方法是"听其言而观其行"。这倒还容易做到,但"不以人废言"就不那么容易了。

如果认定某个人不怎么样,那么他的一切都会觉得不可信,更不必说他的言论了。中国政治中历来有因人废言的传统,一个人在政治上一旦失足,他的文章、书法等的成就都要大打折扣。元代书法家赵孟頫就深受其害,历代评论都会因为他政治上的问题而认为他书法中缺少骨气;据说印刷常用的宋体字是秦桧所创,但因为他是大奸臣,连字体也不能以其名称之了。当然,这种苛刻的观念,对于警示人们行为检点、切莫侥幸还是蛮有震慑力的,也算不合理中的合理之处吧。

不过,在企业管理中还是坚持实事求是的原则为好,举用人才要全面考察,不只听信言辞;采纳建议只看建议的价值,不要抱有成见。很多员工都有这样的体会,同样的建议,不同的人提出来,其效果就可能不一样。所以,如果几个人有了什么好点子,往往要推选一个管理者信得过的人去建议才能够顺利通过,这也是无奈之举吧。

己所不欲,勿施于人

原文

子贡问曰:"有一言而可以终身行之者乎?"子曰:"其恕乎!己所不欲,勿施于人。"

译文

子贡问孔子道:"有没有一个字可以终身奉行的呢?"孔子回答说:"那就是恕吧!自己不愿意的,不要强加给别人。"

读解心得

我们的产品或许有很多的优点，但消费者没有时间听你啰唆，如果是做广告的话，这"啰唆"可是要多付费的，并且还未必收得到好的效果。怎么办呢？一般有两个思路：一是忍痛割爱，把最值得称道的优点拿出来做宣传，其他的就不提了；二是归纳出一句话，使其概括产品的所有优点。后者当然甚为理想，不过，不是高手的难以做到。

其实"用一句话来概括"这个思路，不仅适合广告词的设计，也是企业管理其他方面的需要。比如企业文化的核心理念也需要用一句话来概括，从而使员工便于识记和学习。另外，在学习上如果能够抓住学问的要害，无疑是必要的学习方法，这大概是所有善于学习的人都有的体会。

子贡就是个聪明的学习者，他意识到这个方法的有效性，就问老师的学说是不是可以"用一句话来概括"呢？也就是说，老师每天给我们讲很多道理，学问博大精深，如果老师能够提供一句话让我们去终身实践，那不就是学习的捷径了吗？孔子回答说："如果归纳的话，大概就是'恕'了吧！也就是己所不欲，勿施于人。"关于"恕"的原则我们已经做过探讨，而朱熹《集注》中则说："恕，推己以及人也。"也就是"己所不欲，勿施于人"的意思。子贡曾经表示过自己要这么做，不过孔子明确地说他做不到，这里大概还是强调一下，做个提醒吧。

如有所誉者，其有所试

原文

子曰："吾之于人也，谁毁谁誉？如有所誉者，其有所试矣。斯民也，三代之所以直道而行也。"

译文

孔子说："我对于别人，毁谤了谁？赞誉了谁？如果有所赞誉的话，一定对他有所考察。有了这样的民众，夏、商、周三代才能直道而行。"

读解心得

孔子说："我对于别人，诋毁过谁？赞誉过谁？如有所赞誉，那是经过了考虑的。正因为有这样的人，夏商周三代才能直道而行。"孔子这番话是不是有点前言不搭后语？确实，本章文字不够顺畅，不过倒也可以明确地看出孔子对于人的评价是采取了非常谨慎的态度的。这一点，在《论语》中体现得很明显，我们可以看到，孔子是经常对古今人物进行评论的，有的人物还是在不同时间、不同场合多次谈到，但其评价基本没有什么矛盾，可见确实是经过深思熟虑的。

吾犹及史之阙文也

原文

子曰："吾犹及史之阙文也。有马者借人乘之，今亡矣夫！"

译文

孔子说："我还能够看到史书中存疑空缺的地方。有马的人（自己不会调教）先借给别人骑，现在没有这样的了。"

读解心得

这段文字更难连贯理解，是公认的文字窜乱，很可能是文字的之佚或错简造成的。"史之阙文"大约是说古代负责的史官对待史书中缺文的态度，就是不去妄加猜测、随意增补。孔子说自己就具备这种不懂的事情宁可付之阙如的精神，正如他所说的"君子于其所不知，盖阙如也"。"有马者借人乘之"，大概是说不吝惜自己的东西而乐于帮助别人，或者说自己的马如果不会调教，就借给别人，让人家调教，免得耽误了人才。孔子说："具备这些精神的人，现在已经没有了！"不过，这些理解都有点牵强。最好的办法，还是采用孔子的态度："君子于其所不知，盖阙如也。"放在一边儿以待高人解释吧。

小不忍，则乱大谋

原文

子曰："巧言乱德。小不忍，则乱大谋。"

译文

孔子说："花言巧语会败坏道德。小事上不忍耐，就会扰乱了大的谋略。"

读解心得

"小不忍，则乱大谋"还有没有别的意思呢？上边的解释是一种通用的解释，通常人们使用时都是这个意思。还有一种解释，就和它正好相反了，即小处不狠心、残酷，就会误了大事。我们看孔子自己的行为就知道，他在鲁国当司寇，虽然只做了三个月，但上任的第一件事就是杀了少正卯。为什么要杀少正卯呢？因为少正卯这个人毫无学问而且能言善辩，甚至连孔子的学生也去听他胡说八道。孔子认为这种人是"巧言乱德"，必须诛之。

我们说过，儒家思想具有一定的侠气意识，孔子对季氏的八佾行为都"是可忍，孰不可忍"，对怨恨的人采取的是"以直报怨"的态度，所以对于少正卯花言巧语的行为采取的是"小不忍，则乱大谋"。真是"予一以贯之"。

"小不忍，则乱大谋"这句话的歧义我们不必追究，只是在阅读古文的时候要加以小心才能真正体会其含义。我赞成这样的解释：小处的乱德行为不狠心根除，就会扰乱大事。比如，对于员工迟到的问题，也许确实是由身体不适、家庭临时有困难或者途中交通堵塞等原因造成的。第一次迟到并能及时与企业联系或许是可以谅解的，但是如果成为一种习惯而堂而皇之地迟到，那就绝对是不可容忍的事情了，应该采取有效的手段根除，否则因为一两个人的迟到行为而扰乱了企业的规章制度就绝非个人的小事了，而是反映一个企业管理水平、管理档次的大事。如果企业不采取果断的措施消除这样的个别现象，任其蔓延的话，企业的管理将无从谈起。试想一个没有规章制度的企业将是怎样的景象。人们都知道"千里之堤，溃于蚁穴"的道理，企业千万不要将事业毁在看似小得不能再小的诸如员工无端迟到这种"蚁穴"之上。

对于"小不忍，则乱大谋"，我也不反对这种解释：小处不能忍受，就会耽误大事。所谓小处不能忍受，是指人往往感情用事，遇到不顺心的事或不入耳的话，不是静下心思考，而是让感情的潮水冲毁理智的长堤。如果一个管理者感情用事，那么他的周围恐怕都是势利小人。"赦小过"是管理者的主要修养之一，所以管理者必须做到抛弃个人的恩怨和私心杂念，善于调节、控制自己的感情，不能感情用事。因为感情用事往往不能全面、正确地评价事物，而是眼睛只盯着事物的某一方面，抓住只鳞片甲妄下结论；感情用事还会使管理者采取双重标准，失之公道。18世纪法国哲学家爱尔维修说过："感情引导我们陷入错误，因为它使我们把全部注意力固定在它们向我们提出的对象的一个方面，不容许我们从各个方面来观察对象。"

众恶之，必察焉

原文

子曰："众恶之，必察焉；众好之，必察焉。"

译文

孔子说："众人都厌恶他，一定要去考察；大家都喜爱他，也一定要去考察。"

读解心得

孔子认为那些大家都喜欢或都讨厌的人"未可也"，都不如那些好人喜欢而坏人不喜欢的人。本章则直接对"众恶之"和"众好之"的人表示怀疑，并且主张对这样的人要详细考察一下。

众人讨厌的人未必就是大恶，比如汉代的晁错，为了汉朝长治久安而力主"削藩"，势必得罪当时的各路封王，再加上晁错本人性情刚直，不善于处理人际关系，朝中几乎没有说他好的，在审议晁错罪行的时候，竟然没有一个人站出来为他讲情。当时的晁错应该是"众恶之"的人物了，但是作为皇帝应该知道他的忠心和举措的必要性，如果看到没人喜欢他就怀疑他的政治远见，肯定是失人之举。晁错去世后，他的"削藩"政策得以实行，正说明了他的政治主张是正确的。像晁错这样境遇的人，在企业也是有的。往往一些忠心耿耿、有远见卓识的人，偏偏不善于交际。制定政策或者采取措施时，如果涉及企业利益和员工利益的冲突，一心考虑企业利益，不懂得权变之策，势必得罪一批人。如果管理者只看到众人的意见，难免失去一个忠心的助手。所以明察是非，做出合适的决断就显得非常重要。另一类人正好相反，就是众人一致夸赞的人。一些大奸之人往往善于此道，用缺乏原则的言辞、举措赢得人心，甚至不惜损害企业利益，这类处事圆滑的人，未必就是大善。

另外，本章其实也反映了孔子对待众人意见的态度。在现实中，尤其在利益倾向明显的企业里，好和坏的标准往往会受到利益的影响，也可能在一些标准的把握上由于认识水平等原因而有所偏差。所以对待众人的意见和说法还是要过过脑子，对于重大问题亲自考察一下是非常必要的。

不光对于人的态度是这样，对于一些事情，比如制度的出台等，也会有这些方面的情况，或者众人反对，或者众人支持，恐怕都有一些潜在的因素在里面。当然我们是追求众人支持的，但有些即便是众人都支持的政策也未必是好政策，即便是大家普遍反对的措施也未必对大家有害。每每这时候就是判断一个企业老板的魄力和洞察力的关键时刻了，企业老板对此恐怕会有更多的体会吧。

人能弘道，非道弘人

原文

子曰："人能弘道，非道弘人。"

译文

孔子说："人能够把道发扬光大，不是道能把人发扬光大。"

读解心得

由于社会上一些不正之风的存在，有的管理者很有点漠视法律，他们说："法律？法律还不是人制定的？"那意思是说没有人情摆不平的事情。然而，若这么说，企业管理制度也是人制定的，要是大家都以这种态度来对待企业管理制度，那管理势必陷入混乱。不过这话也正好说明一个道理，即任何制度都需要人的主动遵守才显得有价值。管理制度的作用不过是规范和约束人的行为，但制度本身并不具备改变和陶冶人的作用。所以说，并不是制度可以提升人的素养，而是人的遵守才使制度得以弘扬。这就是孔子说的"人能弘道，非道弘人"的道理，不过他是用来说明"道"的原理和作用的。

企业文化也是这样。企业文化需要人去塑造和推广，同时人本身也是企业文化的主体。很难想象，离开人的主动性的企业文化还能不能存在，更不用说其作用的发挥了。企业文化能不能改变人？答案是肯定的，否则企业文化也就失去了存在的价值，但其前提必须是人的广泛而深入的参与。

孔子的学说总是关注人的，以人为出发点，同时也以人为落脚点和归宿，本章所体现和强调的也是这一点。本章含义不像《论语》其他章句那么浅显易懂，倒有点像《老子》文字的深奥，所以历来被视为费解的一章，翻译和阐述也是多种多样。

过而不改，是谓过

原文

子曰："过而不改，是谓过矣。"

译文

孔子说："有了过错而不改正，这就真叫过错了。"

读解心得

人非圣贤，孰能无过？犯错是在所难免的，有的错误甚至自然得防不胜防，所以不要怕犯错误。孔子说过"过则勿惮改"，有了错误不要怕改正。但文过饰非，先做一番掩饰，往往是一般人的自然反应，尤其企业管理者为了照顾自己的身份和面子，还有可能死不认错。其实他可能不知道，承认错误、及时改正才更能够赢得大家的尊重。并且，错误往往难以掩饰，不是你不承认就能够躲过去的，这样做只会适得其反，暴露出你的虚伪来。

其实，偶尔犯点错误，并不是什么真正的毛病，错了而不改正才是真正的错误。那些错了不承认、不改正，其实是错上加错的做法，只能够使事态更严重，并且极其影响老板个人形象，是很愚蠢的做法。

终日不食，终夜不寝，以思

原文

子曰："吾尝终日不食，终夜不寝，以思，无益，不如学也。"

译文

孔子说："我曾经整天不吃、整夜不睡地去思索，没有益处，还不如去学习。"

读解心得

在企业管理和经营的过程中，尤其在处理具体事情的时候，往往需要参考一些现成的案例。而有的企业为了强调或显示自己的独特性，对别人的东西很排斥。这种精神从本质上说是正确的，并且敢于、乐于创新也是一个企业活力的体现，但要分事情、分问题。在企业战略上，必须保证本企业的特色，这一点是肯定的，但在一些具体问题上，比如员工迟到的处罚方法、产品促销的技巧等，参考一下其他企业的成熟经验不仅是可以的，还是必要的，同时也是管理经营的捷径。有些东西，一味追求创新、独特，确实除了面子上的好看的确没有太大的必要。所以孔子说："苦思冥想，徒劳无益，真是不如去学习。"

当然，学习、借鉴绝对不是抄袭，因为任何照搬都是教条的做法，即使符合企业实际也仅仅是凑巧而已。孔子强调"学"的重要意义，并不是排斥"思"。他曾经辩证地讲过学和思的关系，说"学而不思则罔，思而不学则殆"，更能够体现孔子学思并重的观点。

其实，学的过程也要思，而思本身也是对所学内容的理解和消化。还拿促销方法为例，如果照搬别人的方法，显然就属于"学而不思"了，正确的做法是研究现成方法的思路，借鉴其中比较适合自己企业的成分，在此基础上制定自己的方法，这也是实效和新颖的有机结合。

君子谋道不谋食

原文

子曰："君子谋道不谋食。耕也，馁在其中矣；学也，禄在其中矣。君子忧道不忧贫。"

译文

孔子说："君子谋求的是道而不是谋求衣食。耕作，常常会有饥饿；学习，往往得到俸禄。君子担忧的是否能学到道，不担忧贫穷。"

读解心得

"明天都给我下车间去！""明天都给我做销售去！"此类激奋的叫嚷想必大家并不陌生。有的管理者目光短浅，不善于管理，不晓得企业职能的分工，尤其在生产或销售这类具体事情上出现问题的时候，往往会在给管理干部开会的时候，越看越觉得大家清闲，越想越觉得他们的工作没有实际意义，所以恨不得让所有的人都到一线去。

管理干部的作用是管理企业，而不是从事具体的生产或销售。如果让这些人去做生产或销售，不仅他们起不到什么作用，还必然因为企业管理职能的缺失而导致企业管理面临更大困难，生产和销售反而失去了有所起色的基础，这就是"馁在其中矣"。而让管理干部回到管理岗位，大家就都会得益，即所谓"禄在其中矣"。所以企业管理者要知道，管理本身也是创造财富的，只是其作用力是间接的。

所以，管理者谋划的是企业发展的大事，而不是去谋划、从事具体的车间生产之类。管理人员所担心的是管理上不去的问题，而不是首先担心贫富，并且用自己并不擅长的方法来影响企业。老板有此意识，就会看到大家都在为企业的事情操劳，只是分工不同而已，并没有责任轻重之分。正如孔子所说的，国家的管理者谋划的是"道"，而不是"食"，如果让公务员也都去耕种，那么就等着挨饿吧。

这并不是说企业的生产和销售等这些具体工作不重要，而是说应该做好分工，然后各司其职。我们之所以强调管理的重要性，是因为在现实中忽视管理岗位的管理者实在不少。

知及之，仁不能守之

原文

子曰："知及之，仁不能守之，虽得之，必失之。知及之，仁能守之，不庄以涖之，则民不敬。知及之，仁能守之，庄以涖之，动之不以礼，未善也。"

译文

孔子说："靠聪明才智得到它，仁德不能守住它，即使得到了，也一定会丧失。靠聪明才智得到它，仁德能够守住它，但不以庄重的态度来行使职权，那么民众就不敬畏。靠聪明才智得到它，用仁德守住它，能以庄重的态度来行使职权，但不能按照礼来动员，也是不完善的。"

读解心得

一个人的智力达到了得到职位的程度，但缺乏应有的仁德，虽然得到了职位，也必然要失去。这种是有才无德的人，可能在人们对他不够了解的时候，或者没有遇见需要体现个人品质的时候，被认为是很理想的人选，管理者也往往因为他的工作能力而喜欢这样的人。但在企业工作，对个人品质进行考验的事情是很多的，一旦人们发现他在这方面的欠缺，其能力就成为一种威胁。道德水平差的人，能力越大越危险。

而有才能，也有仁德，但态度不够庄重，对待员工、对待工作没有应有的恭敬、谨慎态度的人，也就得不到大家的尊敬，这样的人也不可能得到拥护，从而保住现有的职位；如果这几点都具备，而不能很好地接受企业制度的约束，反而凌驾于企业管理规范之上，也不是称职者。

所以，企业任何岗位都需要智、仁、庄、礼，即才能、品德、庄重和遵守制度。这些要求并不存在先后和轻重，而是缺一不可。任何一项不具备或有缺陷，都是不完善的。或许本章这样说比较简练和便于理解："智及之，仁守之，庄莅之，礼动之，则善矣。"而本章这种啰嗦的表达尽管比较有特色，但和孔子一贯的口气有所区别，故而有很多人认为这是经过后人加工的。

君子不可小知而可大受

原文

子曰："君子不可小知而可大受也，小人不可大受而可小知也。"

译文

孔子说："君子不能让他们做那些小事，但可以让他们承担重大的使命。小人不能让他们承担重大的使命，但可以让他们做那些小事。"

读解心得

这里的"知"是"知遇"的意思，引申为知用、任用。小知就是做点小事情；大受与之相对，是指承受大的责任。孔子的意思是说，对于大才，不可以从小的方面来考察、使用，而应该付与大任；而对于一般人，尽管能力一般，但也有可取之处，就不要让他负大责，让他做力所能及的事情就可以了。

这个用人的道理还是非常值得注意的。才能一般的人，如果承担大的责任，工作失误的机会就会多，对工作不利，也不利于培养他的自信，不利于个人发展；而对于大才，在小事情上未必能够做得好，如果不明白这一点而让人家做些琐碎的事务，显然是对人才的浪费。如果违背这个道理，在用人上完全颠倒，那就会形成人才不尽其力、庸才老是耽误事情的局面，不就是很严重的问题了吗？

蹈仁而死

原文

子曰："民之于仁也，甚于水火。水火，吾见蹈而死者矣，未见蹈仁而死者也。"

译文

孔子说："民众对于仁的需要，超过对水火的需要。水和火，我看见有人死在里面，却没有见过有为实行'仁'而死的。"

读解心得

这是孔子对当时社会道德状况的评价，他说："现在的民众对于仁德的躲避甚至超过了对于水火的躲避。而我见过走进水火而死掉的人，却没有见过执行仁德而死去的。"从其口气可以领悟到孔子的忧心忡忡，并且明显有点夸张的意思。其实从后世来看，"蹈仁而死者"不乏其人，而孔子当时也赞扬过"杀身以成仁"的仁人志士，这些杀身成仁、舍生取义的人，孔子是应该见过的。但是就主流来说，毕竟正如他的叹息："知德者鲜""吾未见好德如好色者也"，社会道德水平是很低下的。在一个道德水平低下的社会里，坚持道德，或许真的和"蹈水火"一样的危险。

这其实是个恶性循环：假如一个企业风气不正，那些真正有正气的人很可能受到排挤和压抑，而小人得志后，企业风气就会越来越差。这是非常可怕的事情，企业实在应该为此警醒。

当仁，不让于师

原文

子曰："当仁，不让于师。"

> **译文**

孔子说："遇到行仁的事，不向老师谦让。"

> **读解心得**

谦让是中华民族的美德，但谦让也要分事情、分时间、分场合，不应事事谦让、时时谦让，适合自己做的事情、应该自己做的事情，就一定不能谦让、放弃。

就"当仁，不让于师"来看，凡事让于师是遵从师道尊严，当然不错。但是，只要是行仁义的事，也就不能拘泥于此。这里又包含两个方面的意思：一个方面的意思是说，当自己的意见和老师的意见发生分歧时，老师错了，自己是对的，这时就不必谦让，而应该坚持自己正确的看法。正如古希腊哲学家亚里士多德那句名言："吾爱吾师，吾更爱真理。"另一个方面的意思是说，只要是行仁义的事，就要自告奋勇，积极主动上前，而不要谦让于其他的人。有时候，谦让还会给人留下做作、不自信的不良印象。比如上司要提拔你，如果你觉得自己能力够，就应该当仁不让，若你一个劲地谦让，说自己能力不够，说自己受之有愧，可能上司真会觉得你能力不够，而你的提拔之事也会不了了之。

君子贞而不谅

> **原文**

子曰："君子贞而不谅。"

> **译文**

孔子说："君子讲大信，而不拘泥于守小信。"

> **读解心得**

从经济学的角度来看，"两害相权，取其轻"，也就是为了某种更加有价值的东西，可以牺牲价值较小的东西。但从道德观的角度来看，这种想法万万要不得。一旦守信以是否给你带来什么价值来衡量，那么守信本身还有什么意义和价值？所以生活中，不能因为是"小信"就可以不去遵守。

许多时候，也许你觉得是"小信"，而对于别人来说却是影响一生的"大信"，如带个口信、送封信之类的事情，你可能觉得是"小信"，但对委托者来说，可能是关系其一生婚姻甚至命运的大事。所以即使是"小信"，也不能不守。如果你觉得是可有可无的小信，在你被委托的时候就应该坚决拒绝，或者不要轻易许下你不准备去兑现的小承诺。

敬其事而后其食

原文

子曰："事君，敬其事而后其食。"

译文

孔子说："侍奉君主，应该认真做事，而把领取俸禄的事放在后面。"

读解心得

先完成自己的职责，然后才要求薪水，这一点在今天更显示出其现实意义。尤其是刚毕业的学生，先不要在工资待遇上提什么要求，还是看看自己是不是能够胜任工作为好。实际情况是，很多学生毕业后意气风发，把个人身价提得很高，好像真有多大能力似的，但大多在一个月内会把自己的月薪预期从1万元，降低到7000元、5000元，直至2000~3000元了，甚至有的报道说，有好多学生说："只要让我工作，先不给工资都可以。"主流评价是叹息知识的贬值，其实这未尝不是最好的心态。因为，说实在的，现在很多大学生连企业是怎么回事都不清楚，还是进来先适应一下，看看自己多轻多重，再定要求为好。

"敬其事而后其食"，是对企业负责的做法，作为一个应聘者，首先应该考虑的是我可以通过我的工作为这个企业带来多大的效益，而不是这个企业肯给我多少钱。"君子病无能焉，不病人之不己知也"，有真才实学、能够创造效益的员工，还怕没有相应的待遇吗？

有教无类

原文

子曰："有教无类。"

译文

孔子说："对接受教育的人没有分类区别。"

读解心得

孔子是中国历史上第一个大规模招收弟子的教育家，开创了私人办学的先河，打破了殷周以来"学在官府"和贵族垄断教育的局面。"有教无类"是孔子首次提出的教育主张，使得受教育者不分贫富贵贱，把文化和道德教育下移至民间。

企业要把员工教育培训作为一种福利来做，而不是一种待遇，更不是一种要求，所以对员工的教育培训要体现全员性，要体现"有教无类"的原则。既然是一种福利就不要苛求员工能马上回报给企业，更不能因为害怕员工学习之后会离开企业而放弃对员工的培训教育工作。在实施教育培训中要体现"因材施教"的原则，要有针对性，要鼓励员工结合岗位来学习，更多地学习与自己工作有关的知识与技能，要学以致用，为应用而学。

企业对员工培训教育的主要目的之一，是塑造培养员工的"完美人格"。企业在发展过程中，实施员工培训教育必须强调"科技兴企"的原则，同时必须加强对员工的道德教育，以培训教育来"造就人"。企业培训教育员工的方针应该是：培养员工丰富良好的心理素质和坚韧不拔的生存能力；培养员工主动学习的乐趣和自主适应企业或社会变化的能力；重点培养员工掌握自己岗位所必需的基础知识和基本技能，在保证企业正常运转的前提下，使员工充分发挥个性，进行岗位创新；通过广泛的培训教育使员工加深对企业以外事物的理解，掌握同行业的发展状况，从而更好地尊重中国的传统文化，热爱本企业的一草一木；培养员工在尊重他人的基础上，更加尊重自己，使自己成为企业及用户信赖的人。

企业对员工培训教育的主要目的之二，是净化员工的心灵，并使其在日常行为中不断完善自我。首先要使员工形成感恩的心态，让员工感到"工作着是美丽的"。其次要使员工不冷待任何人，不浪费任何物，今日事今日毕，善事即行，恶事即止。最后要使员工的心灵进入岗位，竭诚尽力地让每件产品、每项服务都凝聚自己的心血，凝聚自己美好的心灵，日进日新，不断努力、进步、向上。

"有教无类"的员工教育是企业最有价值的投资，这一投资不但会使企业提高凝聚力，而且会使企业收到意想不到的效果。

道不同，不相为谋

原文

子曰："道不同，不相为谋。"

译文

孔子说："志向主张不同，不在一起谋划共事。"

读解心得

这句话大家很熟悉了，并且常常在用意气、使性子的时候用一用，意思是咱们不是一路人，不和你一起玩儿了。当然，孔子讲的可不是这些鸡毛蒜皮的小事，而是"道"。企业所谓的"道"，无非是企业的发展方向和发展战略等，如果你和这个企业在基本的价值观和行为方式上就存在差别，那么最好要明白这里或许不是你长期做下去的地方。

选择企业是这样，选择经销商也是这样，甚至对一个人来说，想和他交朋友，也要先把握好对方的脾气，尤其是对事业、生活的根本看法。

辞达而已

原文

子曰："辞达而已矣。"

译文

孔子说："言辞能表达出意思就可以了。"

读解心得

在表达自己观点时，语言要简练，能够说明意思就可以了。孔子这一思想，并不是反对华丽的语言，不是反对修辞，而是强调讲话的内容应尽量用简明的语言表达出来，别来那么多花样子。这话有可能是针对某些具体学生而言的，比如善于言辞的子贡在夸夸其谈的时候，孔子提出批评："别那么啰嗦，说明白就行了！"

有时候说话啰嗦是在有意表现自己的才能，但反而会让人看出无知和心虚来。我们很容易看到一些策划咨询报告，洋洋洒洒数万言，啰里啰唆几大本，其实里面有用的话没几句。甚至有的促销活动的策划书，也弄成万言书，市场分析是有必要的，但他的市场分析从行业内到行业外，从国内到国外，恨不得把火星的市场前景也写一番。这种胡言乱语的策划书只有一个作用，就是吓唬人，而且只能吓唬那些没见识的管理者。实际上，这也不能完全怪罪这些咨询公司，因为毕竟有人喜欢看稿纸的厚度，这些管理者会说："我花那么多钱，就给我这么几张纸？"没办法，有需求就有供应，这也符合市场规律。

其实，策划文案的写作，也是"辞达而已矣"最好，把事情说明白就可以了。

相师之道

原文

师冕见，及阶，子曰："阶也。"及席，子曰："席也。"皆坐，子告之曰："某在斯，某在斯。"师冕出。子张问曰："与师言之道与？"子曰："然，固相师之道也。"

译文

乐师冕来见孔子，走到台阶沿，孔子说："这儿是台阶。"走到坐席旁，孔子说："这是坐席。"等大家都坐下来，孔子告诉他："某某在这里，某某在这里。"师冕走了以后，子张就问孔子："这就是与乐师谈话的道吗？"孔子说："对，这就是帮助乐师的道。"

读解心得

这里描述了孔子接见盲人乐师的情形。乐师来到台阶下，孔子要提醒一下："注意台阶。"来到座位旁，也要指示出来；都坐下后，就开始给他介绍当时会见的人，一一介绍说："某某在这里，某某在那里。"乐师走后，子张过来问："这就是和乐师谈话的方法吗？"孔子很肯定地说："这是帮助乐师的方法。"

这一详细、生动的记载，还很有点感人，可以看出孔子对别人的尊重、照顾是多么细致入微。这种尊重别人，并在具体行为上表现出来的，正是企业接待的礼仪要求。

季氏第十六

季氏将伐颛臾

原文

季氏将伐颛臾。冉有、季路见于孔子曰:"季氏将有事于颛臾。"孔子曰:"求!无乃尔是过与?夫颛臾,昔者先王以为东蒙主,且在邦域之中矣,是社稷之臣也。何以伐为?"冉有曰:"夫子欲之,吾二臣者皆不欲也。"孔子曰:"求!周任有言曰:'陈力就列,不能者止。'危而不持,颠而不扶,则将焉用彼相矣?且尔言过矣,虎兕出于柙,龟玉毁于椟中,是谁之过与?"冉有曰:"今夫颛臾,固而近于费。今不取,后世必为子孙忧。"孔子曰:"求!君子疾夫舍曰欲之而必为之辞。丘也闻有国有家者,不患寡而患不均,不患贫而患不安。盖均无贫,和无寡,安无倾。夫如是,故远人不服,则修文德以来之。既来之,则安之。今由与求也,相夫子,远人不服,而不能来也;邦分崩离析,而不能守也;而谋动干戈于邦内。吾恐季孙之忧,不在颛臾,而在萧墙之内也。"

译文

季氏准备攻打颛臾。冉有、季路去拜见孔子,说:"季氏准备对颛臾用兵了。"孔子说:"冉求!难道不是你的过错吗?颛臾,以前先王让它主持东蒙山的祭祀,而且它在鲁国的疆域之内,是国家的臣属,为什么要攻打它呢?"冉有说:"季孙大夫想去攻打,我们两人都不同意。"孔子说:"冉求!周任说过:'根据自己的才力去担任职务,不能胜任的就辞职不干。'盲人遇到了危险不去扶持,跌倒了不去搀扶,那还用辅助的人干什么呢?而且你的话说错了。老虎、犀牛从笼子里跑出来,龟甲和美玉在匣子里被毁坏了,是谁的过错呢?"冉有说:"现在颛臾,城墙坚固,而且离季氏的采邑费地很近。现在不攻占它,将来一定会成为子孙的祸患。"孔子说:"冉求!君子痛恨那些不说自己想那样做却一定要另找借口的人。我听说,对于诸侯和大夫,不怕贫穷而怕财富不均;不怕人口少而怕不安定。因为财富均衡就没有贫穷,和睦团结就不觉得人口少,境内安定就不会有倾覆的危险。像这样做,远方的人还不归服,那就再修仁义礼乐的政教来招致他们。他们来归服了,就让他们安心生活。现在，仲由和冉求你们辅佐季孙，远方的人不归服却又不能招致他们；国家分崩离析却不能保全守住；反而谋划在国内动用武力。我恐怕季孙的忧患不在颛臾，而在他自己的宫墙之内呢。"

读解心得

由孔子师徒的这三段对话，联系到企业，大概可以让我们想到三方面的问题：一是如何对待企业的子公司，二是企业的分配制度，三是企业的副职的处事原则。

一个企业做到一定的规模，自然就要产生一些子公司。当子公司发展到一定数量的时候，母公司的控制能力开始减弱，就有一些子公司"审时度势"，开始欲望膨胀，要求成为独立的"诸侯国"。我们提倡企业不要做多要做大，我们更提倡在做大的时候，考虑自己的驾驭能力，千万不可超越自己的能力极限而无限扩张。规模在一定程度上是效益，而在一定程度上则可能导致失败。孔子说，对于边远的人要用文德招徕他们，既然招徕了就要使他们安下心来。企业对于那些"鞭长莫及"的子公司同样需要特别关注，先以文德招徕，如果无效，那就要采取果断措施——更换管理者，所谓"不换思想就换人"。

人活着，并不都是为了钱，然而人们总也跳不出"拜金主义"的怪圈。如果一个企业中分配不合理，就会极大地挫伤员工的积极性，一般来说，一个人只和与自己水平相当、距离较近的人进行比较，正如孔子所说："不患寡而患不均，不患贫而患不安。"所以在一个企业中，相同岗位的岗位薪水应该是相同的，岗位薪水相同不等于岗位收入相同，岗位薪水是固定的并不随人员的变动而变动，而岗位收入是变动的并不随人员的固定而固定。企业的分配原则在于均衡员工的心态，在于能够使员工安心。"均无贫，和无寡，安无倾"，如果企业员工能够都有均衡和安心的心态，企业的人才流失将会大大减少。

企业要尽量减少副职。企业的管理者层相互掣肘的现象在很大程度上就是副职太多造成的，副职太多的另一个弊端就是容易形成派别。孔子说："君子周而不比，小人比而不周。"不合理的设置必然会造成不合理的现象，祸起萧墙也就不足为怪了。

那么，企业的副职应该如何工作呢？首先要摆正自己的位置，如果正职没有失德之处，就应该采取"不在其位，不谋其政"的态度配合正职的工作；如果正职有失德行为，要极力阻止，阻止不成，就远离他，而不能无原则地为之辩解。其次要与其他副职关系融洽，要有全局意识和配合精神，同时要有独立思考问题的能力，不被其他副职所利用，以免影响正职的工作，造成企业决策错误。总之，副职要以德为本，以大局为重，以配合为正职，开展一切分内工作。

天下有道，则礼乐征伐自天子出

原文

孔子曰："天下有道，则礼乐征伐自天子出；天下无道，则礼乐征伐自诸侯出。自诸侯出，盖十世希不失矣；自大夫出，五世希不失矣；陪臣执国命，三世希不失矣。天下有道，则政不在大夫；天下有道，则庶人不议。"

译文

孔子说："天下政治清明，制礼作乐以及出兵征伐的命令都由天子下达；天下政治昏乱，制礼作乐以及出兵征伐的命令都由诸侯下达。政令由诸侯下达，大概延续到十代就很少有不丧失的；政令由大夫下达，延续五代后就很少有不丧失的；大夫的家臣把持国家政权，延续到三代就很少有不丧失的。天下政治清明，国家的政权就不会掌握在大夫手中；天下政治清明，普通百姓就不会议论朝政了。"

读解心得

正常的现代企业决策一般都是集体决策，管理者当然具有高度决策权，即所谓民主集中制。企业大的政策，个别部门是难以形成有效决议的，但有的强势部门却能够通过一些非正常的方法影响管理者的决策，这倒是应该值得注意的。企业当然需要大批"能人"来运作，但如果让个别"能人"得到特殊的权利，就不符合企业管理各司其职的原则了，那就是"不在其位，而谋其政"了，这样的企业不会长久。也就是说正常的企业，或者说明智的管理者，不会让个别人的思路影响自己的思路，这样的企业，员工就不会发牢骚、起非议了。

当然，本章是孔子对天下大势的概括，尽管其中的时间概念未必准确，却基本道出了世袭专制社会中政权发展的一般规律。

禄之去公室五世矣

原文

孔子曰："禄之去公室五世矣，政逮于大夫四世矣，故夫三桓之子孙微矣。"

译文

孔子说："国家政权离开了鲁国公室已经五代了，政权落到大夫手中已经四代了，所以鲁桓公的三家子孙都衰微了。"

读解心得

根据上一章的理论，孔子具体分析了鲁国的政治形势。他分析说："鲁国国君失政已经有五代了，政权落在大夫之手已经四代了。"按上一章"自大夫出，五世希不失矣"的说法，"三家"马上就达到"五世"了，所以也危险了，因为三家的家臣迟早要叛乱篡权。当时正值季氏家臣阳虎得势的时候，这话很有针对性，也符合鲁国的实际情况。

不过，话说回来，与鲁国国君的昏庸相比，"三家"的政治才能和功绩还是值得肯定的，否则鲁国也不会在齐、晋两个大国的夹缝中得以生存。企业管理者要是比较弱，再没几个有才能的部门经理，确实也就不好混了。孔子的理论，管理的核心是用人，用人不当和不会用人，都是管理不力的主要表现。那么怎么才可以让下属、员工做到最起码的服从管理呢？孔子开出很多良策，其核心还是"修文德"——加强管理者自身修养，树立良好企业文化。当然孔子没有给出具体问题的具体答案，可能是因为他认为这样就已经足够了，也可能是他只是政治思想家，而不是政治从业者的缘故。

益者三友，损者三友

原文

孔子曰："益者三友，损者三友。友直，友谅，友多闻，益矣。友便辟，友善柔，友便佞，损矣。"

译文

孔子说："有益的朋友有三种，有害的朋友有三种。同正直的人交友，同诚信的人交友，同见闻广博的人交友，是有益的。同逢迎谄媚的人交友，同表面柔顺而内心奸诈的人交友，同花言巧语的人交友，是有害的。"

读解心得

本章是孔子交友之道的一个方面。他认为有益的朋友有三种，即正直的人、讲信用的人和博学多才的人。而另三种人则是有害的朋友了：第一种是"便辟"者，辟，避讳，这是指那些察言观色、见风使舵的人，即"足恭者"；第二种是"善柔"者，表面上很柔顺，善于取悦于人的人，即"令色者"；第三种是"便佞"者，花言巧语的人，即"巧言者"。孔子曾说"巧言、令色、足恭，左丘明耻之，丘亦耻之"，讲的正是这三种有害的人。

孔子所说的"友"更多的是指实际工作中的合作者，他甚至把这些"友"作为修为和从政的"工具"，所以有"工欲善其事，必先利其器。居是邦也，事其大夫之贤者，友其士之仁者"之说。真正的事业上的朋友应该是德行高尚的贤者、仁者，这些才是所谓的益友。

然而，生活中并非所有人都可以成为"益友"，对于那些不符合益友标准的人，甚至深入交往会带来害处的人，孔子不仅承认他们的存在，而且并不排斥，同样归纳到"友"的行列，这就是智者的宽容和自信吧。

益者三乐，损者三乐

原文

孔子曰："益者三乐，损者三乐。乐节礼乐，乐道人之善，乐多贤友，益矣。乐骄乐，乐佚游，乐宴乐，损矣。"

译文

孔子说："有益的爱好有三种，有害的爱好有三种。以用礼乐调节自己为乐，以称道人的好处为乐，以有很多德才兼备的朋友为乐，是有益的。以骄纵享乐为乐，以安逸游乐为乐，以宴饮无度为乐，是有害的。"

读解心得

享受人生的快乐，这是每个人都希望的。但是，并不是所有让人快乐的东西对人都是有益的，有的对人是有害的。孔子对有益和有害的快乐各列了三项。

从孔子所列三项有益的快乐来看，它们都是有利于修身养性、陶冶情操的。孔子认为古代圣贤对礼都是很恭谨的，"礼之所兴，与天地并"。他要求学生克制自己，使言行都合于礼的标准，这样就符合仁的要求了。健康的音乐也是陶冶性情必不可少的。接受礼的约束，再受到健康音乐的熏陶，广交有贤德的朋友，多称赞别人的优点，从中不仅可以享受快乐，而且能够"见贤思齐"，提升自己的品位。这样的快乐对身心健康都是有益无害的，何乐而不为？

孔子所说"三损"的快乐都是追求感官刺激的快乐，属于低层次的快乐。它们是人受到美食、美景、美色等刺激以后，自然产生的快感，是人的动物性的自然反应。对感官刺激所产生的快乐，如果把握好适当的度，能够遵礼守法，就不会产生损害。但是，人是贪婪的，在没有外力约束的情况下，很少有人能自觉控制好这个度。在美色、美食和美景的诱惑下，人的定力被动摇了，约束被打破了，就会纵情声色，沉湎宴乐。

侍于君子有三愆

原文

孔子曰："侍于君子有三愆：言未及之而言谓之躁，言及之而不言谓之隐，未见颜色而言谓之瞽。"

译文

孔子说："侍奉君子容易有三种过失：没有轮到他发言而发言，叫作急躁；到该说话时却不说话，叫作隐瞒；不看君子的脸色而贸然说话，叫作盲目。"

读解心得

和老板交谈要避免三种过失，第一是不该说的时候乱说，叫急躁；第二是该说的时候不说，叫不坦诚；第三是不看对方的表情而信口开河，叫盲目。这个不必过多解释了，有经验的下属估计都有这方面的体会，甚至还常常为此类过失而懊悔；那些新入行的年轻人不要掉以轻心，相信孔子的这番话吧，不仅对上司应该避免这些失误，就是与同级交往，也应该注意，这实在是企业交际之道。

君子有三戒

原文

孔子曰："君子有三戒：少之时，血气未定，戒之在色；及其壮也，血气方刚，戒之在斗；及其老也，血气既衰，戒之在得。"

译文

孔子说："君子有三件事应该警惕戒备：年少的时候，血气还没有发展稳定，要警戒迷恋女色；壮年的时候，血气正旺盛，要警戒争强好斗；到了老年的时候，血气已经衰弱，要警戒贪得无厌。"

读解心得

人在成长的过程中，随着年龄阅历的不同，为人处世会有明显不同的侧重点，需要警惕的方面也不尽相同。年轻的时候，血气未定，要警惕声色之娱；壮年的时候，血气方刚，要注意不要与人争斗；老年的时候呢，血气衰微了，要警惕贪欲。当然，我们也可以说在不同年龄段都应该注意这三方面的危害。

君子有三畏

原文

孔子曰："君子有三畏：畏天命，畏大人，畏圣人之言。小人不知天命而不畏也，狎大人，侮圣人之言。"

译文

孔子说："君子有三种敬畏：敬畏天命，敬畏王公大人，敬畏圣人的言论。小人不知道天命不可违抗，所以不敬畏它，轻视王公大人，侮慢圣人的言论。"

读解心得

君子敬畏天命、职位高的人和圣人的言论，而小人则与此相反。其实，孔子之于天命是"敬"的，但谈不上"畏"。本章和本篇中大多章节应该是孔学后人对孔子思想的总结，而不是孔子的原话，并且这些总结有的也并不准确，从语言上看也缺乏孔子很有个性的语言风格。尤其是大量使用数字，三戒、三愆、三乐还有后文的九思之类，都显得机械牵强。不过也有很多人喜欢《论语·季氏篇》，认为本篇集中总结了孔子的许多思想。

生而知之者上也

原文

孔子曰："生而知之者上也，学而知之者次也；困而学之，又其次也；困而不学，民斯为下矣。"

译文

孔子说："生来就知道的，是上等；经过学习后才知道的，是次等；遇到困惑疑难才去学习的，是又次一等；遇到困惑疑难仍不去学习的，这种老百姓就是下等的了。"

读解心得

生而知之和学而知之，更可能是说知识的来源；因困而学和困而不学是说学习的态度。来源和态度本不是一个标准，没法进行优劣的比较，弄到一起来排序，就不合适了。所以我觉得还是不把本章理解为对学习兴趣的论述为好，并且生而知之的人怎么可能存在呢？既然不存在还有什么必要把他列为第一呢？

君子有九思

原文

孔子曰："君子有九思：视思明，听思聪，色思温，貌思恭，言思忠，事思敬，疑思问，忿思难，见得思义。"

译文

孔子说："君子有九种思考：看的时候要思考看明白了没，听的时要思考听清楚了没，待人接物时要想想脸色是否温和、样貌是否恭敬，说话时要想想是否忠实，做事时要想想是否严肃认真，有疑难时要想着询问，气愤发怒时要想想可能产生的后患，看见可得到的要想想是否合于义。"

读解心得

本章是孔子对君子言行规范的概括，几乎把人的言行举止的各个方面都考虑到了，包括个人道德修养的各种规范，如温、良、恭、俭、让、忠、孝、仁、义、礼、智，等，所有这些，是孔子关于道德修养学说的组成部分。这里的思不仅是思索，还有实践的意思在里面。这九个方面是：观察事物要明确无误；听人言谈要反应灵敏；与人相处要表情温和；动作举止要恭敬有礼；言语要讲信用；做事要谨慎；有疑问就请教；发脾气要考虑后果；见到利益，要考虑是不是符合道义。

总体来说，这些要求是符合孔子思想的，这个总结还算不错。

见善如不及，见不善如探汤

原文

孔子曰："见善如不及，见不善如探汤。吾见其人矣，吾闻其语矣。隐居以求其志，行义以达其道。吾闻其语矣，未见其人也。"

译文

孔子说："见到善的行为，就像怕赶不上似的去努力追求；看见不善的行为，就像手伸进了沸水中那样赶快避开。我看见过这样的人，也听到过这样的话语。隐居起来以求保全自己的志向，按照义的原则行事以贯彻自己的主张。我听到过这样的话语，却没见过这样的人。"

读解心得

孔子在这里说到了人生的两种境界：前一种是"独善其身"的人；后一种人，隐居时读书学习，提高自己的修养，以求将来实现自己的志向，遇到能够施展抱负的机会时，所办的事情都合乎大义，以贯彻正道为本，即"穷则独善其身，达则兼济天下"之人。

两种人都不错，但孔子认为前一种还比较容易做到，所以说他不仅听到过这种说法，也确实见到过这种人；后一种则不容易做到，所以说他只听到过这种说法，却没有真的见到过这种人。这是因为，"独善其身"之人，其主观能动性可以起很大作用，不外乎自己管住自己罢了。而"穷则独善其身，达则兼济天下"之人，不是只靠主观努力就可以做到的，还必须有客观的条件，也就是时势和机遇。

其实第二种人生未必就很难做到。机会是留给有准备的人的，机遇是要自己创造的。夏末，伊尹为了得到商汤的重视，不惜卖身为奴，给商汤做起了厨师。他的饭菜时而做得可口，时而又令人难以入咽。这种方法果然奏效，没多久，商汤就召见了伊尹。伊尹以饭菜的味道谈到修身，又从修身谈到治国。随后商汤重用了伊尹，伊尹也不负所望，为商朝兴盛富强立下了汗马功劳。时势和机遇不是坐着就能等到的，也需要人的主观努力。

齐景公有马千驷

原文

齐景公有马千驷，死之日，民无德而称焉。伯夷、叔齐饿于首阳之下，民到于今称之。其斯之谓与？

译文

齐景公有四千匹马，他死的时候，人民找不到他有什么德行值得称颂的。伯夷和叔齐饿死在首阳山下，人民到现在还在称颂他们。大概就是这个意思吧！

读解心得

古代一般用四匹马驾一辆车，所以一驷就是四匹马。"千驷"是一笔相当富厚的私产。齐景公如此富有，但死了以后，谁也不觉得他有好的行为可以称颂。相反，伯夷、叔齐不食周粟，饿死在首阳山下，大家到现在还称颂不已。可见，功名富贵并不能使人流芳百世，"守死善道"却可使人树起立身的大节。

陈亢问于伯鱼

原文

陈亢问于伯鱼曰："子亦有异闻乎？"对曰："未也。尝独立，鲤趋而过庭。曰：'学诗乎？'对曰：'未也。''不学诗，无以言。'鲤退而学诗。他日，又独立，鲤趋而过庭。曰：'学礼乎？'对曰：'未也。''不学礼，无以立。'鲤退而学礼。闻斯二者。"陈亢退而喜曰："问一得三，闻诗，闻礼，又闻君子之远其子也。"

译文

陈亢向伯鱼问道："你在老师那里有得到与众不同的教诲吗？"伯鱼回答说："没有。他曾经独自站在那里，我快步走过庭中，他说：'学诗了吗？'我回答说：'没有。'他说：'不学诗就不会应对说话。'我退回后就学诗。另一天，他又独自一人站着，我快步走过庭中，他说：'学礼了吗？'我回答说：'没有。'他说：'不学礼，就没法立足于社会。'我退回后就学礼。我只听到过这两次教诲。"陈亢回去后高兴地说："问一件事，知道了三件事：知道要学诗，知道要学礼，又知道君子不偏私自己的儿子。"

读解心得

陈亢，即子禽；伯鱼，孔子的儿子，名鲤，字伯鱼。本章是陈亢探问孔鲤是不是从孔子那里得到了更多的教导，是很有趣的一个生活场景。

在这里我们看出孔子的无私和无我精神。伯鱼是孔子的儿子，一般人也许会想，老师的儿子自然应该有与众不同的教育吧。所以陈子禽就问伯鱼。伯鱼的回答，让陈子禽非常感动。孔子对于自己的儿子，也是一样，他平时对儿子讲的道理也是对学生讲的道理。可见圣人是没有什么隐私的，因为他视一切众生都是自己的儿子。但是因为根基不同，只好施以不同的教育。

"君子之远其子也"这句话中，大家不好理解这个"远"字，实际上"远"就是其本身的意义，当然完全译为"疏远，不亲近，不接近，不亲近"也是不通的，译为"不偏私"比较好。

邦君之妻

原文

邦君之妻，君称之曰夫人，夫人自称曰小童；邦人称之曰君夫人，称诸异邦曰寡小君；异邦人称之亦曰君夫人。

译文

国君的妻子，国君称她为夫人，夫人自称为小童；国内的人称她为君夫人，在其他国家的人面前称她为寡小君；别的国家的人也称她为君夫人。

读解心得

国君的妻子，国君称她为"夫人"，夫人自称为"小童"；国内的人称她为"君夫人"，在对其他国家的人说到时就称为"寡小君"；其他国家的人也称呼她为"君夫人"。

有人把本章作为孔子"正名"思想的注解。孔子在政治上倡导的"正名"可能包括此类称谓，但绝对不是如此简单机械。其"正名"思想的本质是统治秩序，就像我们熟悉的企业管理机制一样，要求部门合理健全、职责分明、岗位明确，并做到各司其职，互相合作而不干扰，更不代劳、插手。如果把"正名"思想片面地理解为称谓，则太小看孔子学说了。

不过，说起称谓来，也未尝不是一个敏感的问题。某部电视剧中，有个通信兵向首长汇报问题，"报告连长！"四字一出口，就被首长顶回去："重新报告！"如是者三，最后还是在别人的指点下，那个通信兵才意识到是自己错了。错在哪里？错在称谓上，因为对方是位副连长。在军队里，副和正，要求甚是严格。但在企业里，正好相反，你要严格老实地称呼副经理为"某副经理"，这位嘴上不说，心里先就不高兴了，所以，"副"字一律免去为好。

阳货第十七

阳货欲见孔子

原文

阳货欲见孔子，孔子不见，归孔子豚。孔子时其亡也，而往拜之。遇诸涂。谓孔子曰："来！予与尔言。"曰："怀其宝而迷其邦，可谓仁乎？"曰："不可。好从事而亟失时，可谓知乎？"曰："不可！日月逝矣，岁不我与。"孔子曰："诺，吾将仕矣。"

译文

阳货想要孔子去拜见他，孔子不去拜见，他便送给孔子一头蒸熟的小猪。孔子打听到他不在家时，前往他那里去回拜表谢。却在途中遇见阳货。阳货对孔子说："来！我同你说话。"孔子走过去，阳货说："一个人怀藏本领却听任国家迷乱，可以叫作仁吗？不可以。喜好参与政事而屡次错失时机，可以叫作聪明吗？不可以。时光很快地流逝了，岁月是不等人的。"孔子说："好吧，我准备去做官了。"

读解心得

阳货，即阳虎，鲁国季氏的家臣，此时掌握着季氏一家的大权，并通过控制季氏而掌握了鲁国的大权。作为一名家臣，他这种违背政治游戏规则而获得的大权和大名，使他心里很虚怯。所以，有着极大声望与国际影响的孔子便是他首选的拉拢对象。他先放出风声，想让孔子去见他。但孔子装作不知道，不去见。

阳虎想了个办法，趁孔子不在家，送给他一只蒸熟的小猪。按那时的规矩，孔子是需要回拜的。阳虎精于算计，孔子也有自己的政治幽默。孔子打听到他不在家，才假装去拜见，没想到的是却被阳虎堵到路上，还是中了埋伏。

接下来便是阳货趾高气扬的指点教训，和孔子"祭神如神在"式的表面答应，至此故事结束。

这篇短文文字虽少，但情节相对完整，风趣而曲折，偶然因素的加入使故事更加耐人寻味。通过这个短短的故事，两个人物的性格得到了很好的表现。阳虎的居高临下、目中无人被活脱脱写出，孔子的既"畏大人"、怕失礼，同时又小有冒犯、小用心计也展现得淋漓尽致。

性相近也，习相远也

原文

子曰："性相近也，习相远也。"

译文

孔子说："人的本性是相互接近的，而习性就相差太远了。"

读解心得

首先，什么是人性？与生俱来、没有受到任何外界因素影响的本来面目，就是人性。孔子并没有说人性是善还是恶，或者不善不恶、亦善亦恶。为什么呢？因为人之初生，就如同一张白纸，本来就没有什么善与恶，而且每个人都如此，没有太大差别，所以说"性相近"。长大后之所以有善恶之别，乃是因为"习相远也"。那么什么是"习"？《说文解字》解释为"数飞也"，也就是说小鸟学习飞翔，每天反复练习才能学好。小鸟如此，人其实也一样。首先，小鸟学习飞行，不能依赖任何外在力量，只能自己不断地练习、实践。所以，一个人的本性如何，远不如他在生活中对自己的认识和实践来得重要，尤其是志向及其实践路径。你想做什么样的人，你就该有什么样的规划和行为，这样你才可能成为那样的人。其次，"习"是建立在"学"的基础上的。什么是"学"呢？就是模仿的意思。小鸟学习飞行，没有什么理论指导，而是雌鸟带着，然后自己模仿练习。你日常生活中常常跟什么样的人接触，你就会跟什么人学，模仿他，那么你的所谓的"人性"就会是什么样。我们常说"近朱者赤，近墨者黑"，就是这个道理。所以，孔子对我们生活的人文环境非常重视，认为它是涵养我们人性的天然土壤。

企业中，员工的精神状态是完全可以通过企业的文化进行重塑的，除了那些对企业的兴衰毫无感觉的人，而那些人迟早会被企业淘汰。企业文化不仅是企业管理者的文化，也是广大员工共识的文化。员工不仅要受企业文化的熏陶，而且要不断充实企业文化的内涵，任何一个普通的员工都可以通过企业文化的熏陶而成为优秀的员工。

唯上知与下愚不移

> **原文**

子曰："唯上知与下愚不移。"

> **译文**

孔子说："只有上等的智者与下等的愚人是改变不了的。"

> **读解心得**

孔子这一句话，是感慨教育的局限性，并不是否定教育和环境的功能。对中人来说，性相近，习相远，可以透过教育和环境来加以塑造和改变。对于中人以上的上智，和中人以下的下愚，教育和环境的影响力相对地减弱。提示上智的人，少自作聪明；而下愚的人，也要少自以为是。即使是上智或下愚，也应该终身学习。

在孔子心目当中，真正中人以上的，十分罕见。我们最好把自己当作中人，也就是中等的平常人，勉励自己不断地学习，以期一天比一天进步，希望有一天能够成为上智的人。就算真的是下愚，也应该困而学之，比别人加倍努力，做到学而时习之，以求不断充实、提升自己，至少也要变成中人。

有人认为孔子"唯上知与下愚"这一句话，是接续上一句"性相近也，习相远也"而来的。实际上智愚和德行并没有直接的关系，不宜混为一谈。下愚者多行善事，上智者常做坏事，是我们常见的现象。智慧的高低和品德的好坏，不一定完全一致。往往智慧高的，反而更需要加强品德修养，才不致滥用知识，而危害人类社会。

割鸡焉用牛刀

> **原文**

子之武城，闻弦歌之声。夫子莞尔而笑，曰："割鸡焉用牛刀？"子游对曰："昔者偃也闻诸夫子曰：'君子学道则爱人，小人学道则易使也。'"子曰："二三子！偃之言是也。前言戏之耳。"

译文

孔子到了武城，听到管弦和歌唱的声音。孔子微笑着说："杀鸡何必用宰牛的刀呢？"子游回答说："以前我听老师说过：'君子学习了道就会爱人，老百姓学习了道就容易被使唤。'"孔子说："学生们，言偃的话是对的。我刚才说的话是同他开玩笑罢了。"

读解心得

武城只是鲁国的一个小城邑，子游做武城宰。孔子和几个弟子大概应邀去做客，在大街上就听到了"弦歌之声"。孔子当然很高兴有人施行他的礼乐教化，不禁一笑，顺口开玩笑说："杀鸡还用得上牛刀啊？"子游没有领会老师的幽默，很认真地解释了一番。

子游的解释正好说明了企业软管理的重要作用，他所引用的孔子的说法中的"道"是指大的方略，是孔子管理学说的根本，当然也包括礼乐教化。企业文化建设的实质是推行统一的企业价值观，而最终体现在企业全体的职业道德修养上。一方面，如果管理者能够遵循企业的"道"，那么就会"爱人"，而"爱人"正是培养人和使用人的感情基础，缺乏这个基础必定把员工当成机器，这是一种极端有害的人才观念；另一方面，如果员工具备了企业文化要求的素养，则会便于管理，这也是显而易见的道理。

当然，企业管理的方面很多，企业文化或者职业道德的建设或许不能够直接解决诸多问题，却是解决这些问题的根本。如果企业文化范畴的东西没有形成，那么其他问题即便是解决了也只能是暂时的。如果说企业战略是企业之树的根，那么企业文化则是对这棵大树的成长方式的指引和约束。

面对子游的解释，孔子对身边的学生说："大家听清了，子游说得很对啊，刚才我是开个玩笑罢了！"这个玩笑一方面是孔子幽默性格的生动体现，另一方面也是其喜悦之情的自然流露。

公山弗扰以费畔

原文

公山弗扰以费畔，召，子欲往。子路不说，曰："末之也已，何必公山氏之之也?"子曰:"夫召我者,而岂徒哉?如有用我者,吾其为东周乎!"

译文

公山弗扰在费邑叛反,召孔子,孔子准备前往。子路不高兴,说:"没有地方去就算了,何必到公山氏那里去呢?"孔子说:"那召我去的人,岂会让我白去一趟吗?如果有任用我的人,我就能使周朝的德政在东方复兴。"

读解心得

公山弗扰,字子泄,又称公山不狃,和阳虎一样都是季氏的家臣,并且也是阳虎作乱的暗中策应者。不过,他的反叛表现得更深沉隐蔽,并没有轻举妄动,且以光大公室为旗号。尽管如此,当时的人们也是知道他的叛逆之心的。公山弗扰诱召孔子的想法和阳虎是一样的,都是想以名人为招牌而已。

处在彷徨中的孔子有点饥不择食了,可能也是出于公山弗扰打着光大公室的名头,所以有了答应的念头。子路很不高兴地说:"难道真的没有地方去啦?何必去他那里呢!"孔子的辩解并不有力,他说:"人家请我,我能够错过吗?如果真的能够知用我,我难道不能在东方推行周的制度吗?"孔子在这点上确实表现得幼稚了,一个小小的家臣怎么可能实现孔子心目中那伟大的理想呢?

子张问仁于孔子

原文

子张问仁于孔子。孔子曰:"能行五者于天下为仁矣。""请问之。"曰:"恭、宽、信、敏、惠。恭则不侮,宽则得众,信则人任焉,敏则有功,惠则足以使人。"

译文

子张向孔子问仁。孔子说:"能够在天下实行五种美德,就是仁了。"子张问:"请问是哪五种?"孔子说:"恭敬,宽厚,诚信,勤敏,慈惠。恭敬就不会招致侮辱,宽厚就会得到众人的拥护,诚信就会得到别人的任用,勤敏则会取得功绩,慈惠就能够使唤人。"

读解心得

子张问仁可能是出于自身修为的考虑，而孔子的回答却是出于天下的考虑。这符合孔子的一贯思想，他的理论的目的就是通过自身修为来影响天下。他很自信地说："能够在天下推行五种品行，即恭、宽、信、敏、惠，就可说是仁了。"作为企业管理者，这五种品行也是非常值得参考的。

第一是对人恭敬的态度，对人恭敬别人就不会看不起你，就不会有自取其辱的事情发生了；第二是待人要宽宏大量，这样才会赢得人心；第三是讲究诚信，有信用才会得到员工的信任；第四是行事果断敏捷，这样才能够事业成功，优柔寡断只会贻误时机；第五是要注重员工的个人利益，让员工满意，才易于管理。

恭、宽、信、敏、惠，看似简单，却包含了一个合格的管理者，甚至一个优秀企业家的个人修养和管理素质，确实值得深思检讨。

佛肸召，子欲往

原文

佛肸召，子欲往。子路曰："昔者由也闻诸夫子曰：'亲于其身为不善者，君子不入也。'佛肸以中牟畔，子之往也，如之何？"子曰："然，有是言也。不曰坚乎，磨而不磷；不曰白乎，涅而不缁。吾岂匏瓜也哉？焉能系而不食？"

译文

佛肸召孔子，孔子打算前往。子路说："以前我从老师这里听过：'亲自行不善的人，君子是不会去的。'佛肸在中牟发动叛乱，您要去，这是怎么回事呢？"孔子说："是的，我有讲过这样的话。但不是说过坚硬的东西，磨也磨不损吗？不是说过洁白的东西，染也染不黑吗？我难道是只苦葫芦吗，怎么能够悬挂在那里却不可食用呢？"

读解心得

佛肸，晋国大夫范中行的家臣，中牟城的行政长官。佛肸此时召请孔子，也是想借助孔子的名望。晋国赵简子攻打范氏，包围中牟，佛肸据守中牟抵抗。子路说他叛乱，即指此事。

　　和公山弗扰的召见一样，孔子的念头都被子路劝回去了。反复出现的同一性质的事件所说明的问题很值得深思：像孔子这么修养深邃的人也难免出现急躁心理，不能够完全控制思想的冲动，我们的管理者们还有什么理由刚愎自用呢？信心要有，但认真考虑别人的劝诫更是一种好的品质，甚至是管理者所必备的品质。孔子在关键时刻能够听从学生的劝阻，有过则改，同样表现出非同寻常的胸怀。正因为孔子具有这种胸怀和修养，才使得他在出现失误的时候，有人出面直言阻止。如果孔子不能够听信直言，而是闻过则怒的人，那么不仅不会考虑别人的意见，甚至别人连意见也不会提了。孔子能够多次在类似的事件中悬崖勒马，使名望不至于受损，既有自身修养的原因，也与他拥有一批敢于直言的学生有关。和我们一些管理者相比，孔子是非常幸运的。

　　作为下属，能够对上级直言不讳、当仁不让也是职责中的题中应有之义。在这一点上，子路确实尽到了自己的责任。当然，我们没办法一味要求下属的职责，其实言路之开的责任主要还是在于上级。唐太宗和魏徵被世人赞誉为"明君直臣"，但魏徵如果遇见一个昏庸的皇帝，还能够成就其直臣的名声吗？世有明君，然后有直臣。直臣常有，而明君不常有。故虽有直臣，只辱于昏君之手，骈死于庸臣之间，不以直臣称也！

六言六蔽

原文

　　子曰："由也！女闻六言六蔽矣乎？"对曰："未也。""居！吾语女。好仁不好学，其蔽也愚。好知不好学，其蔽也荡。好信不好学，其蔽也贼。好直不好学，其蔽也绞。好勇不好学，其蔽也乱。好刚不好学，其蔽也狂。"

译文

　　孔子说："由呀，你听说过六种品德和六种弊病了吗？"子路回答说："没有。"孔子说："坐下，我告诉你。爱好仁德而不爱好学习，它的弊病是受人愚弄；爱好智慧而不爱好学习，它的弊病是行为放荡；爱好诚信而不爱好学习，它的弊病是危害亲人；爱好直率却不爱好学习，它的弊病是说话尖刻；爱好勇敢却不爱好学习，它的弊病是犯上作乱；爱好刚强却不爱好学习，它的弊病是狂妄自大。"

读解心得

子路不仅不好学，并且对"学"还很轻视，他自己就明确地说过："何必读书，然后为学？"当时孔子没有直接反驳他。这次孔子把子路叫来，专门说这件事情，给他讲六种德行和六种弊病之间的关系，表面上看是德行的事情，但如果不好学，就会变成弊端了。不好学，就得不到这些品行的真谛，往往会走到它的反面，或者得到它的缺点，反而成为危害自身的品格了。

孔子讲的都是事物的两个方面，好事情做到极端或者缺乏节制，也会成为坏事情。而用什么节制呢？就是"学"。孔子所谓的"学"，其内容就是"礼"。所以说"学"的约束，实际上就是"礼"的约束。礼的含义是很广泛的，在不同语境里，侧重有所不同，但总的来说是一种规范，是合理的规范的概括。也就是说，任何事情都要掌握一个"度"，否则好事就会成为坏事，这是"中庸"思想的又一体现。

何莫学夫诗

原文

子曰："小子何莫学夫诗？诗，可以兴，可以观，可以群，可以怨。迩之事父，远之事君。多识于鸟兽草木之名。"

译文

孔子说："学生们为什么没有人学《诗经》呢？《诗经》可以激发心志，可以提高观察力，可以培养群体观念，可以学得讽刺方法。近则可以用其中的道理来侍奉父母；远可以用来侍奉君主，还可以多认识鸟兽草木的名称。"

读解心得

《诗经》经孔子一描述，简直成了百科全书了。他首先肯定了《诗经》的动机是纯正的，所谓"思无邪"；又说"不学诗，无以言"，即对言行都有指导意义。本章又集中对《诗经》进行评价，说可以提高人的观察力，可以教人合群，在一起相互切磋，可以让人学会抒发情怀。

古代，家就是国的缩影，事父、事君是一致的，学好《诗经》是从政的基础，还可以增加自然知识。在孔子时代，文字的东西本来就少，从《诗经》发掘博大精深的含义，对其产生崇拜的感情，就不足为怪了，也难怪孔子把《诗经》作为重要教材了。

子谓伯鱼

原文

子谓伯鱼曰："女为《周南》《召南》矣乎？人而不为《周南》《召南》，其犹正墙面而立也与？"

译文

孔子对伯鱼说："你学习《周南》《召南》了吗？一个人如果不学习《周南》《召南》，那就像对着墙站立一样无法行走了。"

读解心得

《周南》《召南》是《诗经·国风》中的第一、二部分的篇名。周南和召南都是地名，这里是指当地的民歌。一般而言，此处的《周南》《召南》其实是代指《诗经·国风》，甚至代指《诗经》。本章中孔子强调了不学《诗经》的危害。

《诗三百》是当时的经典，学习礼制、与人交往以及外交都必须应用并作为依据，因此不学诗就寸步难行。而且《周南》和《召南》是春秋后期一些诸侯国地方乡校里学习的内容，相当于今天的普及教育，因此非常重要。

礼云礼云

原文

子曰："礼云礼云，玉帛云乎哉？乐云乐云，钟鼓云乎哉？"

译文

孔子说："礼呀礼呀，仅仅说的是玉器和丝帛吗？乐呀乐呀，仅仅说的是钟鼓等乐器吗?"

读解心得

礼、乐的外在形式自然是玉帛和钟鼓之类的具体事物了,但礼乐绝不仅仅是这些外在的形式,其内涵才是真正具有教化作用的。就好像企业管理制度一样,难道只是那些一摞摞的文件吗?这是孔子反对形式主义的表现!

色厉而内荏

原文

子曰:"色厉而内荏,譬诸小人,其犹穿窬之盗也与?"

译文

孔子说:"外表严厉而内心怯懦的人,用小人作比喻,大概像个挖洞爬墙的盗贼吧。"

读解心得

窬,洞,窟窿,这里是指盗贼所挖的墙洞,用来偷东西的。这些小偷、大盗看起来很张狂,其实心里害怕着呢,唯恐被擒获。就像企业的蛀虫一样,贪污的时候看起来胆大妄为,其实心里怕得要命。不仅当时害怕,事情过后还忧惧不安,听风就是雨,什么时候才能安稳下来呢?当然是被抓获入狱后啊,这时候就不必再担心什么了。有个杀人犯到处流窜,内心忧惧,生不如死。被捕后,接受记者采访的时候说了句心里话:"我这时候才算过上了踏实日子!"看看,杀人时的"色厉"不知道跑哪里去了。

乡愿,德之贼也

原文

子曰:"乡愿,德之贼也。"

译文

孔子说:"与世俗同流合污,没有是非观念的好好先生,是败坏德行的人。"

读解心得

冯梦龙《古今谭概·癖嗜》中描述了好好先生的形象：后汉一个叫司马徽的，从来不谈论别人的短处，每逢跟人说话，无论好事坏事都说好。有人问司马徽平安不平安，回答说："好。"有人告诉他自己儿子死了，他说："很好。"他的妻子责备他说："人家认为你有德行，所以才告诉你。为什么听到别人儿子死了，反而也说好呢？"司马徽听了妻子的话说："像你这么说也很好。"

孔子为什么说"乡愿，德之贼也"，因为"乡愿"这种人就是和事佬，表面上看起来很有道德，但他的这种道德是害人的，他不明是非，在好歹之间不做定论，看起来很有修养，不得罪人，却害了别人。

企业中的和事佬、老好人，同样危害企业的发展与成长。而这种在企业中却大有人在，比如讨论什么方案，他总是最后的时候才发言，把每个人所说的汇总起来说一通，毫无自己的观点，也不说支持什么、反对什么，总是说："大家说得很好，我完全赞成。"如果是普通员工其危害可能要小些，如果是决策者那将贻害大方了。企业决策缓慢的主要原因就是决策者缺乏"定力"，在众多的意见面前分不清好坏，耳朵根发软，导致贻误决断，影响企业的发展。固然在决策前听取各方面的意见是对的，但如果面对各种意见而难以决断，那就万万不可了，这样的管理者不是决策水平太差，就是决策质量太低。这种管理者表面看似非常尊重大家的意见，其实对大家总是持怀疑态度；表面看似很有修养或涵养，其实毫无道德标准和道德行为准则，是企业的"德之贼也"。

道听而涂说，德之弃也

原文

子曰："道听而涂说，德之弃也。"

译文

孔子说："道听涂（同"途"）说，是背弃德行的行为。"

读解心得

一个人每天滔滔不绝，并不意味着他有智慧。我们修行在世，探寻君子之道，有时候管住自己的嘴巴就变得非常重要。许多人对于道听途说的传闻及无关紧要的事实，不停地钻牛角尖，甚至到处传播，造成了不好的影响甚至导致了悲剧。而理性的思考能够判断别人所说的话是否有价值，是否真实。如果全盘接受某些自以为是的偏见、成见，或是想当然的猜测之词，是非常危险的。

道听途说者，在企业中主要表现为两种人：一种是蛊惑人心者，一种是传播小道消息者。蛊惑人心者往往具有一定的权力或权威，他们靠道听途说来的信息，有意或无意地夸大事实，利用决策者偏听偏信的弱点，达到个人目的。这种人看上去很认真，一本正经的样子，具有很强的鼓动性和煽动性，很容易让人相信。一旦事情真相大白，他们又有另一种说辞推卸责任。传播小道消息者往往是普通员工，他们喜欢新鲜事物，但又没有可靠的信息来源，善于到处捕捉自己感兴趣的东西，哪怕是只言片语。虽然他们并不一定有私心，而只是一种不良嗜好，但危害同样是可怕的，因为这些小道消息缺乏真实性，会扰乱企业的正常秩序。这两种人都是企业的精神蛀虫，所作所为都违背德行。

既得之，患失之

原文

子曰："鄙夫可与事君也与哉？其未得之也，患得之。既得之，患失之。苟患失之，无所不至矣。"

译文

孔子说："那些鄙夫，可以和他们一起侍奉君主吗？他们在未得到职位时，总是害怕得不到；得到职位以后，又唯恐失去，如果老是担心失去职位，就没有什么事是做不出来的。"

读解心得

有一种人，在没有得到向往职位的时候，老是想着怎么才能得到；得到这个职位后，又一味想着怎么才能保住。如果这么患得患失的话，就什么事情都可能做出来了。这种人是德行卑微的人，在企业里，这种人只关注自己的职位，在取得职位和保住职位上要小聪明、搞歪门邪道，甚至不择手段，哪里还有精力和心思去做工作啊？所以是绝对不能够任用的人。

这种不择手段追求个人利益的人，朱熹曾有句话很深刻："小则吮舐痔，大则弑父与君"，没有什么做不出来的。

古者民有三疾

原文

子曰："古者民有三疾，今也或是之亡也。古之狂也肆，今之狂也荡；古之矜也廉，今之矜也忿戾；古之愚也直，今之愚也诈而已矣。"

译文

孔子说："古代人有三种毛病，现在连这三种毛病也不是原来的样子了。古代的狂人是轻率肆意，现在的狂人则是放荡不羁；古代矜持的人是棱角分明，现在矜持的人是恼羞成怒、强词夺理；古代愚笨的人是憨直，现在愚笨的人是欺诈伪装罢了。"

读解心得

孔子所处的时代，已经与上古时代有所区别，上古时期人们的"狂""矜""愚"虽然也是毛病，但并非不能让人接受，而今天人们的这三种毛病都变本加厉了。从孔子时代到现在，又过去了两三千年，这三种毛病不但没有改变，反而有增无减，越来越重，到了令人无法理喻的地步。这就需要用道德的力量加以惩治，也希望有这三种毛病的人警醒。

恶紫之夺朱也

原文

子曰："恶紫之夺朱也，恶郑声之乱雅乐也，恶利口之覆邦家者。"

译文

孔子说："憎恶紫色夺去红色的光彩和地位，憎恶郑国的乐曲淆乱了典雅正统的乐曲，憎恶用巧言善辩颠覆国家的人。"

读解心得

"朱"，大红色，传统上的正色。紫色虽与红色接近，却属于杂色。在春秋时期，鲁桓公、齐桓公都喜欢穿紫色衣服，孔子认为这是破坏礼的行为。同时孔子表示自己很厌恶用郑国的俗乐淆乱雅乐，也很厌恶那些用巧言善辩倾覆国家的人。

孔子的思想看似有点保守，但按现代企业管理理论来说，一个企业的标准和代表企业的音乐确实有着规范化的必要，甚至这些还是企业形象的重要组成部分。如我们走进综合商场，那些形形色色的品牌专卖店最能够说明这个问题。不同品牌的装饰基色是不一样的，我们甚至可以用颜色来区分企业和品牌。营销专家和品牌设计专家恐怕更清楚其中的商业意味和市场价值，很多企业制定了企业视觉识别系统的手册，在实际应用中哪怕略微的不准确也是反感的，更别说随意的修改了。

音乐也是这样，孔子讲的音乐是用来教化众人的，而企业自己独到的音乐无疑也是企业的形象代表，甚至是一个品牌象征。大家可能更熟悉的 IT 行业产品的广告，最后几乎无一例外要加上英特尔（Intel）那几个响亮的音符。

如果我们把这些视为保守的话，企业还真的需要在企业形象方面"保守"些。我们看到的不是保守的太多，而是随意更改的太多，改来改去，往往把一个好端端的企业或品牌形象改得面目全非，这怎么能够算作成熟和明智的做法呢？

予欲无言

原文

子曰："予欲无言。"子贡曰："子如不言，则小子何述焉？"子曰："天何言哉？四时行焉，百物生焉，天何言哉？"

译文

孔子说："我想不说话了。"子贡说："您如果不说话，那我们这些学生传述什么呢？"孔子说："天说什么话了吗？四季照样运行，万物照样生长，天说什么话了吗？"

读解心得

孔子突兀地对子贡说:"我以后不打算说什么了!"普遍的看法是孔子在周游列国后出现了情绪的波动,时时表现出些消沉来。这句话正是其消沉情绪的又一次表现。

不过,仔细揣摩下文含义和孔子的语气,似乎又不是消沉的感觉。首先,这话是针对子贡而言的。我们知道子贡善于言谈,并常常卖弄一番,甚至对别人随口评价,孔子对此不是很欣赏,因此这又是一次委婉的批评。更主要的是,孔子对自己"无言"原因的说明,他把自己的学说比为"天",像天那样不必说什么,而四季照样运行、百物照样生长。也就是说自己倡导的学说就是"天道",不用谁来讲说就可以自行发挥作用。这是何等的自信!而这种自信必然是在他晚年的时候,那时候的他大概也真正认识到自己学说的价值所在了。

孺悲欲见孔子

原文

孺悲欲见孔子,孔子辞以疾。将命者出户,取瑟而歌,使之闻之。

译文

孺悲想拜见孔子,孔子以生病为由拒绝了。传话的人刚出门,孔子便取下瑟来边弹边唱,故意让孺悲听见。

读解心得

孺悲是鲁国人,资料不详,看起来是个大夫之类。他想见孔子,派人先来致意,孔子推脱自己病了不见。可等来人刚出屋门,孔子就拿出琴来又弹又唱,故意让人家听见,来显示自己很健康。

这是很有意思的一件事情,至于孔子为什么要给人家这么大的难堪,说法不一,这或许是个悬案。有人引用孟子的话来揣测孔子的心思。孟子曾说:"教亦多术矣,予不屑之教诲也者,是亦教诲之而已矣。"意思是说:"教育的方法太多了。我不屑教他,其实也是在教他啊!"那些不被孟子看得上的人,往往离孟子的要求相差太远,孟子就用这种激将法来刺激一下,使其幡然悔悟,勤勉于学。天知道孔子是不是这个心理!

三年之丧，期已久矣

原文

宰我问："三年之丧，期已久矣。君子三年不为礼，礼必坏；三年不为乐，乐必崩。旧谷既没，新谷既升，钻燧改火，期可已矣。"子曰："食夫稻，衣夫锦，于女安乎？"曰："安。""女安，则为之！夫君子之居丧，食旨不甘，闻乐不乐，居处不安，故不为也。今女安，则为之！"宰我出。子曰："予之不仁也！子生三年，然后免于父母之怀。夫三年之丧，天下之通丧也。予也有三年之爱于其父母乎？"

译文

宰我问："服丧三年，时间太长了。君子三年不讲究礼仪，礼仪必然败坏；三年不演奏音乐，音乐就会荒废。旧谷吃完，新谷登场，钻燧取火的木头轮过了一遍，有一年的时间就可以了。"孔子说："（才一年的时间）你就吃开了大米饭，穿起了锦缎衣，你心安吗？"宰我说："我心安。"孔子说："你心安，你就那样去做吧！君子守丧，吃美味不觉得香甜，听音乐不觉得快乐，住在家里不觉得舒服，所以不那样做。如今你既觉得心安，你就那样去做吧！"宰我出去后，孔子说："宰予真是不仁啊！小孩生下来，到三岁时才能离开父母的怀抱。服丧三年，这是天下通行的丧礼。难道宰予对他的父母没有三年的爱吗？"

读解心得

孔子说觉得心安，就可以去做，丝毫没有开玩笑的意思。他那痛心的语气，不知道宰予听出来没有。

孔子对于人性的证悟，十分深刻，分别从生理、心理和伦理三方面说明，并且加以贯通。子女出生三年，才能完全脱离父母的怀抱，为父母守丧三年，这是生理方面的推算。君子守丧期间，吃美味不觉得可口，听音乐不觉得快乐，住在家里不觉得舒适，好比父母养育子女前三年在心理上的反应，二者十分相近。一切以子女为先、为重，父母的牺牲实在很大。而在伦理方面，对父母的孝心，最可贵的在于自觉、自主。孔子用"安不安"来指点他，他却直接回答"安"，可见已经麻木不仁，不必再说下去了。

现代社会，由于种种条件的限制，我们已经不可能守丧三年。但是在精神上发扬父母的志向，三年里面不改变父母生平所作所为，应该也是尽孝了。

饱食终日，无所用心

原文

子曰："饱食终日，无所用心，难矣哉！不有博弈者乎？为之，犹贤乎已。"

译文

孔子说："整天吃得饱饱的，什么心思也不用，这就难办了呀！不是有掷骰子、下围棋之类的游戏吗？干干这些，也比什么都不干好些。"

读解心得

相对于"群居终日，言不及义"的人，那些"饱食终日，无所用心"的人更加让人无可奈何。孔子实在束手无策了，为免他们居闲闹事，干脆去下下棋、打打牌吧！

这是社会，居闲者毕竟不犯法，甚至都谈不上违反道德，只是不求上进罢了，谁也拿他们没办法。如果是企业就不行了，连成天开会不做决议的拖沓行为都要被视为浪费，更不必说天天闲坐着的人了，基本上属于应该被开除的人了。没有哪个老板会关心地说："小王，看你闲得无聊，你还是去联众下几盘吧，免得闲出毛病来！"所以相对来说，企业用人标准是很高的，必须达到一定层面才算达到了企业的起码要求。

君子尚勇乎

原文

子路曰："君子尚勇乎？"子曰："君子义以为上，君子有勇而无义为乱，小人有勇而无义为盗。"

译文

子路说："君子崇尚勇敢吗？"孔子说："君子把义看作最尊贵的。君子有勇无义就会作乱，小人有勇无义就会去做盗贼。"

读解心得

孔子说过"勇而无礼则乱"，还说过"好勇不好学，其蔽也乱"，都是辩证地来讲"勇"这个问题的。怎么子路还专门又问了一次呢？看来子路果然不甚好学，说了多次还记不住；也说明孔子真的诲人不倦，这次回答得还这么详细。要是一般管理者遇见这样的员工，就是不拍桌子骂一通，也要瞪眼不语默默讽刺一番。

君子亦有恶乎

原文

子贡曰："君子亦有恶乎？"子曰："有恶。恶称人之恶者，恶居下流而讪上者，恶勇而无礼者，恶果敢而窒者。"曰："赐也亦有恶乎？""恶徼以为知者，恶不孙以为勇者，恶讦以为直者。"

译文

子贡问："君子也有憎恶的人或事吗？"孔子说："是有所憎恶的。憎恶宣扬别人过错的人，憎恶身居下位而毁谤身居上位的人，憎恶勇敢而无礼的人，憎恶果敢而顽固不化的人。"孔子问："赐，你也有憎恶的人和事吗？"子贡说："我憎恶抄袭他人之说而自以为聪明的人，憎恶把不谦逊当作勇敢的人，憎恶揭发别人的隐私却自以为直率的人。"

读解心得

孔子和子贡所说遭人厌恶的这几种人，现在看来似乎还很熟悉，尤其在企业工作了一定时间，接触人比较多的人，应该体会更为切近。

孔子所说的君子之恶的人有四种：一是宣扬别人坏处、常常说别人坏话的人。这类人实在不少见，有的是别有用心，有的就这脾气，都很让人讨厌。二是身居下位而诽谤上位的人，也就是喜欢骂管理者的那些人。这个倒应该区别而论了，有的管理者就该骂，想不让大家骂就要先把自身做好。三是恃强、勇敢但不遵守制度约束的人，这样的人为所欲为，难免出格害人。四是顽固强硬、不通事理的人，和这样的人有理说不清。好多管理者都是这样的，本来自己没道理，别人劝说又要拍桌子，做下属的哪里还敢强说！

子贡所厌恶的三种人，一是侥幸做成点事情，就觉得自己很聪明的人。这样的人也不少，因为一点小事情到处宣扬不说，几个月后又来一遍，生怕别人忘记似的。二是把缺乏谦逊的教养当成勇敢的人，这种人蛮不讲理，到处耍横，没人敢惹。他看到大家都吓得躲着他走，还以为自己是英雄呢。三是把攻击别人的短处、揭发别人的隐私当成正直表现的人，其实这实在是缺乏基本礼貌的小人之举。他们反而在到处宣扬别人隐私的时候还夸自己直率不隐瞒，认为这是好品质。

唯女子与小人为难养也

原文

子曰："唯女子与小人为难养也，近之则不孙，远之则怨。"

译文

孔子说："只有女子和小人是不容易相处的。亲近了，他们就会无礼；疏远了，他们就会怨恨。"

读解心得

关于本章，历来是被看作孔子轻视妇女的罪证来批判的，但同时也有一些为孔子辩解的声音。

唯，是发语词，使我们可以隐约感受到孔子的感慨。既然感慨系之，难免是因事而发，难免有点牢骚的情绪。或许是针对某件具体的事情，比如刚刚见过这样的情况，顺口说了句："女人真不好对付啊！"如果这样就实在谈不上对所有女子的轻视了。就像现在很多女人顺口说"男人没一个好东西！"那大概只是在骂她心目中的那个男人，没有谁会认为她是在轻视天下所有的男人。

更有耳目一新的说法是把"女子与小人"解释为"家里的妾侍和仆人"，这样就不存在对妇女的歧视了，似乎也成了一家之言。还见过一个说法更为新颖别致，说"与"是"嫁给"的意思，那么全句就成了："把女儿嫁给小人，可就难以相处了。嫁得近了，则会对我也不谦逊；嫁得远了，老想着女儿，心里也不舒畅。"

这使孔子的本意越辩越糊涂了，不如任由个人理解，仁者见仁，智者见智吧！并且，孔子的言论未必完全正确，我们也没有必要过多地为其掩饰什么。如果真的错了，还要去掩饰，这态度本身也不符合孔子的精神。其实，对待古语，能够找出超乎本意的新解，只要能被大家认可，似乎也未尝不可。

年四十而见恶

原文

子曰："年四十而见恶焉，其终也已。"

译文

孔子说："年纪到了四十还被众人所厌恶，他这一辈子也就算完了。"

读解心得

孔子曾经说，一个人到了四十岁还没什么成就，一辈子也就不会有什么起色了，本章更进一步说："到了四十岁还表现出一些恶行来，那这个人就完蛋了。"本质上讲，人的一生都是可塑的，但到了四十岁这样的年纪还没有得到改进，要么是顽固不化者，要么就是压根儿不学好，属于处心积虑做坏事的人，实在就没什么办法了。在孔子看来，四十岁是人生的一个关键点，这个年龄的界定未必符合现在的情况，但大致还是可以理解的。人生苦短，机会稍纵即逝，不能不让人警醒啊！

微子第十八

殷有三仁

原文

微子去之，箕子为之奴，比干谏而死。孔子曰："殷有三仁焉。"

译文

微子离开了商纣王，箕子做了他的奴隶，比干强谏被杀。孔子说："殷朝有三位仁人！"

读解心得

当不被信任、不被任用，甚至劝谏都难以奏效的时候，作为下属应该怎么办呢？纣王的三个贤才选择了三个不同的方式，也可以说是专制时代不愿同流合污时最常见的三种处世方式。比干是纣王的叔父，强谏纣王，纣王大怒，竟说："我听说圣人心有七个孔，真是这样吗？"遂将比干剖胸挖心。这是正道直行杀身成仁。箕子也是纣王的叔父，曾多次劝说纣王，纣王不听。箕子为求自保，遂披发装疯，被降为奴隶。这是佯狂自污以求生。微子，纣王的同母兄。纣王无道，微子屡谏不听，遂隐居荒野。这是远离黑暗政治而隐居。

孔子有避人、避世之说，但在一个统一的国家里，这是做不到的。能够很好地保全自己而不同流合污的做法，大概只有隐居了。孔子也曾引用周任"陈力就列，不能者止"的说法，明显是主张积极尽责，退而离去的。在现代企业里，比干的事情一般是发生不了的，不过因为劝谏而触怒管理者受到排挤的确实不少，当然更多的人在这个时候会选择离开。或许还有一种做法，就是在这种环境下既能够不同流合污，又能够保全自己，并且还能以自己的私下努力而有所作为。大概这种选择必须具备两种品格，一是卓越的才能，二是超乎寻常的忠心。

但不管怎么说，如果人才沦落到了这种地步，无疑是企业和管理者的悲哀，这样的企业和管理者也实在不值得如此留恋。

柳下惠为士师

原文

柳下惠为士师，三黜。人曰："子未可以去乎？"曰："直道而事人，焉往而不三黜？枉道而事人，何必去父母之邦？"

译文

柳下惠担任掌管刑罚的官，多次被罢免。有人问："您不可以离开鲁国吗？"他说："用正直之道来侍奉人，去哪里而能不被多次罢免呢？不用正直之道来侍奉人，又为什么一定要离开故国家园呢？"

读解心得

实际上，作为一个以资本为基础的组织，企业注定是"资本的专制"，而完全开明的管理者几乎是不存在的。所以，因为脾气过于耿直、工作不顺心而多次跳槽的朋友，最终会发现"天下乌鸦一般黑"，只是程度不同而已。尤其缺乏企业工作经验的年轻人总希望得到知遇能够大展才华，但往往希望越大，失望就越大。能够被信任，就努力工作，不能被信任，就收敛起来，至少做到"免于刑戮"，不失为平和的选择。

作为一个经理人，能选择一个比较满意的企业就已经很幸运了，追求完美是不现实的。像柳下惠这样的人才，就是因为恪守职责而被罢免了多次，以至于别人都劝他不妨离开这个国家，另谋高就。柳下惠很明白，像他这样直道而行的人到了哪里也是一样的结果，并且也很清楚，只要放弃自己的原则，在哪里都可以有满意的职位。这是他对当时政治环境的准确认识，也表达了他的失望和无奈。如何处理和管理者的关系，适应和包容管理者的缺点，永远是一个话题，也永远是必须面对的问题。

齐景公待孔子

原文

齐景公待孔子曰："若季氏，则吾不能；以季、孟之间待之。"曰：

"吾老矣，不能用也。"孔子行。

译文

齐景公谈到怎样对待孔子时说："像鲁国国君对待季氏那样对待孔子，那我做不到；只能用低于季氏而高于孟氏的规格来对待他。"不久又说："我老了，不能用他了。"孔子就离开了齐国。

读解心得

本来齐景公很赞赏孔子的学问和治国理念，可受到当时以晏婴为首的大臣们反对声音的影响，最终还是疏远了孔子；同时孔子尽管希望在齐国从政，但齐景公也并不是他心目中理想的国君。本章记载的是齐景公向孔子摊牌，表达不想任用他的意思。

这是孔子无数次碰壁中的一次，也是他无数次充满希望又归于失望的一次。他总是找不到有决心、有信心、有能力重用他的人。据说，孔子离开齐国主要还是因为当时齐国大臣的排挤，甚至都要暗杀他了，只好离齐返鲁。《孔子家世·年谱》对此说得很惨，说返鲁时迫于形势险恶，仓促中把正在淘着未及做饭的米提起来，一面走路，一面滤干，估计要滴滴答答弄一路的水。《孟子·万章下》中"孔子去齐，接淅而行"，就是说的这件事。不过，那时候孔子还是个年轻人，狼狈点就狼狈点，也算增加点生活体验吧。

齐人归女乐

原文

齐人归女乐，季桓子受之，三日不朝，孔子行。

译文

齐国人赠送鲁国一批歌女乐师，季桓子接受了，好几天不上朝，孔子就离开了鲁国。

读解心得

司马迁《史记·孔子世家》中记载，当时孔子做了鲁国的司寇，并兼管宰相职事。由于孔子政绩卓著，鲁国一天一天强大起来，国际威望也日渐提高。这时，在鲁国的邻国齐国出现了"鲁国威胁论"。他们想出了狠毒的一招：送了一大批美女歌伎给鲁国国君和执掌大权的季桓子。季桓子把这批美女全接受了，然后便是日日宣淫，三日不朝。孔子认为季桓子如此重色、薄德、轻贤，不是个能做大事的人，不值得与他共事，就辞职不干了。这是孔子周游列国的开始。

楚狂接舆歌而过孔子

原文

楚狂接舆歌而过孔子曰："凤兮凤兮，何德之衰？往者不可谏，来者犹可追。已而，已而！今之从政者殆而！"孔子下，欲与之言，趋而辟之，不得与之言。

译文

楚国的狂人接舆唱着歌经过孔子的车子，说："凤凰啊，凤凰啊！为什么道德如此衰微，过去的已经不能挽回，未来的还来得及改正。算了吧，算了吧！现在那些从政的人危险呀！"孔子下车，想要同他说话。接舆快走几步避开了孔子，孔子没能同他交谈。

读解心得

连续三章都是记载孔子在周游列国途中遇见隐士的事，文字很生动，当故事看吧。由于大家都不知道这些隐士的名字，《论语》编写者就临时给他们起了名字。楚狂接舆，就是指在楚国境内遇见的一个言语狂达的人，他当时靠近孔子乘坐的车子，所以就叫他"接舆"了。后面的长沮、桀溺，也基本是这样的起名原则。长和桀都是身材高大的意思，沮和溺都是指水边，可见这两个身材高大的人是在水边遇见的；还有晨门、荷蓧等，都是因时因地因事顺口说得方便罢了。

这位楚狂接舆果然狂气，从孔子车子旁边经过的时候高声唱起来："凤凰啊，凤凰啊！为什么道德如此衰微，过去的已经不能挽回，未来的还来得及改正。算了吧，算了吧！现在那些从政的人危险呀！"这个隐士讽刺孔子不识时务，但也很理解孔子的心境，所以也有劝慰的意思。孔子想下车和楚狂接舆聊几句，没想到人家疾步走开，不闲聊，大概是知道双方观点不同，又都没有办法说服对方吧。

长沮、桀溺耦而耕

原文

长沮、桀溺耦而耕，孔子过之，使子路问津焉。长沮曰："夫执舆者为谁？"子路曰："为孔丘。"曰："是鲁孔丘与？"曰："是也。"曰："是知津矣。"问于桀溺，桀溺曰："子为谁？"曰："为仲由。"曰："是鲁孔丘之徒与？"对曰："然。"曰："滔滔者天下皆是也，而谁以易之？且而与其从辟人之士也，岂若从辟世之士哉？"耰而不辍。子路行以告。夫子怃然曰："鸟兽不可与同群，吾非斯人之徒与而谁与？天下有道，丘不与易也。"

译文

长沮和桀溺并肩耕地，孔子从他们那里经过，让子路去打听渡口在哪儿。长沮说："那个驾车的人是谁？"子路说："是孔丘。"长沮又问："是鲁国的孔丘吗？"子路说："是的。"长沮说："他应该知道渡口在哪儿。"子路又向桀溺打听，桀溺说："你是谁？"子路说："我是仲由。"桀溺说："是鲁国孔丘的学生吗？"子路回答说："是的。"桀溺就说："普天之下到处都像滔滔洪水一样混乱，和谁去改变这种状况呢？况且你与其跟从逃避坏人的人，还不如跟从逃避污浊尘世的人呢。"说完，还是不停地用土覆盖播下去的种子。子路回来告诉了孔子。孔子怅然若失地说："人是不能和鸟兽合群共处的，我不和世人在一起又能和谁在一起呢？如果天下有道，我就不和你们一起来改变它了。"

读解心得

长沮、桀溺就没有人家楚狂接舆厚道了。孔子一行迷路了，孔子让子路去打听打听怎么走。长沮问清楚他们的身份后讽刺说："孔先生应该知道渡口在哪里！"意思是说，你连天下大道都知道，还能够不知道小小的渡口吗？子路也着不得急，就去问桀溺。桀溺也不告诉他，反而挖孔子的墙脚儿："世道纷乱滔滔，礼坏乐崩，处处如此。你们和谁去改变这种现状呢？你跟孔丘那种避人的人瞎混，还不如和我们这些避世的人在一起呢！"说完继续干农活，头也不抬了。

孔子听子路复述后，怅然地说："人是不能与鸟兽生活在一起的，我不同这世上的人在一起，还同什么在一起呢？假若天下有道，我孔丘怎么会费心来改变它！"孔子当时还是比较有使命感的，后来的屡屡求仕失败，才使他逐渐心灰意懒。

子路从而后，遇丈人

原文

子路从而后，遇丈人，以杖荷蓧。子路问曰："子见夫子乎？"丈人曰："四体不勤，五谷不分，孰为夫子？"植其杖而芸。子路拱而立。止子路宿，杀鸡为黍而食之，见其二子焉。明日，子路行以告。子曰："隐者也。"使子路反见之。至，则行矣。子路曰："不仕无义。长幼之节，不可废也；君臣之义，如之何其废之？欲洁其身，而乱大伦。君子之仕也，行其义也。道之不行，已知之矣。"

译文

子路跟随孔子落在后面，遇到一个老人，用手杖挑着除草用的工具。子路问道："您看见我的老师了吗？"老人说："四肢不劳动，五谷分不清。谁是你的老师呢？"说完，把手杖插在地上开始锄草。子路拱着手站在一边。老人便留子路到他家中住宿，杀鸡做饭给子路吃，还叫他的两个儿子出来相见。第二天，子路赶上了孔子，并把这事告诉了他。孔子说："这是个隐士。"叫子路返回去再见他。子路到了那里，他已经出门了。子路说："不出来做官是不义的。长幼之间的礼节，不可以废弃；君臣之间的道义，又怎么可以废弃呢？本想保持自身纯洁，却破坏了重大的伦理道德。君子出来做官，是为了实行君臣之义。至于我们的政治主张行不通，是早就知道的了。"

读解心得

"四体不勤，五谷不分"这一句话，到底是用来讽刺子路的，还是老人自嘲，我们很难加以分辨。可见中华文字弹性很大，似乎怎么解释，都有相当的道理。我们认为老者是一位修养良好的隐士，应该是自嘲的成分比较大些，否则一开口就教训子路，子路不至于那么恭敬地对待他。他留子路到家里过夜，杀鸡做饭招待，又叫两个儿子出来相见。孔子知道了，叫子路回头去看他，这是一种敬意，也代表一番谢意。老者已经走了，子路喃喃自语，是感慨，还是其他，我们同样不得而知。

从老者对待子路的过程，子路知道老者对长幼的礼节相当重视。既然如此，为什么不推到君臣的礼节，出来为社会服务呢？若是人人都明哲保身，天下怎么可能安定进步呢？

逸民

原文

逸民：伯夷、叔齐、虞仲、夷逸、朱张、柳下惠、少连。子曰："不降其志，不辱其身，伯夷、叔齐与！"谓"柳下惠、少连，降志辱身矣，言中伦，行中虑，其斯而已矣"。谓"虞仲、夷逸，隐居放言，身中清，废中权。我则异于是，无可无不可。"

译文

隐居不做官的人有伯夷、叔齐、虞仲、夷逸、朱张、柳下惠、少连。孔子说："不降低自己的志向，不辱没自己的身份，就是伯夷和叔齐吧！"又说："柳下惠、少连降低了自己的志向，辱没了自己的身份，但言语合乎伦理，行为经过考虑，也就是如此罢了。"又说："虞仲、夷逸，避世隐居，放肆直言，立身清白，弃官合乎权宜。我就和他们不一样，没有什么可以，也没有什么不可以。"

读解心得

大概是一路上受到很多隐士的冷嘲热讽，孔子也有点感慨了。本章所列举的人物都是隐士或有隐士之风的人。伯夷、叔齐两个人，孔子认为他们保持了自己的志向，还没有使身心受辱。柳下惠、少连呢，有点降低志向、辱没身份，但言辞合乎伦理，行为经过深思熟虑，也已经很不错了。至于虞仲和夷逸，因为政治上不得志而隐居，所以说话也就没什么顾忌，做到了身心清白，政治选择也符合权变之道。朱张，现存《论语》中孔子没有评价。

大师挚适齐

原文

大师挚适齐，亚饭干适楚，三饭缭适蔡，四饭缺适秦，鼓方叔入于河，播鼗武入于汉，少师阳、击磬襄入于海。

译文

太师挚到齐国去了，亚饭乐师干到楚国去了，三饭乐师缭到蔡国去了，四饭乐师缺到秦国去了，打鼓乐师方叔进入黄河地区了，摇鼗鼓的乐师武进入汉水一带了，少师阳、敲磬的乐师襄到海滨去了。

读解心得

本章描写的是国家乐队解散、各位乐师各奔东西的情形。太师，是鲁国乐官之长，挚是人名，太师挚到齐国去了。以下的亚饭、三饭、四饭都是指乐队里的位置，干、缭、缺是这些位置上乐手的名字，这几个人分别流散到了楚国、蔡国和秦国。鼓方叔，就是击鼓的乐手方叔，他去了黄河一带。鼗，小鼓。击小鼓的乐手武去了汉水边。少师，乐队的副乐师，叫阳，他和击磬的乐手襄流散到了海边。

文字比较难懂，主要是我们对古代乐队的构成以及这些乐手的名字不熟悉的缘故。其实这就好像是说，某企业倒闭后几个主要管理人员的去向。不厌其烦地列举出来，是在表达惋惜之情，不仅是对人员离散的惋惜，更是对礼崩乐坏的社会的叹息。这些人原来都是鲁国的乐师，他们在的时候，可见鲁国国力之强与礼乐之盛。现在鲁国衰落了，这些人谋生无着，纷纷流落四方，各找出路。虽然身怀绝技，却没有施展的天地了，是不是正像孔子四处求仕而不得的心境呢？文字看似枯燥，唯其枯燥才更让人想象到孔子唠叨时候内心的凄凉，真是"一声何满子，双泪落君前"般的感慨！

无求备于一人

原文

周公谓鲁公曰："君子不施其亲，不使大臣怨乎不以。故旧无大故，则不弃也，无求备于一人。"

译文

周公对鲁公说："君子不怠慢疏远他的亲属，不使大臣们抱怨不任用他们，旧臣老友如果没有大的过失，就不要遗弃他们，不要对人求全责备。"

读解心得

周公，武王之弟，名姬旦；鲁公，周公的儿子伯禽。周王朝建立后，周公留在朝廷辅佐成王，而让他的儿子去封地（后来的鲁国）主政。这大约是鲁公赴任、父子临别时，周公对儿子的叮嘱之语。周公说的话不离国家管理的大事，但所言都在用人上，可见在周公的管理理念里选贤任能、知人善任是管理的要义。

"水至清则无鱼，人至察则无徒。"由于人与人之间的差异，所以与人相处时，难免会有一些小的矛盾。一个人如果对别人过于苛刻，总是求全责备，在意别人的缺点，就很容易使原本和你亲近的人，也不喜欢与你携手共事，也会离你而去。因此，无论是交友，还是任用人才，以及处理政务，都不能要求太高，更不能凭着自己的喜好和意气用事。每个人都有自己的生活方式和工作方法，强求一律，就会引起大家的反感。尤其是作为管理者，如果对下属过于苛刻，一看到下属不顺眼或自己不满意的地方就加以否定，就加以轻视，只会令你陷入孤立无援的境地。记住：水能载舟，也能覆舟。尊重个性、因地制宜才是最科学、最有效的方法和途径。

周有八士

原文

周有八士：伯达、伯适、仲突、仲忽、叔夜、叔夏、季随、季骓。

译文

周朝有八个著名的士人：伯达、伯适、仲突、仲忽、叔夜、叔夏、季随、季骓。

读解心得

本章记载周代有八位贤士，大概是同一时代的贤能人才。传统说法是他们是同母所生四对孪生子，所以两两次第相随，不过其事迹不可考。《论语》记录这些贤能，大概是为德治做注脚吧。

子張第十九

士见危致命

原文

子张曰："士见危致命，见得思义，祭思敬，丧思哀，其可已矣。"

译文

子张说："士人看见危险肯献出生命，看见有所得就想想是否合于义，祭祀时想到恭敬，服丧时想到悲痛，这也就可以了。"

读解心得

"见危致命"的精神体现在企业里，应该是在企业危难时刻能够勇于承担责任，而不是退缩自保。但这并不是对企业忠诚就能做到，还需要有解决问题的能力。如果没有能力解决实际问题，这种受命对企业、对个人都将是无益的。所以子张所言的第一要义是对人的综合要求，勇气、能力和责任感，缺一不可。在国家危难关头肯献出生命，精神可嘉，但若明知自己的行为于事无补，还要冲上去付出生命的代价，并不可取。真正的忠心不是陪葬，而是最大限度地减少损失。

面对利益要考虑道义，说白了，就是要考虑利益应该不应该得到，这一观点和"见危致命"都是孔子屡次说到的问题，并且他也曾明确地说"见利思义，见危授命"。所以，本章子张的描述既是对老师思想的转述，也是学习的体会，并没有新的观点。

执德不弘，信道不笃

原文

子张曰："执德不弘，信道不笃，焉能为有？焉能为亡？"

译文

子张说："执行德却不能弘扬它，信奉道却不笃定，这样的人可有可无。"

读解心得

孔子不仅有政治思想，也是治理国家的实用型大才，但他怀才不遇，一生寻求用武之地而不得，所以他的实际才能并没有得到发挥，从而我们未看到他的大才对社会发展的贡献，这不能不说是一种遗憾。

孔子是无奈的，并且一生都在积极追求政治上的任用。然而，有的人却把学习仅仅作为个人修养的提升，并不考虑社会功用，这种一心做学问、为做学问而做学问的人，子张是看不上的。

一个经理人必然是学以致用的，若不以学以致用的态度来学习，学习既不会有明确的目标，也不会有快速的长进。并且，很难想象一个立志做经理人的人为了研究而研究，而不去寻求实施的机会。子张不是讽刺找不到合适工作的人才，而是讽刺那些有才能却没有追求的人。估计子张说这话是事出有因的，即便是孔子在世的时候，也有一批学生追求片面内省、内修式的学习，尤以曾子一派为典型。而孔子的哲学根本上是实践哲学，他不仅从实践中得到思想的提升，更追求这些提升能够通过从政带来社会效益，而子张正是继承了孔学的这一核心。

子夏之门人问交于子张

原文

子夏之门人问交于子张。子张曰："子夏云何？"对曰："子夏曰：'可者与之，其不可者拒之。'"子张曰："异乎吾所闻。君子尊贤而容众，嘉善而矜不能。我之大贤与，于人何所不容？我之不贤与，人将拒我，如之何其拒人也？"

译文

子夏的门人向子张请教怎样交朋友。子张说："子夏说了什么呢？"子夏的学生回答说："子夏说：'可以交往的就和他交往，不可以交往的就拒绝他。'"子张说："这和我所听到的不一样！君子尊敬贤人，也能够容纳众人，称赞好人，怜悯无能的人。如果我是个很贤明的人，对别人有什么不能容纳的呢？如果我不贤明，别人将会拒绝我，我又如何去拒绝别人呢？"

读解心得

孔子去世后，孔门弟子产生了思想分歧，从而出现了不同的派别，或许这也是任一学问发展的必然规律吧。这些分歧不仅表现在思想核心上，在实际生活中也有所体现。本章记载的是子夏和子张观点上的一次争论。总体来看，子夏高傲矜持，至察无徒，有心胸狭隘之弊，要按这个标准，无能的人就不可能有朋友了；子张的宏阔之言也有其弱点，大贤也不可能无原则地去交友，对于那些所谓的"损友"也是要疏远的。

其实，孔子在交友问题上是有明确论述的。孔子交友的原则是相互砥砺、互相切磋，所以标准是比较严格的，他曾经说过"无友不如己者"，这可能是子夏交友观点的源头；但孔子又说过"泛爱众而亲仁"，子张的说法大概是对这句话的领会。孔子的思想是全面的，并提出了"友直，友谅，友多闻"的具体原则。无论子夏还是子张，在这个问题上其实都没有达到孔子的思想水平。

虽小道，必有可观者

原文

子夏曰："虽小道，必有可观者焉，致远恐泥，是以君子不为也。"

译文

子夏说："即使是小技艺，也一定有可取之处，但执着钻研这些小技艺，恐怕会妨碍从事远大的事业，所以君子不做这些事。"

读解心得

有小道之说，必有大道相对。对社会而言，经国济世的才能属于大道，而工、农、商等社会专业分工则属于小道；对个人修养而言，经国济世的学问和修养是大道，而琴棋书画之类则属于小道；对企业而言，企业发展规律是大道，至于生产、销售的技能则是小道。子夏对于小道的观点不失宽容，认为再小也有可取的地方，这是符合实际的观点。

我们应该知道，大道是离不开小道的，没有这些小道作为支撑，大道的推行实在难以想象。比如企业里的销售工作、产品研发工作都是小道的范畴，但对一个企业而言却是至关重要。现代社会分工详细具体，对于不同的人，自然要有不同的要求。企业需要各个方面的专业人才，这些专业人才其实就是小道的从事者。如果在销售或者生产这些小道上有所成绩，甚至一心钻研，不仅不应该排斥，还应该鼓励。对于最高管理者而言，能够成为大道上的专家自然是必需的，而同时又深知小道，岂不是更好吗？

日知其所亡

原文

子夏曰："日知其所亡，月无忘其所能，可谓好学也已矣。"

译文

子夏说："每天知道自己以前所不知的，每月不忘记以前所已学会的，可以说是好学了。"

读解心得

这是子夏告诉学生做学问的道理。"日知其所亡"是知新，"月无忘其所能"是温故。两方面结合起来，正好是孔子"温故而知新"的意思。不过，子夏在这里还强调了日积月累对掌握知识的重要性。功业、成就都没有速成的，知识也是一样，必须日积月累、坚持不懈才能达成。每天要这样，每月要这样，这就可见学贵有恒，做到有恒心才是真正的好学。其实，我们接触到的每件事、每句话一般都有多方面的意思，不同的人有不同的理解，也许你一时只能理解其中的一点，但当你经历多了、见识丰富了，再回过头去看也许就会有新的理解和体会。

企业要发现其发展和成长过程中的问题，尤其是那些以前从未发生或遇到过的问题。人们通常喜欢用经验或习惯的方法分析问题，极不愿意在经验和习惯之外找原因，因此可能对企业一些致命的弊病熟视无睹，而"日知其所亡"要求我们必须冲破以往的条条框框，找到制约或影响企业发展和成长的问题。找到问题并不是目的，目的是解决它们，要想解决就必须学习，要带着问题去学，反复思考推究，明了"物之本末，事之始终"。"月不忘其所能"就是指企业不能犯相同的错误。我们无法将每个人的思想都提升到一个很高的境界，也就是说人的思想觉悟和道德修养不是在短时间内可以得到飞跃的。但我们可以通过制度的约束使其行为接近于"道"，尤其是诸如洒扫、应对和进退这些属于基础管理范围的行为更是如此。在大多数企业中，基础管理是必须在发展过程中不断完善的。

博学而笃志，切问而近思

原文

子夏曰："博学而笃志，切问而近思，仁在其中矣。"

译文

子夏说："广泛地学习并且笃守自己的志向，恳切地提问并且常常思考眼前的事，仁就在这中间了。"

读解心得

广泛地学习各种知识，下功夫牢记学到的东西，这是博学笃志；关心贴近社会现实的东西，以自身的体会来理解问题，这是切问近思。博学笃志讲的是吸收知识的过程，切问近思是结合实际的思考。孔子说："学而不思则罔，思而不学则殆。"子夏所说的正是学和思的具体方法和内容，当然思本身也是学的过程，尤其是把所学知识参照社会实际来消化的过程同样体现了学以致用的学习精神。子夏提出"切""近"二字，明确地说明学习的最好方法就是结合实践应用来学习，这是非常可贵的。不问实际运用的死做学问，和用学到的东西考虑与自己无关的事情，都对学习没有什么实际帮助。能够学，又能够用，落实到行动上，自然就符合"仁"的要求。

君子学以致其道

原文

子夏曰："百工居肆以成其事，君子学以致其道。"

译文

子夏说："各行各业的工匠在作坊里完成他们的工作，君子则通过学习来掌握道。"

读解心得

子夏用类比的方法来说明，就像各行业的工匠待在作坊里才能完成自己的工作一样，君子致力于学习才能实现道的要求。百工居肆，是成其事的前提；而君子学，是致其道的条件。百工居肆的目的是成其事，而君子学的目的就是致其道。子夏在这里强调的学的目的是成其道，而不是单纯的修养自身。也就是说修养自身是手段、是前提，但绝对不是最终目的。学习的最终目的是实践运用，从而实现其社会价值，在天下推行大道。

小人之过也必文

原文

子夏曰："小人之过也必文。"

译文

子夏说："小人犯了错误一定会加以掩饰。"

读解心得

关于过错的问题，孔子的论述已经很多，总的态度是，无论谁都难免有犯错的时候，这很正常，不必为此感到过于羞愧，本就没什么可怕的。而可怕的是不改正，所以孔子说"过则勿惮改"，又说"过而不改，是谓过矣"。而如果自己知道错了，又不承认，反而文过饰非，为自己的错误找借口，甚至把错误说成对的，就不可能改正了。往往文过饰非的做法表现了此人的自卑和虚荣，这不是君子的坦荡胸怀。所以子夏在这里一针见血地说："小人犯了错必定找借口掩饰一番。"

君子有三变

原文

子夏曰："君子有三变：望之俨然，即之也温，听其言也厉。"

译文

子夏说："君子会使人感到有三种变化：远远望去庄严可畏，接近他时却温和可亲，听他说话则严厉不苟。"

读解心得

子夏对君子与人相处所表现出来的形态的描述，一般认为是以孔子为参照的。具体地说，一个君子，看起来神态是很庄重严肃的，但真正接触相处，会发现他实际上很温和；而听他谈话呢，则又很正直、严厉，绝不会放弃原则而苟同，更不会花言巧语。俨然是心怀天下这种使命感的自然流露，而不是恃才傲物；温和是恭敬谦和，但这种谦和并不是不讲原则的"足恭"，所以发表言论时会以正直为准绳。所谓"三变"，并不是反复无常，而是达到一定修养后的和谐统一。

子夏的言论往往表现出细致而具体的风格，这使得我们甚至可以通过他列举的现象来断定一个人的品质。如上一章，如果发现一个人有文过饰非的毛病，我们就可以断定他是个小人，大概八九不离十；本章通过观察一个人的言谈神态，也可以看出这个人的修养。这也算一种察人之术吧！

君子信而后劳其民

原文

子夏曰："君子信而后劳其民；未信，则以为厉己也。信而后谏；未信，则以为谤己也。"

译文

子夏说："君子在得到民众的信任之后才去劳役他们，没有得到信任就去劳役，民众就会认为是在虐害他们。君子得到君主的信任之后才去进谏，没有得到信任就去进谏，君主就会以为是在诽谤自己。"

读解心得

这里的信是信任的意思，管理者取得员工的信任后才可以使用他，这样他会觉得这是你对他的信任。即便是再劳累的工作，也会没有怨言，甚至作为一种荣耀来看待，觉得管理者认为如此重要的工作只有我才可以完成。然而，如果员工不信任你，你给他的工作再轻省，他也会想："怎么老让我干活，是不是看我好欺负？"这效果就大不一样了。

反过来，下属也要取得上司的信任才可以有效地劝谏，这样上司才会觉得你对他的批评是善意的，确实是为他着想，接受起来就容易了。如果上司不信任你，你反映的意见再对，他也会觉得你是故意找碴儿。劝谏的话往往是不太中听的，远没有表扬夸奖那么容易让人接受，所谓忠言逆耳，如果缺乏信任，确实容易引起怀疑和不满。

如果上下级互相不信任，上级的工作派不下去，下属的意见听不进去，这工作还怎么正常开展呢？所以处理好企业的人际关系，第一要义就是取得对方的信任。

大德不逾闲

原文

子夏曰："大德不逾闲，小德出入可也。"

译文

子夏说："大的道德节操上不能逾越界限，在小节上有些出入是可以的。"

读解心得

大德、小德其实就是大节、小节。世界上没有完人，孔子本人也犯过很多错误，但他的错误如同日月之食，光明磊落且过而能改。这就是子夏所言只是小节上有所出入罢了。当然，这不是鼓励人们不注意对小节的严格要求，因为这个说法的前提是"大德不逾闲"。

子夏此说对于我们今天的为人处世仍然有借鉴意义。比如管理者评价一个员工的时候，如果这个人在原则问题上向来严格，本质上是个合格的人才，那么即便偶尔有点小毛病、小错误，也应该宽容对待，而不能求全责备。

在对待工作的态度上，也应当顾全大局，而不在细枝末节上斤斤计较。否则，整天畏首畏尾，举手投足都怕出差错，从而事无大小一律都深思熟虑、谨小慎微，对自己来说，就很可能什么事情都不敢做，也做不成了；以此要求和考察员工，员工也会无所适从，束缚了手脚，不敢有所作为了。总之，在待人处事上要有宽容的态度，才是做管理者的题中应有之义。

有始有卒者，其惟圣人乎

原文

子游曰："子夏之门人小子，当洒扫应对进退，则可矣，抑末也。本之则无，如之何？"子夏闻之，曰："噫！言游过矣！君子之道，孰先传焉？孰后倦焉？譬诸草木，区以别矣。君子之道，焉可诬也？有始有卒者，其惟圣人乎！"

译文

子游说："子夏的学生，做些打扫和迎送客人的事情是可以的，但这些不过是末节小事，根本的东西却没有学到，这怎么行呢？"子夏听了，说："唉，子游错了。君子之道先传授哪一条，后传授哪一条，这就像草和木一样，都是分类区别的。君子之道怎么可以随意歪曲，欺骗学生呢？能按次序有始有终地教授学生们，恐怕只有圣人吧！"

读解心得

企业管理历来有两种不同的原则性方法。一种是从宏观着眼，从大处出发，管理者注重和明确大方面的原则要求，员工根据这些原则来规范其日常行为，从而把企业推行的价值观落实到具体的行动中。另一种则相反，管理者从小处入手，事无巨细严格要求，规范到员工的日常起居，以这些实际行动来养成企业的行为规范，从而体现出企业推行的价值观。严格地说，这两种管理方法本身并没有优劣之别，根据企业的管理习惯，或者管理者的管理风格，自然选择为好。所以，关于两者优劣的争论既无实际价值，也没有这个必要。

子游和子夏在本章的争论就属于这种情况。其实，两个人在基本思想上是没有分歧的，只是教学或者说学习方法上有所不同。子夏是从具体细节按大道的要求做起，以最终实现大道；子游则认为应该先传授大道，然后让弟子根据大道的要求来规范行为。如果方向错了，无论什么方法都不可能是对的。但两个人的方向是一致的，道路怎么选择就要看各人的情况了，所谓殊途同归，条条大路通罗马。

仕而优则学，学而优则仕

原文

子夏曰："仕而优则学，学而优则仕。"

译文

子夏说："做官仍有余力就去学习，学习如果仍有余力就去做官。"

读解心得

对于"学而优则仕"这句话有种很通俗的解释，说是"学得好就可以，就应该当官了"，并因此派生许多新说法，如"演而优则唱""唱而优则演""演而优则仕"。这种理解方法尽管很有市场，并且用起来也很方便，却不是子夏的本意！

关键在于这个"优"字，朱熹的注解是：优，有余力也。这样，"仕而优则学"就是"处理公务还有余力，那么就该学学新知识了"，这正是孔子"行有余力，则以学文"的另一说法。在当时，世家子弟生而为官，所学甚少，所以这个建议对提升其从政能力和个人修养都是很实际的。而孔子的学生大多都是平民，现在有机会从政当官了，孔子对他们的要求是先在学问上做好充足的准备，亦即"学而优则仕"，这并不是说学业有成就必须出仕，而是说可以出仕了，甚至孔子是鼓励这样的人才积极出仕的。

我们现在的情况是，一方面，很多学业有成的大学生找不到工作；另一方面，大多管理者忙得不可开交，哪里顾得上学习？

丧致乎哀而止

原文

子游曰："丧致乎哀而止。"

译文

子游说："居丧充分表达了哀思也就可以了。"

读解心得

子游是孔门中精通礼乐文制者，所以他关于服丧的话还是很有分量的，他的意思，拿现在的话说就是"意思到了就行啦"，别弄些花里胡哨、铺张浪费的事，没有实际意义，可见他重视的是礼乐精神而不是看重其外在的形式。孔子说"丧，与其易也，宁戚"，也是这个主张。

吾友张也为难能也

原文

子游曰："吾友张也为难能也，然而未仁。"

译文

子游说："我的朋友子张是难能可贵的了，然而还没有达到仁的境界。"

读解心得

子张才高意广，独立高行，言论宏阔，尤受同门非议。本章是子游对他这一点的批评。

才高意广，人所难能，而心驰于外，不能全其心德，未得为仁。仁的标准实在是很高，虽然已经做得很好了，却还是不能达到仁。因此，子游才发出了这样遗憾的感叹。

堂堂乎张也

原文

曾子曰："堂堂乎张也，难于并为仁矣。"

译文

曾子说："仪表堂堂的子张啊，很难和他一起做到仁。"

读解心得

曾子对子张也有褒贬，他说："子张言语阔达，我跟不上他的节奏，难以和他一起达到仁的修养。"这个委婉的批评实际上也是在说子张目前还不完全符合仁的要求。

人未有自致者也

原文

曾子曰："吾闻诸夫子！人未有自致者也，必也亲丧乎！"

译文

曾子说："我听老师说过，人不会自动地充分表露感情，如果有，一定是在父母死亡的时候吧！"

读解心得

曾子是有名的大孝子。他父亲曾皙也是孔子的学生，曾皙死后，作为儿子的曾参十分悲伤。甚至以后做了官，俸禄很高，但因为父母不在了，他仍极伤心：他伤心他挣那么多的钱却不能孝敬父母。本章中，曾子说："我听老师说过，人不会自动地充分表露感情，如果有，一定是在父母死亡的时候吧！"其实表露真情的时候并不少，这也是人之常情，孔子何以说出这样的话来？其实他是不是说过，是不是这样说的，都值得怀疑。从本章的表述来看，曾子没有直接说"子曰"，或者干脆以"子曰"开始，就说明大概很多弟子不太信任这句话，既然曾子你说了，那就文责自负吧，并且要注明是"听老师这么说过"这几个字，看来《论语》的编写也是很严谨的。

孟庄子之孝也

原文

曾子曰："吾闻诸夫子：孟庄子之孝也，其他可能也，其不改父之臣与父之政，是难能也。"

译文

曾子说："我听老师说过，孟庄子的孝，其他方面别人可以做到，而他不改换父亲的旧臣和父亲的政治措施，这是别人难以做到的。"

读解心得

本章又是曾子"听说"的，孔子倒是说过"三年无改于父之道，可谓孝矣"的话，与上一章相比，本章还算比较可信些。但关于"三年守丧"和"不改父之道"这类和孝道相关的主张，即便孔子在世时大家就已经有了不同意见，发扬了孔子孝道思想的曾子，在这方面难以得到所有同门的认同，其从老师那里找论点来支持的做法遭到一些人的排斥，所以还是由你"闻诸夫子"来注明一下，免得后人说我们也同意这个观点。

孟氏使阳肤为士师

原文

孟氏使阳肤为士师，问于曾子。曾子曰："上失其道，民散久矣。如得其情，则哀矜而勿喜！"

译文

孟氏让阳肤担任掌管刑罚的官，阳肤向曾子求教。曾子说："在上位的人丧失了正道，民心离散已经很久了。如果审案时审出真情，就应该悲哀怜悯，而不要沾沾自喜！"

读解心得

以德政为主张的孔门学说，历来是把国家大治的希望寄托在国君个人修养和严格自律上的，并特别相信最高管理者表率作用的绝对有效性。在这一理论支持下，老百姓犯罪自然就是当权者丧失正道所致。孔子和他的弟子们，包括后来继承孔子思想的孟子，在犯罪学上，都持这样的观点。所以在遏制犯罪方面，不单纯是打击罪犯，主要还是在位者实行德政。这观点尽管片面，但也有一定道理。

后儒为支持这一观点，分析犯罪心理时说："非迫于不得已，则陷于不知也。"不得已，就是官逼民反、逼上梁山；不知，就是不学法律知识，属于法盲犯法。其实社会上犯罪的原因不仅仅以上两点可以概括，因为私欲而犯罪的应该还是占多数吧。企业里的贪污受贿，既不是什么"不得已"，也不是什么"不知"，难道是管理者的责任吗？尽管表率作用有很大的影响力和威慑力，但在这些问题上毕竟有着明显的局限。

当员工出现了违法犯罪行为，我们要给予谴责、惩罚和教育。案件破获自然也是喜中有忧，并且是忧大于喜。企业遏制犯罪，即便是杜绝违纪，除了管理者的表率作用、培养企业正气外，法律和制度的威慑也是必不可少的。

君子恶居下流

原文

子贡曰："纣之不善，不如是之甚也。是以君子恶居下流，天下之恶皆归焉。"

译文

子贡说："商纣王的无道，不像现在流传得那么严重。所以君子忌讳身染污行，因为一沾污行，天下的坏事就都归集到他身上去了。"

读解心得

历史上的纣王对开发东方、对中原文化的发展和中国的统一，都曾做出过贡献。就其本人素质而言，也是文武全才，不可能完全昏聩。但他残暴的名声已经压倒了一切，使得这些好处不被传颂，从而成为最坏的典型，在人们心目中，恐怕再也找不到一个能够像纣王这么坏的君主了；相反，像包公这样的人物，成为正直不阿、清正廉明的典型，好像找不到他任何缺点，天下善名都归到他身上了。这大概是人们固有的心理倾向吧，人们需要好的和坏的两种典型，所以把历史人物当成心目中虚构的人物来塑造，这样就有人沾了光，有人吃了亏。

子贡并不是为纣王翻案平反，而是在告诫人们千万小心谨慎，提升修养，不要一失足成千古恨。企业里并没有这么严重，可一旦有了坏印象，想改变同样非常困难。

君子之过也，如日月之食焉

原文

子贡曰："君子之过也，如日月之食焉。过也，人皆见之；更也，人皆仰之。"

译文

子贡说："君子有过，不加掩饰，如日月之食。君子有过错，人人都看得见；君子纠正过错，人人都敬仰。"

读解心得

我们知道，出现日食或月食时，是日月的光辉暂时被月亮或地球的黑影遮住了。可日食和月食总会过去，黑影最终掩盖不了日月的光辉。君子有了过错，也是同样的道理。君子的过错，就像日食、月食一样，只是暂时的污点、阴影；君子一旦认识到错误并改正错误，其人格光辉又被焕发出来，仍然不失君子风度。子贡这里说的君子，并没有指明何人。不过，我们通过学习《论语》不难看出，孔子就是这样一个知错就改的君子。

对于企业来说，优秀的企业家不仅是企业的管理者，也是企业员工言行的榜样。彼得·F. 杜拉克说过，成功的领导者只有两点共同的特质：他们都有许多追随者；他们都得到这些追随者很大的信任。所以，企业家不要掩饰自己的过失，而要勇于纠正。事实上，他们在承认错误的同时就已经学会了做事情的正确方法；也不会浪费他人的时间去设法使自己的错误合理化、文过饰非或推卸责任，因为他们知道这样做只会让自己陷入更加尴尬的境地。相反，对自己的能力越没有把握的人，越不肯承认他们的错误。他们不懂得，犯错误和承认错误完全是两回事，给人持久印象的不是错误本身，而是对待错误的态度。

所以，企业家只有有效地解决失态、失真、失效的问题，失误才会像"酵母"一样成为管理者走向成功的催化剂，才能如日月之食，瑕不掩瑜、食后犹亮。

仲尼焉学

原文

卫公孙朝问于子贡曰："仲尼焉学？"子贡曰："文武之道，未坠于地，在人。贤者识其大者，不贤者识其小者。莫不有文武之道焉。夫子焉不学？而亦何常师之有？"

译文

卫国的公孙朝向子贡问道："仲尼的学问是从哪里学的？"子贡说："周文王和周武王之道，并没有失传，还留存在人间。贤能的人掌握了其中重要部分，不贤能的人只记住了细枝末节。周文王和周武王之道是无处不在的，老师从哪儿不能学呢？而且又何必有固定的老师呢？"

读解心得

子贡这段话，机辩而不失准确，再明显不过地说明了儒家文化的源头就是周朝的礼乐文化，其祖师爷便是周公。而"孔子无常师"这一定论大概也由此传播开来。

孔子去世后，子贡常在鲁、卫等中原国家之间做生意，成为一时豪富。每到一地，多有上层人士交往攀谈。子贡也常常利用自己的有利条件来传播孔子学说，同时他又是孔子的极端崇拜者，处处维护着孔子的个人和学术形象。可以说，子贡在孔子学说传播者中具有极其重要的地位。

叔孙武叔语大夫于朝

原文

叔孙武叔语大夫于朝曰："子贡贤于仲尼。"子服景伯以告子贡。子贡曰："譬之宫墙，赐之墙也及肩，窥见室家之好。夫子之墙数仞，不得其门而入，不见宗庙之美，百官之富。得其门者或寡矣。夫子之云，不亦宜乎！"

译文

叔孙武叔在朝廷上对大夫们说："子贡比仲尼更强些。"子服景伯把这话告诉了子贡。子贡说："就用围墙作比喻吧，我家围墙只有齐肩高，从墙外可以看到里面房屋的美好。我老师的围墙有几仞高，找不到大门走进去，就看不见里面宗庙的雄美、房屋的富丽。能够找到大门的人或许太少了。所以叔孙武叔先生那样说，不也是很自然的吗？"

读解心得

孔子弟子中，子贡聪明好学，实际能力很强。孔子去世后，子贡先后在鲁国和卫国做官，威望很高。有人认为他比孔子强，子贡因此才这样说。孔子死后，其地位的提高与子贡关系最大，本条的比喻也极其精彩形象，要了解古代大夫庭院住宅的建筑格局方可真正理解本条的内容。古代大夫庭院中先建堂，堂高于地面几尺（根据官爵的大小高出的尺寸不同）。堂前立有四根大柱，称"楹"，"楹联"之名起源于此。堂上前面作为接待客人之用。内室建在堂后。因此入门、升堂、入室便成为后世做学问的三个阶段。子贡的意思是说叔孙武叔尚未入门，因此不了解孔子学问、胸怀的博大精深。

叔孙武叔毁仲尼

原文

叔孙武叔毁仲尼。子贡曰："无以为也！仲尼不可毁也。他人之贤者，丘陵也，犹可逾也。仲尼，日月也，无得而逾焉。人虽欲自绝，其何伤于日月乎？多见其不知量也。"

译文

叔孙武叔诋毁仲尼。子贡说："不要这样啊！仲尼是诋毁不了的。其他人的贤德，如同小山小丘，还可以越过去；仲尼，那是太阳和月亮啊，是无法越过的。即使有人想要自绝于太阳和月亮，对太阳和月亮又有什么损伤呢？只是看出这种人不自量力。"

读解心得

敬师当如敬父。如果有人肆无忌惮地攻击你的父亲，诽谤他的清名，你会做何举动？一定会给予迎头痛击，决不手软。那么对你敬重的老师也理应如此，当他遭到恶意中伤的利箭侵袭时，你应该挺身而出，毫不畏缩地为维护老师的名誉而战。

自孔子创立了自己的学说以来，就掀起一股诋毁孔子、贬低孔子地位的浪潮。"木秀于林，风必摧之"；"行高于众，人必非之"，这本没有什么可奇怪的。而在这种严峻的形势下，以子贡为代表的孔门弟子便毅然站了出来，展开了针锋相对的斗争。他们以自己雄辩的才能，从正面和侧面与那些反对势力进行论战。因为他们清醒地认识到：有损老师的形象，就有损自己的形象；相反，抬高老师的地位和声望，也就抬高了他们自己的地位和声望，老师与他们每个人的利益是息息相关的。

陈子禽谓子贡

原文

陈子禽谓子贡曰："子为恭也，仲尼岂贤于子乎？"子贡曰："君子一言以为知，一言以为不知，言不可不慎。夫子之不可及也，犹天之不可阶而升也。夫子之得邦家者，所谓立之斯立，道之斯行，绥之斯来，动之斯和。其生也荣，其死也哀，如之何其可及也？"

译文

陈子禽对子贡说："你是谦恭的，仲尼怎么能比你更贤良呢？"子贡说："君子的一句话就可以表现他的才智，一句话也可以表现他的不智，所以说话不可以不慎重。夫子的高不可及，正像天不能够顺着梯子爬上去一样。夫子如果得国而为诸侯或得到采邑而为卿大夫，那就会像人们说的那样，教百姓立于礼，百姓就会立于礼；要引导百姓，百姓就会跟着走；安抚百姓，百姓就会归顺；动员百姓，百姓就会齐心协力。（夫子）活着是十分荣耀的，（夫子）死了是极其可惜的。我怎么能赶得上他呢？"

读解心得

老师若没有超人的品德和智慧，是无法得到学生的真心颂扬的，也不会有长久深远的影响力。要征服自己的学生，老师必须在各方面先超越自己。

孔子对弟子从不隐瞒什么，将自己所学都毫不保留地传授给学生，因此赢得了学生的无限尊敬和景仰。孔子去世后，学生如同父母去世一般，在他墓旁结庐而居，三年后而去，子贡还继续居住墓旁三年。

可见，不懂得自身修养的老师，是无法赢得学生的爱戴的。

尭日第二十

尧曰

原文

尧曰:"咨!尔舜!天之历数在尔躬,允执其中。四海困穷,天禄永终。"舜亦以命禹。曰:"予小子履敢用玄牡,敢昭告于皇皇后帝:有罪不敢赦。帝臣不蔽,简在帝心。朕躬有罪,无以万方。万方有罪,罪在朕躬。"周有大赉,善人是富。"虽有周亲,不如仁人。百姓有过,在予一人。"谨权量,审法度,修废官,四方之政行焉。兴灭国,继绝世,举逸民,天下之民归心焉。所重:民、食、丧、祭。宽则得众,信则民任焉,敏则有功,公则说。

译文

尧说:"啊,舜啊!上天的大命已经落在你的身上了,诚实地保持中道吧!假如天下遭受困穷,上天赐给你的禄位也就会永远终止。"舜也这样告诫禹。商汤说:"本人履,斗胆用黑色的公牛来祭祀,冒昧地向光明而伟大的天帝祷告:有罪的人,我不敢擅自赦免。您的臣仆的善恶,我也不敢隐瞒掩盖,对此您心里是清楚知道的。我自己有罪过,罪过都应归在我身上;老百姓有罪的话,都由我一人承担吧!"周朝实行大封赏,使善人都富贵起来。周武王说:"我虽有同姓至亲,却不如有仁德的人。百姓如有过错,应该由我一人来承担。"谨慎地检验并审定度量衡,恢复废弃了的职官,天下四方的政令就会通行了。复兴灭亡了的国家,承续已断绝的宗族,提拔被遗落的人才,天下的百姓就会诚心归服了。所重视的是:民众,粮食,丧礼,祭祀。宽厚就会得到众人的拥护,诚恳守信就会得到民众的信任,勤敏就能取得功绩,公正则大家心悦诚服。

读解心得

本章是对《论语》全书中有关治国安邦平天下的思想的总结,既是孔子美德善政思想的高度概括,也通过对尧帝以来历代先圣先王遗训的转述,说明了孔子思想的历史渊源。但文字或有脱落,含义古奥难懂,致使很多地方颇为费解。

尧、舜、禹是依次禅让其位的,也许是在禅让仪式上,尧向舜的训示。舜禅让给禹的时候，也是这番训示。其中的"天""中"即是孔子后来的天命、命和中庸等概念的起源。接着是商汤的言论，突出显示出古代圣王严于律己、勇于负责的美德。最后是周武王的一番话，一是重视人才，任人唯贤；二是高度自责，勇于承担责任。

再往下是孔子的总结性发言。在行政方面，要制定统一的标准，制定健全的法律，完善社会职能部门；在赢得民心方面，要复兴灭亡了的国家，接续断绝了的世族，举荐遗落在野的人才。并指出，国家治理的重点在于四个方面：增加人口，发展经济，注重教化，加强意识形态建设。待人宽厚就能够赢得民心，讲究信誉则民众会易于管理，勤勉果断就容易成就事业，公正廉明老百姓就心悦诚服。

子张问于孔子

原文

子张问于孔子曰："何如斯可以从政矣？"子曰："尊五美，屏四恶，斯可以从政矣。"子张曰："何谓五美？"子曰："君子惠而不费，劳而不怨，欲而不贪，泰而不骄，威而不猛。"子张曰："何谓惠而不费？"子曰："因民之所利而利之，斯不亦惠而不费乎？择可劳而劳之，又谁怨？欲仁而得仁，又焉贪？君子无众寡，无小大，无敢慢，斯不亦泰而不骄乎？君子正其衣冠，尊其瞻视，俨然人望而畏之，斯不亦威而不猛乎？"子张曰："何谓四恶？"子曰："不教而杀谓之虐；不戒视成谓之暴；慢令致期谓之贼；犹之与人也，出纳之吝谓之有司。"

译文

子张向孔子问道："怎样才可以治理政事呢？"孔子说："推崇五种美德，摒弃四种恶政，这样就可以治理政事了。"子张说："什么是五种美德？"孔子说："君子使百姓得到好处却不破费，使百姓劳作却无怨言，有正当的欲望却不贪求，泰然自处却不骄傲，庄严有威仪而不凶猛。"子张说："怎样是使百姓得到好处却不破费呢？"孔子说："顺着百姓想要得到的利益让他们得到，这不就是使百姓得到好处却不破费吗？选择百姓可以劳作的时间去让他们劳作，谁又会有怨言呢？想要仁德而又得到了仁德，还贪求什么呢？无论人多人少，无论势力大小，君子都不怠慢，这不就是泰然自处却不骄傲吗？君子衣冠整洁，目不斜视，态度庄重，庄严的威仪让人望而生出敬畏之情，这不就是庄严有威仪而不凶猛吗？"子张说："什么是四种恶政？"孔子说："不进行教化就杀戮叫作虐，人做出成绩叫作暴，起先懈怠而又突然限期完成叫作贼，给人财物却出手吝啬叫作小家子气的官吏。"

读解心得

本章讲从政的基本原则，即"尊五美，屏四恶"。

所谓五种美德是指：其一，根据老百姓的方便和利益所在为他们谋求福利，靠山吃山、靠水吃水，也就是因地制宜发展经济，这叫"惠而不费"，老百姓得到实惠，而政府却不怎么费力气；其二，根据农时和百姓的能力来安排劳作，既不影响生产，又不会增加过重的负担，老百姓就不会有怨言；其三，从政者可以有合理的欲望追求，但不能有贪欲，把本职工作做好，属于自己的自然就来了，即"欲仁而得仁"；其四，作为君子，无论面前人多人少、地位高低，都一样不怠慢，安泰如常；其五，态度威严而不粗暴威猛。

所谓四种恶政，第一，对人民不先行进行教化，任其犯错而进行刑罚；第二，不进行告诫而眼看着人家做出坏事再进行刑罚；第三，很晚才下令制止故意等待百姓触犯律条；第四，承诺给予的赏赐，出手时却很吝啬。

不知命，无以为君子

原文

孔子曰："不知命，无以为君子也。不知礼，无以立也。不知言，无以知人也。"

译文

孔子说："不懂得天命，就没有可能成为君子；不懂得礼，就没有办法宣身处世；不知道分辨别人的言语，便不能了解别人。"

读解心得

所谓"命"，是自身条件和时势环境所影响和决定事物发展的必然趋向，并不是后世讲究的宿命。一个人的成就之别、穷达之分，既取决于自身努力，也取决于环境影响，更在于两者的相互影响和适应，也就是内因与外因的双重作用。作为个人，想改变命运所能够做的主要是改善自身条件，比如通过学习加强修养。而学习的方向如果选择正确，适应了时势的要求，就容易成就事业，否则只能空有才华而不得。

礼，是一切法则、规范的综合。在古代，违反自然法则而存在的事物一旦出现，便被视为不祥之兆。花木如此，人事亦然，凡不能遵循社会道德规范、法律制度的事情，必然难以成就。所以，不知礼，什么事情也办不成，这样的人就难以在社会立足，更不要说有什么卓越的成就了。

充分而正确地了解别人是与人相处的基础，也是知人善任的前提要求。了解一个人自然需要多方面的考察，而最基础、最直接的方法就是通过对方的言谈。言为心声，准确判断对方理念言语的含义，是了解这个人的最基本的方法。所以，如果连"知言"都做不到，那么"知人"更无从谈起。

"知命"则知道自己的使命和目标，"知礼"则知道自己应该怎么做，"知言"则知道如何与人相处，这三个方面是个人修为的根本。